American Visions/Visiones de las Américas

Artistic and Cultural Identity in the Western Hemisphere

American Visions/Visiones de las Américas

Artistic and Cultural Identity in the Western Hemisphere

edited by

Noreen Tomassi

Mary Jane Jacob

and Ivo Mesquita

 BOOKS

American Council For The Arts
New York, New York

Copublished with Allworth Press

Copyright

Printed in Hong Kong through FCI
First Printing 1994

Designed by Rebecca Lown

ACA Books Director of Publishing: Robert Porter

Library of Congress Cataloging-in-Publication Data.

American Visions/Visiones de las Américas:
Artistic and Cultural Identity in the Western Hemisphere/ [compiled and] edited by Noreen Tomassi, with Mary Jane Jacob and Ivo Mesquita; (translations by Miriam González Acosta, Pamela Smorkaloff, Judy Rein, Eduardo Marceles, Rodolfo Mata, Izabel Murat Burbridge).

p.   cm.
Papers from "Artistic and Cultural Identity in Latin America," a conference convened by Arts International in collaboration with Memorial da América Latina, Sept. 23-25, 1991, to coincide with the opening of the 1991 São Paulo Bienal.
Includes bibliographical references.

1. Art, Modern–20th century–America–Congresses. 2. Art and society–America–History–20th century–Congresses. I. Tomassi, Noreen. II. Jacob, Mary Jane. III. Mesquita, Ivo. IV. Arts International. V. Memorial da América Latina. VI. Bienal Internacional de São Paulo (21st : 1991) Title: Visiones de las Américas.

N6501.A43 1993   93-38997
701' .03'097–dc20   CIP
ISBN 1-879903-14-8

American Visions/Visiones de las Américas

Acknowledgments

We would like to thank the many individuals and organizations who have helped bring this volume into being. First and most important, our special thanks to Emily Todd, Program Director of the Andy Warhol Foundation for the Arts, Inc. for her patience and enthusiasm as this grew from a simple conference report to its present incarnation.

The challenges of creating a bilingual publication composed of essays originally written in three languages—Portuguese, Spanish, and English—are daunting, to say the least. We owe a very special debt of gratitude, therefore, to Miriam González Acosta of Arts International, who did the first translations from Spanish to English and coordinated the efforts of our other translators: Pamela Smorkaloff and Judy Rein of New York University's Center for Latin American and Caribbean Studies; Eduardo Marceles, curator and coordinator for Multicultural Programming of the Queens Museum; and Rodolfo Mata and Izabel Murat Burbridge who translated from the Portuguese.

We are indebted as well to our colleagues at the Memorial da América Latina in São Paulo who will make this volume available in a Spanish/Portuguese edition to readers throughout Latin America. Our special thanks to Paulo de Tarso Santos, President of the Fundação Memorial da América Latina, for his leadership and vision and to Marina Heck, her staff, and the Publications Department for their work with us on the 1991 Conference and on this book.

Various others have cheered us on or assisted us during this long process and deserve a special mention here: Gerardo Mosquera, the Cuban curator and scholar; Bob Porter, Policy, Planning and Publishing Director at the American Council for the Arts; and Rebecca Lown, our designer. Our thanks to all.

The Editors

Nos gustaría expresar nuestro agradecimiento a todas las personas y organizaciones que nos han ayudado a realizar este volumen. En primer lugar, y de mayor importancia, nuestro especial agradecimiento a Emily Todd, Directora del Programa de la Andy Warhol Foundation for the Visual Arts, Inc., por su paciencia y entusiasmo por este proyecto que creció de un simple reporte de conferencia a su presente forma.

Los desafíos creados por una publicación bilingüe compuesta por artículos originalmente escritos en tres lenguas —portugués, español e inglés— son intimidantes, para decir lo menos. Por lo tanto, debemos un agradecimiento especial a Miriam González Acosta de Arts International, quien realizó la primera traducción del español al inglés, y coordinó los esfuerzos de los otros traductores: Pamela Smorkaloff y Judy Rein del Center for Latin American and Caribbean Studies de la New York University; Eduardo Marceles, curador y coordinador de Multicultural Programming del Queens Museum; y Rodolfo Mata e Izabel Murat Burbridge, quienes tradujeron del portugués.

Asimismo, quedamos en deuda con nuestros colegas del Memorial da América Latina en San Pablo, quienes harán disponible este volumen en una edición español/portugués a lectores en América Latina. Nuestro agradecimiento a Paulo de Tarso Santos, Presidente de la Fundação Memorial da América Latina, por su liderazgo y visión, a Marina Heck, su equipo, y al Departamento de Publicaciones por su trabajo con nosotros en la conferencia, en 1991, y en este libro.

Otras varias personas nos han animado o asistido durante este largo proceso y merecen una mención especial: Gerardo Mosquera, curador y erudito cubano; Bob Porter, Director de Póliza, Planeamiento y Publicaciones del American Council for the Arts; y Rebecca Lown, nuestra diseñadora. Nuestro más sincero agradecimiento a todos.

Los Editores

contents

redefining identity in the americas

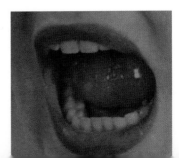

Foreword

This book grew out of *Artistic and Cultural Identity in Latin America*, a conference convened by Arts International, a division of the Institute of International Education, in close collaboration with Memorial da América Latina in São Paulo, Brazil. Timed to coincide with the opening of the 1991 São Paulo Bienal, the conference took place on September 23, 24, and 25, 1991 at Memorial's Oscar Neimeyer-designed headquarters in São Paulo. Seventy-two artists, curators, museum directors, and scholars from 18 countries in the Western Hemisphere gathered there to exchange ideas about a range of issues affecting contemporary art production in the Americas.

The meeting in São Paulo advanced a conversation in the contemporary arts that began at *Expanding Internationalism*, Arts International's first international conference, which took place in Venice in May 1990. The richness of the discussions and papers presented in Venice convinced Arts International of the need to create an ongoing forum which could on some regular basis bring together important voices in the contemporary arts from around the world.

When Ivo Mesquita, an independent curator affiliated with Memorial da América Latina, approached us in late 1990 to suggest collaboration on a Pan-American conference, we were immediately interested. Memorial da América Latina is known and respected throughout Latin America for its work in presenting and promoting the culture of Latin America, and it was an honor and a pleasure to be affiliated within them.

Artistic and Cultural Identity in Latin America would not have taken place without the interest and generosity of Tomás Ybarra-Frausto, Associate Director for Arts & Humanities at the Rockefeller Foundation, who provided counsel and support from the outset, and Marian Godfrey of The Pew Charitable Trusts which joined the Rockefeller Foundation in supporting the conference through The Fund for U.S. Artists at International Festivals and Exhibitions.

The conference was conceptualized and coordinated by the editors of this book: Ivo Mesquita, independent curator and advisor to Memorial da América Latina; Noreen Tomassi, Associate Director of Arts International; and Mary Jane Jacob, independent curator and visual arts consultant to Arts International. This team worked in close collaboration over many months to name the issues, devise the format, and identify and invite participants. They received advice in their work from distinguished colleagues throughout the Americas. In the United States, this advisory group included Tomás Ybarra-Frausto; Kinshasha Holman Conwill, Director of the

El presente libro creció de *Identidad Cultural y Artística en América Latina*, una conferencia realizada por Arts International, una división del Institute of International Education, en estrecha colaboración con el Memorial da América Latina en San Pablo, Brasil. Programada para coincidir con la apertura de la Bienal de San Pablo en 1991, la conferencia tuvo lugar los días 23, 24 y 25 de septiembre, de 1991 en el centro del Memorial, diseñado por Oscar Neimeyer en San Pablo. Setenta y dos artistas, curadores, directores de museos, y eruditos de 18 países en el Hemisferio Occidental se reunieron ahí para intercambiar ideas sobre una gama de asuntos que afectan la producción del arte contemporáneo en las Américas.

Esta reunión en San Pablo, promovió una conversación en las artes contemporáneas que comenzó en *Expandiendo el Internacionalismo*, la primera conferencia internacional que Arts International organizó en Venecia, Italia, en mayo de 1990. La riqueza de las discusiones y trabajos presentados en Venecia, convenció a Arts International de la necesidad de crear un forum continuo que, de forma regular, reúna las voces importantes en las artes contemporáneas de todo el mundo.

Cuando Ivo Mesquita, curador independiente afiliado con el Memorial da América Latina, nos llamó a fines de 1990 con la idea de colaborar en una conferencia Pan-Americana, de inmediato despertó nuestro interés. El Memorial da América Latina es una institución conocida y respetada a través de América Latina por su trabajo presentando y promoviendo la cultura latinoamericana, y ha sido un honor y un placer para nosotros el estar afiliados a ellos.

Identidad Cultural y Artística en América Latina, no hubiera tenido lugar sin el interés y la generosidad de Tomás Ybarra-Frausto, Director Asociado para las Artes y Humanidades de la Rockefeller Foundation, quien nos ofreció su consejo y apoyo desde el principio, y Marian Godfrey del Pew Charitable Trusts quien junto con la Rockefeller Foundation apoyaron esta conferencia a través del Fund for U.S. Artists at International Festivals and Exhibitions.

La conferencia fue conceptualizada y coordinada por los editores de este libro: Ivo Mesquita, curador independiente y asesor del Memorial da América Latina, Noreen Tomassi, Directora Asociada de Arts International; y Mary Jane Jacob, curadora independiente y asesora en artes visuales de Arts International. Este equipo trabajó en colaboración estrecha durante varios meses para nombrar los temas a tratar, diseñar el formato, e identificar e invitar participantes. Recibieron asesoría de distinguidos colegas

Studio Museum in Harlem; Luis Cancel, at the time Director of the Bronx Museum; and Fatima Bercht, Director of Visual Arts at the Americas Society.

Without the support of the Andy Warhol Foundation for the Visual Arts, the important issues raised at São Paulo would have had no further audience. A special thanks is owed them for their support of the lengthy editorial process which produced this book.

Arts International is committed to providing ongoing opportunities for the exchange of ideas internationally. Our third conference, *Crossing Cultures*, convened in Barcelona in June 1993, has already taken place as we go to press with this volume, and we look forward to continuing our work through both international forums and publications such as this to encourage and sustain dialogues in the field of contemporary art.

Jane M. Gullong

Director
Arts International/IIE

de toda América. En los Estados Unidos, el grupo de asesores incluyó a Tomás Ybarra-Frausto de la Rockefeller Foundation; Kinshasha Holman Conwil, Directora del Studio Museum en Harlem; Luis Cancel, entonces Director del Bronx Museum; y Fatima Bercht, Directora de Artes Visuales de la Americas Society.

Sin el apoyo de la Andy Warhol Foundation for the Visual Arts, Inc., los debates y asuntos tratados en San Pablo no tendrían una audiencia mayor. Les debemos un agradecimiento especial por su apoyo durante el largo proceso editorial que produjo este libro.

El compromiso de Arts International es proveer oportunidades continuas para el intercambio de ideas internacionalmente. Nuestra tercera conferencia, *Crossing Cultures*, realizada en Barcelona en junio de 1993, ya ha tenido lugar al tiempo en que vamos a imprenta con este volumen, y esperamos seguir adelante con nuestro trabajo tanto a través del forum internacional como a través de publicaciones como la presente que promueven y mantienen los diálogos en el campo del arte contemporáneo.

Jane M. Gullong

Directora
Arts International/IIE

Preface

It is particularly appropriate that this book is being published in 1994, the 75th anniversary of the Institute of International Education (IIE). Since its founding in 1919, IIE has been committed to strengthening mutual understanding and to encouraging the free flow of knowledge and ideas across national boundaries.

The Institute's involvement in Latin America began in 1935 when U.S. Deputy Secretary of State Sumner Welles asked IIE to draw up a plan for U.S.-Latin American cultural cooperation. IIE's proposal for student and faculty exchanges formed the framework of the Convention for the Promotion of Inter-American Cultural Relations, authorizing cultural exchanges with all of Latin America. IIE continues to administer many programs and projects involving Latin America including the Fulbright Graduate Student program and the Hubert H. Humphrey fellowships, both sponsored by the United States Information Agency (USIA), and programs supported by the Ford Foundation, General Electric Foundation, Inc., and others.

As IIE celebrates its 75th anniversary, we reaffirm our fundamental mission: promoting mutual understanding through international education. But as we stand poised to begin our next 75 years, we believe that new levels of international cooperation are imperative and that our work must include not only fostering mutual understanding but encouraging mutual action as well. A host of shared concerns—poverty, hunger, AIDS, and environmental degradation among them—urgently call for international collaboration on a scale never before attempted. Because we believe the voices of artists often can speak most eloquently and indelibly to these concerns, we are especially pleased to have had this opportunity to collaborate with Memorial da América Latina, both on the 1991 conference, "Artistic and Cultural Identity in Latin America," and on this bilingual volume which grew out of that landmark meeting.

Richard M. Krasno

President and Chief Executive Officer
The Institute of International Education

Es especialmente apropiado que este libro sea publicado en 1994, el 75 aniversario del Institute of International Education (IIE). Desde sus comienzos en 1919, el compromiso de IIE ha sido fomentar entendimiento mutuo y promover la circulación libre de conocimientos e ideas a través de confines nacionales.

La participación del Instituto en América Latina comenzó en 1935, cuando el Secretario de Estado estadounidense, Sumner Welles, le pidió a IIE que esbozara un plan de cooperación cultural Estados Unidos-América Latina. La propuesta de IIE, de intercambios para estudiantes y profesores, formó el marco de la Convención Inter-Americana para la Promoción de Relaciones Culturales, autorizando el intercambio cultural con toda América Latina. IIE continúa administrando varios programas y proyectos con América Latina, incluyendo el Programa para Estudios de Post-grado Fulbright y las becas Hubert H. Humphrey, ambos patrocinados por la United States Information Agency (USIA); así como programas patrocinados por la Fundación Ford, la Fundación General Electric, Inc., y otras.

Con la celebración del 75 aniversario de IIE, reafirmamos nuestra misión fundamental: el fomento de entendimiento mutuo a través de la educación internacional. Pero al encontrarnos confidentes frente al comienzo de nuestros siguientes 75 años, creemos que nuevos niveles de cooperación internacional son imperativos, y que nuestro trabajo debe incluir no solamente el fomento de entendimiento mutuo, sino tambien la promoción de acción mutua. Compartimos varias preocupaciones —pobreza, hambre, SIDA, y la degradación del ecosistema, entre otras— que llaman urgentemente a la colaboración internacional en una escala nunca antes atentada. Ya que creemos que las voces de los artistas frecuentemente expresan estas preocupaciones de una forma más elocuente e indeleble, nos complace tener esta oportunidad de colaborar con el Memorial da América Latina, tanto en la conferencia en 1991, "Identidad Cultural y Artística en América Latina", como en este volumen bilingüe que creció de esta memorable reunión.

Richard M. Krasno

Presidente y Director Ejecutivo
Institute of International Education

Preface

Those of us who are responsible for making things happen in the Latin American cultural arena have a vital need to provide opportunities for reflection such as occurred at this conference and resulted in the publishing of this book. But our actions must have the depth necessary to provide content and coherence.

I agree with the Brazilian critic Ferreira Gullar when he says that the work of Latin Americans must be viewed as art first and as Latin American art only second, and should not become sidetracked from its true identity as art. In this regard, we could call to mind "folklorism" which, in the name of a false and chauvinistic idealism, ultimately sacrifices art's creative essence, which is revealed through symbolic representation of the world.

It is clear that this "folklorism" is not the same as the artist's appropriation of popular symbols which are then transfigured through his or her art. For example, this is the case in the work of the Brazilian artist Alfredo Volpi, who took the paper banners typical of our people's festivals and transformed them into artfully arranged geometric shapes. This was a solid artistic creation that transcended questions of national identity.

Because there is an acknowledged unique originality in Latin American culture, especially apparent in the novel, there cannot help but be an artistic identity present in the work of our region, tinged with various colors, perhaps, but certainly not precluding the presence of a certain universal dimension as well. We therefore welcomed the opportunity to collaborate with Arts International and the Institute of International Education in bringing so many distinguished visual arts professionals from throughout Latin America together in São Paulo to discuss these important issues.

Dr. Paulo de Tarso Santos

President
Fundação Memorial da América Latina

Nosotros que tenemos la responsabilidad de que la arena cultural latinoamericana continúe activa, dependemos de reflecciones como las que ocurrieron en esta Conferencia, y que ahora resultan en la publicación del presente libro. Pero nuestras acciones deben de tener el apoyo necesario para proveer contenido y coherencia.

Soy de la opinión del crítico Ferreira Gullar cuando dice que el arte creado por artistas latinoamericanos debe ser primeramente arte, antes de ser arte latinoamericano, y nada lo debe desviar de su verdadera identidad como arte. En cuanto a esto, podríamos recordar el "folclorismo" que en nombre de un falso ideal chauvinista, acaba por sacrificar al arte, a su esencia creativa que es revelada a través de la representación simbólica del mundo.

Es claro que este "folclorismo" no debe ser confundido con la apropiación realizada por el artista de símbolos populares a los que transfigura a través de su arte. Lo anterior ha sucedido en Brasil, por ejemplo, con el artista Alfredo Volpi, quien al tomar las banderas de papel, típicas de las fiestas populares, fue capaz de transformarlas en artísticos arreglos de figuras geométricas. Esta fue una sólida creación artística que trascendió cuestiones de identidad nacional.

Debido a la originalidad mundialmente reconocida en la cultura latinoamericana, especialmente aparente en la novela, no puede sino haber una identidad artística presente en el trabajo de nuestra región, que, aunque posiblemente esté teñida de varios colores, no tiene prejuicios hacia la presencia de una cierta dimensión universal. Por lo tanto bienvenimos la oportunidad de colaborar con Arts International y el Institute of International Education al traer a tan distinguidos colegas de las artes visuales de toda América Latina a San Pablo para debatir estos temas tan importantes.

Dr. Paulo de Tarso Santos

Presidente
Fundação Memorial da América Latina

Introduction: American Visiones/Visiones de las Américas

NOREEN TOMASSI

Implicit in the bilingual title of this book are two questions. First, as the English grammatical construction suggests, are there ways of seeing that are unique to the Americas and distinct from the sightlines of Europe or Africa or Asia? Second, as the Spanish implies, how do we see ourselves? What are our visions *of* the Americas? Intertwined with both these questions is a third, rooted in the definition of "vision" in both languages not only as the power of seeing, but as prescience. It is this third definition that leads us to a question underlying much of the work in the present volume; that is, what messages or visions for the future originating out of American experience might be read in the contemporary art of this hemisphere?

For the 72 artists, curators, museum directors and scholars from 18 countries in the Americas who gathered at the Memorial da América Latina in September of 1991, there were no easy answers to these questions. At the conference, entitled *Artistic and Cultural Identity in Latin America* (though it embraced other Americas—Native, Anglo, Asian—in its scope as well), participants worked together at sessions such as *Intercultural Literacy; The Artist as Cultural Worker;* and *Art, Gender, and Minority Identity* to forge commonality out of difference and shared perspectives out of specific visions.

The conference grew out of Arts International's and Memorial da América Latina's desire to encourage a hemispheric dialogue in the visual arts that would value the histories and art productions of all cultures in the Americas and would act as a catalyst for increased hemispheric understanding and exchange. This book records and extends the discussion that began in São Paulo and, we hope, honors the spirit of inclusion and collaboration that typified that meeting. It includes a selection of papers presented there and pairs them with newly commissioned pieces including 23 artist's pages, an interview with artists Guillermo Gómez-Peña and Coco Fusco, and essays by two distinguished American writers, Milton Hatoum and Michelle Cliff.

The first section, *The Critical Discourse in Latin America,* deals from varied perspectives with the existence of a uniquely American vision. As Ivo Mesquita points out in the opening essay, there is a need to counter the superficial images present in the international arena that depict Latin America either through a stereotype of instability and social and political upheaval or through a romanticized/exoticized view of folk and traditional cultures. He argues instead for the creation of "a powerful strategy for the insertion of the *reality* of Latin America into the contemporary world."

But what exactly is the reality? Ricardo Forster believes it is rooted in

Implícito en el título bilingüe de este libro, se encuentran dos preguntas. Primero, como lo sugiere la construcción gramatical inglesa, ¿existen maneras de ver que son exclusivas de las Américas y distintas de las perspectivas de Europa o Africa o Asia? Segundo, como lo implica el español, ¿cómo nos vemos a nosotros mismos? ¿Cuáles son nuestras visiones *de* las Américas? Entrelazada con estas dos preguntas existe una tercera, arraigada en la definición de "visión" en ambos idiomas, no sólo como la facultad de ver, sino también como presciencia. Es este tercer significado el que nos lleva a la pregunta que fundamenta mucho del trabajo en el presente volumen; es decir, qué visiones o mensajes para el futuro, originados de la experiencia americana, pueden ser reconocidos en el arte contemporáneo de este hemisferio?

Para los 72 artistas, curadores, directores de museos y eruditos de 18 países de las Américas que se reunieron en el Memorial da América Latina en septiembre de 1991, no hubo respuestas fáciles a estas preguntas. En la conferencia titulada *Identidad Cultural y Artística en América Latina* (aunque también abarcó otras Américas —la nativa, la anglo, la asiática— en su esfera), los participantes trabajaron juntos en sesiones como *El alfabetismo intercultural; El artista como trabajador cultural;* y *Arte, género e identidad de minorías* para forjar un punto en común originado de la diferencia, y para compartir puntos de perspectiva fuera de visiones específicas.

La conferencia nació del deseo conjunto de Arts International y del Memorial da América Latina de fomentar un diálogo hemisférico en las artes visuales destinado a evaluar las historias y las producciones artísticas de todas las culturas de las Américas, y de actuar como catalizador de un creciente entendimiento e intercambio hemisférico. Este libro registra y amplía el diálogo que comenzó en San Pablo y, esperamos, honra el espíritu de inclusión y de colaboración característico de la conferencia. Se incluye una selección de las ponencias presentadas en la conferencia y se las acopla con nuevas piezas comisionadas, incluyendo 23 páginas de artistas, una entrevista con los artistas Guillermo Gómez-Peña y Coco Fusco, y los ensayos de dos distinguidos escritores americanos, Milton Hatoum y Michelle Cliff.

La primera sección, *El discurso crítico en América Latina* trata desde distintas perspectivas la existencia de una visión americana exclusiva. Como lo pone de relieve Ivo Mesquita en el ensayo que abre este volumen, existe una necesidad de contrarrestar las imágenes superficiales que caracterizan la arena internacional y que ilustran una América Latina ya sea a través de un estereotipo de inestabilidad y agitación social y política o a

the mixed histories and fragmented legacies of the Americas, which carry within them both Europe's failed dreams of Utopia and the unfulfilled legacies of pre-Colombian cultures. What is born from this marriage, he suggests, is something new—a mixed and peripheral identity forged completely outside the so-called hegemonic center. He argues that it is this fragmented and peripheral nature of America that is its greatest strength, allowing it to see contemporary culture more accurately.

While nearly all the authors in this collection agree that mixed identity—or *mestizaje*— is at the heart of the American experience, they differ on its importance. Gerardo Mosquera fears that focusing on mestizaje allows Americans to ignore the task of confronting the problems of difference within Latin America. He stresses the importance of an approach that emphasizes specificity of culture, particularly the "aesthetic, social, and cultural demands of the community in which and for which... [an] ...artwork is made." Charles Merewether echoes Mosquera's concern, cautioning that terms can be manipulated and misused by those in power to erase particular histories and identities.

Mari Carmen Ramirez examines these issues in the larger context of a view of Latin American art production that includes Latin American artists working in North America. She argues against the homogenization of the artists of an entire continent within categories such as "Latino" and views multiculturalism as it is defined in the United States as as a "double-edged knife," a model that might have value, but that carries the danger of obscuring difference and robbing complex histories of depth and specificity.

The possibility of establishing dialogue between North and South America is also a topic in Section One. Paulo Herkenhoff warns of the dangers of defining ourselves against each other. He believes that a truer model must acknowledge the hegemonic centers within Latin America and he is suspicious of grouping artists by nationality or region or a specific aspect of their identity. Raul Antelo posits as a first step in the creation of a hemispheric dialogue the need to reclaim the word American from its current use as a description of a resident of the United States. Taking this a step farther, Bruce Ferguson suggests that exhibitions themselves function as speech acts and that a dialogue between north and south must acknowledge and understand the nature of that speech.

The next section, *Mapping New Territories,* addresses the second question posed by this book's title. How do we, as inhabitants of this hemisphere, see ourselves? What is our vision of the Americas? Twenty-three artists were invited to submit visual statements, and as Mary Jane Jacob

través de una visión romantizada y sublimada en los aspectos exóticos de las culturas folclóricas y tradicionales. Propone en cambio la creación de "una estrategia poderosa para la inserción de la *realidad* de América Latina en el mundo contemporáneo".

¿Pero, en qué consiste exactamente esa realidad? Ricardo Forster cree que está arraigada en las historias mixtas y los legados fragmentados de las Américas, que conllevan tanto los sueños fallidos de una Utopía de los europeos como los legados fracturados de las culturas precolombinas. Lo que ha nacido de este matrimonio, sugiere el autor, es algo nuevo—una identidad mixta y periférica que se forjó completamente de manera externa e independiente del llamado centro hegemónico. Forster sostiene que es esta naturaleza fragmentada y periférica de América lo que constituye su mayor fortaleza, lo que le permite ver la cultura contemporánea con mayor certeza.

Si bien casi todos los autores de esta colección concuerdan en que la identidad mezclada —o *mestizaje*— constituye el núcleo de la experiencia americana, difieren en su importancia. Gerardo Mosquera teme que todo argumento que se centre en el mestizaje da lugar a que los americanos dejen de lado la tarea de confrontar los problemas de las diferencias que existen dentro de América Latina. El acentúa la importancia de un enfoque que destaque la especificidad de la cultura, particularmente las "demandas estéticas, sociales y culturales de la comunidad en la cual y para la cual...se hace...[una] obra de arte". Charles Merewether reitera la preocupación de Mosquera, advirtiendo que los términos pueden ser manipulados y abusados por aquellos en el poder para hacer desaparecer historias e identidades particulares.

Mari Carmen Ramirez examina estos temas en un contexto más amplio de la producción de arte latinoamericano que incluye a artistas latinoamericanos en Norteamérica. Lucha contra la homogenización de los artistas de un continente entero como por ejemplo "latinos", y ve al multiculturalismo como es definido en los Estados Unidos como un "arma de doble filo", un modelo que tal vez posea valor, pero que acarrea el peligro de obscurecer la diferencia y de robar a complejas historias de su profundidad y especificidad.

La posibilidad de establecer un diálogo entre Norte y Sudamérica es otro de los tópicos de la Primera Sección. Paulo Herkenhoff advierte acerca de los peligros de definirnos en contra de nosotros mismos. El cree que un modelo más auténtico debe reconocer los centros hegemónicos dentro de América Latina, y observa con desconfianza las agrupaciones de artistas por nacionalidad o región o por un aspecto específico de su identidad. Raúl

states in the introductory essay to their works, the results are eloquent and provocative.

In Section 3, *Redefining Identity*, topics include issues of self-definition and cultural hybridity as well as the importance of challenging historical and political constructs traditionally used to define the American experience. It is in this section in particular that the definition of vision as prescience, as a dream for the future, emerges. In both Kim Sawchuk's interview with Guillermo Gómez-Peña and Coco Fusco and in Gerald McMaster's essay, strategies for reclaiming history are presented. Sawchuk's interview describes the artists' Quincentenary project, *The Year of the White Bear*, which offers an alternative reading of Columbus's so-called discovery of America. McMaster's essay recounts the struggle of Native Americans to take ownership of their land, their art, and their futures.

In essays ranging from Milton Hatoum's reflections on growing up in a Middle Eastern community in the city of Manaus in the Amazonas region of Brazil to Liz Magor's experience as an Anglo woman adapting to life in an increasingly multi-ethnic Toronto, the writers describe how they locate themselves—and, by extension, their art—in hybrid pasts and the shifting landscapes of the present, experiences that might have particular resonance as people everywhere grapple with the challenges of renascent nationalism and ethnicism.

Both Tom Kalin and Heloisa Buarque de Hollanda address gender issues, Kalin as an AIDS activist and gay man and Buarque as a writer concerned with feminist historiography. For both, theory and practice intermingle and the personal is inextricable from the political.

In a co-authored essay, artists Jimmie Durham and María Thereza Alves outline how the marginalization of peoples impacts on environmentalism. Durham, in particular, critiques a system in which both land and the native peoples who inhabit are regarded as property of the state.

Michelle Cliff movingly describes her own struggle to overcome what she calls the "scarification of the intellect" that results from a colonial education and to reclaim out this speechlessness her own voice and complex identity. She compares her work as a novelist to that of visual artist Ana Mendieta, like her an exile and concerned as she is with "a movement back, to homeland, identity," to a landscape both she and Mendieta identify as female.

In the final essay, which was also the keynote speech at the conference, Néstor García Canclini reflects on the implications of the "transnational conditions in which art is produced, circulated and received at the end of the century." He first discusses the impact of hybridization and migration

Antelo postula como primera medida para la creación de un diálogo hemisférico, la necesidad de reclamar la palabra "americano" de su empleo actual como descripción de un residente de los Estados Unidos. Avanzando este planteo aun un poco más, Bruce Ferguson sugiere que las exhibiciones mismas funcionan como actos de discurso, y que un diálogo entre norte y sur debe reconocer y entender la naturaleza de este discurso.

La sección siguiente *Trazando nuevos territorios,* aborda la segunda pregunta planteada en el título de este libro. ¿Cómo es que nos vemos a nosotros mismos en calidad de habitantes de este hemisferio? ¿Cuál es nuestra visión de las Américas? Se invitaron a veintitres artistas para que presentaran declaraciones visuales y, como explica Mary Jane Jacob en su ensayo introductorio a estos trabajos, los resultados son elocuentes y provocativos.

En la Tercera Sección, *Redefiniendo identidad,* los temas tratados incluyen asuntos tanto de auto-definición e hibridad cultural, como sobre la importancia de desafiar a las construcciones históricas y políticas tradicionalmente utilizadas para definir la experiencia "americana". Es en esta sección en particular donde la definición de visión como presciencia, como un sueño del futuro, emerge. Tanto la entrevista de Kim Sawchuk con Guillermo Gómez-Peña y Coco Fusco, como el ensayo de Gerald McMaster, presentan estrategias para la reivindicación de la historia. La entrevista de Sawchuk describe el proyecto de celebración de los 500 años de América por los artistas, *El Año del Oso Blanco,* que ofrece una lectura alternativa al llamado descubrimiento de América por Cristóbal Colón. El ensayo de McMaster recuenta la lucha de las gentes Nativas Americanas para tomar posesión de sus tierras, su arte, y su futuro.

En los ensayos desde el de Milton Hatoum y sus reflecciones sobre su infancia en una comunidad medioriental en la ciudad de Manaos, en el Amazonas de Brasil, hasta el ensayo de Liz Magor y su experiencia como una mujer anglosajona adaptándose a la vida en un Toronto cada vez más multi-étnico, los autores describen cómo ellos se localizan a sí mismos —y por ende a su arte— en pasados híbridos y en los cambiantes paisajes del presente. Experiencias que pueden tener repercusiones en particular, ya que gentes de varias partes del mundo se encuentran frente a los desafíos presentados por renacientes sentimientos de nacionalismo y etnicismo.

Tanto Tom Kalin como Heloisa Buarque de Hollanda, abordan temas del género—Kalin como un activista del SIDA y hombre homosexual, y Buarque como escritora preocupada con la historiografía feminista. Para ambos, la teoría y práctica se entremezclan, y lo personal es inextricable de lo político.

on cultural production and the representation of nation. In addition, he suggests that the transmission of culture electronically and the flow of information along a superhighway that ultimately may be travelled only by those who can afford the toll will have profound repersussions, and he advocates a role for states in protecting the public interest as these technologies develop.

All of the work included in *American Visions* was chosen in the hope that the reader would emerge not only with some knowledge of the complexity and multivalent nature of current artistic practices in the Americas, but also with a vision of shared concerns and possibilities for the future. The themes that occur again and again in these pages—meztizaje; the uniqueness of the American experience in which everyone is in some sense dislocated, whether by choice or force; the right of people to define and control their experience; the connectedness of artmaking to the making of a safe and more liveable world—have relevance not only in this hemisphere but around the world. The attempt to gather in *American Visions/Visiones de las Américas* the thinking of American artists about these issues is one contribution toward what we hope will be the growing involvement of artists everywhere in charting our collective journey into an increasingly complex and interdependent future.

En su ensayo, co-autores y artistas Jimmie Durham y María Thereza Alves delinean cómo la marginalización de las gentes ha impactado el ecologismo. Durham, en particular, critica al sistema en el cual tanto la tierra como las gentes nativas que las habitan son consideradas como propiedad del estado.

Michelle Cliff describe emotivamente su propia lucha para sobreponerse a lo que ella llama la "cicatrización del intelecto" resultado de una educación colonial; y a reivindicar de esta privación para hablar su propia voz y compleja identidad. Compara su propio trabajo como novelista al de la artista Ana Mendieta, como ella exiliada y preocupada como ella es con "un movimiento de retorno a la patria, a la identidad", y a un paisaje al que tanto ella como Mendieta se identifican como mujeres.

En el último ensayo, el cual también fue lectura principal durante la conferencia, Néstor García Canclini reflecciona sobre las implicaciones de las "condiciones transnacionales en que se produce, circula y se recibe el arte en nuestro fin de siglo". Primero debate el impacto de la hibridización y migración en la producción cultural y la representación de naciones. Sugiere que la transmisión de la cultura en forma electrónica, y el flujo de información sobre una super-autopista que en última instancia será recorrida únicamente por aquellos que pueden pagar las tarifas tendrá profundas repercusiones, y advoca por que los estados jueguen el rol de protectores del interés público al ritmo de los desarrollos de estas tecnologías.

El material incluido en *Visiones de las Américas* fue elegido con la esperanza de que el lector emerja no sólo con cierto conocimiento de la complejidad y la naturaleza multi-valente de las actuales prácticas artísticas en las Américas, sino también con una visión de las preocupaciones que compartimos y posibilidades para el futuro. Los temas que emergen una y otra vez a través de estas páginas —mestizaje; la exclusividad de la experiencia americana en la que de alguna manera todos están dislocados, ya sea voluntaria o forzadamente; el derecho que la gente tiene para definir y controlar esas experiencias; la conexión entre producción del arte a la creación de un mundo más seguro y habitable— tienen relevancia no sólo en este hemisferio, sino en el resto del mundo. En *American Visions/Visiones de las Américas,* el esfuerzo por reunir el pensamiento de artistas americanos sobre estos temas es una contribución hacia lo que esperamos será una creciente participación de parte de los artistas de todo el mundo en el planeamiento de nuestro viaje colectivo hacia un complejo e interdependiente futuro.

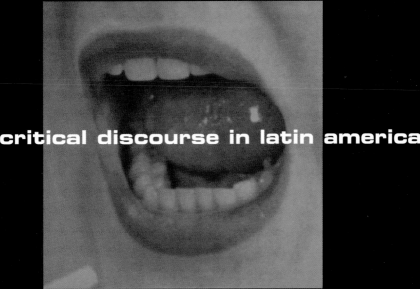

critical discourse in latin america

Latin America: A Critical Condition

IVO MESQUITA

The interest in Latin American art and culture has increased over the last few years. Various exhibitions, symposia, publications and critiques have adopted so-called "Latin American culture" as a reference in their considerations, placing it within the larger category of Third World intellectual production. Aijaz Ahmad observed that such classification confers upon Latin American culture a dubious theoretical character because it is supported by a binary opposition of a Positivist nature between the First and Third World. However, this interest is determined by a postmodern approach to cultural production that relinquishes the modernist ideology, according to which the whole world and its societies were conceived from a univocal viewpoint, based on notions of power and rationality.

Today, in a democratic dialogue that has been defined as politically correct, we search for the differences and particularities, seeking to incorporate "the other" in order to be transformed into "us." The current cultural debate has been highly politicized with the emergence of issues such as minority identity including the political, ethical, racial and sexual; the environment; post-colonialism; and the relations between center and periphery. As a result, a significant portion of contemporary cultural production has spurred reflection and debate concerning the predominance of Discourse over Language. It has proposed changes in artistic production strategies through social insertion and new contents that stress the role of cultural institutions and engender a deep transformation in cultural poli-

cies, thereby establishing a close link between political debate and artistic production.

The Latin America presence in the international scene is marked by both the urgency of its social, political and economic condition and some stereotypes of its strong cultural tradition. Even without defining fundamental topics like periodicity, social and cultural background, and political and ideological differences in the field of artistic production, we could identify, in practice, two points of interest for Latin American culture. On the one hand, there is the militant engagement of its cultural production (films, music, literature, visual arts, etc.) that attempts to mirror the state of emergency of the reality in which these productions are inscribed. On the other hand, there is the close link of these productions with the concern for identity, arising as they do out of a group of societies originated from the mixing of Native, European and African cultures.

At the same time, one must remember that the Latin American continent was inscribed in Western civilization as a result of European expansionism and then cast by the failure of European Colonial policy into the role of "the other," existing in "the periphery."

From hence result certain particularities that Western History has attributed to this part of the world, ranging from the notion of a territory of the eternal primitive, the exotic, the folk and the innocent, to the notion of a space of endless revolutions and social upheaval, lacking both political volition and any active exercise of citizenship that would enable it to conceive any Utopia.

El interés en el arte y la cultura de América Latina ha incrementado durante los últimos años. Varias exhibiciones, simposios, publicaciones y críticas han adoptado la llamada "cultura latinoamericana" como punto de referencia en sus consideraciones, situándola dentro de la categoría de producciones intelectuales del "tercer mundo". Aijaz Ahamad ha observado que esa clasificación le confiere un carácter teórico dudoso ya que el concepto se sustenta sobre una oposición binaria de naturaleza Positivista entre el "primer" y "tercer" mundos. Sin embargo, este interés es determinado por un abordaje post-moderno de la producción cultural que abandona la ideología modernista, en la cual el mundo entero y sus sociedades serían concebidas desde un punto de vista unívoco basado en nociones de poder y racionalidad.

Hoy en día, indagamos por las diferencias y particularidades buscando incorporar al Otro para luego transformarlo en "nosotros", en un diálogo democrático que ha sido definido como políticamente correcto. Por lo tanto, el debate cultural actual ha sido altamente politizado con el rescate de temas como la identidad de las minorías —políticas, étnicas, raciales y sexuales—, el ecosistema, el post-colonialismo, y las relaciones entre el centro y la periferia. Como resultado, una parte significativa de la producción cultural contemporánea ha alimentado reflexiones y debates que conciernen al predominio del Discurso sobre el Lenguaje, con lo cual se proponen contenidos nuevos y cambios en las estrategias de inserción social de la producción artística y engendran una

profunda transformación en las políticas de las instituciones culturales, estableciendo así una conexión estrecha entre el debate político y la producción artística.

La presencia latinoamericana en el escenario internacional, está marcada tanto por la urgencia de su condición social, política y económica, como por algunos estereotipos de su fuerte tradición cultural. Aun sin definir temas fundamentales como la periodicidad, antecedentes sociales y culturales, y diferencias políticas e ideológicas en el campo de la producción artística, podríamos identificar, en la práctica, dos puntos de interés para la cultura latinoamericana: de un lado, está el compromiso militante de su producción cultural (cine, música, literatura, artes visuales, etc.) que trata de reflejar el estado de emergencia de la realidad en que estas producciones se inscriben; de otro lado, está la estrecha conexión de estas producciones con el tema de la identidad, una vez que se refieren a un grupo de sociedades originadas de la mezcla de las culturas nativa, europea y africana.

Debemos recordar que el continente latinoamericano se inscribe en la civilización occidental como creación de la expansión europea de los descubrimientos, y que, como imagen de la decadencia del proyecto colonial, fue arrojado a la categoría del Otro en la periferia. De ahí han resultado ciertas particularidades que la Historia ha atribuído a esta parte del mundo, las cuales van desde la noción de un territorio de lo eterno primitivo, lo exótico, lo folcrórico y lo inocente, hasta la noción de un espacio de revoluciones y levan-

2

Today the question is knowing how to avoid this labeled image as a continent where the notions of folk and the irrational permeate all relations and productions. Here, the noble savage no longer exists—and the task is to develop a productive criticism of this image and to establish a powerful strategy for insertion of the *reality* of Latin America into the contemporary world.

What would be a unique or peculiar contribution of Latin America to the Western way of producing thought and knowledge?

In the last 15 to 20 years, within developed societies a series of productions, events and institutions emerged that focused on the identity concerns of groups that until then had been kept on the margin of History, i.e., women, homosexuals, blacks, indigenous peoples and other minorities. In their search for enfranchisement or citizenship, these groups, an important contingent of the labor force, have appropriated the forms of symbolical production as a strategy to make themselves visible as active participants or characters in History.

However, the need to classify and systematize knowledge, and consequently dominate the writings of History, created categories that contain each of the following groups: Hispanics or Latins, Chicanos, Afro-Americans, Native-Americans, Gays, Lesbians, etc.

To us, Latin Americans who are the result of the miscegenation of races and who have been relegated to the condition of mere observers of the hegemonic cultural system, the application of these new categories to cultural production creates a series of ghettos

where artistic production of these groups dwell. Thereby, the politically correct ideology recognizes the existence of the Other, but, at the same time, dictates the place into which its artistic practice may be inscribed. To us, the authoritarianism of this categorization—which is especially resonant in these times where we function under the aegis of AIDS—seemingly wishes to preserve some condition of purity and innocence which has no reality in Latin America because our culture, and in this case most particularly Brazilian culture, results from the clash and intermixing of whites, blacks and natives. It is precisely this cultural mix that creates for Latin Americans a certain character as errant beings at the periphery of hegemonic cultural systems. However, at the same time it allows us to perceive, somewhat comfortably, the degree of our universal nature. The imprecision of the place where we exist associated with a certain and continuous feeling of awe before our own History and the History of others, has permitted us to anthropophagically[1] appropriate the whole of Western civilization and engender our so-called art and culture.

In the frame of multiculturalism today, one could find two conditions of cultural production having affinity: one including the Latin Americans who reside in the continent and whose identity thus far has been based on geo-politics and on what the others think we are; and another including minority groups that live in the midst of developed societies where they seek to introduce new content into the dominant systems of representation. Both seek to make them-

tamientos sociales sin fin, de la falta de voluntad política y de ejercicio de la ciudadanía, de tal forma que estas sociedades permanecerían sin poder concebir cualquier utopía.

Hoy la cuestión es cómo podemos evitar esta imagen estereotipada del continente donde las nociones de folclor y de lo irracional penetrarían todas las relaciones y producciones. Aquí, el buen salvaje ya no existe y la tarea es desarrollar una crítica productiva de esta imagen, y establecer una poderosa estrategia para la inserción de la *realidad* de América Latina en el mundo contemporáneo. ¿Cuál podría ser una contribución única y peculiar de América Latina a la forma occidental de producción de conocimiento y saber?

Paralelamente, durante los últimos 15 a 20 años, una serie de producciones, eventos e instituciones, han emergido dentro de las sociedades desarrolladas, que enfocan sus intereses en la identidad de ciertos grupos hasta entonces mantenidos al márgen de la Historia, i.e., mujeres, homosexuales, negros, nativos y otras minorías. En el ejercicio político de la búsqueda de la ciudadanía, éstos grupos —un contingente de mucha importancia para la fuerza laboral— se han apropiado de las formas de producción de lo simbólico como una estrategia para hacerse visibles y así participantes activos de, o personajes en, la Historia. Sin embargo, la necesidad de clasificar y sistematizar el conocimiento, y en consecuencia dominar la escritura de la historia, ha creado categorías que compartimentan cada uno de estos grupos: Hispanics o Latinos, Chicanos,

African-American, Natives, Gays, Lesbians, etc.

Para nosotros, latinoamericanos, que somos una mezcla de tres razas y que hemos sido relegados a la condición de meros observadores de los sistemas culturales hegemónicos, la aplicación de estas nuevas categorías a la producción cultural, crea una serie de *ghettos* en donde la producción artística de estos grupos debe encasillarse. Por este modo, la ideología de lo políticamente correcto reconoce la existencia del Otro, pero al mismo tiempo dicta el lugar en el cual su práctica artística debe ser inscrita. Para nosotros, el carácter autoritario de esta categorización —la cual es una metáfora para estos tiempos bajo la égida del SIDA— parece desear la preservación de cierta condición de pureza e inocencia que no corresponde a ninguna realidad en América Latina porque nuestra cultura, y en este cuadro la cultura brasileña en especial, es el resultado del choque y mezcla de las razas blanca, negra y nativas. Es precisamente esta mezcla cultural, la que nos da un carácter de seres errantes en la periferia de los sistemas culturales hegemónicos. Sin embargo, al mismo tiempo, es ella la que nos permite percibir, con cierta comodidad, el cuán universal es nuestra naturaleza. La imprecisión del lugar donde existimos asociado con un cierto y continuo sentimiento de perplejidad ante nuestra propia historia y ante la historia de los otros, nos ha permitido apropiarnos antropofágicamente[1] de toda la civilización occidental y engendrar lo que llamamos nuestro arte y nuestra cultura.

En el marco del multiculturalis-

selves visible and claim their place in Western History. The permanent confrontation between these two cultural strategies and all other cultural production creates the sole condition through which it will be possible to invent new territories, to draw new maps and chart other cartographies, and to begin to define the multiple territories yet to be explored and avoid the confinement and the stabilization of our desire. The concept of identity is no longer determined by the geographical border, but by our similar concerns regarding the quality of our life and our individual, political, social, and cultural development. What we need now is to ascertain the fire power of our combined cultural productions, as well as the form and the quality of our full participation in the contemporary world.

mo, podríamos encontrar dos condiciones de producción cultural que tienen afinidades: una incluye a los latinoamericanos residentes en el continente y cuya identidad hasta ahora se ha basado en la geo-política y en lo que los otros creen que somos; otra que incluye a grupos de minorías que viven en medio de sociedades desarrolladas en donde procuran introducir un nuevo contenido al sistema dominante de representación. Ambos buscan hacerse visibles y reclamar su lugar en la historia occidental. La confrontación permanente entre estas dos estrategias culturales y cualquier otra producción cultural, crea la sola condición a través de la cual será posible inventar nuevos territorios, trazar nuevos mapas y esbozar nuevas cartografías, y comenzar a definir múltiples territorios para ser explorados y evitar el confinamiento y la estabilización de nuestro deseo. El concepto de identidad ya no es determinado por las fronteras geográficas, sino por intereses comunes sobre nuestra calidad de vida y desarrollo individual, político, social y cultural. Lo que necesitamos ahora es asegurar el poder de fuego de nuestras producciones culturales, así como la forma y calidad con que ellas actúan y participan en el mundo contemporáneo.

Dialogue Along the Margins

RICARDO FORSTER

We have always lived on the borders of the modern project, we have adjusted our perspectives to that condition, to that birth sign. We have come into the world as a dream dreamt by others, we were invented by words and actions that gave strange shape to our continent. We are children of a double fault: the one from the indigenous cultures of antiquity that did not know, or perhaps did not want to know, how to confront their destiny which came from the other side of the seas, and from conquerors who promised a utopia that could not be realized. We were born on the margins of the world, like a redeeming dispute. We could no longer be what was buried by history, and we could neither be what the violent winds of "progress" seemed to want to bring to us from other shores. We turned, then, into a crossroads, a crossing of multiple ways walked by several travelers who carried their own saddle-bags filled with dreams and illusions that were articulated in "babelian" languages. We got off the boats and fused the thousand languages of our biographies in the unique cities that were transformed into stages of the most unusual encounters.

Latin America may be the space "in between," territory without set margins, where plurality is at the same time hope and frustration, opportunity and collapse, utopia and catastrophe. A peculiar condition, a nocturnal hex where different bloods rushed into each other without a pre-determined destiny or, at least, their destiny never conformed to the plans of its unreal designers. Central to Latin America, its culture, the languages that it has erected through its unique history, is a sense of omission: nothing has been completed, our union has not been fair, our modernizing utopias have placed us in the periphery of the developed world, our condition of redeeming promise (that warm land of the revolutionaries from the 60's who travelled through the European universities with "Che's" image as their symbol and model) has been mutated into a new contemporary unease emanating from the "advanced" societies toward the inhabitants of the anarchical borders, whose stereotype has been transformed from romantic hero to obscure and tenebrous drug dealer or, even more commonly, the illegal immigrant, the "wet-back," like a new Paris that returns to Europe following the inverted path his grandparents had walked. Utopia has, once again, moved its residency.

We are no longer a promise, nor are we the hallucinating dream of another continent. Silence. For the first time in our history we are not the continuation of the broken saga of some of our mythical ancestors, we no longer carry the heavy burden of the utopias of the West's modernity. The bastard has no parents who will recognize him. Let us be honest, history has gone by, leaving behind hardly any fragments among us. Premodern fragments—still active—of a faulty modernism and postmodern codes that, in our unique geography, already existed before they became fashionable.

A restless figure, old and young at the same time, as if some force were gathering together diverse currents into one stream, shattering into fragments the dream of

Siempre hemos vivido en los bordes del proyectos moderno, hemos adecuado nuestras perspectivas a esa condición, a esa marca de nacimiento. Vinimos al mundo como un sueño soñado por otros, fuimos inventados por palabras y acciones que le dieron su extraña forma a nuestro continente. Somos hijos de una doble falla: la de las antiguas culturas que no supieron, o quizá no quisieron, enfrentarse al destino que venía allende de los mares, y de la prepotencia conquistadora que nos prometió una utopía irrealizada. Nacimos en los márgenes del mundo como quimera redentora. Ya no pudimos ser lo que ha sido sepultado por la historia y tampoco fuimos lo que los vientos huracanados del "progreso" parecían querer traernos desde otras orillas. Nos convertimos, entonces, en un punto de cruce, en una encrucijada de múltiples caminos recorridos por diferentes viajeros que cargaban cada uno sus alforjas con sueños e ilusiones articulados en lenguas babélicas. Descendimos de los barcos y mezclamos los mil idiomas de nuestras biografías en insólitas ciudades convertidas en escenarios de los más sorprendentes encuentros.

América Latina quizá sea ese espacio del "medio", territorio sin márgenes fijos donde la pluralidad es, a un mismo tiempo, esperanza y fracaso, oportunidad y derrumbe, utopía y catástrofe. Una condición extraña, un aquelerre nocturno donde las sangres se agolparon sin un destino prefijado o, al menos, ese destino nunca alcanzó a realizarse según los planes de sus quiméricos diseñadores. América Latina, su cultura, sus lenguajes que ha ido construyendo a lo largo de una historia rocambolesca, constituye el signo de una falta, nada se ha completado, nuestras fusiones no han sido igualitarias, nuestras utopías modernizadoras nos colocan hoy en la periferia del mundo desarrollado, nuestra condición de continente de la promesa redentora (esa tierra caliente de los revolucionarios sesentistas que recorrieron las universidades europeas con la imagen del "Ché" como insignia y modelo, como arquetipo a imitar) ha mutado en una nueva forma del desagrado contemporáneo de las sociedades "avanzadas" hacia los habitantes de estos bordes anárquicos, que de héroes románticos han pasado a ser oscuros y tenebrosos narcotraficantes o, menos imporante y gris, se han convertido en el inmigrante ilegal, el "sudaca", un nuevo París que regresa a Europa siguiendo el camino inverso al de sus abuelos. La utopía nuevamente se ha mudado de lugar.

Ya no somos la promesa ni tampoco el sueño alucinado de otro continente. Silencio. Por primera vez en nuestra historia no somos los continuadores de la saga quebrada de unos antepasados míticos, ni cargamos con la pesada cruz de las utopías de la modernidad occidental. El bastardo no tiene padres que lo reconozcan. Seamos sinceros, la historia ha pasado de largo dejando apenas algunos restos entre nosotros. Restos de pre-modernidad, restos aún activos de una modernidad fallida y enclaves post-modernos que, en nuestra extraña geografía, ya existían antes de que las modas culturales se arrimaran a nosotros.

Inquieta figura que es anciana y

Latin American identity, an archetype's luck that would unite all the inhabitants south of the Rio Grande. When the mirror broke, we found that our reality had always been constituted among the fragments, looking—almost at the same time—within itself and toward the outside; discovering the labyrinthe, and even babelian character, of our identities.

Because we once were the West's exemplary dream, we still cannot get over—perhaps here I am speaking primarily as a resident of Borges' and Marechal's city—our discomfiture when this dream concluded in a nightmare. Nonetheless, this paradoxical condition, this extraordinary metamorphisis that has modelled our peripheral identity, offers us—as a reward—the possibility of observing better and more deeply than the inhabitants of the Center, the *chiaroscuro* of modern culture, as if this residing on the margins of the ostentatious productions of modernity, could allow us to perceive in a deeper way their exciting perspectives and their "mephistofelic" realizations.

Critique is born there, where certain discomfort, certain non-conformity toward the subjecting pace of progress and its intolerable inequalities, places us—inhabitants of the land that has been left midway between the utopias that begot the American dream and the resignation felt toward the socially and culturally desolate present. In that space of affliction we are forced to think without compromise about our own epoch and its promise. As inhabitants of the margins, we possess a peculiar privilege: we are being forced to culti-

vate a planetary vision, deserter of all borders and culturally cosmopolitan. The paradox of an epoch of restless uncertainties is this: While the Center becomes provincial, self-referential, we gather our old and worn-out inheritance and send out our inquiries in all directions.

Sheltered in a bordering territory, we have been able to experience how our epoch has exhausted itself, how a once-powerful modernity has weakened and given way to mechanical repetition and to hypercivilized satiety. Precisely we, who live on the outskirts of the modern project, and in an exemplary way, constitute its frustrated dream, can contemplate how that same project is dissolving there, where its realization is more obvious. Its most brilliant objects are shown to us as ruins before completing their cycle; its promises are broken before they become a reality in this land that geographically borders the outer edge of modernity.

Speaking of Jorge Luis Borges, Cioran captured the depth of the artist's condition and of the intellectual that lives in those displaced regions, those areas that from the hegemonic centers of contemporary culture appear to be a huge paramo. And it is precisely the "South American nothing (as the Rumanian writes) that makes writers of this continent more open, livelier and more diverse than those writers from western Europe, paralyzed by their traditions and not capable of overcoming their prestigious sclerosis (. . .). Whatever happens in Eastern Europe, must necessarily happen in the countries of Latin America, and I have observed that their repre-

joven al mismo tiempo, como si una fuga arremolinara las diversas épocas e hiciera añicos el sueño de una identidad latinoamericana, suerte de arquetipo que uniría a todos los habitantes al sur del río Grande. Al romperse el espejo nos encontramos con que nuestra realidad siempre se constituyó entre los fragmentos, mirando —casi en un mismo acto— hacia adentro y hacia afuera; descubriendo el carácter laberíntico, por qué no babélico, de nuestras identidades.

Porque fuimos el sueño ejemplar de Occidente todavía no logramos salir —quizá aquí hable sobre todo como habitante de la ciudad de Borges y de Marechal— de nuestro desconcierto al haber concluído en pesadilla; y sin embargo esta condición paradojal, esta extraordinaria metamorfosis que ha ido moldeando nuestra identidad periférica, nos ofrece —como recompensa— la posibilidad de mirar mejor, más profundamente que los habitantes del centro, los claroscuros de la cultura moderna; como si este estar en los bordes de las realizaciones fastuosas de la modernidad nos permitiera percibir con mayor hondura sus inquietantes perspectivas y sus mefistofélicas realizaciones.

La crítica nace allí donde cierto malestar, cierta incomodidad frente al paso avasallante del progreso y sus intolerables desigualdades, nos colocan a nosotros, moradores de comarcas que han quedado a medio camino entre las utopías que originaron el sueño americano y la resignación de un presente social y culturalmente desolador, en ese espacio de la zozobra desde el que estamos obligados a pensar sin complacen-

cias nuestra época y sus promesas. Como habitantes de los márgenes poseemos un sospechoso privilegio: estamos forzados a cultivar una visión planetaria, tránsfuga de todas las fronteras y culturalmente cosmopolita. Paradojas de una época de inquietantes incertidumbres: mientras el centro se vuelve provinciano, autorreferencial, nosotros recogemos la vieja y deshilachada herencia de la ilustración y lanzamos nuestras indagaciones hacia todos los confines.

Amparados en un territorio fronterizo podemos experimentar cómo nuestra época se va vaciando, de qué manera el poderoso envión moderno se va debilitando para dejar paso a la repetición mecánica y el hartazgo hipercivilizado. Precisamente nosotros, que vivimos en los bordes del proyecto moderno— y que de un modo ejemplar constituímos su sueño fracasado, podemos contemplar cómo ese mismo proyecto se va disolviendo allí donde más evidente es su realización. Sus objetivos rutilantes se nos muestran como ruinas antes de haber completado el ciclo; sus promesas se quiebran antes de haberse realizado en estas geografías que bordean desde el lado de afuera a la modernidad.

Hablando de Jorge Luis Borges, Cioran captó la hondura de la condición del artista y del intelectual que vive en esas regiones desplazadas, esas zonas que desde los centros hegemónicos de la cultura contemporánea parecen enormes páramos. Y es precisamente "la nada sudamericana —escribe el rumano— la que hace a esos escritores de aquel continente más abiertos, más vivos y más diversos que los europeos del

sentatives are infinitely more informed and are more schooled than the westerners, who are irremediably provincial."

As if our marginal and bordering destiny would force us toward universality as the only way of escaping the suffocation of an altered and impoverished geography. Borges, according to Cioran, is obliged to "exercise this spirit in all directions," to escape the trap of cultural provincialism, to borrow without too many prejudices. Silent assailant that slips between the cracks of western culture to come back to his land armed with unsuspected erudition. Borges, and here he places the parable of the Latin American intellectual, makes of "the foreign" something proper and intimate, discovers that his home can move and that his roots can turn into a trap that can impoverish the spirit. The voyage and the right of property, the broken multiplicity of an identity that was constructed through the fusion of dreams and different languages. The Latin American artist works with that fleeting material, takes charge of that derived poli-somic that leads him to diverse points of western culture in the middle of a restless uncertainty about his origins.

The erudite's unpredictability, as

the inventor of fiction, as the one who can capture images from other times and places of confusion and of different mixes, that discovers and undresses the "others"—the builders of hegemonic languages—because his southern glance perfected itself out of self-acceptance. That glance from the margins, from those dark corners, offers the possibility of a sensitive critique, of a deeper suspicion and anticipation. As if our "erasure" or "invisibility," our return to the modern would offer us the unique opportunity to see better and more acutely the framework of contemporary culture. In the middle of fracture and decadences, perplexed before our history and our present, deprived of an autonomous identity, Latin Americans—especially artists and intellectuals—have found ourselves with an unprecedented opportunity: to think about our epoch from a universal perspective, destroying all the cultural provincialisms, reawakening the legacy of an illustrious and cosmopolitan West, grounded in the knowledge gained from our mistakes, and measured by our healthy skepticism of those dreams that were promised to us by the American utopia.

Oeste, paralizados por sus tradiciones e incapaces de salir de su prestigiosa esclerosis [. . .]. "Lo que sucede en el Este de Europa debe necesariamente suceder en los países de América Latina, y he observado que sus representantes están infinitamente más informados y son mucho más cultivados que los occidentales, irremediablemente provincianos". Como si nuestro destino marginal y fronterizo nos obligara a la universalidad como único modo de escaparle a la asfixia de una geografía algo destemplada y empobrecida. Borges, afirma Cioran, está obligado a "ejercitar su espíritu en todas direcciones", a escapar de la trampa del provincialismo cultural, a tomar prestado sin demasiados prejuicios. Sigiloso aselante que se escurre entre los pliegues de la cultura occidental, para vover a su comarca armado de insospechadas erudiciones. Borges, y aquí se encierra la parábola del intelectual latinoamericano, hace de "lo extranjero" algo propio e íntimo, descubre que su hogar es mudable y que el arraigo puede convertirse en una trampa que empobrece el espíritu. El viaje y la pertenencia, la multiplicidad resquebrajada de una identidad que se fue construyendo a través de la fusión de los sueños y de las lenguas. El artista latinoamericano trabaja con ese material huidizo, se hace cargo de esa derive polisémica que lo conduce hacia los diversos confines de la

cultura de Occidente en medio de una inquietante incertidumbre acerca de sus orígenes.

La errancia del erudito, del inventor de ficciones, del que capta las imágenes de un tiempo y de un territorio de confusiones y de mezclas, que descubre y desnuda a "los otros" —los constructores de lenguajes hegemónicos— porque su mirada sureña se perfeccionó fuera de la autosatisfacción esclerosada. Ese mirar desde los márgenes, desde oscuros rincones, ofrece la posibilidad de una sensibilidad crítica, de una palabra predispuesta a la sospecha y a la anticipación. Como si nuestra condición desarraigada, nuestro estar de vuelta de las alucinaciones modernas, nos ofreciese la extraña oportunidad de mirar mejor y más agudamente el entramado de la cultura contemporánea. En medio de las fracturas y las decadencias, perplejos ante nuestra historia y nuestro presente, desprovistos de una identidad autosuficiente, los latinoamericanos, especialmente artistas e intelectuales, nos encontramos ante una chance inédita: pensar nuestra época desde lo ecuménico, haciendo trizas los provincialismos culturales, recuperando el legado de un Occidente ilustrado y cosmopolita pero atrincherados, eso sí, en los saberes que emanan de nuestros propios fallidos, de nuestra escéptica sospecha de aquellos sueños prometidos por la utopía americana.

Between Two Waters: Image and Identity in Latino-American Art

MARI CARMEN RAMIREZ

Any attempt to answer the question "Which Latin America?" from the vantage point of a Puerto Rican (thereby Latin American) curator active in the United States implies approaching the problem of the identity/representation of a peripheral culture from the "inside" perspective of the political and economic center of power. The center has traditionally functioned as the space of co-optation of the marginal identities of the periphery. Yet, for those of us who continually debate ourselves inside its limits, the space of North American culture also offers a shifting perspective to test or question strategies of resistance and affirmation elaborated on each side of the border. This "double perspective," that we can also characterize as having "a foot between two waters," has allowed me to appreciate with a critical eye the transformations that have taken place since the end of the eighties with respect to the representation of Latin American art in the United States, with the intent of determining their implications for art and artists south of the border.

I refer specifically to the impact that the phenomenon of multiculturalism has had on the representation of Latin American art in North American cultural circuits. The starting point for this topic is the surge of activity that has surrounded Latino-American art in the United States since the second half of the 1980's. Although Latino-American artists have been present in the United States since the 1920's, not until now have we seen any serious appreciation of their art in mainstream circles. We can ascribe the increased visibility of this group of artists to two inter-related factors: first, the demographic trends that have been reconfiguring North American society since the 1960's, as a result of migrations from Central, South America and other Third World countries. It is predicted that the Hispanic population will swell to over 30 million by the year 2000. Second is the emergence of a new model of cultural interaction that has come to be known as multiculturalism. The multicultural model is linked to the struggle of racial and ethnic minorities to defend a space for cultural and political equality within North American society.[1] These minorities include the Latin-, Asian-, African-, and Native-American communities. The intensity with which multiculturalism has erupted in the North American art scene during the last five years has generated an intense debate over the conditions for the representation of the identity of these marginal groups.[2] Yet, while the multicultural debate promises to redefine the parameters of the actual "canon," it is not clear to what extent it will promote a true sense of cultural diversity. At the present time, it poses a series of problems regarding the identities of the group of artists which it purports to represent.

The implications of this phenomenon for Latin American artists transcend the traditional struggle for recognition or the function which the United States has performed over the last forty years as legitimizer of the artistic expressions of the periphery. With the second highest growth rate in the United States, the Latin community is destined to assume a protago-

Intentar contestar la pregunta "¿Cuál América Latina?" desde la posición de una curadora puertorriqueña, y por ende latinoamericana, en los Estados Unidos conlleva abordar el problema de la identidad/representación de una cultura periférica desde la perspectiva que ofrece uno de los centros de poder económico y político contra el cual se articula. Si bien el centro, ejemplificado en este caso por los Estados Unidos, tradicionalmente se ha definido como espacio co-optador de las identidades marginales de la periferia, para los que a diario nos debatimos en sus límites, el espacio de la cultura estadounidense contemporánea también ofrece una perspectiva móvil desde la cual cuestionar o poner a prueba tácticas de afirmación y resistencia elaboradas de uno y otro lado de la frontera. Esta doble perspectiva, que podríamos caracterizar de "pie entre dos aguas", nos ha permitido apreciar con ojo crítico las transformaciones con respecto a la representación del arte y los artistas latinoamericanos que desde fines de la década de los ochenta se han venido operando en los Estados Unidos, con miras a determinar no sólo su validez en y para el centro, sino sus implicaciones para el arte y los artistas del Sur de la frontera.

Me refiero principalmente al impacto que ha tenido el fenómeno del multiculturalismo sobre la presentación/representación del arte latinoamericano en al ámbito de la cultura estadounidense. Por multiculturalismo debe entenderse el proceso de reconfiguración demográfica que ha venido experimentando la sociedad norteamericana desde los años sesenta como resultado de las migraciones procedentes del Tercer Mundo, las consecuentes luchas de los grupos étnicos por defender un espacio de igualdad cultural y política dentro de la nueva articulación social, y el discurso de promoción de la diversidad racial generado en este contexto para legitimar los reclamos tanto de los viejos como de los nuevos grupos.[1] La intensidad con la cual este fenómeno ha irrumpido en el mundo artístico norteamericano en los últimos cinco años ha generado un intenso debate que está redefiniendo los parámetros del "canon" vigente, al igual que el contexto y las condiciones para la representación de las identidades de los grupos marginales, entre los cuales se cuentan en adición a los latinos, las comunidades afro-americanas, nativo-americanas y asiáticas.[2]

Las implicaciones de este proceso en lo que respecta la representación del arte latinoamericano van más allá del fenómeno de las luchas por reconocimiento de las minorías estadounidenses o la función que este centro ha venido desempeñando como legitimador de las expresiones artísticas de la periferia. Con una población en incremento de 30 millones y la segunda tasa de crecimiento de la nación americana, la comunidad latina está destinada a asumir un rol protagónico en el proceso de reconfiguración multicultural de la sociedad estadounidense. Este hecho de por sí asegura un nuevo tipo de dinámica consistente en la redefinición *desde adentro* del centro mismo de la imagen de la cultura y del arte latinoamericano. Los efectos de esta dinámica no pueden ser ajenos a la comunidad sudamericana o latinoamericana

nist role in the process of multicultural re-configuration of U.S. society. This fact alone suggests the emergence of a new dynamic of cultural exchange that promises to redefine the image of Latin American art and culture from *inside* the dominant center. The effects of this dynamic should not pass unnoticed to the Latin American community in general. In what follows I will attempt to identify those problems as they affect both the U.S. Latino artistic community and its broader Latin American counterpart.

In respect to the position of Latino artists (Mexican-American, Puerto Rican and Cuban), and Latin Americans (South Americans, Central Americans and Caribbeans)[3], who have been the object of discrimination by mainstream cultural institutions, we can point out two significant changes resulting from the multicultural debate. On one hand, over the past ten years there has been considerable opening up of educational and cultural organizations to these marginal groups. As a result there has been an increase in exhibitions, acquisitions by museums and collectors, and other opportunities for personal and professional development. These developments have taken place notwithstanding the fact that the principal museums still resist acceptance of these groups of artists within *their* established "canon."[4]

On the other hand, perhaps a more problematic issue has been a blurring of the distinctions that constitute the groups gathered under the Latino/Latin American art category. This fusion of identities between groups of U.S Latino artists—mean-

ing Mexican-American, Puerto Rican and Cuban—and Latin-American artists—those proceeding from Central, South America and the Caribbean—has been promoted by both mainstream and marginal institutions and critics. For instance, four years ago the exhibition *The Latin American Spirit*,[5] (one of the first shows to document the presence of these various groups of artists in the United States), dealt with the problematic of Latin American and Latino artists as parallel phenomena. The critical discourse of the last few years, however, assumes a common identity for the various groups that make up the Latino community on the basis of the colonial hispanic legacy that unites them all, as well as on their experience of displacement and marginalization by the center. This was the guiding premise of *The Decade Show*, organized by three "non-mainstream" institutions, The Studio Museum in Harlem, The New Museum of Contemporary Art, and the Museum of Contemporary Hispanic Art. Under the sole category of "Latino/Latin-American," this exhibition presented a broad spectrum of artists from Central and South America, comparing them as a block to that of the African-, Asian-, Native- and Anglo-American artists.[6]

The blurring of the distinctive traits that constitute both Latino and Latin American identity in the U.S. context should alert us to the danger of homogenization implicit in the category "Latino/Latin American art," invoked by both the art establishment and advocates of multiculturalism. It thus suggests the need to rethink the question of

en general y ameritan que se les considere detalladamente.

En lo que respecta a la posición de los artistas latinos (mexicano-americanos y puertorriqueños) y latinoamericanos (sudamericanos, centroamericanos y caribeños)[3], quienes tradicionalmente han sido objeto de fuerte discriminación por parte del aparato cultural institucional, podemos señalar dos cambios significativos resultantes del proceso multicultural. Por un lado, una apertura por parte de organismos educativos y culturales que en términos relativos a los de diez años atrás, y no obstante el hecho de que los principales museos aún se resisten a aceptarlos dentro del "canon", ha resultado en un incremento en exhibiciones, adquisiciones por parte de museos y coleccionistas, y otras oportunidades de desarrollo personal y profesional.[4]

Por otra parte, aún más significativo, ha sido el surgimiento de un nuevo concepto de identidad conjunta entre los grupos de artistas latinos y los latinoamericanos articulado desde la base del discurso multicultural y promovido tanto por instituciones y críticos de los márgenes (*non-mainstream*), como por el centro mismo. Si hace apenas cuatro años la exhibición *Tha Latin American Spirit*,[5] una de las primeras muestras en documentar el fenómeno de estos dos grupos de artistas en los Estados Unidos, enfocaba la problemática de ambos como fenómenos paralelos, el discurso crítico de los últimos años da por sentado una identidad común para los varios grupos sobre la base del legado colonial hispánico que los une y su experiencia de desplazamiento y margi-

nalización en el centro. Tal fue la premisa que sirvió de base a la muestra *The Decade Show*, organizada por tres instituciones de los márgenes del "mainstream", la cual presentó bajo la categoría de "Latino/Latinoamericano" una amplia gama de artistas que incluyó a mexicano-americanos, puertorriqueños, nuyoricans, cubanos y otros artistas procedentes de Centro y Sur América, cuya producción fue comparada con la de artistas afro-americanos, asiáticos, nativo-americanos y anglo-europeos.[6]

Tomados en su conjunto, estas transformaciones en la visibilidad y percepción de lo latinoamericano desde el punto de vista del fenómeno multicultural sugieren la necesidad de repensar algunos de los puntos del debate en torno al problema de la identidad/representación del arte latinoamericano en los Estados Unidos, desde una perspectiva que nos lleva más allá de denunciar los dudosos mecanismos de co-optación del "mainstream", la autenticidad o inautenticidad del supuesto "boom" del mercado de arte latinoamericano, o las estrategias coloniales e imperialistas del destino manifiesto. Se trata más bien de atender desde un punto de vista tanto teórico como práctico, los problemas que presenta la categoría de "arte latino" o "arte latinoamericano" lanzada a la arena por el discurso multicultural como base para analizar en primer lugar, la complejidad que asume el problema de la identidad de este grupo de artistas dentro del marco del discurso de diversidad racial y cultural promovido por el multiculturalismo, y en segundo lugar, el impacto de estas transformaciones

the representation of these two groups. My contention is that this rethinking must go beyond the usual arguments surrounding Latin American art in the United States, such as the denunciation of co-optation by the mainstream, the authenticity or un-authenticity of the supposed Latin American art "boom," or the impact of the colonial, imperialist strategies of the manifest destiny on artists from this region. The task at hand, then, is to unravel, both practically and theoretically, the problems posed by the category of "Latino/Latin American" art promoted by multi-culturalism.[7]

Many of the difficulties of taking on this task originate in the ambivalence and contradictions of the multicultural model itself. Especially when we consider the indiscriminate ways in which this model has been adopted in the cultural-artistic field. Although it is impossible to summarize the complex issues posed by multiculturalism within the limitations of this paper, it is necessary to distinguish—if only schematically—the two versions of this model which are relevant to this discussion. The first conception of multiculturalism is in opposition to the old assimilationist model of the "melting pot." In this version of multiculturalism the center allows the co-existence of different racial and ethnically constituted minority groups.[8] It presents itself as capable of accepting "otherness" and legitimizing their "difference" with regard to white society, thereby positing a model of egalitarian co-existence.

The radical version of the multi-cultural model conceives of America as a single continent—extending from South America to the United States and Canada—composed of different racial minorities that are redesigning the space of the dominant culture.[9] Such a model—exemplified in the writings of Mexican artist Guillermo Gómez-Peña and the Border Arts Workshop —is based on the concept of a hybrid culture that exists along the Mexican-United States border providing a different mode of relations among ethnic groups. This hybrid "border" culture exemplifies the vision of the Latino groups of a new America of dialogue and collaboration. While in theory it is possible to distinguish the ideological subtleties of the two versions of multiculturalism, in practice, the strategic alliance of minority groups among themselves and with entities of the dominant center makes it impossible to distinguish one version from the other. This suggests that deep down both are part of the same strategy of "crossing-over" to the center.

Notwithstanding the ideological attractiveness of this model, in practice it presents a series of problems. The first concerns the way in which it favors the racial category of the minority groups' struggle over all the other determinants of social class, nationality, or ideology. In the case of Latinos, this type of racial classification is highly problematic, especially when we consider them with other ethnic groups. Unlike Asian- or African-Americans, Latinos do not constitute a "race" or "etnia" by themselves; they are rather an amalgam of races, classes, and nationalities that resists easy classification or categorization.[10] We have to keep in mind that what is consid-

en la definición del arte latinoamericano elaborada desde el centro.[7]

Gran parte de las dificultades de emprender esta tarea, sin embargo, se originan en las ambivalencias y contradicciones del propio discurso multicultural y las maneras indiscriminadas como el mismo ha sido adoptado en el campo cultural-artístico. Aunque resulta imposible dentro de las limitaciones de este trabajo resumir la complejidad de este debate, es preciso distinguir, si bien en forma esquemática, las que mayor relevancia tienen para esta discusión. La primera y más generalizada opone al viejo modelo del "melting pot" un centro capaz de permitir la convivencia diferenciada de los grupos raciales y minoritarios.[8] Su móvil principal está en la capacidad del centro de recuperar la "otredad" de los marginados legitimando su "diferencia" con respecto a la sociedad blanca, y reordenándose en aras del modelo de convivencia egalitaria. La versión más radical de este discurso, elaborada por artistas como el mexicano Guillermo Gómez-Peña y el Taller de Arte Fronterizo presupone que América es un continente que abarca desde América del Sur hasta Estados Unidos y Canadá compuesto de distintos grupos raciales y minorías que están reconfigurando el espacio de la cultura dominante.[9] La misma se apoya en el modelo de cultura híbrida que provee la frontera entre México y los Estados Unidos como modelo de las nuevas relaciones entre los grupos raciales, ejemplificando de esta manera la visión de los grupos latinos de una nueva América de diálogo y colaboración. Si bien es posible distinguir las sutilezas ideo-

lógicas de una y otra versión del multiculturalismo, en la práctica, las alianzas estratégicas de los grupos minoritarios entre sí y con entidades del centro dominante hacen imposible distinguir una versión de la otra, sugiriendo que en el fondo ambas son dos lados de una misma estrategia de penetración en el centro.

No obstante el atractivo ideológico de este modelo, en la práctica el mismo plantea una serie de problemas, el primero de los cuales se relaciona con la manera como tiende a privilegiar la categoría racial de la lucha de los grupos minoritarios por encima de otros condicionantes de clase, nacionalidad o ideología. En el caso de los latinos, este tipo de clasificación racial resulta sumamente problemática cuando consideramos que en comparación con otros grupos étnicos, estos últimos no constituyen una "raza" o "etnia" en sí, sino más bien una amalgama de razas, clases y nacionalidades que eluden la fácil clasificación o categorización.[10] Debemos recordar que lo que se considera la comunidad latina o latinoamericana de Estados Unidos es el resultado de migraciones provenientes de Centro o Sur América en distintos períodos históricos que llegaron huyendo de la opresión económica, la violencia de las dictaduras, o los efectos del Destino Manifiesto y otras estrategias políticas y económicas de los Estados Unidos con relación a sus países vecinos del Sur. Esta amalgama incluye por lo menos tres o cuatro generaciones de ciudadanos estadounidenses de origen latinoamericano, como los mexicano-americanos y los puertorriqueños, al

ered the Latino or Latin-American community of the United States is the result of immigrations proceeding from Central and South America at different historic periods. The groups who have sought refuge in the United States have fled from economic oppression, the violence of dictatorships, as well as the effects of the Manifest Destiny, or other political and economic strategies of the United States in relation to its neighbors to the South. The resulting amalgam of races and ethnic groups includes at least three or four generations of U.S. citizens of Latin-American origin, such as Mexican-Americans and Puerto Ricans, as well as South and Central American immigrants, each comprising in turn a wide variety of races and nationalities amongst which can be included whites, blacks, Arabs and Asians.[11] The Latino artistic community reflects this diversity in its multiplicity of approaches to art. In Guillermo Gómez-Peña's own words, "There is no such thing as 'Latino art' or 'Hispanic art;' there are hundreds of types of Latin-American art in the United States. And each one is aesthetically, socially, and politically specific."[12]

All of the above suggests—contrary to what seems to be upheld by the multiculturalist doctrine— that the problematic of identity of U.S. minorities, with respect to the dominant U.S. culture, differs significantly from that of the peripheral groups that are inscribed in this same context. If both are a product of geographic and cultural displacements brought about by colonialism in its several historic phases, in practice they all exhibit differences in relation to their cultures of ori-

gin, as well as with the phenomenon of inequalities associated with the Third World. These disparities are more palpable when we attempt to group artists that come from Mexican-American or Nuyorican communities, whose experiences have developed at the margins of North American urban culture, with South Americans and Puerto Ricans, whose identities have evolved outside the parameters of this culture. How can we explain, for example, the phenomenon of the South American artists whose identities are grounded in the traditions of their countries of origin, but whose artistic development has benefited from the expanded opportunities provided by their life in metropolitan centers? In which latitude is this production situated? Or, within this scheme, how can we explain the position of Puerto Rican artists, physically and socially distanced from the center, whose artistic practice is grounded in the possibility of declaring their independence from that very center?

The point I am trying to make here is the following: for Mexican-Americans, Nuyoricans and other Latino minorities, the focus of identification is located in their experience on the margins of North American culture; for South, Central American and Puerto Rican artists, however, this focus is found in their identity as citizens of the periphery or the colony. What distinguishes this second group is the fact that their identity is articulated on the basis of cultural traditions that lie *outside* the scope of their U.S. experience. These traditions can encompass a broad range of sources from pre-Columbian art, syncretic myths, or the literature of

igual que grupos de inmigrantes sudamericanos y centroamericanos en los que a su vez se combinan una amplia gama de razas y nacionalidades que incluyen blancos, negros, árabes y asiáticos.[11] La comunidad artística latina refleja esta diversidad racial y de clase en la multiplicidad de acercamientos al arte y a las prácticas artísticas. En las palabras del propio Guillermo Gómez-Peña, "No existe tal cosa como 'arte Latino' o 'arte Hispano'. Hay cientos de tipos de arte latinoamericano en los Estados Unidos. Y cada uno es estética, social y políticamente específico."[12]

De aquí habría que deducir, contrario a lo que predica el multiculturalismo, que los problemas de las minorías estadounidenses con respecto al centro son distintos que los de los grupos periféricos que se encuentran inscritos en el mismo contexto. Si bien ambos son producto de los desplazamientos históricos ocasionados por el fenómeno del colonialismo en sus distintas versiones y etapas históricas, en la práctica todos exhiben diferencias en cuanto a su nivel de relación con las culturas y países de origen al igual que con el fenómeno de desigualdad asociado con el Tercer Mundo. Los desniveles se hacen mucho más patentes cuando intentamos agrupar a artistas procedentes de las comunidades mexicano-americanas o nuyorican, cuya experiencia se ha forjado en los márgenes de la cultura urbana estadounidense con los sudamericanos o puertorriqueños, cuya identidad corresponde a esquemas nacionales fuera de los parámetros de esa cultura. ¿Cómo explicar, por ejemplo, el fenómeno de los artistas sudamericanos cuya identi-

dad se articula en función de sus países de origen, pero cuya producción responde a los estímulos y las oportunidades de desarrollo que les provee el centro (o los márgenes del centro) estadounidense? ¿En qué coordenadas se sitúa su producción? O ¿cómo explicar la posición dentro de este esquema de los artistas puertorriqueños, física y sociológicamente distanciados del centro, cuya práctica se da en función de la posibilidad de independizarse del mismo? Lo que me interesa resaltar de este argumento es que si para las minorías étnicas el punto de identificación se encuentra en su experiencia en los márgenes de la cultura estadounidense, para los artistas sudamericanos, centroamericanos o puertorriqueños, el mismo se encuentra en su identidad como ciudadanos de la periferia o la colonia. La diferenciación sobre esta base, es decir el análisis de cómo construyen su identidad estos grupos de artistas sobre polos distintos, resulta importante para analizar los niveles de asimilación o no asimilación de cada grupo, su relación con el centro y el impacto de estos procesos en las prácticas artísticas.

Podríamos ilustrar a grandes rasgos algunos de los casos para demostrar mejor los puntos principales de este argumento. En primer lugar está el caso de los artistas mexicano-americanos para quienes la etnicidad siempre ha sido una cuestión política. La mayor parte de los artistas de este grupo provienen de la clase trabajadora y se identifican con la tradición de lucha política inaugurada desde los años cincuenta y sesenta por el movimiento chicano, movimiento

Jorge Luis Borges. Therefore, in order to understand the level of assimilation or non-assimilation of each group, their relation with the dominant culture, and the impact of these processes in their artistic practices, we must first understand how the identity of these various groups of artists is constituted proceeding from two different cultural axes: that which has been provided by their grassroots experiences in the United States, or by their countries of origin.

We can sketch out some examples to illustrate the principal points of this argument. First, we have the case of Mexican-American artists whose ethnicity has always been a political issue. The majority of artists from this group are of working class origins and identify with the tradition of political struggle established in the 1950's and 60's by the Chicano movement. As we know, the latter attempted to unite this community through a nationalist project to construct an identity based on the recovery of their Mexican roots and their experiences in North American cities. Up to the early part of the 1980's, the Mexican-American artistic community situated itself in direct confrontation with the mainstream. Such a stance implied developing activist tactics to call into question the institutional mechanisms of the North American artistic world. In harmony with their objectives of political and cultural affirmation, the Chicano artists reclaimed the public space as a sphere for their activities, emphasized the community roots of their artistic production (versus the exacerbation of individualism among North American artists), and in their visual discourse inaugurated the strategies of appropriation and recycling of

images from Hispanic and North American culture. From this point of view, Chicano art presents an interesting dualism: on one hand, it is an art that depends on collective memory, just like the pre-Colombian and Mexican popular art traditions, as the basis for the construction of identity; on the other hand, it presents these traditions filtered through the artists' experience in North American urban culture.

Another instance, less analyzed, is the one that presents the situation of Central and South American artists who are active in the United States. The majority of them come from the South American upper and middle classes. They arrived in this country as exiled adults for political or economic reasons. Many of them are double exiles in the sense that their families had already immigrated from Europe to Latin America. Disregarding the number of years that they have lived in the United States, the majority of them resist integration into North American culture, insisting not only on retaining the identity of their countries of origin, but frequently adopting a second identity through North American citizenship or permanent resident status. This double identity has allowed them to participate in national and international exhibitions as either representatives of their countries of origin or of the United States. It has also led to their being reclaimed by their original countries for their art history, museum collections and encyclopedias of national art. In the last few years, the final collapse of political dictatorships in Latin America has encouraged the constant traffic back and forth of these exiled artists between the two continents, contributing to the consolidation of this hybrid identity. An

que aglutinó a los sectores nacionalistas de esta comunidad en torno al proyecto de construcción de una identidad basada en la recuperación de sus raíces mexicanas y de su experiencia en las ciudades norteamericanas. Hasta priniciplos de los ochenta los representantes de este grupo se situaron en posición directa con respecto al "mainstream", desarrollando tácticas de contestación y en última instancia deconstrucción (a pesar de que el término aún no estaba en boga) de los mecanismos institucionales del mundo artístico estadounidense. En consonancia con sus objetivos de concientización y afirmación cultural, los artistas chicanos reclamaron el espacio público como esfera de proyección de sus actividades, enfatizaron las raíces comunitarias de su producción artística (versus la exacerbación del individualismo de los artistas estadounidenses), y en su discurso visual inauguraron estrategias de apropiación y reciclaje de imágenes de la cultura hispánica y estadounidense. Desde este punto de vista, el arte chicano presenta una dualidad interesante: por un lado es un arte que depende de la memoria colectiva, al igual que de la tradición del arte precolombino y popular mexicanos como base para la construcción de su identidad; por otro lado, presenta estas tradiciones filtradas por medio de su experiencia en la cultura urbana estadounidense.

Otra instancia, menos analizada, es la que presenta la situación de los artistas de Centro y Sudamérica activos en Estados Unidos. La mayor parte de ellos proceden de las clases medias sudamericanas y llegaron a este país como adultos exiliados por razones políticas o económicas.

Muchos de ellos son exiliados dobles, procedentes de familias que ya habían emigrado anteriormente de Europa a América Latina. No empese el número de años que hayan permanecido en los Estados Unidos, la mayoría de ellos ha rechazado integrarse a la cultura norteamericana, insistiendo no sólo en retener la identidad de sus países de origen, sino frecuentemente adoptando la segunda identidad que les ofrece la ciudadanía o residencia permanente norteamericana. Esta doble identidad, les ha permitido participar simultáneamente en muestras nacionales e internacionales como representantes de sus países originarios, ser reclamados por estos para historias del arte, colecciones de museos y enciclopedias de arte nacional, al mismo tiempo que frecuentemente son invitados a participar como estadounidenses en exhibiciones y otros eventos internacionales. El derrumbe de las dictaduras políticas en América Latina, por otra parte, ha flexibilizado el constante ir y venir de los artistas exiliados entre un continente y otro, contribuyendo de este modo a la consolidación de un estado de identidad intermedio, suspendido entre dos aguas.

Las prácticas artísticas de este grupo reflejan esta dualidad en la manera como mezclan en una misma obra referentes estéticos y culturales tanto globales como locales, conjuntamente con referencias a la cultura popular, a las tradiciones indígenas o a la cultura urbana tanto del centro como de la periferia latinoamericana. Contrario a los grupos minoritarios estadounidenses, el tránsito constante de los artistas exiliados entre las metrópolis del centro y la periferia, ha producido formas y prácticas

identity that is suspended between two waters.

The developments of the 1980's as they relate to multiculturalism have raised a number of problems for this community of artists, forcing them to decide what elements of their heritage they wanted to retain, and what elements of North American culture they wanted to assimilate or leave behind. Worth noting in this respect is the common complaint among the group who arrived in the 1960's who perceived the climate of that decade as more receptive to cultural *difference* than the present context of the late 1980's and 1990's.

Contrary to minority groups in the United States, the constant movement of Central and South American artists between the metropolis of the center and the periphery has produced artistic forms that defy easy classification by country or region. Despite attempts by curators and art historians to classify or explain these artists according to their original nationality, the artistic languages of this group reflect their double identity in the way in which they combine—in one work—references to both global and local traditions. These can range from allusions to the art and culture of the indigenous and popular sectors of Latin American countries, to elements of the urban environment of the European or North American metropolis. In addition, the art of this group juxtaposes the modernist concern with issues of cultural and political affirmation with such strategies as appropriation, pastiche, and irony associated with postmodern languages. In their art, however, the postmodern vocabulary assumes a different function. That is to say, its aim is to recycle

the artistic modes generated by the artistic movements of the center. All of these elements make the production of U.S. based Central and South American artists difficult to locate and classify in the context of U.S. "mainstream" culture.

An even more problematic case is that represented by Puerto Rican artists, divided between "Islanders" and "Nuyoricans" or "Continentals."[13] If, for "Nuyorican" artists, the fight against white racism constitutes a nucleus of daily struggle in the urban context of the metropolis, for "Island" artists the racial issue is only one ingredient within the insidious problem of Puerto Rico's status as the last colony of this hemisphere. As a result, for this later group, immersed in the pessimism of a politically undefined status quo, multiculturalism is not only a distant phenomenon, but one that does not address the realities of their immediate condition.

The disparity between the experiences of both groups also manifests itself in the differences that separate their artistic languages. Despite the exposure of "Islander" artists to mainstream tendencies, contemporary art in Puerto Rico exhibits a much more conservative profile than that of other Latin American countries or even that of "Nuyorican" artists, whose proximity to the "mainstream" has imprinted a different character to their production. Taken as a group, with counted exceptions, the "Islander's" art is hardly ever understood in the North American artworld, even after the latter has been shaken by the visual discourse of ethnic groups. The reasons for this phenomenon go further than a mere localism or provincialism, and therefore deserve to be considered with more attention.

artísticas que desafían la fácil clasificación por países o regiones, a pesar de las prácticas por parte de curadores e historiadores del arte que continúan intentando clasificarlos y explicarlos de acuerdo a sus nacionalidades de origen. En el marco de la cultura "mainstream" estadounidense, su producción resulta difícil de localizar y clasificar. En ellas se yuxtaponen elementos del lenguaje que podríamos denominar post-moderno con referentes de afirmación cultural y contestación política que corresponden a la problemática modernista. Estrategias como las de apropiación, el pastiche, la ironía asociadas con los lenguajes post-modernos asumen una función distinta orientada a reciclar los motivos y tácticas apropiadas del arte del propio centro.

Un caso todavía más problemático es el que representan los artistas puertorriqueños, divididos entre los "isleños" y los nuyorican o "continentales".[13] Si bien para estos dos grupos el nacionalismo continúa siendo un arma de lucha en contra del colonialismo y el imperialismo estadounidenses, la experiencia de ambos continúa siendo diferente en cuanto a su proximidad psicológica y física con respecto al centro. Si para los nuyorican la lucha contra el racismo blanco constituye un foco de lucha diaria en el contexto urbano de la metrópolis, para los puertorriqueños isleños la problemática racial no es sólo un ingrediente más dentro del problema insidioso del status de Puerto Rico como última colonia del hemisferio. Como resultado, para este último grupo del discurso multicultural es un discurso ajeno y distante que se ahoga en el pesimismo ante la estaticidad de la indefinición y del status quo político.

La desigualdad de experiencias entre un grupo y otro también se manifiestan en diferencias en las prácticas artísticas. No obstante el tránsito de artistas puertorriqueños por el centro, la producción artística puertorriqueña contemporánea, acusa un perfil mucho más conservador que la de otros países latinoamericanos e incluso que la de los artistas nuyorican, cuya proximidad al "mainstream" le ha impartido otras características a su producción. Tomada en su conjunto, y salvo algunas excepciones, la producción de los puertorriqueños es pocas veces entendida en ámbito del mundo artístico estadounidense, aún después de haber sido sacudido por el discurso visual de los grupos étnicos. La explicación para este fenómeno va más allá de ser caracterizada como un mero localismo o provincialismo y amerita que se la considere con atención.

El conservadurismo (y aquí habría que aclarar la relatividad del término, es decir, conservadurismo cuando se le compara con tendencias contemporáneas de Estados Unidos o Europa) y marginalidad del arte puertorriqueño actual encuentra sus raíces en la resistencia hacia las influencias de las vanguardias y del arte moderno en general que marcó la tradición de lucha nacionalista de la clase artística puertorriqueña desde principios de este siglo. Contrario a la mayor parte de los países latinoamericanos, donde la introducción del arte moderno fue consecuencia de los procesos de consolidación política y modernización iniciados por las élites nacionales, en Puerto Rico el traspaso de la isla, de España a Estados Unidos en 1898, y la interrupción del proceso de consolidación nacional en aras

The conservatism (and here must be clarified the relativity of the term, in other words, conservatism when it is compared to contemporary tendencies from the United States or Europe), and marginal status of present Puerto Rican art, finds its roots in the resistance toward avant-garde art in general that marked the tradition of nationalistic struggle of the Puerto Rican artistic class since the beginning of this century. In most Latin American countries, the introduction of modern art went hand in hand with the process of political consolidation and modernization initiated by national elites. In Puerto Rico, however, the transference of the Island from Spain to the United States in 1898 interrupted the process of national consolidation for the sake of a second colonial order.[14] An opposite effect was produced: instead of experiencing the openness toward experimental forms of art that other countries experienced, the Puerto Rican visual arts "clammed-up" into an attitude of rejection of any "imported" style that could be potentially associated with dominating powers. This posture led to the rejection of avant-garde modes in favor of the exaltation of the nineteenth century, natural version of "jíbaro" culture. Both came to represent ways of resisting the North American cultural influence. Thus, from Francisco Oller to the generation of the 1950's, Puerto Rican artists insisted on their own tradition of resistance, manifested in ideological postures and artistic practices "against the grain" of the international artistic world.[15] The moral persistence of this legacy continues to imprint a "sui generis" character to contemporary Puerto

Rican art, despite the new openness experienced by the Puerto Rican arts community during the last two decades. As a result, while the international art world is immersed in postmodernism, Puerto Rican art continues to be engaged in the modernist project of consolidation and definition of a national identity, in communicating with the public, and in creating the structures that will facilitate and legitimize the art production in an environment that even in 1991, lacks an operative cultural infrastructure. All of these factors have contributed to and accentuated the marginality of Puerto Rican artists in respect to the North American and international artworld circuits.

One could conclude, on the basis of everything stated until now, that far from clarifying the specificity of the Latino-American groups, multiculturalism tends in a paradoxical manner to homogenize the differences among them for the sake of an over-arching identity based in the common experience of racism and oppression. On a practical level, this concept is inadequate to explain the identities of marginal groups of artists, their relations among themselves, as well as with the dominant culture. In making this critique, I am not trying to revert to an essentialist or manicheistic position. What I am trying to emphasize instead is the need for a type of analysis that can take into account both the ways in which the diverse groups of Latino-American artists *construct* their identity and how the latter becomes manifest in their visual discourse and artistic practice.

The contradictions of the multicultural position become more evident when we analyze the central role that both versions of this

de un segundo orden colonial, produjo el efecto adverso.[14] En vez de la apertura experimentada por otros países, las artes visuales puertorriqueñas se "enconcharon" en una actitud de rechazo a estilos y formas del exterior y una exaltación a la cultura "jíbara" cuya función no fue otra que resistir la penetración y asimilación de los valores de la cultura norteamericana. Desde Francisco Oller hasta la generación del cincuenta, los artistas puertorriqueños insistieron en su propia tradición de resistencia, manifestada en posturas ideológicas y prácticas artísticas "a contrapelo" del mundo artístico internacional.[15] No obstante la apertura experimentada por el ambiente artístico puertorriqueño en las últimas dos décadas, la persistencia moral de este legado continúa imprimiéndole un cariz "sui generis" al arte puertorriqueño actual. De aquí que en momentos en que el mundo artístico internacional se debate con la problemática de la post-modernidad, el arte puertorriqueño continúa enfrascado en el proyecto modernista de consolidación y definición de la identidad nacional, comunicación con el público y creación de estructuras que faciliten y legitimen la labor artística en un ambiente que aún en 1991 carece de una infraestructura cultural operativa. Todo lo cual contribuye a acentuar la marginalidad de los artistas puertorriqueños con respecto al circuito internacional.

De aquí habría que concluir que lejos de esclarecer la especificidad de estos grupos, el multiculturalismo tiende paradójicamente a homogeneizar las diferencias entre ellos en aras de una pan-identidad basada en la experiencia común del racismo y la opresión. A nivel prác-

tico el mismo resulta insuficiente para explicar las identidades de los grupos marginales, las interrelaciones entre sí, al igual que con la cultura dominante y con la periferia. Con este tipo de crítica no se trata de revertir a posiciones esencialistas o polarizadas, sino de enfatizar la necesidad de analizar los procesos de construcción de identidad en el discurso y la práctica visual de los diversos grupos de artistas latinos.

Las contradicciones de la posición multicultural se hacen más patentes cuando analizamos el rol central que concede este discurso a la *diferencia* que caracteriza a los grupos marginales. En términos generales el multiculturalismo impone la expectativa de la *diferencia* racial, étnica, y cultural de estos grupos como un valor en sí mismo, irrespectivamente de si es objetivo o no, llevándolos a expresarse exclusivamente en términos de esa *diferencia*, la cual a su vez legitima su inclusión y aceptación egalitaria en el no-centro. Esta dinámica estuvo presente, por ejemplo, en la exhibición *The Decade Show*, donde en vez de presentar la aplicación de lo que los artistas afro-americanos, asiáticos y latinos hacen en términos de su producción, que puede *diferenciarse* o no de la de otros artistas estadounidenses o europeos, el énfasis de la selección recayó en la manera distinta de cómo lo hacen. Como resultado, y a pesar del nivel de sofisticación del arte y los artistas seleccionados, cada grupo étnico acabó sobresaliendo en base a atributos culturales los cuales servían como significantes de diferenciación frente a la cultura dominante. Así, la selección de obras de artistas nativo-americanos enfatizó referentes a la tierra y a la natu-

model grant to the *difference* that characterizes the marginal groups. In general terms, multiculturalism foregrounds the racial, ethnic and cultural *difference* of these groups as a value in itself, irrespective of whether in practice it is true or not. This premise has led these artists to express themselves exclusively in terms of *difference* which, in itself, legitimizes their inclusion and egalitarian acceptance in the new "center." Such a dynamic was present in, for example, *The Decade Show* where instead of presenting the work of the African-American, Asian, and Latin artists in terms of their production—which can or cannot be differentiated from that of the North American or European artists—the emphasis was placed on the *different* manner in which they work. As a result, each ethnic group ended up represented on the basis of their cultural attributes, which served as significant points of differentiation to the dominant culture. Thus, the selection of works by Native American artists emphasized references to the land and nature; the selection of Puerto Ricans and Nuyoricans was characterized by references to the Island's culture and symbols of the pro-independence struggle; finally, the work by Anglo Europeans stressed the utilization of resources derived from advanced technology, such as videos, electronics, and laser screens.

The problems associated with the celebration of *difference,* are ultimately related to the mainstream's function as interlocutor and legitimizer of the *difference* that marks the marginality. In other words, this dynamic can only function if there exists an Other who will authorize this *difference,* a situ-

ation that continues to perpetuate both the division between "us" and "them" and the inequality through which *difference* can function autonomously. For this reason, it should not surprise us that the mainstream's answer to the demands of multiculturalism has been one of penance, openness and celebration. To the claims of minority groups, the mainstream has responded with an apparent lamentation of its exclusionary practices, the "correction" of its institutional politics and its acceptance of multicultural production. Nonetheless, we have to ask ourselves whether the emphasis on *difference* of artistic modes and motives employed by the Latin artists, does not correspond—once again—to the space that the "mainstream" allows them to articulate their identity in terms of the parameters of the dominant culture.

In the case of the multicultural phenomenon, the absolute authority of the mainstream with respect to the celebration of marginality can be explained in terms of its transformation experienced during the 1980's. While these are too complex to be fully discussed here, it must be pointed out that multiculturalism's arrival surprised the mainstream in a moment in which its distinction not only between art and market was collapsing, but also the distinction between the institutional sphere and artistic practices. This has resulted, on one hand, in the indiscriminate openness of the mainstream to all that is produced in the artistic world, including the peripheral and marginal expressions, and on the other hand, in the cessation of the function of the alternative spaces that propagated during the 1960's, among which the marginal

raleza, la de los puertorriqueños y nuyorican se caracterizó por problemas nacionalistas "isleños" y símbolos de la lucha independentista, la de los anglo-europeos enfatizó la utilización de recursos derivados de la alta tecnología, tales como videos y pantallas electrónicas y de láser.

Los problemas asociados con la exaltación y celebración de la diferencia están relacionados en última instancia con la función del centro como interlocutor y legitimador de la *diferencia* que marca la marginalidad. Es decir, esta dinámica sólo puede funcionar si existe un Otro que autorice y tome nota de esa *diferencia,* situación que continúa perpetrando la división entre "nosotros" y los "otros" y la posición de desigualdad mediante la cual la diferencia de este último nunca puede funcionar de manera autónoma. Por esta razón, no ha de extrañarnos que la respuesta del "mainstream" a las demandas del multiculturalismo haya sido una de penitencia, apertura y celebración. A los reclamos de los grupos minoritarios, el "mainstream" respondió con una aparente lamentación de *sus* prácticas exclusionarias, la 'corrección' de sus políticas institucionales y la consecuente acogida en su seno de la producción multicultural. Tendríamos que preguntarnos, sin embargo, si el énfasis en la *diferenciación* de modos y motivos artísticos empleados por los artistas latinos, tan promovida por instituciones tanto de los márgenes como del "mainstream", no corresponde una vez más al espacio que le concede el "mainstream" para articularse en términos de los propios parámetros de su mirada. En el caso del fenómeno multicultural, la absoluta autoridad del "mainstream" con

respecto a la celebración de la marginalidad se explica en términos de las transformaciones que éste experimentó durante la década de los ochenta. Si bien estas son demasiado complejas para discutir en el contexto de esta presentación, sí habría que señalar que el multiculturalismo irrumpió en el "mainstream" en momentos en que el mismo no sólo colapsó la distinción entre arte y mercado, sino también la distinción entre la esfera institucional y las prácticas artísticas. Esto ha resultado por un lado en la apertura indiscriminada del "mainstream" a todo lo que se produce en el mundo artístico, incluyendo las expresiones periféricas y marginales al mismo, y por otro en la anulación de la función de los espacios alternos que proliferaron en los años setenta, entre los que se podrían incluir los museos marginales, de orientación étnica.[16]

No ha de extrañarnos que el mismo proceso de apertura generado por el multiculturalismo ha llevado a generar uno o varios estereotipos "multiculturales" tanto en la producción como en el discurso de los propios artistas latinoamericanos. En el plano de la producción artística, el arte chicano, que como hemos señalado posee la tradición más consolidada, ha aportado un modelo importante para el resto de los grupos latinos. Recursos como los relatos extraídos de la memoria, la exaltación a nivel de "kitsch" del arte popular, la inversión irónica de estereotipos, el rechazo de la tecnología en aras de técnicas artesanales, los motivos de altares, retablos y fetiches han venido a reemplazar los estereotipos exóticos y primitivistas que predominaron en las muestras artísticas latinas organizadas por instituciones norteamericanas durante

museums of ethnic orientation, could be included.[16]

We should also not be surprised by the fact that the same openness generated by multiculturalism has already promoted the emergence of one or several "multicultural" stereotypes in the production of Latin American artists. In the artistic production field, Chicano art, which as we have pointed out, has the most consolidated tradition, has provided an important model for the rest of the Latin groups. Resources such as the narratives extracted from memory, the exaltation of popular art to the level of "kitcsh," the ironic inversion of stereotypes, the rejection of technology in the name of craft techniques, as well as ritual-based themes like altars and fetishes, have come to replace the exotic and primitive stereotypes that predominated in exhibitions of Latino-American arts organized by North American institutions during the 1980's.[17]

In a similar way, the narratives of marginality that characterize the existential experience of artists as members of oppressed groups have assumed the form of a parallel discourse accompanying their artistic production, thereby establishing the parameters for the interpretation of the work. In general terms, nonetheless, the implications for South American, Central American, and Puerto Rican artists that do not conform to the new rules are the same as twenty years ago. If, in the past, their work was rejected because it was not in line with international trends, today it is rejected because it does not reflect the new type of "multicultural" art. Despite the veneer of receptivity of the art world, mainstream representatives

still exhibit the same level of ignorance with regard to Latin American cultures and traditions. That is to say, they are still unable to distinguish a Peruvian from a Honduran, a Chicano from a Puerto Rican. This suggests that the richness and complexity of Latino-American art will continue to be undermined by the North American art world, and its contribution to the Western art tradition will continue to be slighted for the sake of the global celebration of Latinism promoted by multiculturalism.

No matter from which angle we approach Latino-American art, the issue of representing the identity of the groups of artists is and will continue to be a fundamental problem. Hence there arises the urgent need for a critical framework which will take into account the construction of the identities of different Latino groups outside the parameters of the multicultural discourse. This type of framework has to go beyond theory, serving as the basis to elaborate a practice of exhibitions that will reflect the fluidity of identities and relations in Latin American contemporary artistic practices, taking into account their relation to both the margins of the center and to the periphery.

The first question we should ask ourselves is to whom are these exhibitions directed, and who benefits from their accomplishments? From this perspective, one would have to re-evaluate the format of independent exhibitions, freeing them from the demands and wants of the U.S. art world. *The Decade Show* established an important precedent in this when it initiated a questioning of traditional curatorial practices and introduced, instead, a comparative thematic format to analyze the artistic production of

los ochenta.[17] Asimismo, los relatos de la marginalidad que caracterizan la experiencia existencial de los artistas como integrantes de los grupos oprimidos han asumido la forma de discurso paralelo que acompaña la producción artística estableciendo los parámetros para la lectura de la obra. En términos generales, sin embargo, las implicaciones para los artistas sudamericanos, centroamericanos y puertorriqueños que no se atienen a estos parámetros, vienen a ser las mismas que veinte años atrás. Si antes se les rechazaba por no ser abstractos o internacionales, ahora se les rechaza por no ejemplificar el nuevo tipo de arte multicultural. No obstante la receptividad del mundo artístico, los representantes del "mainstream" acusan la misma ignorancia que antes en lo que respecta a las culturas y tradiciones de América Latina, la cual les impide distinguir entre un peruano de un hondureño, un chicano de un puertorriqueño. Esto significa que la riqueza y complejidad del arte y los artistas latinoamericanos dentro del mundo artístico estadounidense continuará siendo ignorada y su contribución soslayada en aras de la celebración global de la latinidad promovida por el multiculturalismo.

Por otra parte, la defensa del multiculturalismo por artistas intelectuales radicales pertenecientes a las minorías latinoamericanas, cuya posición marginal funcionó hasta hace poco como arma de lucha en contra del sistema, revela la complejidad de las contradicciones de este discurso. Los que hace menos de cinco años constituían significante oposición al centro, ahora se re-ordenan a sí mismos en torno al modelo de convivencia diferenciada de los grupos

en un centro "descentrado", regido por la retórica de la igualdad y la diferencia.[18] En la médula de este asunto está la problemática más amplia de cómo estructurar una práctica artística alterna a los parámetros del centro, problemática que ha sido subsumida dentro de la retórica egalitaria promovida por el multiculturalismo. El modelo de afirmación y concientización nacional que informó las luchas chicanas y nuyorican de los años sesenta y setenta, se redefine dentro del contexto multicultural en términos de la aceptación y celebración de la "hibridez" cultural. Ante el conflicto que planteaba la situación de confrontación de principios de la década, el multiculturalismo se presenta como una salida sino fácil, por lo menos tolerable. Si en el plano político la resistencia ha dado paso a alianzas estratégicas que faciliten la "entrada" y el "acceso" al centro, en el plano artístico la misma ha dado paso a la representación literal de la identidad, expresada mediante los símbolos y emblemas culturales como los que hemos descrito antes. Desde este punto de vista, habría que insistir en que la elaboración de una verdadera política de aceptación de la diversidad racial y cultural, tendría que necesariamente partir de la afirmación de una cultura cuyas prioridades no necesariamente radican en la valoración de ese centro.[19]

No importa desde qué ángulo nos interese enfocar la producción artística latinoamericana, el problema de la representación de la identidad de los grupos de artistas es y seguirá siendo un problema fundamental. De aquí la necesidad urgente de un acercamiento crítico que tome en consideración la construcción de identidad de los distin-

the three ethnic groups represented in the exhibition. From my point of view, this effort failed because of the importance that it placed on the mainstream as legitimizer of the difference among the represented groups. Still nowadays, the dominating mentality—even in non-mainstream, culturally specific museums—is one which appropriates the format of the mainstream to produce "equivalent" shows. The aim of this tactic is to "legitimize" the production of minority artists within the parameters of the dominant culture. Curatorial practices continue to utilize traditional criteria for the determination of quality, even if it attempts to define quality in a more general way than the one utilized by the mainstream. The analysis of the different ways in which diverse groups produce their work would require an interdisciplinary collaboration as well as an understanding of the problems from the perspectives of various disciplines. This type of framework will allow us to explore more ample questions based on how different groups approach similar artistic propositions within extra-ethnic parameters.

Finally, and perhaps the more disturbing aspect of the current multicultural climate of the United States, are the implications of the defense of multiculturalism by Latino radical intellectuals, whose marginal position had functioned in the not-so-distant past as a weapon against the system. This position reveals the deep seated contradictions of this model. Those who less than five years ago constituted a significant opposition to the center, today have re-organized themselves around the model of differential co-existence of groups in the "decentralized" center, gov-

erned by the rhetoric of equality and difference.[18] At the heart of this switch, is the more problematic issue of how to structure an artistic practice outside the parameters dictated by the center. The model of national affirmation and consciousness which informed the Chicano and Nuyorican struggles of the 1960's and 70's has been redefined within the multicultural context in terms of acceptance and celebration of the cultural "hybridity." Faced with the legacy of conflict originating in the confrontations of these groups with white Anglo culture, multiculturalism presents itself as an, if not easy, at least tolerable exit. If, in politics, resistance has given way to strategic alliances that facilitate "entrance" and "access" to the center, in the artistic productions of these groups, resistance has given way to a literal representation of identity, expressed through cultural symbols and emblems such as the ones described earlier. From this point of view, the task at hand continues to be the elaboration of conditions for the acceptance of racial and cultural diversity, from the point of view of the affirmation of a culture whose priorities do not match the values of the dominant culture.[19] This means that the way toward the acceptance of cultural diversity on the basis of intercultural dialogue cannot be found in the simple repositioning of the Latino-American "other" into the center of the "mainstream," but in the re-configuration of the latter to correspond to the need of these and other groups.

Finally, I wish to return to the original question, "Which Latin America?" This question is even more relevant at the present moment when a series of econom-

tos grupos latinos, fuera de los parámetros del discurso multicultural. Este tipo de acercamiento al tema debe ir más allá del puro interés teórico sirviendo como base para elaborar una práctica de exhibiciones que refleje la fluidez de las identidades y relaciones en las prácticas artísticas contemporáneas latinas y latinoamericanas articuladas en torno a sus relaciones con los márgenes del centro y con la periferia. Habría que preguntarse ¿a quién están dirigidas estas exposiciones y quién se beneficia de lo que en ellas se logra? La respuesta no puede encontrarse en la simple traslación del Otro latinoamericano al centro del "mainstream", sino en la reconfiguración de éste para corresponder las necesidades de estos y otros grupos. Desde esta perspectiva, habría que plantear la necesidad de transformar los formatos de exhibiciones independientes de las demandas y exigencias del mundo artístico estadounidense. El *Decade Show* sentó un precedente importante en esta dirección al iniciar un cuestionamiento de las prácticas curatoriales utilizadas hasta la fecha, e introducir como resultado un formato temático para analizar comparativamente el conjunto de la producción artística de los tres grupos étnicos representados en la muestra. Su principal falla, sin embargo, radicó en la importancia que le concedió al "mainstream" como interlocutor y legitimador de la diferencia de los grupos representados. En la actualidad la mentalidad que aun predomina, aun por parte de los museos de los márgenes, es la de apropiarse del formato del "mainstream" para producir muestras "equivalentes" que legitimen la producción de los artistas que se iden-

tifican con los márgenes o la periferia. Las prácticas curatoriales siguen circunscritas a los tradicionales criterios de selección de calidad, aun si esta se intenta definir de un modo más amplio que la que utiliza el "mainstream". El análisis de la manera como los distintos grupos articulan y producen sus significados requeriría de colaboración interdisciplinaria y el entendimiento de los problemas desde las perspectivas de varias disciplinas. Por otra parte, habría que plantear la necesidad de explorar cuestiones más amplias en base a cómo distintos grupos abordan un mismo tema o proposición artística, dentro de parámetros extra-étnicos.

Finalmente nos resta volver a la pregunta que dió origen a esta reflexión: ¿de cuál América Latina estamos hablando? La contestación a esta pregunta cobra mayor relevancia no sólo por la posición que Estados Unidos ha desempeñado tradicionalmente como foco de legitimación o articulación de resistencia para el arte y los artistas latinoamericanos, sino por los cambios más amplios que en estos últimos años han venido reconfigurando el eje centro/periferia. Si consideramos por un lado el fenómeno de la "tercermundización" de los Estados Unidos, y por otro, los efectos que las políticas de mercados libres y privatización están teniendo en los principales países latinoamericanos, las alianzas de grupos financieros de estos países con sus contrapartidas del Primer Mundo, y otras transformaciones similares, encontramos que la binaridad de los polos centro/periferia está cediendo cada vez más dando paso a un proceso de mayor interpenetración entre ambas esferas.

ic and political transformations are significantly altering center/periphery relations. Among these transformations we can cite three factors: the "third-worldization" of the United States and, the shift among the important Latin American countries toward privatization and free market economies, and the alliances of financial groups from these countries with their counterparts in the United States. All of these factors have blurred the binary opposition between center/periphery, bringing about a greater interdependence between both spheres.

Within this context, the multicultural position which defends the concept of a single continent of collaboration and dialogue between races and ethnic groups can turn into a double-edged instrument. In its most radical version, it can be viewed as a utopian attempt to redefine Latin America from "inside" the center, that is, using as a model the experience of U.S. Latino groups with multiculturalism. Its principal attractiveness resides in the way in which it counter-poses a dynamic and fluent model, capable of absorbing and recycling influences from both sides of the border, to the essentialist and static model that dominates the discourse of Latin American identity. The latter still being characterized by antinomic polarities (national/universal, regional/international, etc). Nonetheless, it is not clear what type of subject the new hybrid proclaimed and exalted by this model will be. And, to what extent the acceptance of its complex cultural legacy will represent conformism. Ultimately, the vagueness

and imprecision of this model are insufficient to counteract the complex legacy of colonialism of Latin American countries, resulting in the postulation of a highly effective but ultimately rhetorical utopia.

On the other hand, we have seen the other edge of this model appear very recently in the appropriation of the multicultural discourse by First World interests of the periphery. Such was the case with the exhibition *Myth and Magic,* organized in 1991 by the new museum MARCO of Monterrey, Mexico.[20] Based on a model of deterritorialization and elimination of borders, this exhibition brought together for the first time artists from Canada, the United States and Latin America, thereby exploring the richness of visual arts expression in the 1980's in the whole continent. And yet, despite the broad interpretive framework laid out by its curators, the institutional politics which led to the organization of *Myth and Magic* ultimately used the multicultural model as an access flag to the "mainstream." This took place precisely at a time when Mexico is reclaiming equal access to the North American economic circuits. In this case, the identities of the artists of an entire continent were homogenized for the sake of the self-centered, business interests of groups of private individuals. The long-term perspectives of this strategy, now originating in the periphery, should alert us to the problems implicit in the multicultural model, and the need to revise the definitions and tactics originating in the view "from the center."

Dentro de este contexto, la posición multiculturalista que aboga por un solo continente de colaboración y diálogo entre las razas y grupos étnicos se convierte en un arma de doble filo. En su versión más radical puede verse como un intento utópico de redefinir a América Latina desde los márgenes del centro, aportando un modelo dinámico que contrarreste la inmovilidad de las definiciones tradicionales de América Latina y su incapacidad para bregar con los problemas de diversidad étnica y racial dentro de sus propias fronteras. Su principal atractivo radica en la contraposición de un modelo dinámico y fluído, capaz de absorber y reciclar influencias de uno y otro lado, al modelo esencialista y estático que aún predomina en el discurso de la identidad latinoamericana, caracterizado por polaridades antinómicas (nacional/universal, regionalismo/internacionalismo, etc.). Sin embargo, no queda claro qué tipo de sujeto será el nuevo híbrido proclamado y exaltado por este modelo y hasta qué punto la aceptación de su legado cultural complejo no representa claudicación y conformismo. En última instancia, la imprecisión y vaguedad de este modelo no son suficientes para contrarrestar el legado complejo del colonialismo y la dependencia de nuestros países, resultando en la postulación, si bien altamente efectiva, de una

utopía retórica.

Por otra parte, hemos visto el otro filo de este modelo aparecer muy recientemente en la apropiación de este discurso por parte de los intereses primermundistas de la periferia en la exposición *Mito y Magia* [20] organizada a principios de este año por el nuevo museo MARCO de Monterrey. Reuniendo por primera vez a artistas de Canadá, los Estados Unidos y América Latina y apoyándose en el modelo de desterritorialización y eliminación de fronteras, dicha exhibición planteó la necesidad de explorar la riqueza y diversidad de expresión plástica de los años 80 en todo el continente. No empese el amplio marco de interpretación elaborado por sus curadores, la política institucional que impulsó su organización se apoyó en la utilización de este modelo como bandera de acceso al "mainstream" en momentos en que México reclama acceso egalitario al ámbito económico y financiero estadounidense. En este caso, las identidades de los artistas de todo un continente se homogenizan en aras de los intereses auto-centrados de grupos privados. Las perspectivas de este tipo de estrategia procedente de la periferia, deberían alertarnos a los problemas implícitos en esta postura al igual que a la necesidad de revisar nuestras propias definiciones y tácticas desde los márgenes del centro.

The Postmodern Centro-Marginal Condition

NELLY RICHARD

I place this paper on periphery and decentralization of cultural power in the context of the postmodern debate. Such debate pretends to function nowadays as the dominant reference in the international and theoretical scene that establishes and orders the valid subjects of critical reflections in the circuits of metropolitan thinking. The postmodern debate functions, then, as a guide/reference that—from the Latin American context (in dialogue with the international cultural system, but at the same time confronted with its mechanisms)—calls us to rethink the problem of the relations between the dominant knowledge and the subaltern or peripheral practices: between centers and margins, taken not only as geographical locations, but as positions of debate and enunciative strategies.

Let us begin with the review of some suppositions by asking one question: How much does it still make sense to talk about Center when the dominant postmodern rhetoric tells us that the fixed and homogeneous polarities have exploded, that the hierarchies of power have pluralized and disseminated?

Modernism had merged its civilizing program of advancement and progress in an image of the Center that symbolized the dominion of its universal rationalism. Geographically speaking, the Center had been defined as a metropolitan polarity that had Periphery conditioned, compelling it to depend unilaterally on modernism's dominion and decisions. What modifications could be introduced within this Center/Periphery network by the postmodern critique of the universalist (*centered*) paradigm of Modernism?

The postmodern condition is characterized by the dispersion of knowledge and power that is circulated through the mass-media networks—proliferous and miniaturized—of multinational technoculture. The earlier macro-oppositions between Domination and Dependence (abridged to a binary axis: imperialism/anti-imperialism, First World/Third World, etc.) now would be dissolved into a heterogenous plurality of micro-confrontations of local powers and resistance, much more segmented than before. The representations of that pluri-centered power would each time be more transversal, forcing the First World to comprise in its interior several Third Worlds, and each Periphery to also rebuild—internally—figures of Center that would allow it to be defined as oppositional. For the rest, we know that the Center and Periphery categories are inter-relational (there is no Center nor Periphery within each of them), and that they reformulate themselves following the axes displacements that run the scale of the dominant and the subaltern. In an innocent topographical sense, neither the Center nor the Periphery are established localities. They are mobile locations that redesign mechanisms of power according to the variations in symbolic and territorial hierarchies. Now, is this enough to be able to affirm that categorizations of power, which in earlier times took the shape of Center-Periphery antagonism, have been dissolved?

The Center does not exhaust its significance in the geographic realism of a metropolitan location. All

Presento esta intervención sobre periferia y descentramientos del poder cultural en el marco del debate post-moderno. Tal debate pretende funcionar hoy como referencia obligada en la escena teórica internacional y, de hecho, pasó a ser la "dominante" cultural que sitúa y ordena el temario de las reflexiones críticas validadas por los circuitos de pensamiento metropolitano. El discurso post-moderno funciona entonces como referencia-guía que, desde el contexto latinoamericano (en diálogo con el sistema de la cultura internacional y buscando interpelar sus mecanismos), nos llama a replanear el problema de las relaciones entre saber dominante y prácticas subalternas o periféricas: entre centros y márgenes, tomados no simplemente como localizaciones geográficas sino como posiciones-de-discurso y estrategias enunciativas.

Partamos por revisar algunos supuestos desde una pregunta: ¿Hasta dónde tiene aún sentido hablar de Centro, cuando la retórica dominante (la post-moderna) nos dice que han estallado las polaridades fijas y unitarias, que se han pluralizado y diseminado las jerarquías de poder? La modernidad había sintetizado su programa civilizatorio de avances y progresos en una imagen de Centro que simbolizaba el dominio de su racionalidad universal. Geográficamente hablando, el Centro se definía como polaridad metropolitana que condicionaba a la Periferia haciédola depender unilinealmente de sus controles y decisiones. ¿Qué modificaciones introduce —dentro de ese reticulado Centro/Periferia— la crítica post-moderna al paradigma universalista (*centrado*) de la Modernidad?

La condición post-moderna se caracteriza por la dispersidad de los saberes y de los poderes que circulan ahora siguiendo las redes más mediáticas —proliferantes y miniaturizadas— de la tecnocultura multinacional. Las macro-oposiciones de antes entre Dominación y Dependencia (resumidas a ejes binarios: imperialismo/anti-imperialismo, Primer Mundo/Tercer Mundo, etc.) se disolverían ahora en una pluralidad heterogénea de micro-enfrentamientos de poderes y resistencias locales, mucho más segmentados que antes. Las representaciones de ese poder pluricentrado serían cada vez más transversales, haciendo que el Primer Mundo y que cada Periferia reconstruya también —internamente— figuras del Centro que le permitan definirse oposicionalmente. Por lo demás, sabemos que las categorías de Centro y Periferia son inter-relacionales (no hay ningún Centro ni Periferia en sí mismos) y que se van reformulando a medida de los desplazamientos de ejes que van corriendo la escala de los predominios y subordinaciones. Ni el Centro ni la Periferia son localidades fijas, en un sentido ingenuamente topográfico. Son ubicaciones móviles que van redibujando mecanismos de poder según como varían las coordenadas simbólicas y territoriales que fijan las jerarquías.

Ahora, ¿basta ésto para afirmar que se han disuelto las categorizaciones de poder que antes tomaban la forma del antagonismo Centro-Periferia?

El Centro no agota su significado en el realismo geográfico de un puesto metropolitano. Operan

those axes that allow a system of references to rotate around a symbol of authority operate as *functions-center* (as a normative or canonic instance): dictating norms of significance or conduct, prescribing usages, setting legitimacies, determining regulations.

In this sense, the perimeter that legitimates the postmodern theme is still governed by the *lines of force* (and dominance) of the Euro-North American scene. Its design is set by an academic-institutional network (of universities, magazines, institutes, publishers, etc.) that displays and *consolidates* the authority of international thinking. According to postmodernism, the network of cultural exchanges should have gained fluidity and tolerance as the worldwide market of techno-culture erased borders and intermixed forms of identity.

But sharp divisions are still directing the asymmetries of cultural power, which are linked not only to the place of cultural operators in the center or periphery in a map of distribution of material resources, but also to the scale of legitimacy in regard to the symbolic-institutional circuit that assures international value and prestige. The hierarchy of the Center proceeds from investing authority in it as the central *provider of sense*. The symbolic advantage of the Center comes from the way in which it manipulates the means to reprocess all the signs in values: how it retains the monopoly of Sense because it possesses techniques of discursive speculation.

Once again, the question is: Does the postmodern critique of centrisms change anything in the hierarchic symbols of the Center?

The Latin American periphery, under modernism and its theories of dependency, interpreted the Center as a dictating pole that spoke the vertical language of the colonialist or imperialist dogma. Today that Center would seem to have changed its imposing face—of command/domination—through relativism and the conciliatory masks of dialogical plurality. The Center—insofar as it is the legitimate exponent of the discourse on the fracture of the meta-narration—is the supporter of the unity-totality-centrality crisis. And it even insinuates to us that this *crisis of authority*—surrounded by the postmodern defense of the diverse, the plural and heterogeneous, against the mono-logic truth—can be read as a sign of the weakening of euro-centric superiority. The result of this postmodern turn could be the heterologic rescue of the Other—the divergent, alternative, minoritarian. All which until now has been censored as *margin* (or periphery) by the canons of the occidental-dominant representation, today would appear to benefit from the new anti-authoritarian flexion of de-centeredness.

The Center was the first to reflect on its own crisis of centrality—thanks to the fractured syntax of postmodernity—and it seems as if the Center threatens to grab periphery's role as the alternative, the non-hegemonic. But this false threat has more the character of a challenge, demanding of us that we redesign the strategies of cultural counter-appropriation, strategies that would de-activate this perverse modulation of the newly "de-centered" Center.

We would have to begin by dis-

como *funciones-centro* (como instancia normativa o canónica) todos aquellos ejes que hacen girar un sistema de referencias en torno a su simbólica de la autoridad: dictando pautas de significación o conducta, prescribiendo usos, fijando legitimidades, decretando vigencias.

En tal acepción, el perímetro que delimita la vigencia del tema postmoderno sigue gobernado por las *líneas de fuerza* (y dominancia) de la escena euro-norteamericana. Su trazado lo conforma una red académico-institucional (de universidades, revistas, institutos, editoriales, etc.) que divulga y *consagra* la autoridad del pensamiento internacional. Según el post-modernismo, la red de los intercambios culturales habría ganado en fluidez y tolerancia a medida que el mercado planetario de la tecnocultura fue desdibujando fronteras y entrecruzando registros de identidad. Pero tajantes divisiones siguen ritmando las asimetrías del poder cultural. Asimetrías ligadas no sólo a la localización de los operadores de la cultura en el centro o en la periferia del mapa de distribución de los recursos, sino a su pertenencia o no-pertenencia al circuito simbólico-institucional que acredita valor y prestigio internacionales. La jerarquía del Centro procede de sus investiduras de autoridad en cuanto polo *dotador de sentido*. La ventaja simbólica del Centro procede de cómo manipula los medios para reprocesar todos los signos en valores: de cómo detenta el monopolio del Sentido poseer las técnicas de la especulación discursiva y acaparar sus ventajas. Nuevamente, la pregunta es, ¿Qué cambia en los símbolos jerárquicos del Centro con la crítica

post-moderna a los centrismos?

El Centro fue interpretado por la periferia latinoamericana bajo la modernidad y sus teorías de la dependencia, como polo dictaminante que hablaba el lenguaje vertical del dogma colonialista o imperialista. Hoy ese Centro parecería haber trocado su rostro impositivo —de mando/dominación— por las máscaras relativistas y conciliatorias de la pluralidad dialogante. El Centro —en cuanto exponente legítimo del discurso sobre la fractura de los metarrelatos— se hizo partidario de la crisis de unicidad-totalidad-centralidad, y hasta nos insinúa que esta *crisis de autoridad* —rodeada de la defensa post-moderna de lo diverso, lo plural, lo heterogéneo, en contra de los fundamentos monológicos de los paradigmas universalizantes— puede leerse como señal de debilitamiento de la superioridad eurocentrista. A favor de este giro post-moderno, estaría el rescate heterológico de lo Otro: lo divergente, lo alternativo, lo minoritario. Todo aquello hasta ahora censurado como *margen* (o periferia) por el cánon de la representación occidental—dominante y que hoy parecería beneficiado por esta nueva flexión anti-autoritaria de lo descentrado.

Al haber sido el primero en meditar sobre su crisis de centralidad —gracias a la sintaxis fracturada de la post-modernidad— pareciera que el Centro amenaza con arrebatarle a la Periferia su protagonismo de lo alterno, de lo no-hegemónico. Pero esta pseudo-amenaza tiene más bien carácter de desafío al exigirnos rediseñar estrategias de contra-apropiación cultural. Estrategias que desactiven esa modulación perversa de la nueva "centro-marginali-

mantling the rhetorical subterfuge of the neo-celebration of "difference" acclaimed as such, as long as the difference in question (margin or periphery) stays attached to the condition of having to continue being *spoken by* the Center. Postmodern "difference" is transformed into a contemplative fetish by the discourse of identity, a discourse that is homologous within the representations of the Center. Postmodernism talks about the Other, but follows the laws of signification that continue to administer the division between *subjects* and *objects* of the discourse, according to the symbolic-institutional logic of the discourse that is invested with cultural power by the Center.

The pluralism of the Other exhibited by postmodern discourse has been made official in a *rhetoric* of "difference." It should be the obligation of the cultural practices of the periphery—in complicity with the radical theory of the Center (which also exists)—to fight for a *politics of difference* that would restore its confrontational value to the "margin."

dad" post-moderna.

Desde ya, habría que partir desmontando los subterfugios retóricos de esta neo-celebración de la "diferencia" que se festeja como tal siempre y cuando la diferencia en cuestión (márgen o periferia) permanezca atada a la condición de seguir siendo *hablada por* el centro. "Diferencia" post-moderna convertida en fetiche contemplativo por el discurso de la identidad: el discurso que homologa en representación de una función-centro. Ella nombra lo Otro pero siguiendo las leyes de significación que continúan administrando la división entre sujetos y objetos del discurso, de acuerdo a la lógica simbóli-co-institucional de los créditos discursivos que avalan el poder cultural.

El pluralismo de lo Otro exhibido por el discurso post-moderno se ha oficializado en una *retórica* de la "diferencia" que principalmente les sirve a muchos de los latinoamericanistas del Centro para rendirle tributo —más bien cosmético— a lo "marginal". Le correspondería a las prácticas culturales de la periferia —en complicidad con la teoría radical del Centro (que también las hay)— pelear el significado de una *política de la diferencia*, que le restituya al "márgen" su valor polémico.

Art Criticism and Cultures

GERARDO MOSQUERA

One of the major themes of the end of the millennium is the relations between different cultures. Its importance is crucial to the cultural space and influence that the Third World is gaining "on the outside," in the international arena, and "on the inside" in the great hegemonic urban centers. A change of consciousness related to the ethnic has begun, opening for the first time the possibility of a global dialogue between cultures, in opposition to cosmopolitism—"Made in the West," or even in the small island of Manhattan—as it occurs in the visual arts.

To truly develop this new consciousness would imply a cultural revolution, an anthropological enrichment for all humanity. But we cannot be naive, nor can we get lost in rhetoric. The intercultural problems have been laid on the carpet by the West, and this compels us to be alert to a cunning that, through flexibility, may aspire—consciously or unconsciously—to keep control of this new global situation. The Third World cannot allow the West to dictate even its interculturalism.

Unfortunately, this is already happening. And the most grave problem is that in the South we remain estranged from this problem and in complete disposition to dance the dance of otherness *for* the West, to the beat of our own drums. A symptom of this is that the thinkers that are reflecting advanced key ideas are, in great part, people from the South living in the North, or from the North, while in Latin America, this discussion has hardly started. And this is just one of our everyday paradoxes, because in theory, we should be better prepared than anyone else to confront the complexities of this matter, given the relative hybridity of our cultures, and the multinational character of our countries.

The question of interculturalism begins at home. How are we to confront the horizontal dialogue of cultures when we have hardly solved this question inside our own countries, where great parts of the population remains marginalized to the supposedly national integrating project? The ideology of *mestizaje* as a harmonical and equitable solution to our socio-ethnic diversity—a magic formula—has contributed a great deal to pushing us away from the problem of our own otherness.

This contradiction expands in a horizontal direction because the challenge of interculturalism is tense not only in a South-North direction, as a response to a relation of power, but also in a South-South direction, as a post-colonial deformation. Despite their cultural similarities, Latin Americans hardly know each other. The cultural integrating projects (exhibitions, scholarly lectures, publications, symposiums, institutional activities) far from answer our critical needs. Frequently, our universities do not even offer systematic Latin American art history. If we hardly know anything about Jamaica, how can we be expected to know anything about Africa, Asia, or the Middle East? About these continents, we are only interested in the traditional and the ancient, without occupying ourselves with the art now being created there. A narrative on authenticity would make it difficult for critics to appreciate the contemporary art of the Third World as a living response to the

La relación entre culturas diferentes es uno de los grandes temas del fin del milenio. Su importancia resulta crucial para el espacio e influencia culturales que está ganando en el Tercer Mundo "por fuera", en la arena internacional, y "por dentro" de las grandes urbes hegemónicas. Comienza a expandirse un cambio de conciencia en relación con lo étnico que abre por primera vez la perspectiva de un diálogo global de las culturas, en detrimento de un cosmopolitismo *Made in the West* o aún en la pequeña isla de Manhattan, como sucede en las artes plásticas.

Un verdadero desarrollo de esta nueva conciencia implicaría una revolución cultural, un enriquecimiento antropológico para toda la humanidad. Pero no podemos ser ingenuos ni perdernos en la retórica. Los problemas interculturales han sido puestos en el tapete por Occidente, y esto nos obliga a estar alertas ante una astucia que, mediante la flexibilidad, puede aspirar —conciente o inconcientemente— a conservar el control en una nueva situación global que ha sido olfateada a tiempo. El Tercer Mundo no puede dejar que Occidente le haga también la interculturalidad.

Por desgracia, esto ya está sucediendo. Y lo más grave es que en el Sur permanecemos bastante ajenos al problema y bastante dispuestos a bailar la danza de la otredad *para* Occidente, al son de nuestros propios tambores. Resulta sintomático que los pensadores que están adelantando reflexiones clave son en gran parte gente del Sur que vive en el Norte, o gente del Norte. En América Latina la discusión casi ni ha empezado. Y ésta es otra de nuestras paradojas habituales, porque en teoría debíamos estar mejor preparados que nadie para enfrentar las complejidades del asunto, dados la hibridez relativa de nuestras culturas y el carácter multinacional de nuestros países.

La cuestión de lo intercultural comienza en casa. ¿Cómo vamos a enfrentar el diálogo horizontal de las culturas si apenas lo hemos resuelto dentro de países donde gran parte de la población permanece ajena al proyecto nacional supuestamente integrador? La ideología del mestizaje como solución armónica y equitativa de nuestra diversidad socioétnica —fórmula mágica— ha contribuído no poco a alejarnos de los problemas de nuestra propia otredad.

La contradicción se extiende en sentido horizontal, porque el desafío de lo intercultural no se tensa sólo Sur-Norte como respuesta a una relación de poder, sino también Sur-Sur como deformación post-colonial. A pesar de la comunidad metacultural, los latinoamericanos ni siquiera nos conocemos bien entre nosotros. Los proyectos integradores en la cultura (exposiciones, docencia, publicaciones, simposia, actividad institucional) están lejos de responder a lo crítico de la necesidad. En nuestras universidades con frecuencia ni se imparte con sistematicidad la historia del arte latinoamericano. Si poco sabemos sobre Jamaica, ¿qué ocurrirá con Africa, Asia o el Medio Oriente? De estos continentes casi nos interesa solamente lo antiguo y lo tradicional, sin preocuparnos porqué allí sigue haciéndose arte. Una narrativa de la autenticidad estorba aun a los críticos

contradiction of the post- and neo-colonial situations.

To learn how to behave ourselves interculturally, in an artistic sense, implies not demanding the "originality" that is proper to traditional and ancient cultures, and that belongs to a situation that has disappeared. We have to analyze how the contemporary art of a country, or of a specific area, satisfies the aesthetic, cultural, social, and communicative demands of the community from and for which it is made. This answer usually is hybrid, relational, appropriational, in sum, "non-authentic" and therefore adequate to confront its present reality. One of the biggest eurocentric prejudices of art criticism and art history is to underrate as a whole its production, as "derivative" from the West. If one must be implacable with regard to the colonialism and the mimetism that, true, castrate much of the contemporary art of the Third World, it cannot be done out of a sense of nostalgia for the mask and the pyramid.

Another problem is cultural diversity. While the translation of one culture to another, in all its nuances, is impossible, the capacity for mutual closeness or enrichment is not. As Borges said, *Don Quixote* was famous even despite its translators, because its message was of interest beyond the language. Cultural relativism must not enhance our isolation.

Diversity includes differences of aesthetical appreciation. Paraphrasing Harold Rosenberg, one would say that the way to interculturally appreciate a work of art is not only a question of the eyes, but also a question of the ears.

The critic will have to study how the whole work functions in its context, what values are recognizable there, which perspectives it opens, how it contributes. From a specific comprehension he/she will be able to recognize the messages of interest that the work can communicate to the audience for which the critic writes or curates, and how it can contribute to a general enrichment and an expansion of that taste that, perhaps, had moved us to reject it at first sight for not corresponding to our canons. The ear will expand the visual field, and the eye will finetune the ear.

Communication is the fundamental problem for exhibitions and texts with intercultural content. On one hand, both will have to be based in the contextualization, on the other hand they will be oriented toward something that can interest the new receiver. Because they are mediators, they will have to compromise, but will have to make the effort of staying away from centrisms and the expected clichés.

On paper this may look simple, but in reality we are far from finding ideal solutions. More obstacles are found with so-called "traditional" art. This adds to the cultural differences, the functional differences, because we are not dealing with art that functions as an autonomous activity. Its criticism, history and exhibition can only be approached from its aesthetics-functional syncretism, and even that's pushing it.

The intercultural consciousness is helping to deconstruct the History of Art, that eurocentric narrative. Its object and methodology have been put in crisis by making it clear that we use the term

para apreciar el arte contemporáneo del Tercer Mundo como reacción viva a las contradicciones de la situación post- y neo-colonial.

Aprender a comportarnos interculturalmente en el juicio artístico conlleva no demandar la "originalidad" propia de la tradición y las antiguas culturas, que corresponde a una situación desaparecida. Hay que analizar cómo el arte actual de un país o zona dados satisfacen las demandas estéticas, culturales, sociales, comunicativas, etc. de la comunidad desde y para la cual se hace. Su respuesta suele ser híbrida, relacional, apropiatoria. . . en fin, "inauténtica", y por lo tanto adecuada para enfrentar su realidad de hoy. Uno de los grandes prejuicios eurocéntricos de la crítica y la Historia del Arte es menospreciar en bloque esta producción como "derivativa" de Occidente. Si hay que ser implacable con el colonialismo y el mimetismo que, es cierto, castran mucho arte contemporáneo del Tercer Mundo, no puede hacerse desde la nostalgia por la máscara y la pirámide.

Otro problema es la diversidad cultural. Si la traducción de una cultura a otra en todos sus matices resulta imposible, no lo es la capacidad de acercamiento y enriquecimiento mutuos. Ya decía Borges que el Quijote era famoso a pesar de sus traductores, porque su discurso interesa más allá del lenguaje. El relativismo cultural no debe fomentar nuestro aislamiento.

La diversidad incluye diferencias de apropiación estética. Parafraseando a Harold Rosenberg, podríamos decir que el camino hacia la valoración intercultural de la obra de arte no es sólo cuestión del ojo, sino también del oído. La

crítica deberá estudiar cómo funciona la obra en su contexto, qué valores se le reconocen allí, qué perspectivas abre, qué aporta. . . . A partir de una comprensión específica reconocerá los mensajes de interés que la obra puede comunicar a la audiencia para la cual escribe o cura el crítico, y cómo puede contribuir hacia un enriquecimiento general y una ampliación de ese gusto que, quizás, nos había llevado a rechazarla a primera vista por no corresponder a nuestros cánones. El oído irá expandiendo el campo visual, y éste aguzará a aquél.

El problema primordial para las exposiciones y los textos con sentido intercultural es la comunicación. Por un lado, tendrán que basarse en la contextualización; por otro, se orientarán hacia aquello que puede interesar a los nuevos receptores. Por ser mediaciones, tendrán que aceptar compromisos, pero deberán esforzarse por huir de los centrismos y las expectativas cliché.

En el papel suena fluido, pero en la realidad estamos lejos de soluciones ejemplares. Los obstáculos aumentan con el llamado arte tradicional. Este añade a la diferencia cultural la diferencia funcional, pues no se trata de arte en nuestra acepción de actividad autónoma. Su crítica, historia y exposiciones sólo podrán hacerse desde su sincretismo estético-funcional, y aún así estaremos forzándolo.

La conciencia intercultural está ayudando a deconstruir la Historia del Arte, ese relato eurocéntrico. Ha puesto en crisis su objeto y su metodología, al hacernos muy claro que usamos el término arte como un comodín para englobar activi-

art as a convenience to encompass diverse activities in different epochs and societies, starting from its Kantian definition since Romanticism. This consciousness has also helped to break its teleologism. It has discovered how limited a solely Western focus is when dealing with art which is culturally specific. It has underlined the need to emphasize meaning and function, in opposition to an aesthetic centrism. In sum, the intercultural consciousness has made urgent the need to rewrite this history, or better, to employ new criteria and methodologies for a more complex comprehension of the universe of aesthetic-symbolic activities.

The new intercultural perspectives imply horizontal and vertical enlightenment at the same time.

When Robert Farris Thompson asked a traditional Kongo expert to comment on the "African" painting of Picasso, he was not only making a gesture that deconstructs in reverse the appropriation of black art for modernism and makes the naiveté of his efforts for universality eloquent. Fu-Kiau Bunseki's analysis deepens our appreciation of such works inspired in African forms— even to a Western point of view. Intercultural behavior consists not only in accepting the Other, to try to understand it and enrich ourselves with its diversity. But it also implies that the Other will do the same with me, questioning my self-consciousness. It is, without a doubt, a sane defiance of the authoritarianism of criticism and history.

dades diversas en distintas épocas y sociedades, a partir de su definición kanteana desde el Romanticismo. Ha contribuído además a quebrar su teologismo. Ha descubierto lo restringido del enfoque monoccidental para abordar una actividad tan ligada a lo cultural específico. Ha subrayado la necesidad de poner más énfasis en los significados y las funciones, en contra de su centrismo estético. En fin, ha vuelto urgente la necesidad de reescribir esa historia, o mejor, del empleo de nuevos fundamentos y metodologías para una comprensión más compleja del Universo de las actividades estético-simbólicas.

La nueva perspectiva intercultural implica iluminaciones horizontales y verticales, pero en ambos sentidos. Cuando Robert Farris

Thomson puso a un erudito tradicional congo a comentar la pintura "africana" de Picasso, no estaba sólo haciendo un gesto que deconstruía al revés la apropiación del arte negro por el modernismo, y volvía elocuente lo ingenuo de sus afanes de universalidad. Los análisis de Fu-Kiau Bunseki profundizan nuestra apreciación de aquellas obras —inspiradas en formas africanas— aun para un punto de vista occidental. El comportamiento intercultural no consiste sólo en aceptar al Otro para intentar comprenderlo y enriquecerme con su diversidad. Conlleva que aquél haga igual conmigo, problematizando mi autoconciencia. Es, sin duda, un sano desafío al autoritarismo de la crítica y la historia.

The Cultural Milieu in 1991

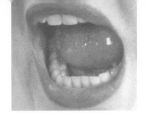

ARACY AMARAL

Right when the debate on postmodernism as a revision or criticism of modernism seems subdued by the hastened circumstances of the present moment, we recall Kenneth Frampton. According to him, the fundamental strategy of the so-called "critical regionalism" is to mediate the impact between world civilization and those elements derived "indirectly" from particularities of a given place. Frampton sees it as a double mediation. In the first place, one must "deconstruct" the totalizing spectrum of world culture that is unavoidably inherited. In the second place, one must procure, through synthetic contradiction, a manifested criticism of world civilization.[1] He further explains that to deconstruct world culture is to dispose of the *fin de siécle* type of eclecticism that appropriated alien and exotic forms to revitalize the expressiveness of a debilitated society.

From this premise, we could enter different discussions involving official art and folk art, cultivated art and handicrafts; art affected by international and national trends; the subject and the Other, all of them themes in vogue in international art shows and symposia.

But suddenly we are witnessing a very particular moment within this particular turn-of-the-century atmosphere that is at the same time a finale and a circle that encompasses many cultural ideological and political movements in effect throughout many generations. How to explain the reason why these facts are occurring precisely at the end of these hundred years? The colonized countries have always regarded Europe—and the United States—as the North.

Europe was always seen as the mother continent of countries and deeply rooted cultures that have colonized us and that we follow in the Americas, Africa and Asia with mixed feelings of submission, revolt and admiration. Suddenly, at the acme of post-war European prosperity, we watched a strange convulsion that placed the South in the North—in the United States, as well as in England, Germany and Italy—and caused it to affect the environment. On the other hand, the different paths seem to get shuffled in the fractionalization of European geopolitics due to changes in ideology and systems within Central Europe as well as in those areas that until two years ago we knew as Eastern Europe and the Soviet Union. One can hardly maintain an optimistic, positive attitude when the best-endowed countries on Earth are trembling. What model is left for us to follow? What solution is there for this lack of a model? As importers of models, we suddenly see ourselves as orphans who must ascertain their own individuality upon losing their guardian. Faced with the present pressure, we should ask: Why have a model to follow?

In turn, just as in the late 19th century when the exhaustion or deadlock of their specific cultural circumstances forced Europeans to turn their gaze toward the art production of the Far East, India, Africa and Latin America, now Europe is once again interested in and well aware of what goes on in those parts of the world. This attitude expresses an odd desire for renewal, with the Europeans seeking inspiration in those artists

Cuando parece que se están apagando los debates en torno a lo post-moderno como revisión o crítica de lo moderno por las circunstancias aceleradas del momento en que vivimos, recordamos que Kenneth Frampton menciona que la estrategia fundamental de aquello que llama "regionalismo crítico" es mediar el impacto de la civilización universal con elementos derivados "indirectamente" de las peculiaridades de un determinado lugar. Sería, según él, una mediación doble. En primer lugar, se debe "deconstruir" el espectro totalizante de la cultura del mundo que es inevitablemente heredada. En segundo lugar, se debe adquirir, a traves de la contradicción sintética, una crítica manifiesta de la civilización universal.[1] También agrega que deconstruir la cultura mundial es desprenderse del eclecticismo tipo fin-de-siglo que se apropió de formas ajenas y exóticas con el propósito de revitalizar la expresividad de una sociedad debilitada.

A través de esta incitación podríamos entrar en el campo de las discusiones que involucran arte oficial y arte popular, arte culto y artesanía, arte afectado por tendencias internacionales y nacionales, el centro y lo Otro, temas hoy muy en boga en exposiciones y simposios internacionales.

Repentinamente respiramos un momento muy particular dentro del clima peculiar de un "fin de siglo" que es, al mismo tiempo, final y círculo que encierra varios movimientos culturales, ideológicos y políticos que han estado en vigor durante generaciones. ¿Cómo explicar la razón por la cual estos hechos ocurren exactamente al final de estos cien años? Los paí-

ses colonizados siempre han visto a Europa —y los Estados Unidos— como el Norte. Europa como el continente madre de países y profundas raíces culturales que nos han colonizado, y a las que seguimos en las Américas, Africa y Asia, con una mezcla de sentimientos de sumisión, revuelta y admiración. Repentinamente, en el punto culminante de la prosperidad europea de post-guerra, presenciamos una convulsión extraña, que sitúa al Sur en el Norte —tanto en los Estados Unidos que hasta hace poco siempre tuvo culturas yuxtapuestas, como en Inglaterra, Alemania e Italia— afectando su medio ambiente. Por otro lado, a partir de la Segunda Guerra Mundial, los caminos parecen perderse en el fraccionamiento de la geo-política europea, ya sea en la alteración de las ideologías y sistemas de Europa Central, como del Este Europeo y la Unión Soviética, tal como los conocíamos hasta hace dos años. Es difícil mantener un optimismo positivo cuando los países mejor dotados de la Tierra se estremecen. ¿Qué modelo nos queda a seguir? ¿Qué solución existe a esta crisis de modelos? Como importadores de modelos, nos vemos de repente como huérfanos tratando de descubrir su propia individualidad tras perder la tutela. Frente a la presión del momento, debemos indagar: ¿Porqué tener un modelo a seguir?

Por otro lado, igual que a fines del siglo pasado, por el agotamiento o por el *impasse* de la circunstancia cultural específica, actualmente vuelve a existir una mirada atenta e interesada que parte de Europa hacia lo que se produce en el campo del arte en Asia, India,

whose eyes were always focused on the First World. That was precisely Gauguin's viewpoint when he wrote, in 1895, that to produce something new one must return to the sources, i.e., to humankind in its childhood. Just as Gauguin turned to Tahiti, today's Europe turns to all the countries that make up the Third World and that, to them, contain the key to the ideas featured in *Magiciens de la Terre*—the search for the Other, the non-technological world. In so doing, the Europeans disregard our technological profile and expect us to meet their image of pre-industrialized nations.

Let us return to Kenneth Frampton, who quotes Paul Ricoeur on the paradox: ". . . on the one hand, it has to root itself in the soil of its past, forge a national spirit and unfurl these spiritual and cultural claims before the colonialist personality. But in order to take part in modern civilization it is necessary at the same time to take part in scientific, technical and political rationality, something which very often requires the pure and simple abandonment of a whole cultural past. It is a fact: Every culture cannot sustain and absorb the shock of modern civilization. There is the paradox: how to become modern and return to sources; to revive an old, dormant civilization and take part in universal civilization."[2]

One cannot erase history. One cannot wipe out historical heritage and remain unpunished. Only apparently are we returning, as Umberto Eco has recently remarked, to the Europe that we believed to have been buried in 1914. It is unthinkable to talk

about a pure and simple regression. After all, beginning with the rupture of art with the advent of photography and cubism, today's cultural universe of the visual arts is still revising all the trends developed from the turn of the century. Such a revisionism was nonexistent in the late 19th century. The same "progress" that represented the desired, sought-after dogma at the turn of the century, when the age of the machine was at full ebullience, is now regarded with disbelief. The movements of rupture and ideologies were followed by political activism and the assertiveness of so-called minorities, and by other movements such as the ecological, where there is a concern for the preservation of the Earth as a habitable locus presently ruled by the powerful economic interests of drug lords and by the urban violence instigated by consumerism.

Perhaps it would be premature to prophesy exactly how art will respond to this current passage in the European countries, North America and, particularly, Latin America. After all, the world events bound to take place within the next ten years still constitute an enigma. However, we are undergoing a painful transition, particularly in Latin America where the now prevalent corruption and economic hardships go as far as precluding an effective control which might direct the development of the larger countries, as it is fatally happening in Brazil.

At this 21st São Paulo International Biennial we shall see—just as we have seen in certain aspects of the last *documenta,* in Kassel—an emphasis given to the anthropological and the ecologi-

Africa y América Latina. Esta actitud expresa un extraño deseo de renovación en que los europeos buscan a aquellos cuyos medios artísticos estuvieron siempre con los ojos puestos en lo que sucedía en el Primer Mundo. Este es precisamente el acertado punto de vista de Gauguin, quien en 1895 escribió, "para producir algo nuevo, es necesario regresar a las fuentes; a la humanidad todavía en su infancia". Para él, fue Tahití; para la Europa actual somos todos los países que constituímos el Tercer Mundo. En verdad, ahí también está la clave del interés conceptual de *Magiciens de la Terre*—la búsqueda del Otro, del mundo no tecnológico, como si tampoco tuviéramos ese perfil tecnológico, más allá de la imagen pre-industrial que se espera de nosotros.

Regresamos a Kenneth Frampton, quien cita las palabras de Paul Ricoeur sobre la paradoja: ". . . por un lado, se debe enraizar en el suelo del pasado, forjar un espíritu nacional, y desnudarse de la reivindicación espiritual y cultural frente a la personalidad colonialista. Pero para participar de la civilización moderna es necesario, al mismo tiempo, participar de la racionalidad científica, técnica y política, algo que muy frecuentemente requiere del puro y simple abandono de todo un pasado cultural. Es un hecho: una cultura no puede sostener y absorber el choque de la civilización moderna. Ahí esta la paradoja: ¿Cómo convertirse en moderno y regresar a las fuentes?; ¿Cómo revivir una antigua civilización adormecida y participar de una civilización universal?"[2]

La historia no se puede borrar. Uno no puede borrar las memorias

inpúnemente; sólo aparentemente estamos regresando, como declaró recientemente Umberto Eco, a una Europa que creíamos sepultada—aquella anterior a 1914. Es inpensable hablar de una regresión pura y sencilla. Después de la ruptura del arte con el advenimiento de la fotografía y del cubismo, el universo cultural de las artes visuales de hoy sigue revisando todas las tendencias desarrolladas a partir de principios de siglo. Este revisionismo no existía a finales del siglo pasado. Ahora ya no se cree en el "progreso", que a principios del siglo —en plena efervescencia de la era de la máquina— era el dogma deseable y perseguido. A los movimientos de ruptura e ideologías, les sucede un movimiento de rechazo, de desdén por lo político, de ansia por la afirmación de "minorías", o movimientos como el ecológico, con preocupación por la preservación de la Tierra como un *locus* habitable en este instante en que imperan los poderosos intereses económicos vinculados al narcotráfico y a la violencia urbana y consumista.

Tal vez, sería prematuro profetizar cómo responderá el arte a esta circunstancia del tránsito actual en los países europeos, Norte América, y en particular en los países de América Latina. Después de todo, los hechos que pueden ocurrir en el mundo dentro de diez años todavía constituyen un enigma. Particularmente en América Latina, la transición que vivimos es dolorosa, sumada a las vicisitudes económicas y de corrupción que constituyen nuestra vida cotidiana y que llegan —en los países de mayor extensión territorial, como lo es fatalmente Brasil— a impedir un

cal, in addition to religious and mystical trends. We shall observe form, rather than substance, prevailing over the purely aesthetic issues of ten years ago. In turn, the art market could be unstable, perhaps due to the current secondary role of painting, following a period of euphoria in the early 1980's. However, in the case of this Biennial with its highly questionable regulations, the collection on display may have resulted from the subjectivity of Biennial committee members who had to make their selection among the applying artists rather than choose examples of a latent universal restlessness. (Incidentally, abiding by absurd and provincial criteria, the committee of this international event was formed exclusively of Brazilians. But this is only a side comment on today's discussion. It is a mere record that this set of regulations only served to disregard many years of work. I believe there should be other paths to cultural assertion).

On the other hand, while Europe seeks a "return to the sources," the Latin American countries anxiously strive to query their own type of insertion into this cloudy new world that seems to emerge still shapeless. Whereas we are used to instability and to resorting to Europe as a reference, today the Old World questions itself about its future.

Thus I observe in the cultural environment two movements currently arising in Europe (that once again stands as the main source of cultural data following two decades of post-war U.S. rule). One of them seeks the sources in "ex-centric" countries that per chance still

retain a type of unheard-of creativity that for this reason appears "intriguing" to the eyes of the Europeans; and the other represents the desire to assert their national cultures. (Would that result from the creation of the European Economic Community?) This second trend became evident in the sumptuous architectural designs created in France to celebrate the bicentennial of the Revolution (1989) and now is heralded with royal grandeur in Spain, on the eve of the Fifth Centennial of the Discovery of America. Furthermore, there are those countries of dense cultures that have been asserting themselves regularly in their cultural achievements— Belgium, Holland, and particularly Germany which, just like Italy, borders on the part of Europe currently adjusting to the pace of the recent times. To plan their role in the Fifth Centennial celebrations, a few groups of Latin American artists started to meet for an anti-commemoration of the discovery of America (the *cubrimiento* or covering of America, as Germán Arciniegas wrote with a keen spirit many years ago) to celebrate what they call the "500 years of Mestizo America." Actually this is not the exclusive route for the discussion; furthermore it is not simple to speculate on what would have happened to European history had America not been discovered. . . .

What is the fundamental distinction between Third World artists— or Latin American, which is our case—and First World artists? Perhaps, except for Mexico—a country aware of its past, where there is relative miscegenation due to the massive presence of the

control que ordene su desarrollo.

En esta XXI Bienal de San Pablo que abre esta semana, podemos ver —como observamos en ciertos aspectos de la última *Documenta de Kassel*— un énfasis en lo antropológico, en lo ecológico, en la presencia de tendencias religiosas y místicas; forma, más que sustancia, sobreponiéndose a los problemas puramente estéticos como hace diez años. A su vez, el mercado de arte podría estremecerse por el momentáneo papel secundario de la pintura, que sigue a la euforia por la que ésta pasó a inicios de los años ochenta. Sin embargo, en el caso de esta Bienal de pautas tan cuestionables, lo que se vé puede ser meramente el resultado de la subjetividad de los miembros de la comisión de la Bienal, que hizo su selección de los artistas que se inscribieron, en lugar de abarcar una latente inquietud universal. (Comisión, dígase de paso, absurda y pronvincianamente constituída exclusivamente por brasileños. Este comentario es un dato aparte de la discusión de hoy, apenas un registro de unas pautas que menospreciaron muchos años de trabajo. Creo que existen otras maneras de afirmación cultural).

Por otro lado, si Europa busca un "regreso a las fuentes", en los países de América Latina ya se observa una tentativa ansiosa por cuestionar su propio tipo de inserción en este nebuloso mundo nuevo que parece emerger aun sin definición. Habituados a la inestabilidad, a informarnos en Europa, hoy es el Viejo Mundo quien se cuestiona sobre su futuro.

Así, veo en el medio cultural dos movimientos que parten de Europa (que de nuevo aparece como el

centro de irradiación de información cultural, después de las dos décadas de hegemonía norteamericana que siguieron a la Segunda Guerra Mundial). Uno de búsqueda de las "fuentes" en los países excéntricos, quizá aun detentores de una modalidad de creatividad desconocida y, por lo tanto, "curiosa" a los ojos de Europa; y el segundo que representa un deseo de afirmación de sus culturas nacionales. (¿Será el resultado de la formación de la Comunidad Económica Europea?) Esta segunda tendencia, pareció evidente por las conmemoraciones arquitectónicamente suntuosas de Francia con motivo del bicentenario de la Revolución (1989); y ahora anunciándose con grandeza imperial por España en vísperas del Quinto Centenario del Descubrimiento de América. Sin mencionar los países de cultura densa, que se afirman regularmente en sus realizaciones culturales, como Bélgica, Holanda, y en particular Alemania que, como Italia, hace frontera con la Europa en reacomodo, al ritmo de los tiempos modernos. En cuanto a las previstas conmemoraciones del V Centenario, algunos grupos de artistas latinoamericanos empiezan a reunirse para una anti-conmemoración del descubrimiento de América (o del "cubrimiento" de América, como escribió hace años, con gracia y suspicacia, Germán Arciniegas) a fin de celebrar lo que proponen como "500 años de América Mestiza". De hecho, este no es el único camino de la discusión; pues tampoco es sencillo especular sobre lo que hubiera sido la Historia de Europa si América no hubiese sido descubierta. . . .

¿Cuál es fundamentalmente la

native Indian and the Spanish in the make-up of its population—the fundamental difference is that, in addition to keeping abreast of art production in their own countries, educated Latin American artists are also familiar with the works of the principal contemporary artists in First World countries. They travel frequently to Europe and the United States, visit museums, read European and U.S. art publications, learn about international events and most of them speak a foreign language. Latin American artists strive to show their work in their home countries as well as abroad, because their local artistic environment is somewhat limited with respect to criticism, acknowledgement and market opportunities. This desire for international acknowledgement is somewhat illusory, for actually the foreign artistic circles regard the Latin American artistic environment as a non-existent entity. And there is hardly anything that seems more ridiculous to us than the articles published in U.S. magazines focusing on South American art, referred to as "Chicano art" or "Latino art"—as if in this part of the world artists were less educated and less cosmopolitan than those who live in Europe, Canada, Australia and the United States.

It is assumed, in First World countries, that there is something in common between the works of the Oaxaca School, Tamayo and Toledo, for example, and the artists the CAYC group of Buenos Aires; between the production of Tarsila's anthropophagic phase in the 1920's and Xul Solar; between the latter and the delirious solar imagery of Reverón, of Venezuela;

between the vital, surrealistic cosmopolitan trend of Roberto Matta and the constructive chromaticism of Volpi; between the sense of humor of Carlos Zerpa and the abstraction of Negret or Villamizar. One could claim that, due to his prolonged absence from South America, Matta could be considered an international, rather than Chilean, artist. Then, why claim Torres García to be a Latin American artist, he who had a European education and suddenly woke up to an American universe, in the broader sense of the word "American" (from the Americas), through constructive symbolism? Through its metaphors or even esotericism, the nostalgic melancholy of the current Chilean figure painting has nothing to do with the telluric/conceptual spirit that has always impressed the labor of Cildo Meireles.

Actually, the First World has always wished to see a few constant elements shown in our contemporaneity: the political theme in the work of our artists; the exotic theme, in the sense of the magical image attributed to us; the folk theme of mass art, or the smell of the masses, a type of art "bonded more with the people than with the elite," as George Kubler once wrote. In other words, there is always mistrust whenever an artist such as Ligia Clark, Amilcar de Castro or Goeritz appears. Furthermore, they attract no interest, as if they were second-rate artists whose trends were known in the First World. Even trendsetters like Soto and his kinetic art, or even le Parc in the early 1960's, had to settle overseas in a country of the so-called First World to attain inter-

distinción entre un artista del Tercer Mundo —o latinoamericano, en nuestro caso— y un artista del Primer Mundo? Tal vez, salvo la excepción de México —país que tiene conciencia de su pasado, país de mestizaje relativo por la presencia sólida del indio y del español en su población— la diferencia fundamental sería que el artista culto de nuestro continente, además de estar familiarizado con los artistas de su país, conoce los principales artistas contemporáneos de los países más diversos del Primer Mundo. Viaja frecuentemente a Europa y Estados Unidos, conoce sus museos, lee sus revistas de arte, se interesa por lo que pasa en esos países; y buena parte habla algún idioma extranjero. El artista latinoamericano lucha por exponer no solamente en su país, sino que ambiciona hacerlo en el exterior, porque su medio artístico local es reducido en lo referente a la crítica, perspectivas del mercado y reconocimiento. Hay mucho de ilusorio en este deseo de ser reconocido en el exterior, ya que, en realidad, el medio artístico de fuera de nuestros países considera al medio artístico latinoamericano como una unidad que no existe. No hay nada más ridículo para nosotros que ver anuncios en revistas norteamericanas que se enfocan en el universo del arte sudamericano, refiriéndose a él como "chicano art" y "latino art". Como si en estos lares no existiese el artista urbano, culto, similar a aquel que vive en cualquier ciudad de Europa, Canadá, Estados Unidos o Australia.

Como si hubiese algo en común entre la obra de la Escuela de Oaxaca —Tamayo y Toledo, por

ejemplo— y los artistas del grupo del CAYC en Buenos Aires. O entre la contribución de la fase antropofágica de una Tarsila de los años veinte y un Xul Solar; o entre éste y la imagen solar, en su delirio, de un Reverón de Venezuela. O entre el cosmopolitismo surrealista y vital de un Roberto Matta y el cromatismo constructivo de un Volpi; o aun entre el sentido del humor presente en Carlos Zerpa y la abstracción de Negret o Villamizar. Se puede argumentar que Matta es considerado un artista internacional y no chileno, por su prolongada ausencia del continente. Pero entonces, ¿porqué reivindicar a Torres García como un artista latinoamericano y no como artista de formación europea, que súbitamente fue despertado a un universo americano, en el sentido amplio de la palabra, a través del simbolismo constructivo? La nostalgia melancólica de la figuración chilena actual, a través de sus metáforas, o hasta esoterismo, nada tiene que ver con el espíritu telúrico/conceptual que siempre marcó la obra de Cildo Meireles.

Lo cierto es que el Primer Mundo siempre deseó ver en nuestra contemporaneidad algunos elementos constantes: el dato político en la obra de nuestros artistas; o el dato exótico, en el sentido mágico que correspondiese a la imagen que se hacen de nosotros; o el dato popular del arte de las masas; o el olor de las masas populares, un arte "vinculado al pueblo más que a una elite", como escribió alguna vez George Kubler. En otras palabras, cuando aparece una artista como Ligia Clark, o como Amilcar de Castro o como Goeritz, aparece una gran descon-

national acknowledgment.

Thus, according to Helen Escobedo, the artist who aims at attaining "international" recognition or undergoing a process of self-knowledge away from his base must abandon his primary sources. Nowadays he should settle in Europe or the United States. However, this option carries a dear price tag: the artist will be playing a double role, living in a foreign environment, speaking a foreign language, traveling around and keeping in touch with innovations and events, taking on art dealers and show previews, and making friends. Depending his nature, he may eventually conform to this cosmopolitan way of life that makes him into a foreigner wherever he goes. In his own country, to which he travels from time to time, the artist also begins to feel like a foreigner, as he gradually forgets his cultural traditions—to the point that he becomes incapable of telling his "native" from his "imported" attributes. This is the price paid by international artists such as Antonio Segui, Antonio Días, Luis Camnitzer, Shiró, Marcelo Bonevardi, Liliana Porter and many others exiled by their own careers. I have not included Gonzalo Fonseca because I regard him as a hermit who produces art rather than an individual concerned with the tumultuous international art circle.

The First World artist is an individual who generally settles in one place and produces a type of art that is not mistaken for folk art. He is confident about his trajectory because he knows, based on his surrounding cultural traditions, that sooner or later his good-quality artwork will attain due recognition. He

is little or hardly interested in the art produced outside First World circles, save when he is exceptionally attracted by the exoticism of new worlds. (Henry Moore, for example, was inspired by Mexican pre-Colombian sculpture; Frank Lloyd Wright, by Mitla's architecture; Picasso and Braque, by African sculpture at a critical point of their production, and so on.)

Presently the United States is asserting its internationalism. It understands that only by embracing the world can it be up-to-date. This frame of mind may be typical of a country where creators were always very much attached to the vernacular, so that even in the 1910's and 1920's, after the *Armory Show* denoted a nationalist concern through art, it was expected that visuality should illustrate the "American Scene." Furthermore, U.S. artists need to recover from the fatigue that seems to affect their creativity, and, according to Dore Ashton, this is only possible through direct contact or confrontation with other cultures. . . .

But I believe that these two universes—the U.S.A., the economic might of which fascinates the world, and Europe, to which we are naturally bonded—house artists from Latin American countries who grow and develop there. These artists however, bear within themselves the unique treasure of cultural miscegenation (the people from Europe, Africa, the Middle East and Asia colonized our troubled America), and to date their experience is unprecedented in the world. Although I have no intention of following the cliché and overestimating the Third World by mentioning this fact, I cannot overlook our

fianza. Entonces no somos interesantes puesto que es como si estos artistas fuesen de tendencias conocidads por el Primer Mundo, pero de segunda mano, o de calidad inferior. Aunque a veces seamos los primeros, como en el caso del arte cinético de Soto, o del mismo le Parc a inicios de los años sesenta. Para recibir reconocimiento internacional, es necesario salir de aquí, establecerse en un país occidental del llamado Primer Mundo.

Así, el artista que opta por obtener el reconocimiento "internacional" o que opta por un proceso de autoconocimiento fuera de sus bases, como observa Helen Escobedo, debe abandonar sus primeras fuentes. Radicar, hoy en día, en los Estados Unidos o en Europa. El precio de esta opción es muy caro: un ser dividido que vive en un ambiente en el que aprende a convivir como familiar, aunque no lo sea. Que habla un idioma que no es el suyo; que anda constantemente por todas partes para estar en contacto con innovaciones y eventos; que enfrenta *marchands* y *vernissages* y hace amigos; y lentamente, si está en su naturaleza, se conforma con esa vivencia cosmopolita que hace de él un extranjero en todas partes—aun en su tierra natal, a la que viaja de vez en vez. Pronto desconoce lo que le pertenece, y no distingue lo propio de aquello que le es prestado. Es el precio del artista internacional, exiliado de carrera como Antonio Segui, Antonio Días, Luis Camnitzer, Shiró, Marcelo Bonevardi, Liliana Porter entre muchos más. No menciono a Gonzalo Fonseca porque me parece más un ermitaño que hace

arte, que una persona que se preocupa por el tumulto del medio artístico internacional.

El artista del Primer Mundo es un artista que, por lo general, vive en un lugar y produce un tipo de arte que no es confundido con el arte popular. Vive confiante en su trayectoria porque sabe, por la tradición que lo rodea, que tarde o temprano recibirá el merecido reconocimiento a su trabajo—siempre y cuando éste sea de calidad. Poco o nada le interesa lo que sucede en el campo artístico fuera del Primer Mundo, a menos que, excepcionalmente, lo atraiga el exotismo de mundos nuevos (considérese el caso de Henry Moore con la escultura precolombina de México; Frank Lloyd Wright con la arquitectura de Mitla; Picasso y Braque con la escultura africana en un determinado momento de sus obras, etc.).

Estados Unidos vive hoy un momento de afirmación en su internacionalismo. Cree que sólo abrazando el mundo se puede ser actual. Esa manera de pensar puede ser típica de un país que siempre tuvo a sus creadores muy apegados a lo vernacular; que tuvo en los años diez y veinte de este siglo, después del *Armory Show*, una preocupación nacionalista en el arte. Es decir que su visualidad correspondiese a la "American Scene". Los artistas del Primer Mundo necesitan renovarse de la fatiga que parece afectar su creatividad, y eso, como dijo Dore Ashton, sólo es posible en el cantacto o confrontación con otras cultura.

Pero creo que entre estos dos universos —el de Estados Unidos que fascina al mundo por su potencial económico; y el Europeo, al cual

circumstance. In other words, despite our artists carrying within themselves these unclear, rarely transparent origins, they have learned to cope with the difficult, non-resolved identity issue, particularly in the Caribbean and Eastern South America. We do not really know who we are, so we look all around us—that is our trademark. But within this complex wealth/ poverty status we impress, without any sense of humor or with plenty of it, our very particular trait on our artistic production and on our stance in the world. And we smile condescendingly before the Europeans currently astonished by their instability. After all, instability is the only stable factor in the cultures of this continent in which we live.

estamos más naturalmente vinculados— crecen y se desenvuelven los artistas que proceden de los países de América Latina. Artistas que, a su vez, cargan dentro de sí una riqueza única en el mundo, la del mestizaje cultural (Europa, Africa, Oriente Medio, Asia, todos los continentes que colonizaron con sus pueblos a esta sufrida América), experiencia única en el Universo hasta este momento. Aunque no quiero caer en el *cliché* de la sobrevaloración del Tercer Mundo al mencionar este dato, no puedo evitar destacar nuestra circusntancia. . . . Es decir, aunque nuestros artistas cargan dentro de sí estos orígenes poco claros, raramente transparentes, se han habituado —sobre todo en el Caribe y en América del Sur atlántica— a convivir con la difícil problemática de la identidad aun no resuelta. No sabemos bien quiénes somos y miramos para todos lados—nuestra marca registrada. Pero dentro de esta compleja miseria/riqueza encerramos —sin humor, o con mucho humor— un sabor muy nuestro, en nuestra creatividad artística, en nuestra posición en el mundo. Y frente al asustado europeo, asombrado con nuestra inestabilidad de hoy, sonreimos con complacencia. A final de cuentas, la inestabilidad es el único dato estable en nuestras culturas en este continente en que vivimos.

The Double American

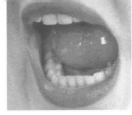

RAUL ANTELO

According to Benjamin, in the human species, the representation of a historical improvement is inseparable from the representation of the quest for history along a homogeneous and empty time. We should then inquire how the cultural juxtaposition that the notion of "Latin American" implies can free us from the totalizing effects contained in that holistic, homogeneous and empty time. We should observe, in the first place, that the notion of the "American" belongs to the order of discourse, rather than the order of events. The American, as a national construct, represents a rupture that superimposes several hypotheses of meaning, so that with them it institutes a retrospective obedience to the unionist law. This law reinvests in the particular, as corollary of a wager on the illuminist principles of universal emancipation. However, one should move away from this restricted area and confront universal imperatives. To verify this would imply the acknowledgement of the split and double-sided character of the "American." Actually, as we examine the Brazilian history of this concept, we will easily verify that, from Machado de Assis to Monteiro Lobato, the characteristic attribute changes radically in meaning. For the critic of "Instinto de nacionalidade", the term "American" is still equivalent to that which would emerge as a cultural condition, thanks to an "American" literature, as in Gonçalves Dias.

Already, in Monteiro Lobato, usually identified with nationalist conservative representations, the American is synonymous with progress and social welfare, and unequivocally located *in America*, that is, in the United States. How is it possible for the "American" to have changed from "Brazilian" to "North American" in such a short period of history? Perhaps we should note that in Machado de Assis, the concept is still an instinct, something given, whereas for the modern authors of this century the concept is increasingly defined as a pact. More than instinct, it is a drive (or an urge), and as such has no object. "American" is an attribute without a referent: in contemporary colloquial language, either the gentillic adjective bears no relation to a specific territory, or it maintains with this territory only ephemeral relations, acting at times as itself, at other times as the "gringo." Has it always been like this? No, certainly not. To Brazilian romantics, "American" defines subjectivity in confrontation with the world. The above mentioned Gonçalves Dias wrote, "only with harp, the lute and the lyre," lyrical poems and American poems inscribed in a process of national differentiation based on language: the discrimination of a spatially double state (Brazil and Portugal, the American and the metropolitan) in two different types of literature that nonetheless are "similar and kindred." The redundancy of the original pattern leads, therefore, to an emotive identification with the Other: "Tabira," the American poetry, evokes a populist and powerful nation, the remains of an unfortunate people consisting of indigeneous peoples and blacks, which reveals to us the diminution of an identifying construct—the emergent American—to the simple condition of a fragmented mass or mere residue. Thus the concept "American" shows its historical

La representación de una mejora histórica en el género humano, es inseparable —según Benjamin— de la representación de la búsqueda de la historia a lo largo de un tiempo homogéneo y vacío. Cabría entonces indagar de qué modo la yuxtaposición cultural que implica la noción de "latinoamericano" nos puede liberar de los efectos totalizadores contenidos en ese tiempo holístico, homogéneo y vacío de la tradición moderna. Para esto, conviene observar, en primer lugar, que la idea de lo "americano" pertenece al orden del discurso y no al de los hechos. Lo "americano", como construcción nacional, realiza una función de corte que superpone diversas hipótesis de sentido para instituir con ellas una obediencia retrospectiva a la ley a favor de la unión. Se trata de una ley que revierte en lo particular, como corolario de una apuesta en los principios iluministas de la emancipación universal; por lo tanto, para abordar lo particular "americano", es necesario desprenderse de ese campo restringido y abordar imperativos universales. Esta constatación implica asumir el carácter escindido y doble de lo "americano". Es más, examinando el proceso histórico brasileño de dicho concepto, es fácil constatar que, de Machado de Assis a Monteiro Lobato, el atributo ha mudado radicalmente de sentido. En el aspecto crítico de "Instinto de nacionalidad", "americano" aun equivale a local y nacional a pesar de que sea usado en forma restringida a la naturaleza como materia de inspiración literaria, en donde desemboca en una condición cultural dependiente de una literatura "americana", como es el caso de Gonçalves Dias.

Ya en Monteiro Lobato, comun-mente identificado con las representaciones nacionalistas conservadoras, lo "americano" es sinónimo de progreso y bienestar social, inequívocamente localizado *en América*, es decir, en Estados Unidos. ¿Cómo es posible que en un período histórico tan corto, "americano" pase de "brasileño" a "norteamericano"? Tal vez sea bueno considerar que en el caso de Machado, el concepto es todavía un instinto, algo dado, mientras que para los modernos de este siglo, se define cada vez más como pacto. Más que instinto es pulsión y, como tal, no tiene objeto. "Americano" es un atributo sin referente: en el uso coloquial, el gentilicio no guarda relación con un territorio específico o mantiene con él apenas relaciones efímeras siendo unas veces lo propio y otras lo gringo. ¿Siempre fue así? Ciertamente, no. Para los románticos brasileños, lo "americano" define la subjetividad confrontada al mundo. El ya citado Gonçalves Dias, por ejemplo, con "sólo con el arpa, el laúd y la lira" escribió "poesías líricas y americanas" que se inscriben en un proceso de diferenciación nacional a partir del lenguaje: la discriminación de una duplicidad espacial (Brasil/Portugal, lo "americano" y lo metropolitano), en dos literaturas diferentes que, a la vez, son "semejantes y parecidas". La redundación del patrón original lleva, por lo tanto, a una identificación emotiva con lo Otro: "Tabira", poesía americana, evoca una nación numerosa y potente, restos de un pueblo infeliz compuesto de indios y negros, lo que revela la degradación de una construcción de identidad —lo "americano" emergente— a la simple condición de masa desmembrada o mero residuo. El concepto

character ("the new people ought to be new reproductions") based on the binary logic that organizes the multiple of nations and the singleness of the motherland in the universality of the double.

Historicity is, therefore, the hierarchy of the others and variation of the same. Thus the "American" is contingent and transitory, a pure coming-into-being out of itself. In *Os Timbiras* it is the "now extinct" people transformed into poetic subject, and, in *O Guesa*, the rude nature ("black animal") kept away from the edge of sociability, in the "American slave." Likewise, Sousândrade achieves a composite—"dark Americans" or "americanas morenas"—made up with the always double faces of that empty countenance. He combines Coelus' whiteness-force-feeling with Telus' blackness-light-forgetfulness to forge an original pair of individuals—"pure, solitary, Americans!" who create, based on the void and the solitude that contain them, a space where the productive forces are destructive forces to the point that they go astray from the context in tribute to the new reading. In this typical drama of modernity we detect the tragic narrative avidity of the romantic's notion of "American," "without a national future or destiny/in the American communion of the fortunate," a report saturated with the paradox that the American is both a native and at the same time is self-created. This aporia that so well illustrates the impossibility of the modern, also serves to indicate the impossibility of the American, or more delicately, that this duality of the modern doubles or duplicates the American. In both cases, we are referring to notions concocted at the top and put into practice at the bottom.

It is precisely that commonly constructed language, which is the

element that signals with durable agglutinations, for if there were more than one language, then the nation-state would not be satisfactorily achieved. But the common language, although resulting from the construction of the elites, only expands and normalizes itself thanks to the administrative and educational intervention of the State. It does not pay to be redundant: the 19th century concept of law blends people, nation, language and State. One does not exist without the other. We should bear in mind, for example, that in Rio de Janeiro, during the Second Empire, Carlos Guido y Spano supported the *O Americano* newspaper for publicizing Rosas' strategies of alliance; that the defense of this State logic could place him and the Empire on a collision course; that as a consequence he could be expelled from the Court and, for the same reason, lose the opportunity to write the preface for *Ultimos Cantos*, the American poems written by his friend Gonçalves Dias. These poems were singularly akin to the compositions of the Argentine poet. All of these writings were to function, during the official nationalism, as models creating identity between language, nation and State. Their national ontologies were only deconstructed much later, with the transformations of the criteria of nation established by the 20th century vanguards. Thus, we have the series of parody songs of exile composed by the Brazilian modernists, and the colloquial disarray of César Fernández Moreno's *Argentino hasta la muerte* (1963), both of them functioning as identity counter-fables of state nationalism. I believe, therefore, that it is based on the modernizing impact of the 1920's that a desire for linguistic unification arose at the margin of

"americano" muestra, así, su índole histórica "que ha de ser nueva copia a gente nueva", rigiéndose por la lógica binaria que organiza la multiplicidad de las naciones y la unicidad de la patria en la universalidad de lo dual.

La historicidad es, por lo tanto, una jerarquía de los otros y una variación de lo mismo. De este modo lo "americano" es contingente y transitorio, un puro devenir fuera de sí. En *Os Timbiras* es el pueblo "ahora extinto", transformado en materia poética, y en *O Guesa*, naturaleza ruda ("animal negro") mantenida fuera de los márgenes de la sociabilidad, en el "esclavo americano". Sousândrade logra así un compuesto ("americanas morenas") que son los rostros, siempre dobles, de ese rostro vacío. Combina la blancura-fuerza-sentimiento de Coelus con la negrura-luz-olvido de Telus para fundir con ellos un par de individuos originarios, "¡puros, americanos solos!" que, construyen, a partir del vacío y de la soledad que los contiene, un espacio en donde las fuerzas productivas son fuerzas destructivas a punto de extraviarse del contexto como tributo a la nueva lectura. En este drama típico de la modernidad, detectamos la trágica avidez narrativa de lo "americano" de los ramánticos, "sin un futuro o destino nacional/en la comunión 'americana' de los afortunados", relato irrigado por la paradoja del "americano", ser oriundo, pero al mismo tiempo, criado. Esta aporía que ilustra claramente la imposibilidad de lo moderno, también sirve para mostrar la imposibilidad de lo "americano" o, de forma más amena, que la dualidad de lo moderno dobla o duplica lo "americano". Se trata, en ambos casos, de nociones dictadas desde las alturas pero practicadas en los niveles bajos.

Es precisamente esa lengua

construída en común, el elemento que asiente con aglutinaciones duraderas, ya que si hubiera más de una lengua, la nación-estado, de hecho, no se realizaría satisfactoriamente. Pero la lengua común, aunque sea producto construído por las elites, sólo se expande y normaliza gracias a la intervención administrativa y pedagógica del Estado. No importa redundar: el concepto de ley en el siglo XIX fusiona pueblo, nación, lengua y Estado. No existe uno sin el otro. Por ejemplo, no se debe olvidar que en Río de Janeiro durante el Segundo Reinado, Carlos Guido y Spano mantuvo un periódico, *O Americano*, de difusión de las estrategias de la alianza de Rosas; que la defensa de esa lógica estatal lo colocará en la ruta hacia una colisión con el Imperio; que en función de eso será expulsado de la Corte; y que, por el mismo motivo, perderá la oportunidad de hacer el prefacio de los *Ultimos Cantos*, poemas americanos de su amigo Gonçalves Diaz, emparentados, aún así, de forma singular con las propias composiciones del poeta argentino. Unas y otras funcionarán, a lo largo del nacionalismo oficial, como modelos de la identidad entre lengua, nación y Estado, mientras que sus ontologías nacionales sólo serán deconstruídas con las transformaciones de los criterios de nación operados por las vanguardias del siglo XX. Tenemos, de esta manera, tanto la serie de canciones paródicas del exilio practicadas por los modernistas brasileños, como el desaliño coloquial de *Argentino hasta la muerte* (1963) de César Fernández Moreno, ambas funcionando como contrafábula identitaria del nacionalismo estatal.

Creo, por lo tanto, que es a partir del impacto modernizador de los años veinte que surge una voluntad de unificación lingüística, al márgen

the official institutions that could be detected in the radical experiments of Xul Solar, the "neo-crioulo," or in the more moderate experiments of Mário de Andrade's Brazilian grammar. Nevertheless, these efforts nurtured the experimentalism that in the post-war period combines region and vanguard.

It seems to me that an attitude of independence with regard to the principle of nationalism (identification of language, nation and State) is manifested, and that, in view of this new situation, minor unities and tongues may strive to attain national stature. In practice, this unrestricted multiplication of entities without a past gave the ethnic and linguistic aspects a fundamental weight in the definition of the potential nation, Latin America as one. However, as far as Brazil is concerned, undermined by the fact that since it is no longer the political and cultural characteristics (people-nation-state) that would permit the equivalence between the Brazilian and the American, the only remaining criterion for definition of a new community still to be constructed is the language—that permits the construction of only one super-regional State: the nation itself, i.e., Brazil. Thus, upon having lost its connotation of associative similarity, the "American" is free to acquire the new signification that technological modernization seems to have in store for it. At the same time, deprived of its remote local connotation, it redefines frontiers, causing the "other, however equal" of nationalist modernization to become an alter ego estranged from itself. One should think about the now disseminated use of the word Latino, generally used in a derogatory and excluding sense when referring to the Hispanic American, and one will have a distinct representation of

this "equal, however other" that populates the postmodern national fiction. It is precisely in the spaces and the forms of representation of fiction that the dissonance between the political and the cultural, the official and the dissident, is manifested. Literature illustrates this point. The structure of Macunaíma, for example, reveals the profile of a peculiar narrative pact: the original enunciation is the fruit of a cross-breeding through which cultural heterogeneities are temporarily associated. For this reason Mário de Andrade was able to affirm that "the Afro-Cuban music has been the fecundator of all or nearly all the American folk sound."[1] On the other hand, in this American cultural mix the formal criteria distinguish the new as language articulation, at times expressive, at times critical—"while North America constructed its music under the rule of choral polyphony, the Latin American countries constructed theirs under the rule of solo melody".[2] Now, the descriptive estrangement of Macunaíma, a sort of new kind of American cross-breeding, chooses polyphony, which stresses the ensemble part, to allow a better development of the melodic solo where language and the populist State are combined. A simple-minded rationalization of Macunaíma, deprived of official grants and patronage, exposes the density of national allegory of the rhapsody because it reveals the hypocrisy of the new separatist nationalism, a mere complement of the old and declining liberal nationalism. The hero's speech is a statement to be read in two planes—before and after. He says: "I'm an American and my place is in America. The European civilization most certainly belittles the moral integrity of our character." In retrospect, he is the re-enunciation of

de las instituciones oficiales. Puede ser detectada en las experiencias radicales del neo-criollo de Xul Solar o en las más comedidas de una gramatiquilla brasileña en Mário de Andrade, aunque, de cualquier modo, se alimenta del experimentalismo que en la postguerra funde región y vanguardia. Me parece que así se manifiesta una actitud de independencia en relación al principio del nacionalismo (identificación entre lengua, nación y Estado) y que, en el transcurso de esta nueva situación, unidades menores puedan aspirar a la categoría nacional. En función de esta multiplicación ilimitada de entidades sin pasado, los aspectos étnicos y lingüísticos adquieren un peso fundamental en la definición de la nación potencial, América Latina unida. Sin embargo, esta idea se encuentra, en lo que a Brasil se refiere, minada en su base porque, al ya no ser las características político-culturales (pueblo-nación-estado) las que permiten la equivalencia entre lo "brasileño" y lo "americano", resta como criterio definidor de la nueva comunidad a ser construída, el de la lengua, que permite, apenas, la construcción de un Estado supra-regional: la propia nación, Brasil. De este modo, habiendo perdido su connotación de semejanza asociativa, lo "americano" se encuentra libre para adquirir el nuevo significado que le parece reservar la modernización tecnológica y, al mismo tiempo, desprovisto de su remota connotación localista, redefine fronteras, haciendo que lo "otro pero igual" de la modernización nacionalista se convierta en un alter-ego asombrado de sí mismo: piénsese en la actual difusión del uso del término latino, en el sentido, por lo general, peyorativo y excluyente, que se aplica al hispanoamericano. Así, se tendrá una representación cabal de ese

"igual pero diferente" que recorre la ficción nacional post-moderna. Es justamente, en los espacios y en las formas de representación de la ficción que la discordancia entre lo político y lo cultural, lo oficial y lo disidente, se manifiesta. La literatura ilustra este punto. La estructura de Macunaíma, por ejemplo, revela el perfil de un peculiar pacto narrativo: la enunciación original es fruto de mestizaje por medio de la cual heterogeneidades culturales se asocian temporalmente. De ahí que Mário de Andrade pueda afirmar: "la música afrocubana ha sido la fecundadora de todo o casi todo lo popular sonoro americano".[1] Por otro lado, en esa mezcla cultural americana los criterios formales son los que discriminan lo nuevo como articulación de lenguaje, ya sea expresiva, ya sea crítica—"mientras América del Norte formaba su música bajo la base de la polifonía coral, los países latinoamericanos formaban la de ellos bajo la norma de la melodía solista".[2] Ahora bien el extrañamiento narrativo de Macunaíma, una especie de nuevo mestizaje americano, escoge la polifonía, que destaca aparte del conjunto, para desarrollar mejor el suelo melódico en donde se fusionan lengua y Estado populista. Una racionalización simplificadora de Macunaíma, al perder el apoyo oficial y los favores de su clientela, expone la densidad de la alegoría nacional de la rapsodia porque esclarece la hipocresía del nuevo nacionalismo separatista, mero complemento del viejo nacionalismo liberal en caída. Las palabras del héroe—"Soy americano y mi lugar está en América. La civilización europea ciertamente desmoraliza la entereza de nuestro carácter"— es un enunciado que se lee en dos planos, un antes y un después. En una retrospectiva, es una re-enunciación del "americanismo" colonia-

the past colonialist Americanism: "Americanism represents dullness, lack of discipline, idleness, wild childishness, all the stationary penchants, all passions hostile to civilization, ignorance, the physical decline of races and their moral corruption."[3]

In prospect, however, he foretells the *Americanos,* Brito Broca's essays written for an official organ of authoritarianism, to legitimate Vargas' Pan-Americanist alignment and replace other essays of European origin that, due to their "Latin American" definition, would belittle the national moral integrity. This duplicity turns the identity issue into a problem. There is no sole origin, but a double origin, new and archaic, always marked by an opacity. Literature is equipped with a lost language, that returns, and a present language that becomes distorted and turbid. Araújo Porto Alegre (himself almost a precursor of *Macunaíma,* with his painting scholarship in France) confesses in "O papagaio do Orinoco" (1859), his fascination upon reading in Humboldt that identity is an archaeological reconstruction, "a new and entirely special task, that of resurrecting a dead language, guarded by a bird, that left no trace whatsoever on rock or papyrus," thus permitting the reader/author to imagine the unknown, to which "all American similitude"[4] is granted. This "very new and very much American" subject reinstates the issue of cultural identity. Does the universal exist in art? To some, such as Mukarovsky, the universal is synonymous with duration. To

others, such as Lyotard, it means alienation.[5] Post-colonial criticism has shown that political and cultural identities are constructed through alterities; therefore, I believe that the simultaneity of current perspectives spatializes time upon undertaking the archaeology of certain formations. The problematic dimension of plural time and fractured space enacts, where Brazil is in relation to the American, a relative autonomy concerning the process of identity definition—which, far from confirming a full and empty dimension, rediscovers a rich vein of heterogeneities in the difference.

The double American, no longer acting as a shadow or a substitute, but as a stereotype, reveals a tenuous, lasting unity. In turn, such a unity permits the constitution of the Other as its peer, less in the sense of a comforting re-centering of the periphery[6] and more in the sense of the catastrophic difference foreseen by Bataille sixty ago, when he took the American perversion without a past for speculative anthropology in order "to organize systematically the chaos in those countries where men take the spirit of method to its ultimate degree of perfection—especially when the issue is the production of heaps of corpses—today the return of the European populations to the most starkly cruel and violent habits seems inevitable. It is, therefore, possible (and even quite probable) that the habits of our political life will be changed to the point of not being too different from those of Latin America."[7]

lista del pasado: "El (americanismo) representa el hastío, la falta de disciplina, la pereza, la puerilidad salvaje, todas las inclinaciones estacionarias, todas las pasiones hostiles hacia la civilización, la ignorancia, el declinamiento físico de las razas, así como la corrupción moral".[3]

Sin embargo, en prospectiva, vaticina los textos *Americanos* de Brito Broca, escritos para un órgano oficial del autoritarismo, como legitimación del alineamiento panamericanista de Vargas y en sustitución de otros textos que, por su definición "latinoamericana", desmoralizarían la entereza nacional, ya que eran de procedencia europea. Esta duplicidad problematiza la cuestión de la identidad. No hay un origen sino un doble origen, nuevo y arcaico, marcado siempre por la no-transparencia. La literatura se arma con una lengua perdida que regresa, y con una lengua presente que se corrompe, se enturbia. Araújo Porto Alegre (casi un predecesor de *Macunaíma,* con su beca de pintor en Francia) confiesa en "O Papagaio do Orinoco" (1859) la atracción que le causó leer en Humboldt que la identidad es una reconstrucción arqueológica, "un trabajo nuevo y completamente especial, el de la resurrección de una lengua muerta, guardada por un ave y que no dejó vestigio alguno en la piedra o en el papiro", que permite así, que el lector/autor imagine lo desconocido, a lo que se da "toda la apariencia de lo 'americano'".[4] Este asunto es "tan nuevo y tan americano", que vuelve a señalar el problema de la identidad cultural. ¿Existe lo universal en el arte? Para algunos como

Mukarovsky, lo universal es duración. Para otros, como Lyotard, es enajenación.[5] La crítica post-colonial ha mostrado a las identidades político-culturales como construcciones a través de alteridades; por lo tanto, creo, por mi cuenta, que la simultaneidad de las perspectivas actuales espacializa el tiempo al emprender la arqueología de determinadas formaciones. La dimensión problemática del tiempo plural y del espacio escindido actúan, en el caso de Brasil frente a lo americano, con una relativa autonomía en lo que se refiere al proceso de definición identitaria, lo que lejos de confirmar una dimensión plena o vacía, rescata una veta rica de heterogeneidades en la diferencia.

El doble "americano", actuando ya no como sombra o sustituto, sino como estereotipo señala una unidad tenue que dura. Unidad que, a su vez, permite la constitución de lo Otro como un par, no tanto en el sentido consolador de un recentramiento de la periferia.[6] Sino en el de la diferencia catastrófica prevista, sesenta años atrás, por Bataille cuando toma la perversión americana sin pasado, como antropología especulativa para "organizar sistemáticamente el caos en países donde los hombres llevan el espíritu del método a su último grado de perfección —especialmente cuando se trata de fabricar montañas de cadáveres— hoy parece inevitable un regreso a costumbres más netamente crueles y violentas en las poblaciones europeas. Es pues posible, (y aún bastante verosímil) que las costumbres de nuestra vida política se transformarán a punto de no diferir mucho de las de América Latina".[7]

Who speaks TO WHOM and FOR WHOM and under what CONDITIONS

BRUCE FERGUSON

1. Who speaks TO and FOR WHOM and UNDER WHAT CONDITIONS as well as WHERE and WHEN the particular speech act occurs are significant questions that can be asked of any communications performance. By asking who speaks it is possible to establish the gender, ethnicity, race, age, or cultural background and history of texts of the speaker. By asking TO WHOM and FOR WHOM we can establish the administrative nature of the relationship: whether it is commercial or casual, individually professional or institutionally mediated, intimate or formal, or teacher to a student, and so on. In other words, how is this particular voice filtered and mediated by its connections to other people, other institutions, other kinships and networks of influence? Whose codes are being re-coded, de-coded or over-coded and whose sub-codes or meta-codes are at what level of significance?

The relations of power which surge and course through any speech environment can start to be assessed by an understanding of the complex nature of the contextual elements of that exchange. And by asking WHERE and WHEN and UNDER WHAT CONDITIONS, it is possible to begin to establish the speech act's relation to a larger history—to its contemporary place within the actions of groups and individuals and their changing situations within an already established context. It is possible to appraise the position of that speech act within ideological frameworks and dominant organizations of meanings in the larger social frame.

If the conditions are war, speech acts are likely to be regulated dif-ferently from those of peace. If the conditions are commercial, a speech act is likely to be regulated differently from pedagogical concerns and so on. Winston Churchill's "Blood, Sweat and Tears" speech on radio is different from John Lennon's "Give Peace a Chance" song which is different from Madonna's video "Papa Don't Preach" and so on in media, content and expressive force within the environment and historical conditions in which each of their solicitations are proposed and received.

But it is not necessary to have such dramatic or famous enunciations for difference to be established. The practical differences between purely political speech acts in public and testaments of love in private are a more obvious comparison. But love always has its politics and professional politics always has its passions, which testifies to the essential ambiguity when trying to locate difference.

A speech act is not an immaculate and independent event with only one kind of significance. Objectivity and denotative meanings within the "Political Economy of Signs" are not easily separated from subjective and connotative meanings. The economic and social class of the speaker is also an important accent to understand what is invested in speech beyond libido and ego when speech is projected into the social realm as well. In one of her public bronze signs for buildings, the U.S. artist Jenny Holzer argues, "It makes a difference with whom you're intimate and whom you're dependent upon. Friends will only tolerate or support certain actions and this influences what you believe to be possible or

1. ¿Quién habla PARA y POR QUIEN y BAJO QUE CONDICIONES, adémas de DONDE Y CUANDO se pronuncia un determinado discurso?, son preguntas significativas que se pueden aplicar a cualquier acto de comunicación. Al preguntar ¿quién habla?, se puede establecer el sexo, la etnicidad, raza y edad o formación cultural y la historia, en términos de textos, del/de la hablante. Al preguntar ¿A QUIEN y PARA QUIEN?, podemos determinar la naturaleza administrativa de la relación: si es comercial o casual, profesional en el sentido individual o institucionalmente mediada, íntima o formal, de profesor(a) a alumno(a), y así sucesivamente. En otras palabras, ¿cómo se filtra o media determinada voz individual a través de sus vínculos con otras personas, otras instituciones, otras relaciones de parentesco o redes de influencia? ¿A quién(es) pertenecen los códigos que se re-codifican, de-codifican, sobre-codifican y a quién(es) los sub-códigos o meta-códigos y a qué nivel de significado funcionan?

Uno puede comenzar a valorar las relaciones de poder que surgen y atraviesan el ambiente del discurso o del habla al comprender la compleja naturaleza de los elementos que constituyen el contexto del intercambio. Y al preguntar ¿DONDE y CUANDO y BAJO QUE CONDICIONES?, es posible comenzar a establecer la relación del discurso con una historia más abarcadora—con su espacio contemporáneo dentro de las acciones de grupos e individuos y sus cambiantes situaciones dentro de un contexto previamente establecido. Es posible evaluar la posición del discurso dentro de marcos ideo-lógicos y organizaciones dominantes de significados dentro del marco social más amplio.

Si las condiciones son de guerra, los discursos se regularán de modo diferente a los que se emiten en condiciones de paz. Si las condiciones son comerciales, el discurso se regulará de manera distinta a lo que regiría, por ejemplo, inquietudes pedagógicas, etc. El discurso de Winston Churchill, "Blood, Sweat and Tears" por radio es distinto a la canción de John Lennon "Give Peace a Chance" que es distinta del video de Madonna "Papa Don't Preach", etcétera, en el medio, el contenido y la fuerza expresiva dentro del ambiente y las condiciones históricas en las cuales se propone y recibe la solicitud.

Pero para trazar diferencias no es necesario utilizar enunciaciones tan dramáticas o famosas. Las diferencias prácticas entre los discursos puramente políticos realizados en público y las declaraciones de amor en la intimidad forman un punto de comparación más obvio. Sin embargo, el amor siempre tiene su dimensión política y la política profesional siempre tiene sus pasiones, lo cual pone de manifiesto la ambigüedad esencial que encontramos al tratar de identificar diferencias.

Un discurso no es un acontecimiento inmaculado e independiente, con un significado único. La objetividad y los significados denotativos dentro de la "Economía Política de los Signos" no se pueden separar fácilmente de los significados subjetivos y connotativos. La clase económica y social a la que pertenece el hablante es también un acento social importante para comprender todo lo que

desirable." Her statement is the artistic equivalent to other understandings of the constraints imposed on speech by collegiality and family for instance, or professionally by what Stanley Fish calls an "interpretive community."

We can of course go more specifically into the form of the speech-act and start to assess its aesthetics: its intangibles, its expressive qualities, its patois and dialect, its emotional mytho-ritualistic abilities to perform effectively and we can adjudicate its inventive uses to tropes; its persuasive forces. We can evaluate a speech act's sense of conviction, its logic or its convulsive irrationality, its acuity or its obliqueness, its hard edges or its soft contours or its contradictions and oxymoronic surfaces and unconscious sub-texts and its encrustations from other texts and discourses that precede it.

And importantly we can begin to evaluate its effects, its history of impact on an audience, on a sub-audience of a sub-cultural audience. We can begin to retrace the way in which it works or doesn't work—the way in which a speech act is a success or failure, the way it is received and consumed under different conditions of response. We can look demographically and hermeneutically at how the heterogeneity of the text is further disturbed by the heterogeneity of the receivers, real and imagined.

In short a speech act is a complicated and somewhat enigmatic language performance and an essential and diverse part of understanding its significance. Or as Nietschze wrote, "Every art has a rhetorical level . . ." stating then what recent philosophy has only

recently begun to accept—that language acts are primarily acts of persuasion, not grounded in some independent truths outside of language. And as the Canadian rock band Rush used to sing, "Without no audience, there ain't no show," a recognition that speech performances are never complete and that they are always open to further change and value construction by receivers.

Further investigation can continue to connect the speech act to more and more contextual and conceptual networks of discourse and power. And I think it is possible to say that the more there is contextual information and the more there are connections that can be made to and from a speech act— the more knowledge is possible— the more hermeneutic activity is aroused. Unlike Jean Beaudrillard who says, "We live in a universe where there is more and more information and less and less meaning," my experience leads me to believe that an increase in information under new technological conditions is not in itself the only relevant measure of meaning.

Now, to relate these generalities more specifically to the here and now, I must say that I agree that work of arts are the objects *par excellence* in stimulating meanings because they are as Leo Bersani writes, ". . . material metaphors for moves of consciousness which do not intrinsically belong to any particular cultural domain but rather transversely cross, as it were, the entire range of cultural expression." But perhaps more importantly than Jean Beaudrillard's premature pessimism or Bersani's persuasiveness about the play of

se invierte en el discurso, más allá del libido y el ego, cuando el discurso se proyecta, además, en su contexto social. En uno de sus letreros públicos de bronce para un edificio, la artista estadounidense Jenny Holzer afirma que "Importa bastante con quién tienes relaciones íntimas y de quién dependes. Los amigos sólo toleran o apoyan ciertas acciones y eso influye en lo que crees posible o deseable". Su afirmación es el equivalente artístico de otras definiciones de las limitaciones del discurso impuestas por las relaciones que existen entre colegas o por la familia, por ejemplo, o profesionalmente por lo que Stanley Fish ha calificado como la "comunidad interpretativa". Podemos, por supuesto, entrar de lleno y de manera específica en la forma del acto mismo del discurso y comenzar a valorar su estética: sus aspectos intangibles, sus calidades expresivas, su *patois* y dialecto, su capacidad emocional mítico-ritualista para surtir efecto y podemos juzgar sus usos inventivos en términos de tropos; su poder de persuasión. Podemos evaluar el sentido de convicción de un discurso, su lógica o su irracionalidad compulsiva, su acuidad u obliquidad, sus contornos afilados o suaves, o sus contradicciones y superficies de oximoron, sus sub-texos subconscientes y sus incrustaciones venidas de otros textos y discursos que lo precedieron.

Y lo importante es que podemos comenzar a evaluar los efectos, la historia de su impacto en un público, o un sub-público de un público sub-cultural. Podemos re-trazar la manera en que funciona o no funciona—la manera en que el discur-

so es un éxito o un fracaso; la forma en que es recibido y consumido bajo diferentes condiciones de respuesta. Podemos examinar demográficamente o hermenéuticamente cómo la heterogeneidad del texto es aun más desequilibrada por la heterogeneidad de los receptores, reales e imaginados.

En resumen, un acto de discurso es una ejecución complicada y algo enigmática del habla, y parte esencial y diversa de la comprensión de su significación. O, como escribiera Nietschze, "Cada arte tiene su nivel retórico . . .", afirmando en aquel entonces lo que la filosofía sólo comenzó a aceptar hace poco—que los actos del habla o del discurso son fundamentalmente actos de persuasión, y que no se basan en alguna verdad que exista fuera del lenguage. Y como cantaba el grupo canadiense de rock, "Rush", "Sin público, no hay función", reconociendo así que la ejecución de un acto de discurso nunca puede ser completa y que siempre está abierta al cambio y la construcción de nuevos valores por los receptores.

Investigaciones adicionales podrán seguir vinculando el acto del habla con redes —cada vez más conceptuales e identificadas con ciertos contextos— del discurso y del poder. Y creo que sería posible decir que mientras más información tenemos sobre contexto, y más conexiones se establecen con y del acto de habla —mientras más conocimiento— mayor será la actividad hermenéutica que suscita. A diferencia de Jean Beaudrillard, quien dice, "Vivimos en un universo en que hay más información y cada vez menos significado", mi experiencia me lleva a

art's borderline nature, I also believe that it is the critical access to that information, i.e., the who, where, why, when, and under what conditions of interrogation, that establish the amount and kind of meaning available.

Theory itself is just another speech act and while it is fine for Beaudrillard to say succinct and pithy and T-shirt-citeable sentences, it remains for us to decide collectively how useful or effective it might be within our interests. And given that theories of the end of history and the end of meaning that were so popular a few years ago have been put on hold by the events in the Eastern European political sphere recently, it seems clear again that meanings are always just about to be undermined and opened out again and that only their vulnerability is universal. It seems time to embrace wholeheartedly the idea that meanings are always impossibly unstable. Even with works of art then, meanings are only produced in context and it is a collective, negotiated and debated and shifting consensual process of determination that is the "state of emergency" to which Walter Benjamin referred and in which all meaning occurs. Representation is always in crisis, which is always a form of freedom.

And more clearly now than ever before it is possible to say that any speech-act is not only complex as I have quickly described it but that any is also inter-cultural. Which is to say that a speech act from an individual is always an interplay with the subject's environment of language and discourse and culture. An individual is both a part of them and at a distance from them as

any person is not and cannot be an identifiable reflection of their own language, discourse or culture. I may be a Canadian but I am not Canada and Canada is not me, to paraphrase Sartre. As Canada is as much a discourse as a locale and as I am as much a discourse as a body, the marriage of nation and individual may never be consummated. My "accumulating selves," as Freiderich Durrenmatt calls them, and the nation's constructing of its self under ever new historical conditions are both continuously shifting, assembling and dissipating notions of identity which never come together, always betraying one another.

2. Now to ground some of these remarks in a practice, I am going to propose that an exhibition of art is a speech act. It is the speech of an institution. The art institution *par excellence*, the museum, stands neo-classically or modernistically or gothically within the architectural discourse of art history or the culturally political discourse of nations and individuals and so on. But when this institution speaks, it speaks exhibitions. Exhibitions are its medium, regardless of their content.

If we are to have dialogue between hemispheres we should understand and discuss the nature of that speech. Because that is what we have in common. We may speak languages differently, and have different cultural and socioeconomic backgrounds and different histories of art production and reception, but what we do share in contemporary art is modernist institutions which speak the rhetorical force, as sustaining cultural

creer que un aumento de información bajo las nuevas condiciones tecnológicas no es en sí la única medida de significado pertinente.

Ahora, para relacionar esas generalidades al "aquí" y el "ahora" específicamente, debo decir que estoy de acuerdo en que las obras de arte son los objetos *por excelencia* para estimular nuevos significados porque son, como escribe Leo Bersani, ". . . metáforas materiales para los desplazamientos de la conciencia que no pertenecen intrínsecamente a ningun dominio cultural en particular sino que atraviesan transversalmente, se podría decir, la gama entera de expresiones culturales". Pero, quizás más importante que el pesimismo prematuro de Jean Beaudrillard o el poder persuasivo de la declaración de Bersani sobre el movimiento implícito en la naturaleza fronteriza del arte, también creo que el acceso crítico a la información, verbigracia, el quién, dónde, por qué, cuándo y bajo qué condiciones de la interrogación, que determina la cantidad y el tipo de significado disponible.

La teoría misma no es sino otro acto del habla y mientras es satisfactorio que Beaudrillard emita oraciones sucintas y expresivas, aptas para adornar camisetas, nos queda a nosotros decidir colectivamente cuán útil o eficaz nos puede ser según nuestros intereses. Y dado que las teorías sobre el fin de la historia y el fin del significado, tan populares hace algunos años, han sido echadas a un lado por los acontecimientos recientes en la esfera política de Europa del Este, parece muy claro, de nuevo, que los significados siempre están a punto de ser minados y abiertos y

que solamente su vulnerabilidad resulta ser universal. Me parece que ya es hora de abrazar, sinceramente, la idea que los significados son siempre e imposiblemente inestables. Aun con las obras de arte, entonces, los significados sólo se producen dentro de un contexto y es un proceso colectivo, negociado, debatido, consensual y movedizo de determinación que es, a la vez, el "estado de emergencia" al que se refería Walter Benjamin, en que se produce el significado. La representación siempre está en crisis, que es siempre una forma de libertad.

Y ahora más claramente que nunca, es posible decir que todo acto del habla es no sólo complejo, como lo describí rápidamente, sino también inter-cultural. Lo cual quiere decir que un acto del habla ejecutado por un individuo es siempre una interacción con el ambiente de lenguaje, discurso y cultura del sujeto. Seré yo canadiense pero no soy Canadá y Canadá no soy yo, para parafrasear a Sartre. Como el Canadá es tanto un discurso como un lugar, y como yo soy tanto un discurso como un cuerpo, la unión de nación e individuo nunca podrá consumarse. Mis "yo acumulados", como los denomina Freiderich Durrenmatt, y la construcción de sí misma de la nación bajo condiciones eternamente nuevas, desplazan, reunen y dispersan continuamente las nociones de la identidad que nunca se juntan, siempre se traicionan.

2. Ahora para asentar algunos de estos comentarios en la práctica, voy a proponer que una exposición de arte es un acto del habla. Es el habla de una institución. La

narrative, as mediated talk from one individual and one region and one country to another. The state, corporations and individuals spend a great deal of money to enable art to become their dramatic saga of identity to affirm consent among their constituents as to that identity by speaking exhibitions.

To continue to emphasize and discuss the history of the art which is being shown—the extra-textual material objects called art, as theorists and critics do—is only one of the traits of the speech acts called exhibitions. Although art objects are always isolated and fragmented from aspects of their production and some of their desired uses despite debates about better or worse forms of display, art museums themselves are NOT isolated from their political cultures. Art museums are legitimized social characters who speak the language called exhibitions. They are the authorized institutional WHO— one of the cultural bodies, like libraries and universities—who are designated to speak about identity and history through productive material subjects.

And although good work is done about the nature of the individual works being shown in an art museum along semiological and sociological and other critical lines at the material level, and even though some analysis of the social traces of art's production is beginning to surface primarily because of feminist cultural studies and language analysis analogies which makes the objects themselves more contextualized, the work on the nature of institutional speech has just begun.

What kind of speech is an exhibition which is constructed along national lines, international lines, biographical lines, chronological

lines, connoisseurship lines, thematic lines and so on is just the beginning. This might offer up a typology of genres—a series of exhibitionist tropes and audience expectations. Like genres in mass media—the sitcom, the detective story, the news, the soap opera— such genre identification would help to situate the constructions of meanings and the constructions of specific audiences. We might differentiate the Hollywood exhibition, or the poetical exhibition or the consistency-building exhibition or the melodramatic exhibition or the epic mode and certainly the auteur exhibition or even the exhibition noir, or the Dance with Wolves exhibition, etc.

But in order to really understand and come to terms with a possible dialogue between cultures and their productions, the context must not be just the interiorized contextualization of the art objects by genres, and then further by debates on wall labels, framing devices, catalogue texts, audio visual aids, educational strategies and display techniques. We would still be left with a kind of content analysis like art criticism itself, which however necessary, forgoes the obligation to place the institution within its contexts of social power. For we are all aware that the most radical art works are neutralized in institutions regardless of the technical means of exhibiting. The historical avant-garde died a death of acceptance, after all, not rejection.

The work to be done is to contextualize the institution itself as a speaker. To analyze the character, conscious and unconscious, of the art museum: the elite position of the Museum of Modern Art in New York—all cubist aristocracy fla-

institución de arte por excelencia, el museo, que se coloca neoclásica, moderna o góticamente dentro del discurso arquitectónico de la historia del arte o el discurso culturalmente político de las naciones y los individuos, y así sucesivamente. Pero cuando la institución habla, lo hace a través de las exposiciones. La exposición es su medio, sin tener en cuenta su contenido.

Si vamos a tener un diálogo entre los hemisferios, debemos comprender y discutir la naturaleza de ese discurso. Porque eso es lo que tenemos en común. Podemos hablar lenguas diferentemente y tener diferentes formaciones culturales y socio-económicas; diferentes historias de producción y recepción del arte; pero lo que sí compartimos en el arte contemporáneo son las instituciones modernistas que hablan con fuerza retórica, como narrativa cultural sustentadora, como una conversación mediada entre un individuo, una región, un país al otro. El estado, las corporaciones e individuos, gastan mucho dinero para que el arte pueda llegar a ser la dramática saga de la identidad, para así afirmar el consenso entre sus electores en cuanto a esa identidad al hablar por medio de las exposiciones.

El seguir enfatizando y discutiendo la historia del arte que se expone —los objetos materiales extra-textuales denominados "arte por teóricos y críticos— es sólo uno de los rasgos de los actos del habla llamados "exposiciones". Aunque los objetos de arte siempre están aislados y fragmentados de los aspectos de su producción y algunos de los usos anhelados, no obstante los debates en torno a mejores y peores formas de exposición, los mismos museos NO están

aislados de su cultura política. Los museos de arte son actores sociales legitimados que hablan el idioma llamado "exposición". Ellos son el QUIEN institucional autorizado —una de las entidades culturales, al igual que la biblioteca y la universidad— designado para hablar de la identidad y la historia a través de sujetos materiales productivos.

Y aunque se está realizando trabajo valioso en torno al carácter de las obras individuales expuestas en los museos de arte, siguiendo las líneas del análisis semiológico, sociológico y de otras tendencias críticas a nivel material, y aunque algunos comienzan a surgir, principalmente a causa de los estudios feministas y culturales y analogías con el análisis linguístico que hace que los objetos en sí se estudien en su contexto, no es sino hasta ahora que se comienza a estudiar la naturaleza del habla o el discurso institucional.

¿A qué clase de discurso pertenece una exposición construída sobre bases nacionales, internacionales, biográficas, cronológicas, de "conocedor", temáticas, etcétera?; esta pregunta es sólo el comienzo. Esto podría hacer surgir una tipología de géneros—una serie de tropos exhibicionistas y espectativas de parte del público. Como en los géneros de los medios masivos —el sitcom, la historia detectivesca, el noticiero, la telenovela— semejante identificación de géneros nos ayudaría a ubicar la construcción de significados y la construcción de públicos específicos. Podríamos diferenciar la exposición tipo Hollywood, o la exposición poética, o la exposición hecha para forjar la coherencia, o la exposición melodramática o el modo épico y sin duda la exposición tipo "auteur" o incluso la exposición

vored by a chauvinist internationalism; the rough and tumble street-smart ICA's and artist-run spaces with their all-too-ready allegiances to bohemianism and avant-garde strategies as easy rituals of critique; the respectable and liberal city and regional museums who obey to speak with a specific provincial and local accent; and so on. Analysis of this institutional character and its speech acts will allow us to respeak the institution from a grounded and connected historical site, not from an ideal, semi-autonomous place where art merely apes the rituals of contemplative religion with its misplaced social authority. It will also allow us to see how another's speech is accepted or rejected within that context. What happens when a small provincial museum speaks homoerotica, as Cincinnati did with the exhibition of the photographer Robert Mapplethorpe, or when a city museum in Sheffield, England speaks another's national tongue, or a national museum speaks another's individual claims to identity?

The list of interrogations of this speech could go on forever and are divided between an exhibition as a text of conscious and unconscious motivations and audiences of reception which vary considerably. The techniques used in this kind of genealogy would follow those methods used in post-structuralist literary criticism and those used to analyze mass media productions and receptions.

How is this art museum speech funded?

Is the exhibition part of a continuing series or is it a special, a blockbuster with specific non-institutional allegiances such as tourism, city events, etc.?

Is it a speech written in-house or is it written by another institution for which it is host or hostess only?

Is it a translation or a mother tongue which is being spoken in any exhibition?

What are the relations of collectors, board members, corporate sponsors and commercial galleries to each exhibition?

What are the hopes and desires of this exhibition? Are they local, national or transnational?

Who owns the objects on display and who used to own them and what are the terms of their property relations now?

Are the curators' educations modernist or post-modernist or feminist, or conservative art historical or anthropological or sociological?

Are there ever academics involved in the preparation of this speech or artists or public relations and media experts of non-institutionally aligned connections?

Who is being served when what is being said and how is this speech gendered?

Such interrogations would start to uncover whether this speech, called the exhibition, of any particular institution, admits to its own necessary contradictions and multiplicities or whether it is an attempt at realist transparency and avoidance of the alienation at the center of the art's complexity. And if it is an affirmative narrative, analysis could begin to show how it performs its realist or its individualist or its nationalist narrative to affirm social relations by acting to resolve conflict through institutional alignments. We could begin to find its textual gaps, pauses, ellipses and other tell-tale signs of strategic interruptions in its conventions and conformisms. In other words how can an art museum's face be com-

noire, o la exposición "Danzando con Lobos", etcétera.

Pero para realmente comprender y llegar a un acuerdo sobre la posibilidad de un diálogo entre culturas y sus producciones, el contexto no puede ser sólo el de la colocación dentro de los interiores de los objetos de arte según el género, seguida de debates sobre las etiquetas en la pared, los dispositivos para enmarcar los cuadros, el texto de los catálogos, los aparatos audiovisuales, las estrategias educacionales y las técnicas de exposición. Todavía nos quedaría una especie de análisis de contenido, que como la crítica misma del arte, por más necesaria que sea, evita la obligación de ubicar la institución dentro de los contextos del poder social. Todos estamos muy conscientes de que las obras de arte más radicales se neutralizan en las instituciones, sin tener en cuenta los medios técnicos utilizados en la exposición. La vanguardia histórica murió una muerte de aprobación, después de todo, no de rechazo.

El trabajo que queda por hacer es el de colocar a la misma institución, como interlocutor, en su contexto. Y analizar el carácter, consciente e inconsciente, del museo de arte; la posición elitista del Museo de Arte Moderno en Nueva York —todo aristocracia cubista con cierto toque de internacionalismo chauvinista; la astucia callejera, en bruto, de los ICA y los espacios dirigidos por artistas con su lealtad demasiado predispuesta hacia lo bohemio y las estrategias vanguardistas como rituales de crítica fáciles; los respetables y liberales museos de ciudades y regiones que obedecen y hablan con un acento provinciano y local específico, etcétera. Un análisis de éste

carácter institucional y sus actos de discurso nos permitirá re-pensar y definir la institución desde un local con bases en y vinculado a la historia, no desde un lugar ideal, semi-autónomo en que el arte simplemente imita los rituales de la religión contemplativa, con una autoridad social fuera de lugar. Nos permitirá ver también cómo el discurso ajeno es aceptado o rechazado dentro de ese contexto. ¿Qué sucede cuando un pequeño museo provinciano habla en el lenguaje homoerótico, como hizo Cincinnati con la exposición del fotógrafo Robert Mapplethorpe, o cuando un museo de la ciudad de Sheffield, Inglaterra, habla en la lengua nacional de otro, o cuando un museo nacional habla a través de los derechos individuales de identidad de otro?

La lista de interrogaciones a este discurso podría extenderse infinitamente y se divide entre la exposición como texto de motivaciones conscientes e inconscientes, y públicos de recepción que varían considerablemente. Las técnicas utilizadas en este tipo de genealogía seguirían los métodos empleados en la crítica literaria post-estructuralista y los que se emplean para analizar la producción y recepción de los medios masivos.

¿Qué clase de subsidios recibe el discurso del museo de arte?

¿La exposición forma parte de una serie continuada, o es una exposición especial, impresionante, con lealtades específicas no-institucionales como el turismo, las actividades patrocinadas por la ciudad, etcétera?

¿Es un discurso escrito por el personal del museo o por otra institución a la que sólo sirve de anfitrión o anfitriona?

posed when its heart is conflicted? How can it speak realistically when its true speech can only be surrealist, fragmentary and incomplete, full of doubt and vulnerability and poetry?

The hallucination of full identity spoken by many art exhibitions must be countered by an analysis of these institutional representations as relationships of tangible differences where the points meet—not as the ends of experience. The dialogue might occur, not because of the voices of artists, or objects whose articulations are always somewhat muted or repressed in such institutions today, but because the voice of the

art institution itself will be understood as a positioned body in the cultural environment. By understanding the exhibition as a speech act, we will know who speaks to whom, why, where and when and under what conditions. Only then will we be able to hope to understand what is really being said when museums speak. Then there will be the possibility for exhibitions to be reciprocal, mutual, arguable, and debatable in enriched and engaged dialogue. Otherwise the exhibition as speech will remain a monologue followed by a long silence, the silence that unfortnately reigns in art museums today.

¿Habla en su lengua materna o en traducción?

¿Qué relación tienen los coleccionistas, los miembros de la junta de dirección, las corporaciones que patrocinan, y las galerías comerciales, con la exposición?

¿Cuáles son las experanzas y deseos de la exposición? ¿Son locales, nacionales o transnacionales?

¿A quién(es) pertenecen actualmente los objetos en exhibición, a quiénes pertencían antes y cuáles son los términos de las relaciones de propiedad o posesión ahora?

¿Es modernista, post-modernista, feminista, de la historia del arte conservadora, antropológica o sociológica, la educación de los curadores?

¿Se consultan alguna vez académicos en la preparación de este discurso, o artistas o expertos en relaciones públicas o medios de comunicación con conexiones no-institucionales?

¿Quién se beneficia de lo que se dice? y ¿cómo se define el discurso en términos de género, masculino o femenino?

Semejantes interrogaciones comenzarían a descubrir si este discurso llamado "exposición", pertenece a alguna institución en particular, reconoce sus propias contradicciones y multiplicidades necesarias, o si es un intento hacia una transparencia realista y que esquiva la enajenación que es central a la complejidad del arte. Si es una narrativa afirmativa, el análisis podría comenzar a señalar cómo ejecuta su narrativa realista, o individualista o nacionalista, para afirmar relaciones sociales al resolver conflictos mediante alineamientos institucionales. Podríamos comenzar a encontrar sus faltas tex-

tuales, pausas, elipsis, y otras indicaciones de interrupciones estratégicas en sus convenciones y conformismos. En otras palabras, ¿cómo puede un museo de arte tener el rostro sereno cuando el corazón está lleno de conflictos? ¿Cómo puede hablar de manera realista cuando su verdadero discurso no puede ser sino surrealista, fragmentario e incompleto, lleno de duda, vulnerabilidad y poesía?

La alucinación de plena identidad proyectada por varias exposiciones de arte debe ser contestada con un análisis de estas representaciones institucionales entendidas como relaciones entre diferencias tangibles donde los puntos convergen—no como los fines de la experiencia. Puede ser que se logre el diálogo, no a causa de las voces de los artistas, o de los objetos cuyas articulaciones siempre están algo matizadas o reprimidas en las instituciones de hoy, sino porque la voz de la institución de arte cultural en si será comprendida como una entidad que se sitúa en el ambiente cultural. Al concebir y entender a la exposición como acto de discurso, sabremos quién le habla a quién, por qué, cuándo y bajo qué condiciones. Sólo entonces podremos acariciar la esperanza de comprender lo que realmente se dice cuando el museo habla. Y habrá la posibilidad de que las exposiciones sean recíprocas, mutuas, discutibles y debatibles en un diálogo enriquecido y comprometedor. De lo contrario, la exposición como discurso continuará siendo un monólogo seguido de un largo silencio, el silencio que lamentablemente reina en los museos de arte en nuestros días.

The Void and the Dialogue in the Western Hemisphere

PAULO HERKENHOFF

In the Museum of Modern Art's "Information" catalog (1970) two Brazilians, Hélio Oiticica and Cildo Meireles, wrote similar things. Oiticica said: "I am not here representing Brazil, or representing anything else." Meireles said: "I am here, in this exhibition, to defend neither a career nor a nationality. Actually, I would rather speak about a region which does not appear on official maps, a region called the Southern Cross. Its original inhabitants never divided it. Others came, however, who for some reason did it."

Although I also do not represent Brazil, I recognize that this is where I set my eyes. I take Cildo Meireles' work as discourse and path for my own speech, bringing together the symbolic and the real. I speak of art and not only of institutional relations.

If the dialogue of the Hemisphere is of any importance, for it to become productive one needs to look objectively to the actual field *void*. What is the dimension of the void in which the dialogue has been conducted, transforming voice into silence?

The Southern Cross is not only the emblem of the Conquest, but also the emblem of Inter-American relations since the Independence. There have been 200 years of relations of suspicion: resentment and a feeling of victimization; intervention; seduction and paternalism; repression of languages and ideas.

In the expansion of imperialism, what ideals were juxtaposed and displaced, in the 1960's, the focus of the dialogue on Pan-Americanism to Latin-Americanism? "For if Aesthetics supports Art, then Politics supports Culture," says Cildo Meireles. His *Coca-Cola* with the inscription "Yankees Go Home" is the individualized emblem also shared by Camnitzer, Antonio Manuel or Caro, about the ideological circuits of that economic expansion that affects freedom, culture and identity.

How would it be possible to establish dialogue in a picture of outstanding hegemony? How will it be possible to establish dialogue among historically antagonistic neighbors? What are the functions of such a dialogue in the conjuncture of these 500 Years of America, that are also 500 years of resistance? What is the geopolitical function of such a dialogue in the setting of radical transformations in Eastern Europe that bring no hope to the poor people of the world?

The political connotation of the process that defines cultural identity is variable. If by breaking away from Greek-Roman patterns, Primitivism represented for Europe the search for the Other, in Brazil it meant just the opposite: in Tarsila's painting the search for a nationalist identity remits to the native Indian, who up until then was the Other, and starts the search of the Self as part of a Brazilian self. The *Edenic* jungle is not the Hegelian place of historical absence, but precisely the *only* possibility of history, for "in the jungle there are no lies, there are only personal truths." (Cildo Meireles)

In an almost peaceful picture of search for cultural identity, dialogue imposes a certain amount of caution:

En el catálogo de "Información" del Museo de Arte Moderno de Nueva York (1970), dos brasileños, Hélio Oiticica y Cildo Meireles, escribieron algo parecido. Oiticica dijo: "No estoy aquí representando a Brasil o alguna otra cosa". Meireles: "No estoy en esta exposición para defender una carrera o una nacionalidad. Me gustaría hablar sobre una región que no consta en los mapas oficiales y que se llama *Cruzeiro do Sul*. Sus primeros habitantes jamás la dividieron. Sin embargo, después vinieron otros que lo hicieron por razones desconocidas".

Aunque yo tampoco represento a Brasil, reconozco que mi punto de vista se origina aquí. Tomo la obra de Cildo Meireles como guía para mi propio discurso, reuniendo en ella los ámbitos de lo simbólico y lo real. Estoy hablando de arte y no sólo de relaciones institucionales.

Si consideramos como importante el desarrollo del diálogo entre los hemisferios, nos es necesario observar con claridad el vacío real en el que se inserta. ¿Cuál es la dimensión del vacío en la que el diálogo se viene dando, transformando su voz en silencio?

El *Cruzeiro do Sul* no es sólo un emblema de la conquista, sino que también es una expresión de las relaciones interamericanas desde la Independencia. Son doscientos años de relaciones de sospecha, resentimiento y sentimiento de ser victimado; intervención; seducción y paternalización; represión de lenguajes e ideas.

En la expansión del imperialismo, ¿cuáles ideales se contrapusieron y desplazaron, en la década del 60, al eje del diálogo del Pan-Americanismo al Latinoamericanismo? Porque "si la estética fundamenta al arte, la política fundamenta la cultura", dice Cildo Meireles. Su *Coca-Cola,* con la inscripción "Yankees Go Home", es un emblema individualizado, que coincide con el de Camnitzer, Antonio Manuel o Caro, describiendo los circuitos ideológicos de aquella expansión económica que afectan la libertad, la cultura y la identidad.

¿Cómo es posible un diálogo frente a esta situación hegemónica? ¿Cómo es posible un diálogo entre vecinos históricamente antagónicos? ¿Cuáles son las funciones de este diálogo en la coyuntura de los 500 años de América, que son también 500 años de resistencia? ¿Cuál es su función geo-política en el panorama de las transformaciones radicales en el este europeo que no traen ninguna esperanza a los miserables del mundo?

La connotación política del proceso de definición de la identidad cultural varía. Si el Primitivismo, rompiendo con el padrón greco-romano, representó para Europa la búsqueda del Otro, en Brasil significó lo opuesto: en la pintura de Tarsila el proyecto nacionalista de identidad recurre al indio —hasta entonces, el Otro— que pasa a ser la búsqueda de Sí mismo, como integrante de un "yo" brasileño. La selva edénica no es el lugar Hegeliano de ausencia de la historia, es justamente la *única* posibilidad de historia; porque "en la selva no existen mentiras, existen verdades personales" (Cildo Meireles).

En el contexto de un cuadro casi pacífico de búsqueda de identidad cultural, el diálogo impone ciertas precauciones:

1. Which identity?

2. A national identity as hegemony against which minorities?

3. An identity to shroud what differences and conflicts?

4. An identity against what ideas?

5. An identity to oppose what Other?

6. An identity to meet what expectations?

Is Latin America the wildlife reservation and the reservation of difference, set aside from progress and Western reason? In response, Cildo Meireles did not hesitate to burn chickens alive in his *Totem—Monument to the Political Prisoner.*

Nationalism and its perverted counterpart, xenophobia, have generated a market reserve that serves a certain type of artist, critic, dealer and collector. How strange is the world where Stalinist policies and sponsorship by multinational corporations converge to nationalism! Nationalism or regionalism, in the name of geography, may also introduce a paternalism that tarnishes history and represses freedom.

The Southern Hemisphere versus Northern Hemisphere resentment is reproduced in many different scales. While some do not wish to be identified as "Latin American artists," as if confined within a ghetto, others simply prefer to implode the ghetto. *Zero Cruzeiro* portrays an Indian, an element to which historically the Brazilian hegemonic society has not attributed any value. To Cildo Meireles, *Zero Cruzeiro*, *Missões*, or *Sal Sem Carne* represent the density of the ghetto to which a voice is yet to be conferred. We could ask what real interest does

Brazil have for the art produced in Bolivia or Guatemala. It seems that we cast upon the art of many neighbors the same vague glance that historically we seem to have noticed on the part of the United States and Europe, in relation to Brazilian art. The victim of prejudice may turn into its agent. The current capitalist model of income concentration does not act only vertically among the social classes. Its horizontal action results, in a country with the physical size of Brazil, in internal colonialism, with a geographic concentration of wealth and in increase of the chasm between the regions. A city like São Paulo may very well be halfway between New York and Belém. That is to say, in Brazil the hegemonic centers exert on the peripheral regions of the country the same relation of power to which they would be subjected, as peripheral cities of the world, by the international hegemonic centers.

In the Western Hemisphere the dialogue is split by a line that separated the north and south slightly "above" the Equator. We can no longer believe that material inequalities restrict man's expressive capacity, although most certainly they may affect the social circulation of cultural assets. Perhaps for this reason, after creating a "zero cruzeiro" bill, Cildo Meireles created the "zero dollar" bill, to represent an exchange that disbelieves the international mechanisms that regulate art and currency. All endeavors of cultural diplomacy begin with political games and halt before the determinant forces of the art circuit and the art market. There is no incompatibility between

1. ¿Cuál identidad?

2. ¿Identidad nacional como hegemonía contra cuáles minorías?

3. ¿Identidad para encubrir cuáles diferencias y conflictos?

4. ¿Identidad contra cuáles ideas?

5. ¿Identidad para oponerse a cuál Otro?

6. ¿Identidad para atender a cuáles expectativas?

¿Acaso América Latina es la reserva forestal y la reserva de la diferencia, al márgen de la razón occidental y del progreso? En respuesta, Cildo Meireles no dudó en quemar gallinas vivas en el *Totem—Monumento al Preso Político.*

El nacionalismo y su contrapartida pervertida, la xenofobia, generan una reserva de mercado que interesa a un tipo de artista, de crítica, de galerías y coleccionistas. Mundo extraño en el que la orientación stalinista y el patrominio de las empresas multinacionales convergen en el nacionalismo. Este nacionalismo, o regionalismo, también puede introducir, en nombre de la geografía, un paternalismo que oscurece la historia y reprime la libertad.

El resentimiento Sur-Norte se reproduce en varios niveles. Si algunos no quieren ser identificados como "artistas latinoamericanos", ya que esto significaría el encierro dentro de un ghetto, otros prefieren simplemente destruirlo. *Zero Cruzeiro* estampa a un indio, segmento al cual históricamente la sociedad hegemónica brasileña no le atribuyó ningún valor. Para Cildo Meireles, *Zero Cruzeiro*, *Missões*, o *Sal Sem Carne* son el centro del ghetto al que se le deberá conferir una voz. Nos podemos preguntar

¿cuál es el interés real en Brasil por el arte de Bolivia o de Guatemala? Parece que dirigimos la misma mirada vaga que históricamente recibimos de parte de Estados Unidos o Europa en relación al arte de Brasil, sobre el arte de muchos vecinos. La víctima del prejuicio puede transformarse en su agente. El actual modelo capitalista de concentración de renta no opera sólo verticalmente entre las clases sociales. Su acción horizontal resulta, en un país con las dimensiones físicas de Brasil, en un colonialismo interno con una concentración geográfica de la riqueza y un crecimiento del abismo entre las regiones. Una ciudad como San Pablo, igualmente podría estar situada a medio camino entre Nueva York y Belém; en otras palabras, los centros hegemónicos de Brasil ejercen la misma relación de poder que sufren como ciudades periféricas del mundo con respecto a los centros hegemónicos internacionales, sobre las regiones periféricas del país.

El diálogo en el hemisferio occidental está dividido por una línea que separa al Norte del Sur, pero "arriba" del Ecuador. Ya no es creíble que las desigualdades materiales limitan la capacidad expresiva del hombre, aunque realmente afectan la circulación social de los bienes culturales. Tal vez, por eso, después de hacer un billete de "cero cruzeiros", Cildo Meireles creó uno de "zero dollars", como un cambio que no cree en los mecanismos internacionales reguladores de la moneda y del arte. Todo esfuerzo de diplomacia cultural tiene su inicio en los juegos políticos y tiene sus límites frente a las fuerzas que determinan el

market and the artist's language or geographical origin.

Political hegemony has its correspondence in the writings of art history and curatorial practices. We can no longer give shelter, as a serious academic attitude, to the great international historical and theme shows that disregard the quality production of the peripheral countries. The Pompidou Center was not responding to its own question to Latin America—"Qu'est-ce que la sculpture moderne?" (What is modern sculpture?)—when it excluded from the exhibition such artists as Lygia Clark, Hélio Oiticica or the Madí group. Upon Oiticica's exclusion from "Von Klang der Bilder," a deadly silence fell over an unsurmountable relation between art and music that was unprecedented in the world circuit. The political hegemony represented intellectual disdain and arrogance in addition to playing its definite role in following and serving the already-established market.

Evidently, the art of Latin America begins to constitute a specialized field of curatorial practice, that inspires a proliferation of art catalogs and shows throughout the world. This micro-physics of power contains other limits to dialogue and new forms of exclusion. What is the place of Latin American art historians and critics within this new geography of art, where the artist leaves the ghetto? Will they remain disengaged from the competitive work market? Will their voices be recorded in the regional geographic register?

The Hemisphere's dialogue finds its ethical questioning in Cildo Meireles' *Olvido,* a tepee covered with currency bills from American countries, with its connotations about the action of the Church, the Government and Capital. He reaffirms that dialogue cannot take place without the history of dialogue.

I endorse the coincident discourse of Oiticica and Cildo Meireles. Rather than representing a nationality, artists assert the vigor of art discourse. It is precisely within this position, that does not dissociate the relation between aesthetics and ethics as Art Measure, that any attempt at a dialogue gains significance.

circuito del arte y su mercado. No existe ninguna incompatibilidad entre *mercado* y lenguaje u origen geográfico del artista.

La hegemonía política tiene su correspondencia en los escritos de historia del arte y en el ejercicio de los curadores de exposiciones. Ya no podemos aceptar, como una actitud académica seria, las grandes muestras temáticas e históricas internacionales que no toman en cuenta la producción cualitativamente pertinente de los países periféricos. El centro Pompidou no le respondió a América Latina la pregunta que él mismo formuló: "qu'est-ce que la sculpture moderne?" al excluir de la exposición a artistas como Lygia Clark, Hélio Oiticica, o al grupo Madí. Excluído Oiticica de "Von Klang der Bilder", se creó un silencio mortal sobre una relación insuperable entre arte y música, sin precedentes dentro del ámbito mundial. La hegemonía política representó el desprecio y arrogancia intelectual, al igual que tomó el papel de seguir y servir al mercado ya establecido.

Con la proliferación de catálogos y exposiciones en todo el mundo, la curadoría va tornándose hacia un campo especializado del arte en América Latina. En esa micro-física del poder, se encuentran otros límites al diálogo y nuevas formas de exclusión. En esta nueva geografía del arte, en la que el artista sale del ghetto, ¿cuál es el lugar del historiador y del crítico de arte de América Latina? ¿Permanecerán fuera del competitivo mercado de trabajo? ¿Acaso su voz será mantenida en el registro geográfico regional?

El diálogo del hemisferio encuentra su interrogación ética en *Olvido* de Cildo Meireles, una tienda hecha con billetes de los países de América, con sus connotaciones sobre la acción de la Iglesia, del Estado y del Capital. Confirma que un diálogo no se puede dar sin la historia del diálogo.

Retomo el discurso en el que coinciden Oiticica y Cildo. Los artistas no representan una nacionalidad, pero afirman la potencia del discurso del arte. Esta posición, que no disasocia la relación entre estética y ética como Medida de Arte, es la que permite que cualquier tentativa de diálogo gane significado.

Exhibitions and Institutions: Models and Critiques

IRMA ARESTIZABAL

What is an art exhibition?

An exhibition of works of art tends to stimulate the perception, to show the work in such a way that the spectator's senses and intellect will learn what the work is about, in its totality.

Through the works of art in an exhibition, we have to "write" a speech, always trying to achieve "new combinations of ideas" (and of images), and consequently a new vision of a specific problem. An exhibition gives a special look at the problem you are dealing with, because it is made of special works, some coming from places that are far away, others from collections which the public has no access to; putting together works that, otherwise, would never share the same space.

To conceive and to curate an exhibition means to find the best way for showing the work, taking advantage of its value, trying to cause a positive impression on the sensorial, physical and semantic levels for the viewer. It means promoting an eloquent dialogue between the different works and the spectator.

The Work

A work of art has its own weight, it occupies a specific space that has nothing to do with its dimensions. A work of art has an aura that belongs to itself. These characteristics are closely related to the time and place in which the work was created. Rudi Fuchs exemplifies this concept when he makes a comparison between an Italian painting from the Baroque, which needs a special context and architecture, and a Dutch painting from the seventeenth century,

whose needs differ from the Italian one. The Dutch painting has a different illusionary structure, it is more intimate than the Italian painting, which is bigger and more extroverted. The differences (or one of the differences) are the same between a futuristic painting by Boccioni and an abstract Mondrian, they are alive in the historic and cultural identities of a society and continue to live until the present time. Even today, a work by an Italian artist differs from that of a Dutch artist, or of a German or of an American artist.

These distinctions do not mean that every work of art is local. But all works of art are born of their roots, where the artist incorporates all of his knowledge, experiences and influences.

Latin American Art

Now we can ask ourselves, what is the sense of space of a Latin American work of art? And, what is a Latin American work of art?

In a way, we have yet to discover that sense of space, that which differentiates the Latin American work from the European or North American work. We have to discover and, most of all, to learn how to show and to find the space that would best adapt to our art, the architecture which would best embrace it.

The answer to what Latin American art is, is more complex than that because it is very difficult to equate or to unite under the same concept works that differ so much from each other, comparing, for example, Argentinean and Equatorian works to Mexican and Chilean works. As much as we all have the common origin of the

¿Qué es una exposición de arte?

Una exposición de trabajos de arte tiende a estimular la percepción, a mostrar las obras de manera tal que los sentidos y el intelecto del espectador las aprehendan en su totalidad.

En una exposición debemos "escribir" un discurso con las obras, buscando siempre "nuevas combinaciones de ideas (y de imágenes) y por consecuente una nueva visión de un determinado problema. Una exposición da una lectura muy especial del tema tratado, ya que es hecha con obras escogidas; algunas traídas de muy lejos, otras retiradas de colecciones de difícil acceso al público—reuniendo en un momento piezas que, tal vez, nunca más se encuentren compartiendo el mismo local.

Concebir y montar una exposición significa encontrar la forma de mostrar las obras sacando el mayor provecho de su valor, con vista a un impacto efectivo sobre los niveles sensoriales, físicos y semánticos del visitante. Significa promover un diálogo elocuente de las obras, entre ellas y con el espectador.

Las Obras

Una obra de arte tiene peso propio, ocupa un espacio determinado que no tiene nada que ver con sus medidas físicas. Una obra de arte tiene un áurea que le es propia.

Estas características tienen mucho que ver con el momento y el lugar en el que la obra fue creada. Rudi Fuchs ejemplifica muy bien esto cuando compara una pintura barroca italiana, que desea un contexto espacial y una arquitectura diferentes, de una pintura holan-

desa del siglo XVII. La pintura holandesa tiene una estructura ilusionística diferente, es más íntima que la pintura italiana, la cual es mayor y mucho más extrovertida. Estas diferencias, o una de las diferencias, son las mismas entre una pintura futurista de Boccioni y una pintura abstracta de Mondrian, y están tan vivas dentro de la identidad histórica y cultural de una sociedad que continúan hasta el presente. También hoy, un trabajo hecho por un italiano es diferente al de un holandés, o un alemán o un norteamericano.

Estas distinciones no quieren decir que toda obra de arte es local. Pero toda obra de arte nace de las raíces del artista, donde el artista va a incorporar todos sus conocimientos, vivencias e influencias.

Arte Latinoamericano

Ahora nos preguntamos, ¿cuál es el sentido de espacio de una obra de arte latinoamericana? Y, ¿qué es una obra de arte latinoamericana?

En parte, todavía debemos descubrir ese sentido de espacio, eso que diferencía la obra de arte latinoamericana de la europea o norteamericana; descubrir y sobre todo mostrar, hacer ver, encontrar el espacio que mejor se le adapte, la arquitectura que mejor la abrigue.

La respuesta para "¿qué es el arte latinoamericano?" es más compleja. Es realmente muy difícil nivelar, reunir con un mismo concepto obras tan diferentes como las argentinas y las ecuatorianas, mexicanas y chilenas. Si bien todos tenemos el origen común del inmigrante y el "hacernos latino-

immigrant and of "making ourselves Latin Americans" in one generation, the union of different influences and cultures has created, at the same time, ways of thinking and expressing that are very different from each other. It is impossible to have a total vision of "the Latin American," therefore it is necessary to think seriously about which facet of the Latin American being to which we are referring.

Types of Exhibition

Nowadays, it is very difficult to visualize an exhibition without giving an explanation of the concept that guides it. Which are the facets of the different exhibitions of Latin American Art?

Regarding Historical Exhibitions: I think that the exhibitions we create must limit themselves to a specific point in Latin American art. For example, an exhibition that "discovers the vein" of the constructive currents and of concretism in Latin America; an explanation of how the COBRA group's influences created contemporary movements so deeply Latin American as the Nueva Figuración in Argentina and the Nova Figuração in Brazil, or Jacobo Borges' painting in Venezuela.

If we focus on contemporary art, I think that besides the manifestations proper to each country, or to a group of countries—as was done, for example, at the UABC Show in Amsterdam—the effort at this time to analyze the extraordinary phenomenon of "Latin-Americanization" of art, which includes the strong presence of "Hispanics" who take the Latin American problematics into an Anglo-American, Protestant society, creates a new reality; and,

above all, it is necessary to organize, simply, art exhibitions.

Where and When?

We have to keep in mind that it is almost impossible to visualize an exhibition without knowing the space in which it will be shown; the audience to whom it will be addressed. We have to clarify the distinction between the mental image that we have of this exhibition during its preparatory stage, and the concrete reality of the moment in which the paintings will be hung and the objects installed. (This, if it is a touring show, will be a complete different exhibition every time it is moved to a different location.)

During the last few years, in which Latin America has been "in fashion," there have been several exhibitions done with one element in common: exhibitions curated by non-Latin Americans, shown in non-Latin American institutions, for a non-Latin American public. As a result, what Aracy Amaral calls the "parallel bibliography of Latin American art" keeps growing. There is nothing wrong with this, but going back to Fuchs' example: "the Flemish works look rather strange—not bad but different—in the large and illuminated rooms of the Uffizzi." That is, to an outside view.

It is time to call on Latin American curators and consultants to take care of the shows of Latin American art, but—above all—it is our duty, as Latin Americans, to give our view of our art, an authentic view, profound and proper to our being.

The exhibitions that Latin America must create cannot be

americanos" en una generación, la reunión de influencias y de culturas han dado, a su vez, formas de pensar y de expresar muy diferentes. Es imposible tener la visión total de lo latinoamericano, se hace entonces necesario pensar muy seriamente a qué faceta del ser latinoamericano nos estamos refiriendo.

Tipos de Exposición

Hoy en día es muy difícil pensar en exposiciones sin una explicación del concepto que las guía. ¿Cuáles son las facetas de las diferentes exposiciones de arte latinoamericano?

Con respecto a las exposiciones históricas, debemos crear exposiciones que realicen un corte crítico de un determinado momento del arte latinoamericano. Cuando afirmo esto, pienso en la importancia de una exposición que "descubra la veta" de las corrientes constructivas y del concretismo en Latinoamérica al interés de una aclaración sobre cómo las influencias del grupo COBRA dieron, en momentos políticos muy especiales, movimientos tan visceralmente latinoamericanos como la Nueva Figuración Argentina y la Nova Figuração en Brasil.

Si nos enfocamos al arte contemporáneo, además de las manifestaciones propias de cada país, o de un grupo de países, como se hizo en la muestra UABC en Amsterdam por ejemplo, es el momento de analizar el extraordinario fenómeno de "latinoamericanización" del arte latinoamericano, con la fuerte presencia de los "hispanos" que no hacen más que llevar la problemática latinoamericana dentro de la sociedad protes-

tante, anglo-americana, creando una nueva realidad.

¿Cómo y dónde?

Pero tenemos que recordar que es casi imposible pensar una exposición sin conocer el espacio en el cual se instalará, y el público al cual se dirigirá. Tenemos que tener en claro la distinción entre la imagen mental que tenemos de la exposición en la fase preparatoria y la realidad concreta del momento en que los cuadros serán colgados y los objetos instalados, que, en el caso de ser itinerantes, será otra exposición cada vez que se mude de lugar.

En estos últimos años, en que América Latina parece "comenzar a estar de moda", se han hecho diversas exposiciones; todas con un punto en común, exposiciones con curaduría no-latinoamericana, para ser mostradas en instituciones no-latinoamericanas, para un público no-latinoamericano, con el consecuente crecimiento de lo que Aracy Amaral muy acertadamente llama "bibliografía paralela del arte latinoamericano". Nada de malo en esto, pero es que como, volviendo al ejemplo de Fuchs, "los flamencos se ven muy extraños (no mal, pero diferentes) en las amplias e iluminadas salas *degli* Uffizi". Esta visión es desde fuera.

Llegó el momento que curadores y asesores latinoamericanos sean llamados para cuidar de muestras de arte latinoamericano. Pero sobre todo, ahora es nuestro deber, como latinoamericanos, de dar la visión de nuestro arte— visión auténtica, profunda, propia de nuestro ser.

Estas exposiciones que América Latina debe hacer, no pueden ser

unassertive, they must be daring; they cannot be perceived as art from a privileged minority, but must "come in through the main door;" they must be seen in the "Europe-United States axis." With this I do not mean that they must only be shown in the First World, but, they must be, potentially, up to the standards that will allow them to create an interest in the audiences. It is common knowledge that in the Third World, we do not have as many institutions with the possibilities to fund this type of exhibition as the First World has, but we have to keep in mind the growing number of patrons of Latin American art. Foundations like Vitae, Antorchas and Andes already play a fundamental role in the artistic and cultural life of Latin America. The interest shown by the Rockefeller Foundation, The Pew Charitable Trusts, and a small group of U.S. and European museums will help us make this dream a reality; this is what we must strive for.

tímidas, deben ser osadas; no pueden ser vistas como obra de una minoría privilegiada, deben "entrar por la puerta grande", ser vistas en el "eje Europa-Estados Unidos". Con esto no quiero decir que sólo deben ser hechas para el primer mundo, pero sí potencialmente estar a la altura de interesar y de interesarnos. Con respecto a la capacidad para hacerlas realidad, existen instituciones que las posibiliten. Obviamente no tenemos tantas como en el primer mundo, pero debemos tener en cuenta que hay un buen número de patrocinadores latinoamericanos—las fundaciones Vitae, Antorchas y Andes ya tienen un papel fundamental en la vida artística y cultural de América Latina. El interés de la Rockefeller Foundation, de la Pew Charitable Trusts así como de un pequeñísimo grupo de museos de Estados Unidos y de Europa, interesados en el tema harán posible la concretización de este sueño; por ello debemos trabajar.

Signs of a Transnational Fable

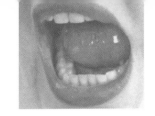

CHARLES MEREWETHER

"Which Latin America? Who is it who asks this question and to whom is it directed?"

I believe the question "Which Latin America?" provokes several answers, all of which have their place, their destination, but which are faced always already with institutional frames and structures which not only return us to their form of correspondence, but which address their movement of translation, transmission and transference. Or as Eugenio Dittborn has recently suggested in relation to his airmail paintings: "The travelling is, thus, the political element of my paintings."

We have to recognize how the fragmentation, non-synchronous development and heterogeneity of cultures within Latin America are re-figured or re-functioned in such a way that their historical specificity and local struggles towards self-representation are subsumed into the vertiginous circuits of exchange and consumption, and spectacle of a transnational and mass visual culture. It is a double movement, the cultural condition of Latin America is globalized while the very real crisis of underdevelopment is left intact.

Modernizations and the reproduction of Latin America is about a politics of disappearance and culture of primitivism. It is about the "de-territorialization" and the attempted homogenization of a nation space under military or authoritarian rule and local economies of internationalism, transnationalism, multi-nationalism, etc., disarticulating gender, racial and ethnic differences and rights to participate in processes of social democracy.

As with the conception of "Pan-America" there exists within the continuing use of the term "Latin America" a flash-point of intersecting connections, a horizon of hope. This horizon has been reached most recently in the questions raised around the subject of and in the context of the border, of border crossings, a practice, such as explored along the Mexican/US border, which recognizes the breakdown of first, second, third, and fourth world categories, and notions of mono-cultural authenticity and origin in the constitution of identity. It challenges the search for the native, the native informant as the representative of the purity of race, the figure who speaks the truth and therefore obviates the relational production of knowledge and meaning. The kind of critical perspective that has emerged as a consequence of the border issue can, I believe, serve as a useful point of reference in articulating the politics of multiculturalism and transnationalism, or in distinguishing different ways the border is crossed. The historical formation and contemporary crisis of the modern State in Latin America (with the exception of Brazil) demonstrates both a common point of reference, i.e., Latin America and the need to draw out the distinct cultural formations and ongoing strategies of incorporation and underdevelopment and resistance occurring across different sites within Latin America.

In this I mean that the question of border, in the marking of differences, in the demand for an exchange, of simultaneity in translation makes it not only once, but three times a subject of address:

"¿Qué Latinoamérica? ¿Quién hace la pregunta y a quién va dirigida?"

Creo que la pregunta "¿Qué Latinoamérica?" suscita varias respuestas, cada una en un lugar y destino propios pero siempre enfrentándose de antemano a marcos y estructuras institucionales los cuales nos remiten a su forma de correspondencia y plantean el problema del desplazamiento en su traducción, transmisión y transferencia. O como sugirió Eugenio Dittborn hace poco con relación a sus cuadros "vía aérea": "El viaje es, entonces, el elemento político de mis cuadros".

Tenemos que reconocer cómo la fragmentación, el desarrollo no sincrónico y la heterogeneidad de las culturas que existen dentro de América Latina se re-figuran y adquieren otra función de modo que su especificidad histórica y las luchas a nivel local hacia la autorepresentación se incluyan en los circuitos vertiginosos de intercambio y consumo, y el espectáculo de una cultura visual transnacional de masas. Es un movimiento doble; la condición cultural de América Latina se internacionaliza mientras que la apremiante crisis del subdesarrollo se mantiene intacta.

Las modernizaciones y la reproducción de América Latina se asocian a una política de desaparición y una cultura de primitivismo. Se trata de la "des-territorialización" y el intento de homogeneización de un espacio nacional bajo un régimen militar o autoritario y las economías locales del internacionalismo, transnacionalismo y multi-nacionalismo, etcétera,

desarticulando las distinciones de raza, sexo y etnicidad y el derecho de participar en los procesos de la democracia social.

Al igual que con el concepto de "Pan-América", existe dentro del reiterado uso del término "América Latina" una especie de punto de inflamación en el cual se cruzan todas las conexiones, un horizonte de esperanzas. Este horizonte ha sido recientemente alcanzado en las preguntas que han surgido en torno al tema y el contexto de la frontera; el cruce de fronteras, una práctica, como se ha explorado en la frontera México/Estados Unidos, que reconoce la caducidad de las categorías de primer, segundo, tercer y cuarto mundos, y las nociones de autenticidad y orígenes monoculturales en la constitución de la identidad. Constituye un desafío para la búsqueda del nativo, del informante nativo como el representante de la pureza racial, o la figura que dice la verdad y por lo tanto contrarresta la producción relacional de conocimiento y significado. Creo que el tipo de perspectiva crítica que ha surgido como consecuencia del problema de la frontera puede servir como punto de referencia útil en la articulación de la política de multiculturalismo y transnacionalismo, o al identificar las distintas maneras en que se cruzan las fronteras. La formación histórica y la crisis actual del Estado moderno en América Latina (con la excepción de Brasil) ha demostrado al mismo tiempo un punto de referencia común, es decir, América Latina, y la necesidad de señalar las distintas formaciones culturales y las estrategias progresivas de incorporación, subdesa-

first, in the moment of colonization; second, at the time of independence; and third; in the period of the transnationalism and the "new world order." Within this trajectory, lie both modernity and the nation, emergent formations across Latin America within the same historical space of the second half of the nineteenth century. At this moment, modernity becomes, as Benjamin writes, a homogeneous empty-time, to be organized and filled by the State.

Cultural myths of national integrity and organicism are built, repressing the uneven development of capitalism and the conflictual character that represents the condition of the nation. Such a condition is repressed by the construction of the nation-state. In the narration of the nation, museums, archives, anniversaries, festivities, monuments, sanctuaries become important sites for the triumph of nation and history. A new iconography of the past is created by which to forge a national identity and legitimate those in power. As in Africa, the processes of colonization, the construction of nation-states and the post-colonial period cannot be looked at in terms of a manichean opposition of the West and its other, of within and outside but as alliance that worked laterally across these distinctions.

There exists an importance in developing a critique of structures from within rather than to imagine the possibility of working outside. There is no outside, but rather invisible frames, limits, borders to the text. The question becomes not one of artistic authorship (i.e., intentionality and individual identity), so much as exploring the relations

of filiation and affiliation and institutional circuits of circulation, the reception and consumption.

This issue of filiation and affiliation involves not only considering the production of exchange value and the commodity through the relationship of gallery to the market system, but the constructing of filial identities and re-functioning of signs, i.e., popular cultures and art, through the orbit of museum exhibitions. Museum exhibitions and preservation of objects are linked in this movement. They destroy the social life, sacralize it as objects of abstract contemplation, as frozen archives. Latin America then is conceived and viewed in the context and terms of the Center, in terms of origin, rather than in reverse where the Center is conceived and viewed as subject to or within Latin America and therefore in terms of destination. These exhibitions obscure and re-present what they appropriate, assimilate. They empty out the specificity of knowledge and meaning in these works in the process of constructing their object of study or display. Equally, such terms as syncretism and hybridity, which have become strategically important in opposing notions of purity, origin and authenticity, nonetheless can also become fixed signs of otherness, congealing the transaction, tensions and contradiction that constitute their existence, their filiation and affiliations.

Signs of primitivism confirm the modern conception of the other in terms of origin and the experience of death. Producing the Other, whether it be "primitive" or of the past, is to speak of it as something already dead and buried. Memory

rrollo y resistencia que se realizan en distintos lugares a lo largo de América Latina.

Con esto quiero decir que el problema de la frontera, al trazar diferencias, al señalar la necesidad de intercambio, de simultaneidad en la traducción, hace que sea no una sino tres veces tema de discusión: primero, en el momento de la colonización; segundo, en la época de la independencia; y tercero, en el período de la transnacionalización y el "nuevo orden económico". En esa trayectoria se ubican tanto la modernidad como la nación, formaciones emergentes en toda América Latina dentro de un mismo espacio histórico perteneciente a la segunda mitad del siglo diecinueve. En esa coyuntura, como ha escrito Bejamin, la modernidad se convierte en un espacio vacío y homogéneo, para ser organizado y llenado por el Estado.

Se construyen los mitos culturales de integridad y organicismo de la nación, reprimiendo el desarrollo desigual del capitalismo y el carácter conflictivo que representa la condición de la nación. Tal condición se reprime mediante la construcción de la nación-estado. En la narrativa de la nación, los museos, archivos, aniversarios, festividades, monumentos, santuarios, se convierten en locales importantes para el triunfo de la nación y la historia. Se crea una nueva iconografía del pasado para forjar la identidad nacional y legitimizar a los que están en el poder. Como en Africa, los procesos de la colonización, la construcción de las naciones-estado, y el período post-colonial, no pueden examinarse en términos de una oposición maniqueísta entre

Occidente y el Otro, entre lo de adentro y lo de afuera, sino como una alianza que ha funcionado lateralmente, atravesando todas esas distinciones.

Es importante desarrollar una crítica de las estructuras desde adentro en lugar de imaginar la posibilidad de trabajar fuera de ellas. No hay espacio que exista fuera de ellas, sino más bien marcos invisibles, límites, fronteras que encuadran el texto. El problema se nos presenta, entonces, no como el de la autoría artística (o sea, el de las intenciones y la identidad individual), sino como el de explorar las relaciones de filiación y afiliación, y los circuitos de circulación, recepción y consumo.

El problema de la filiación abarca no sólo consideraciones en torno a la producción de valores de cambio y mercancía, sino la construcción de identidades filiales y las nuevas funciones que asumen los signos, verbigracia, las culturas populares y el arte, a través de la órbita de las exposiciones en los museos. Las exposiciones de los museos y la conservación de los objetos se vinculan en ese movimiento. Destruyen la vida social y los sacramentan como objetos de contemplación abstracta, como archivos congelados. América Latina se concibe y se ve, entonces, dentro del contexto y en términos del Centro, y no a la inversa en que el Centro se concebiría y se vería como expuesto a, o dentro, de América Latina y, por lo tanto, en términos de destinación. Estas exposiciones ocultan y representan lo que apropian y asimilan. Borran la especificidad del conocimiento y del significado de las obras en el proceso de construir sus objetos de estudio y

and popular consciousness are erased for a narrative of historical progress. James Clifford says ethnography is like sacrifice, bringing culture into a book, one simultaneously destroys oral life. Ethnography consumes cultures, turning them into nature or natural. Indigenous cultures are aligned to nature and therefore viewed as outside of the movement of humanity that is characterized by death in the West. Non-Western cultures are brought to stand outside of history as a kind of mythological dream world whose disappearance makes possible civilization.

The fascination of the primitive and folk is a nostalgia for the recently outmoded. As Renato Rosaldo has noted, there is in this a kind of nostalgia, often found under imperialism, where people mourn the passing of what they themselves have transformed. The outmoded serves as the limit-text of Western culture.

Those who have become increasingly involved in the circuits of circulation represent class forms of accumulation increasingly dependent on the global economic system. This is nowhere better illustrated than by the recent *Mexico/Splendors of Thirty Centuries* exhibition held at the Metropolitan Museum of Art in New York, primarily funded by Televisa, the largest media conglomerate in Mexico with substantial interests and therefore audience in the United States, and supported by the Mexican government.

What has been first of all excluded from, and now increasingly appropriated into this circuitry, that is in the reconstruction of the State, have been popular cultures.

In questions of both modernity and the nation-state, popular cultures have provoked a crisis. And within the configuration of a "new world order," the alliances between the private sector and the State serve to violently deny the recognition and social development of popular cultures, placing them as before, as a kind of substratum, the original ground, the material, the productive power of labor, the earth beneath our feet. Latin America is again defined by way of cross-sections which serve bilateral and trans-national agreements.

The repression of popular culture takes different forms. Cultural nationalism of the State and the bourgeoisie put into circulation popular culture under the aegis of folklore and primitivism. They represent a kind of speech chosen by history, but one which conceals the voice that speaks, passing off as a "natural" statement that which is both historical and cultural. This is a politics of conformity, a redemption which aestheticizes difference and naturalizes memory.

The functioning of the mass media and communication networks—their steady growth and the importance played in national politics—represents perhaps the key instance by which the historical heterogeneity of popular cultures throughout Latin America is being socially reproduced as a mass culture through the process of consumption. This mass culture is organized around the relations between the exigencies and needs of everyday life for the majority of people and the ability of the private sector to answer those needs. This is the figure of underdevelopment and impoverishment. The concept

de exposición. De la misma manera, términos como el sincretismo y el hibridismo, que son cada vez más importantes estratégicamente para combatir nociones de pureza, orígen y autenticidad, pueden, sin embargo, convertirse en signos fijos de la otredad, coagulando la transacción, las tensiones y contradicciones que constituyen su existencia, su filiación y afiliaciones.

Los signos del primitivismo confirman el concepto moderno del Otro en términos de orígenes y la experiencia de la muerte. La producción del Otro, ya sea "primitivo" o del pasado, implica hablar de ello como algo ya muerto y enterrado. La memoria y la conciencia popular se borran para crear una narrativa del progreso histórico. James Clifford dice que la etnografía se parece al sacrificio; al verter la cultura en un libro, se destruye simultáneamente la vida oral. La etnografía consume culturas, las convierte en naturaleza o lo natural. Las culturas indígenas se alinean con la naturaleza y por lo tanto son vistas como algo fuera del movimiento de la humanidad caracterizado por la muerte en el mundo de Occidente. Las culturas no-occidentales son colocadas al margen de la historia como una especie de mundo mitológico irreal cuya desaparición hace posible la civilización.

La fascinación que suscita lo primitivo y lo folclórico es una forma de nostalgia por lo recién pasado de moda. Como ha observado Renato Rosaldo, hay en esto un tipo de nostalgia, común en el imperialismo, en que la gente lamenta la desaparición de lo que ellos mismos han transformado. Lo pasado de moda funciona como

texto-límite de la cultura de Occidente.

Los que se han visto cada vez más involucrados en los circuitos de circulación representan formas clasistas de acumulación en creciente dependencia del sistema económico global. No hay mejor ejemplo de esto que el fenómeno reciente de la exposición *México/Treinta Siglos de Esplendores* auspiciada por el Museo Metropolitano de Arte en Nueva York, subvencionada principalmente por Televisa, el conglomerado más grande de los medios masivos y por consiguiente con fuertes intereses y una audiencia considerable en los Estados Unidos, y apoyada por el gobierno mexicano.

Lo que ha sido, antes que nada, excluído de, y ahora apropiado en, este sistema de circuitos, es decir, en la reconstrucción del Estado, son las culturas populares. En lo que respecta a la modernidad y la nación-estado, las culturas populares han provocado una crisis. Y dentro de la configuración de un "nuevo orden ecónomico", las alianzas entre el sector privado y el Estado han servido para negar violentamente el reconocimiento y desarrollo social de las culturas populares, categorizándolas, al igual que antes, como una especie de substrato, el fondo original, el poder productivo de los obreros, la tierra bajo nuestros pies. América Latina se define nuevamente por fragmentos o muestras representativas de un todo que se ponen al servicio de los acuerdos bilaterales y transnacionales.

La represión de la cultura popular toma diferentes formas. El nacionalismo cultural del Estado y de la burguesía disemina la cultura

of Latin America provides a common ground upon which transnational corporations can collaborate in the social reproduction of these people. The term Latin America in the hands of this sector allows for the erasure of popular memory, the politics of everyday life and difference in a fundamental and large-scale way. It serializes the population, symbolically we might say, through processes of identification with the "telenovela," but more drastically in the rationale of capital which at once makes everyone subject to the processes of modernization and therefore filled with the illusion of social change yet leaves

them always, already the disenfranchised and dependent subjects of the State.

Latin America is re-articulated within the transnational institutions and circuits of exchange, on the one hand in the circuits of the market, galleries, museums, magazines, catalogues, etc., and on the other hand, through television, video and networks of global electronic transmission. Both sectors find themselves dis-empowered, deterritorialized, transformed into signs of the other and therefore the subject and object of transnational exchange.

popular bajo la égida del folklore y el primitivismo. Ellos representan un tipo de discurso elegido por la historia, pero es un discurso que oculta la voz que habla, presentando como "natural" una declaración que es al mismo tiempo histórica y cultural. Es una política de conformidad, una redención que vuelve "estética" la diferencia y "natural" la memoria.

El funcionamiento de los medios masivos y las redes de comunicación —su crecimiento constante y la importancia del papel que han desempeñado en la política nacional— representa, tal vez, un ejemplo clave de cómo la heterogeneidad histórica de las culturas populares se reproduce socialmente como cultura de masas mediante el proceso de consumo. Esta cultura de masas se organiza en torno a las relaciones que se establecen entre las exigencias y necesidades de la vida cotidiana para la mayoría de la gente y la capacidad del sector privado de responder a esas necesidades. Esta es la imagen del subdesarrollo y la depauperación. El concepto de América Latina ofrece un trasfondo común, de interés mutuo, sobre el cual las corporaciones transnacionales pueden colaborar en la

reproducción social de las mayorías. El término "América Latina" en manos de ese sector, permite borrar la memoria popular, la política de la vida cotidiana y las diferencias, de manera fundamental y en grande. Se conceptualiza a la población "en serie", podríamos decir, simbólicamente, a través de procesos de identificación con la "telenovela", pero de manera aun más drástica según la razón de ser del capitalismo de acuerdo con la cual todos están sujetos a los procesos de la modernización y por lo tanto llenos de ilusiones relacionadas con el cambio social, y sin embargo, al final, siguen siendo los mismos súbditos del Estado, dependientes y marginados.

América Latina se re-articula dentro de las instituciones transnacionales y circuitos de intercambio, por un lado, en los circuitos del mercado, las galerías, los museos, las revistas, los catálogos, etcétera; y por otro, a través de la televisión, el video y las redes de transmisión electrónica global. Ambos sectores se encuentran incapacitados, des-territorializados, transformados en signos del Otro y por lo tanto sujetos y objetos del intercambio transnacional.

The Artist As Cultural Worker

JORGE GLUSBERG

I

We know that in its beginning art was first ritual and then religious, thereby serving a purpose. But it did not fulfill completely this service until it turned regal—that is political. During the Enlightenment at the end of the 18th century, art began to free itself from dependence on both the Church and Monarchy, to lose its *aura*—in Walter Benjamin's terms.

With the Romantics, this separation was completed: Lord Byron took part in the fight for Greece's independence, and Victor Hugo was a member of the French Parliament. The layman obtained his civil rights and became a *citizen,* and the painter transferred these conquests into the field of aesthetic creativity; expanding the principle of liberty from the political to the poetical, he embarked on an artistic crusade. But by this time, his adversary was no longer the aristocrat, nor the clergy: it was the bourgeois who came to power during the industrial and scientific revolution in the second half of the 19th century.

The artist fought against this new social class, but eventually surrendered, believing that the best way to defeat the bourgeoisie was to retreat to the isolation of the studio. It was the Impressionist who 120 years ago symbolized this. No one can ignore that Cézanne, a fervent Catholic, professed rightist political beliefs that pushed him to militate among the anti-semitic antagonists of Jewish Captain Dreyfus, an Army official who was accused of crimes he did not commit, and who was defended by Emile Zola, a friend of Cézanne.

II

With few exceptions, historical avant-gardes walked the same path—the new on painting and sculpture, the old on political and social questions. Instead the Surrealists, obsessed with their own aesthetic revolution, decided in 1930 to serve the political and social revolution and entered the French communist party. But their relations with the party's bureaucrats and ideologues soon ended in severance and scandal.

On the other side of the Ural Mountains, the marvelous revolution incarnated by Supremacist and Constructivist painters, sculptors and architects was crushed by the Soviet Government—that is, by so called political and social revolutionaries—at the beginning of the 30's. On the opposite side, the Nazi authorities in Germany and the Fascist leaders in Italy did the same thing, smashing all progressive movements.

III

It is customary to say that the 19th century ended in the summer of 1914, when World War I exploded. But if this is the case, when did the 20th century begin? Because the holocausts of Hiroshima and Nagasaki, three decades later, inaugurated a new era—one of suspended terror. Perhaps the 20th century started in 1945 under the mushroom-like clouds of atomic bombs dropped against those two Japanese cities at the end of World War II, and this period of more than thirty years—between 1914 and 1945—with its 50 million victims from both international conflicts, may have been a tragic intermission. But was it really only that? Because a few years later, the Cold War embraced Europe and the whole world, initiating a bi-polarity sustained by a balance of nuclear dread. Then, is this period of time still part of that intermission, in which case the 20th century had not

I

Ya sabemos que el arte fue mítico en sus comienzos y luego religioso. Cumplía un servicio, y lo cumplió más tarde al volverse cortesano, esto es, político. Bajo el Iluminismo, a fines del siglo XVIII, empieza a emanciparse, a extinguir su dependencia frente a la Iglesia y la Monarquía, a perder su *aura,* en términos de Walter Benjamin.

Los románticos completan la separación: el lord Byron participa de la lucha por la libertad de Grecia, y Victor Hugo asumirá una banca parlamentaria en Francia. Si el hombre alcanza sus derechos y se convierte en *ciudadano,* el pintor trasvasa estas conquistas al terreno de la creación estética, extrapola el principio de libertad desde el ámbito político al poético, para acometer una revolución artística. Pero su adversario ya no es el eclesiástico ni el aristócrata: es el burgués, que viene a tomar el mando de las sociedades en medio del desarrollo industrial y científico-tecnológico.

Lucha el artista, contra ella, pero termina por creer que el mejor modo de abatir a la burguesía es encerrarse en su atelier. Son los impresionistas, hace ciento veinte años, quienes simbolizan esta discordancia: su arte está en las afueras del estudio —en las calles y parques de la ciudad, en los teatros y *music-halls*, en los ríos y en las playas marítimas, en las aldeas y los campos— y su pensamiento cívico en los adentros de un conservatismo vetusto. Nadie ignora que Cézanne, católico ferviente, profesaba un acendrado derechismo político que lo llevó, por ejemplo, a militar entre los antagonistas del capitán Dreyfus —oficial del Ejército a quien se responsabilizó de delitos no cometidos para enviarlo a prisión, por su ascendencia judía, y al que defen-

derá Emile Zola, otrora amigo de Cézanne— y a suspirar por una condecoración oficial.

II

Con las excepciones de rigor, las vanguardias históricas recorrieron el mismo camino: lo nuevo en pintura y escultura, lo viejo en cuestiones políticas y sociales. Los surrealistas, empeñados en su propia revolución estética, deciden ponerse "al servicio de la revolución" política y social, según lo testimonia el cambio de nombre de su revista. Pero su acercamiento al Partido Comunista termina con la división del movimiento: los *políticos* acabarán en propagandistas, más que de un sistema de ideas, de un sistema político que sume a la sociedad en el Estado y al Estado en el partido.

Pero más allá de los Urales, la maravillosa revolución que encarnan los pintores, escultores y arquitectos supremasistas y constructivistas es vedada por los supuestos revolucionarios políticos y sociales. En el extremo opuesto, hacen lo mismo las autoridades nazis de Alemania y los dirigentes fascistas de Italia, partido al cual se aproximan, dicho sea de paso, algunos exponentes del Futurismo —una de las vanguardias del siglo XX— y un creador como Giorgio de Chirico.

III

Se acostumbra a decir que el siglo XIX terminó en el verano europeo de 1914, al estallar la Primera Guerra. Pero entonces, ¿cuándo empezó el siglo XX? Porque los holocaustos de Hiroshima y Nagasaki, tres décadas más tarde, inauguraron una nueva época, la del terror suspendido. Quizás comenzó el siglo XX en 1945 bajo los hongos atómicos, y el tiempo corri-

yet awakened? Or were we already in the 20th century in 1945?

One thing is certain, 1991, first year of the final decade of the chronological 20th century—and of the Second Millennium—appears as a historical pivot. On the last day of February, the Gulf War came to an end. The last day of July, in Moscow, the United States and the Soviet Union agreed to reduce by a third their arsenals of atomic missiles, as a prologue to the total dismantlement of the most powerful and dangerous man-made weapons—so powerful that even a few of them could eliminate all of mankind. Five months later, the end of the Soviet Union crowned the transformations that had been taking place in Eastern Europe since 1989, whose symbol was the opening of the Berlin Wall.

IV

In the frame of this scarce half century from 1945 on, which included the most rapid techno-scientific advancement in the history of mankind, the birth and expansion of consumer society, an overwhelming industrial development and a growing revolution in the fields of information and communication, art also has undergone deep changes. Even though art has taken advantage of some of these scientific and technological advances (video art, computer art), it has established itself as an implacable critic of the products of that techno-scientific wave, products that are sabotaging the human condition and ruining the environment. This is one of the outstanding and unprecedented facts of human culture in the last forty years.

Art, as it had never done before, abandoned the galleries, museums and workshops to go out to the streets and enter everyday life. Art and life were indissoluble terms, and not only as a theoretical position, like in other times, but above

all as a practical exercise. This is why we can affirm that art *socialized* itself during the last half century, depriving itself of the autonomy it had obtained 200 years ago. *Social Art*, which during the 19th century reacted against positivism and industrialization, has stopped being a category or a school—even when it still has followers—when faced with the evidence that *all art is a social agency or it is nothing.*

We were also witnesses to a reduction of Western cultural hegemony and an increase in dialogue with and knowledge of other cultures that until this time had been silenced or ignored. The feminist movement, the green parties, the advocates of returning to Nature, the pacific neo-anarchists, all are taking part in questioning the post-industrial and technotronic societies.

The search for peace and justice, for self-determination and democracy, for solidarity and brotherhood, were (and are) part of the everyday agenda. The denunciation of political despotism and social spoliation, of uniformity and regimentation, of nuclear proliferation and increasing misery is, as it never was before, a reason and an object for art. The challenge is no longer to reconcile art and life, nor even to associate them, it is about art being a product of life, a paramount affirmation of life. Paraphrasing Lincoln's brilliant definition of democratic government, one could say that it is about art of man, by man, and for man. But of, by and for the flesh-and-blood man, the everyday man, the social man. We have hardly seen before, or at least not since the Enlightenment emancipated art from its dependence upon Crown and Church, a creativity as intricately linked with human destiny.

V

So here we see the redefinition of the role of the artist: to assume the certainty that he is, before all,

do desde 1914, con los 50 millones de muertos de las dos contiendas, haya sido un trágico cuarto intermedio.

Sin embargo, ¿lo fue? Porque unos años después se echaba sobre Europa y el mundo la Guerra Fría, la acechante bipolaridad apoyada en el equilibrio nuclear. ¿Formó parte este período de aquel cuarto intermedio, en cuyo caso el siglo XX habría seguido sin amanecer? ¿O bien, estábamos ya, después de 1945, en el siglo XX? Lo único cierto es que 1991, primer año de la década final del siglo XX cronológico, aparece como una bisagra histórica. El último día de febrero cesó la Guerra del Golfo Pérsico. El último día de julio, en Moscú, los Estados Unidos y la Unión Soviética se comprometieron a reducir en un tercio su arsenal de misiles atómicos de largo alcance, en el prólogo de un desmontaje total de las armas más poderosas elaboradas por el hombre, tan poderosas que bastarían unas pocas para eliminar a la humanidad entera.

Tres semanas después, un golpe fallido en Moscú iniciaba la clausura de la Unión Soviética diseñada a partir de 1917, y coronaba de este modo las transformaciones operadas en la Europa del Este en 1989-90, cuyos símbolos son la apertura del Muro de Berlín y la reunificación de Alemania.

IV

En el marco de este escaso medio siglo, el de más raudo avance tecnocientífico en toda la historia humana, el de las sociedades de consumo y abrumador desarrollo industrial, el de la información y la comunicación por antonomasia, el arte también sufrió cambios. Aun cuando se ha valido de ciertos adelantos científico-tecnológicos, se erigió en crítico despiadado de aquellos productos de la ciencia y la tecnología que sabotean la condición humana y

arruinan su entorno, empezando por los del arsenal atómico. Este es uno de los hechos sobresalientes de la cultura humanística de los últimos cuarenta años. Es que, como nunca antes, el arte abandonó las galerías, talleres y museos para salir a la calle y entrar en la vida cotidiana. Arte y vida fueron términos indisolubles, sobre todo a partir de la década del sesenta, aunque se trataba de una posición teórica, como en otros tiempos —o no sólo de una posición teórica— sino de un ejercicio práctico. Puede afirmarse, por ello, que el arte se socializa definitivamente en el último medio siglo, despojándose de la autonomía de que gozaba desde hacía doscientos años. El *arte social,* que en el siglo XIX se alzara contra el positivismo y la industrialización, deja de ser categoría o escuela —aunque no le faltan seguidores todavía hoy— ante la evidencia de que *todo arte es un agenciamiento social o es nada.*

Por lo demás, presenciamos una reducción de la hegemonía cultural de Occidente, y un aumento del diálogo y el conocimiento de otras culturas hasta entonces silenciadas e ignoradas. El movimiento feminista, los partidos verdes, los abogados del retorno a la Naturaleza, el neo-anarquismo pacífico también se sumaron al cuestionamiento de las sociedades post-industriales y tecnotrónicas.

La búsqueda de paz y justicia, de autodeterminación y democracia, de solidaridad y fraternidad, estuvieron (y están) a la orden del día. La denuncia del despotismo y la explotación, de la uniformidad y regimentación, del desvarío armamentista y la miseria, es, como nunca antes, razón y objeto del arte, un hecho que se verifica también en las tendencias post-modernistas aparecidas en la década del ochenta.

Ya no se trata de reconciliar el arte y la vida, ni de identificarlos; se trata de que el arte sea un pro-

a man, and that this man is, immediately, a citizen. Not more, not less. Historically speaking, at the end of the 18th century the artist, like other members of society, became a citizen through the laws that resulted from that long fight for freedom and equality that would only be completed with the victory, during our century, of modern democracies.

But in general, the artist began to forget about his rights and duties as a citizen which, of course, went beyond voting or participating in political demonstrations. So while any citizen could embrace the craft of an artist, artists—with obvious exceptions—renounced their role as citizens. There were several reasons for this, as Latin American artists can testify, from military coups to economic calamities, from persecution to censorship. In contrast, a distinctive feature of this second half of our (chronological) century is the acknowledgement by the artist of his citizenship and his decision to practice it without pretences or limitations.

What does the situation of the artist as a citizen mean? The active participation in the march of the society to which he belongs and his vigilant interest in public affairs: without both, art could not function in its totality.

We have already stated that participation and interest are not only bound to ballot boxes and political demonstrations: thousands of artists vote and demonstrate, or are linked to political parties; some of them even hold an office in government or a seat in parliament. But it is not mandatory to belong to a party, to run for parliament or to be a government official, nor is it imperative to dedicate one's work to ideological or political propaganda. Naturally, the artist who wishes to do all these things is quite welcome to do them.

What it is being asked is, none-

theless, a more essential, profound attitude: to inspire in society, with a constant presence, with an unwearied watch, a trust in the creative powers of men, the certainty of their dignity, the feeling of liberty, the hope for justice, the thirst for concord, the commitment to solidarity, the faith in art as an ideal tool in the strife for a better world. And to anyone that says this goal is an illusion, a dream, a myth, a utopia in our time of economic competition and techno-scientific dominion, one would have to answer that if the artist abdicates illusion, dream, myth, and utopia, he is abdicating part of his humanity—and his part in humanity.

The art of our time has met a citizen-artist par excellence, the German creator Joseph Beuys, who proclaimed as a secular revealed truth: Every man is an artist. But Latin America has had his own citizen-artists. And now I am going to refer to one of them, my compatriot and friend Antonio Berni, a master painter who died ten years ago, in 1981.

VI

Berni was born in Rosario, one of the important cities of Argentina. He first exhibited his work at the age of fifteen, in 1920. He continued his studies with a scholarship in Europe beginning in 1925: first in Madrid and then in Paris, where he was linked to the Surrealists through Louis Aragon. He returned to Argentina at the end of 1930—when the Surrealist movement was turning to the political left, after the military coup in our country that crushed the developing democracy inaugurated in 1916.

He settled in Rosario and belonged for a while to the Argentine Communist Party. In 1932 he exhibited his Surrealist canvases and collages made, from 1928 on, in France and Argentina, abandoning—even though accord-

ducto de la vida, una afirmación de la vida. Parafraseando la luminosa definición de Abraham Lincoln acerca de la democracia, diríamos que se trata de un arte del hombre y para el hombre. Pero el hombre de carne y hueso, el hombre de todos los días, el hombre social. Difícilmente se ha dado antes, desde que la Ilustración emancipó al arte de su dependencia religiosa y cortesana, una creación estética tan consustanciada con su destino humano.

V

He ahí la redefinición del papel del artista: haber asumido la certeza de que es, ante todo, un hombre, y que ese hombre es, de inmediato, un ciudadano. Nada más y nada menos.

Históricamente hablando, a fines del siglo XVIII el artista, como los otros miembros de la sociedad, empezó a ser ciudadano por medio de constituciones y leyes, al cabo de una larga lucha en procura de la libertad y la justicia que, sin embargo, sólo se veía completada por la victoria en nuestro siglo, al afianzarse las democracias modernas y los Estados de Derecho.

Pero el artista, en general, fue olvidando paulatinamente su función de ciudadano, que, desde luego, va más allá de ejercer el voto en las elecciones, o de asistir a una manifestación política. Así, mientras cualquier ciudadano abrazaba el oficio de artista, los artistas —salvo tantas excepciones, es obvio— renunciaban a sus títulos de ciudadanos. Las causas fueron varias, y los artistas latinoamericanos son testimonio de ellas, desde los golpes militares hasta las calamidades económicas, desde la persecución hasta la censura.

De todas maneras, una nota distintiva de esta segunda última mitad del siglo es el reconocimiento, por el artista, de su ciudadanía, y su decisión de practicarla sin ambages.

¿Qué significa esta situación del artista como ciudadano? La activa participación en la marcha de la sociedad a la que pertenece, su desvelado interés en la cosa pública; sin esta activa participación y este desvelado interés, el agenciamiento social que es le arte no lo será cabalmente. Ya dijimos que la participación y el interés no se agotan en la concurrencia a las elecciones o a un mitin político: decenas de miles de artistas votan cuando corresponde, o engrosan las columnas de una manifestación callejera, o se afilian a partidos diversos, y algunos hasta llegan a la tribuna y la banca parlamentaria. Pero tampoco es necesario inscribirse en un partido, ni buscar y obtener una candidatura, ni dedicar las obras a la defensa de tales o cuales ideas y premisas.

Naturalmente, el artista que hiciera todo esto sería bienvenido. Lo que se pide es, sin embargo, una actitud acaso más de fondo: encender en la sociedad, con una presencia constante, con una vigilia incansable, la confianza en los poderes creativos del hombre, la certidumbre de su dignidad, el sentimiento de la libertad, la esperanza de la justicia, la devoción por la solidaridad, la fe en el arte como herramienta de brega por un mundo mejor. A quien diga que esta tarea es un espejismo, un imposible, una ilusión negada por esta época de dominación económica, se deberá responder que si el artista abdica del espejismo, del imposible, de la ilusión, estará abdicando en parte de su condición humana. El arte de nuestro tiempo ha conocido a un ciudadano-artista por antonomasia: el creador alemán Joseph Beuys, quien proclamó: Todo hombre es un artista. Pero tampoco faltaron en nuestra América Latina. Y voy ahora a referirme a uno de ellos, a mi compatriota y amigo Antonio Berni, de cuya muerte se cumple ahora una década.

ing to him, not completely—this artistic path. He then formed the group New Realism, and collaborated with the Mexican muralist David Alfaro Siqueiros, painting frescoes in a house outside Buenos Aires, where he finally settled in 1936—while Spain was in the middle of its civil war, a kind of introduction to World War II.

Berni is the founder of political art in Argentina. But his was not an art of ideological and partisan propaganda: it was an art of political ethic and social solidarity. For, as he said, "The work of art realizes itself completely co-existing with man's drama in its political, social and religious totality, in the misfortunes and embarrassments of each day.

"Every artist and all art is at least political, or, to use today's common terminology, all art also admits a political reading. In my case, I think that the political reading of my work is fundamental, it cannot be left aside and, if it is, the work cannot be understood in its entirety; furthermore, I believe a merely aesthetic reading of it would be treason," he pointed out.

A leftist, Berni nevertheless repudiated Socialist Realism because he considered it "an unfortunate mixture of the worst formal academism and the dullest significance, that never surpassed the vulgar illustrations of commercial magazines." His New Realism of the 30's was new because it overcame the archaic naturalism to find an art that "represents the political and social world of the time," in his case, Latin America, "with its chains of misery and lack of culture."

Berni was thus, the first citizen-artist in Argentina, and one of the greatest in Latin America, which he always felt attached to and proud to be part of.

VII

Berni's return to Argentina at the end of 1930, after a five-year

residence in Europe, was traumatic. He arrived to a country sunk in one of its worst crises—political, economical, social—from a Europe that was beginning to fall into one, likewise deep and brutal. But it is convenient to point out that his version of Surrealism was, if I may say so, heterodox, attentive to the man who had been torn apart and humiliated by an iniquitous society. The delirium, the dreaminess and the absurdity of Bernian Surrealism were that of the human being without liberties, without fraternity. This human being was, excepting distances and idiosyncrasies, the one from the bitter Argentina of the 30's, the Latin America of the 30's. And this is the reason, no doubt, that Berni suppressed all delirium, all dreaminess and all absurdity—to create politics *in* painting, and not *with* painting. To testify, not to diffuse slogans.

"If there is art, there is no placard," he said. "If there is no art, the placard is ordinary and it has no use. Or better said, it is only good to serve the opposite purpose than that for which it was meant." The vast amount of his paintings done between 1934 and 1959 certify this and give a vivid account of the Argentina of the disinherited ones—those without a roof or a job, the poor workers of the fields and the cities—through a pictorial, post-expressionist style, of stupendous quality in drawing and color, and with an uncommon imaginative capacity.

VIII

During the decades of the 1960's and 70's, in his series about *Juanito Laguna* and *Ramona Montiel*, Berni, without abandoning his political art, began a new phase in which not only the work, but also the materials of the work, showed his immersion in Argentinean and Latin American reality. *Juanito Laguna* represents the country boy living with his family in a *villa*

VI

Berni nació en Rosario, una importante ciudad provincial de la Argentina, e hizo su primera exposición a los quince años, en 1920. De Rosario, becado, fue a estudiar a Europa en 1952: vivió primero en Madrid y luego en París, donde se vinculó a los surrealistas a través de Louis Aragón. Retorna a la Argentina a fines de 1930, cuando el Surrealismo se escinde entre comunistas e independientes —él está a favor de los primeros— y después de ocurrido en nuestro país el golpe militar que tronchó la incipiente democracia abierta en 1916.

Berni se instala en Rosario, se adhiere fugazmente al Partido Comunista, expone en 1932 sus telas y collages surrealistas ejecutados dese 1928 en Francia y la Argentina, y abandona de inmediato —aunque según él, no del todo— ese estilo artístico. Funda entonces el grupo del Nuevo Realismo y colabora con el mexicano David Alfaro Siqueiros en la pintura de un mural en una casa de las afueras de Buenos Aires, ciudad en donde se afinca para siempre en 1936, en plena Guerra Civil Española.

Berni es el creador del arte político en la Argentina. Pero el suyo no era un arte de la propaganda ni de la difusión partidista sino un arte de la ética política y de la solidaridad social. "La obra se realiza plenamente conviviendo con el drama del hombre en su totalidad política, social y religiosa, en el infortunio y el sobresalto de cada día", dijo Berni. Y también: "Todo artista y todo arte es político en última instancia, o, para usar una terminología en boga, todo arte admite una lectura política. En mi caso, lo reconozco, pienso que la lectura política de mi obra es fundamental, que no se la puede dejar de lado, y que, si se la deja de lado, la obra no puede ser comprendida

a fondo; es más, creo que una lectura meramente esteticista de mi obra sería una traición".

Hombre de izquierda, abjuraba el Realismo Socialista por considerarlo "una desgraciada compaginación del puro academicismo formal con una chata significación que no superó nunca las ilustraciones vulgarizadas". Su Nuevo Realismo de la década del treinta era nuevo porque superaba el antiguo verismo para hallar un arte "que representara el mundo político y social" de la época. Era, entonces, un Realismo Político y Social, un arte de la Etica y la solidaridad. Y Berni, un artista-ciudadano, el primero en su género en la Argentina, y uno de los más grandes de la América Latina, a la que siempre se sintió unido, a la que siempre se honró de pertenecer.

VII

Berni contó en alguna oportunidad que su retorno a la Argentina desde la Europa de fines de la década del treinta le resultó traumático. Es que llegó a una Argentina en crisis —política, económica, social— desde una Europa que había empezado a caer en ella, como el resto del mundo, pero donde el horizonte artístico cubría sus expectativas. Es significativo recordar que en la Argentina sigue pintando telas surrealistas, pero conviene señalar que su versión del Surrealismo era, si se permite decirlo así, heterodoxa, atenta al hombre atenaceado y vencido por una sociedad inicua. El delirio, la ensoñación y el absurdo del surrealismo berniano son los del ser humano sin libertades, sin fraternidad. Ese ser humano era, salvando las distancias y las idiosincrasias, el de la Argentina de la amarga década del treinta. Y fue por eso, sin duda, que Berni suprimió todo delirio, toda ensoñación y todo absurdo para hacer política *en* la pintura, no *con* la pintura.

miseria (shanty town) on the edge of Buenos Aires, *Ramona Montiel* has the same geographic origin and belongs to the same helpless social class that drives her into prostitution.

The works from these two series, *Juanito Laguna* being the larger one, are huge collages of oil on canvas, wood, cardboard or sack-cloth. But their materials come from industrial remains: cans, buttons, nails, broken mirrors, glass, bits of fabrics, sheets of metal, pieces of machinery, wood. This waste refers to the social residue that *Juanito Laguna* is, and to the miserable socio-cultural environment in which he survives, those slums where, on the other hand, the houses are made with industrial remains.

In these works, awarded the Grand Prize of Drawing and Engraving at the 1962 Venice Bienal, there are metaphors: the moral and physical seclusion; the periphery as a marginal part of the huge city and as the heart of poverty; the city's downtown as site of attraction and expulsion; consumerism as squandering and deprivation, as abundance and shortage; the habitat as secure and precarious, as permanence and transiency; life, in the end, as normality and abrupt change, as routine and emergency.

This plurality of meanings appears governed by the political and social sense that Berni communicates in his works: redeeming wasted materials from the consumer society to bring into life his works of art; at the same time, as he redeems moral residues (the shantytowns' inhabitants) through material remains, he vindicates the outcasts against the society that excludes them, that makes them social pariahs.

In this way, Berni moves from the downtown (or Center) to the Periphery, to reevaluate the Periphery using the beings and things that the downtown (or Center) has used to construct and consolidate the Periphery. He produces art at the same time that he produces politics. He is a citizen in order to be an artist. He can say as Dylan Thomas does in one of his poems: "Man be my metaphor."

In the ten years since his death, Latin America has rid itself of despotisms. Today we no longer celebrate the return of democracy to each or to any of our countries; we celebrate succession by popular vote of presidents and legislators. Nonetheless, economic disaster and social imbalances continue, undermining democracy. Berni's message is still valid and illustrative. Liberty and justice owe a great deal to him and to other great Latin American artists. And much will be owed to him when our America shall attain the equality and progress that she seeks and deserves.

Para dar testimonio, no para difundir consignas. "Si hay arte no hay pancarta. Si no hay arte, la pancarta es burda y no sirve para nada. Mejor dicho, llega a servir a lo contrario de lo que se proponía". Ahí están, para certificarlo, los vastos lienzos que ejecuta entre 1934 y 1959 y que, a la manera de una saga portentosa, dan cuenta de la Argentina de los desheredados, los sin techo y sin trabajo, los obreros del campo y la ciudad, los marginados, con un estilo pictórico post-expresionista, de estupenda calidad en el dibujo y el color, y con una autónoma capacidad imaginativa.

VIII

Pero en los años sesenta y setenta, en sus series de *Juanito Laguna* y *Ramona Montiel*, Berni, sin abandonar el arte político, inició una fase en que no sólo la obra, sino también la materia de la obra mostraba su inmersión en la realidad argentina y latinoamericana. Si *Juanito Laguna* representaba al chico del interior del país, radicado con su familia en una favela de los suburbios de Buenos Aires, *Ramona Montiel* tiene el mismo origen geográfico y la misma posición social que la lleva a la prostitución.

Las obras de estas dos series, la mayor de las cuales es la de *Juanito Laguna*, son enormes collages al óleo sobre tela, madera, cartón o arpillera. Pero sus materiales están constituídos por despojos: latas, botones, clavos, espejos rotos, vidrios, restos de máquinas, pedazos de objetos, recipientes usados.

Estos desechos aluden al residuo social que es *Juanito Laguna*, y al mísero ambiente socio-cultural en que sobrevive, donde, por otra parte, las casas son residuos y se adornan con desechos.

En estas obras de Berni, que obtuvieron en 1962 el Gran Premio de Dibujo y Grabado de la Bienal de Venecia, hay metáforas de metáforas: la marginación moral y la material; la periferia como parte marginal de la enorme ciudad y como corazón de la pobreza; el consumo como dispendio y privación, como abundancia y carencia; el habitat como seguridad y precariedad, como permanencia y transitoriedad; la vida, en fin, como normalidad y cambio, como rutina y sobresalto.

Pero esta polivalencia aparece gobernada por el sentido político y social que Berni comunica a sus obras: rescatando los desperdicios materiales de la sociedad de consumo para elaborar obras artísticas, pone a tales desperdicios contra la sociedad; al mismo tiempo, como rescata los desechos morales —los vecinos de la favela— a través de aquellos materiales, reivindica a los primeros confrontándolos con la sociedad que los excluye.

Así, Berni se mueve del Centro a la Periferia para revalorizar la Periferia con los seres y las cosas que el Centro ha utilizado para construir y consolidar la Periferia. Produce arte y también política. Es ciudadano para poder ser artista. Y es así un hombre de su mundo y de su tiempo.

A diez años de la muerte de Berni, América Latina se ha sacudido los despotismos. Hoy ya no celebramos el retorno de la democracia a tal o cual de nuestros países, sino la sucesión de gobernantes y legisladores emanados del voto popular. Sin embargo, el desastre económico y los desniveles sociales continúan, minando así la persistencia de la democracia. El mensaje de Berni, pues, sigue siendo válido e ilustrativo. Mucho le deben a él, y a otros grandes artistas latinoamericanos, la libertad y la justicia. Mucho le deberán la igualdad y el progreso que nuestra América Latina busca y merece.

mapping new territories

Introduction to Artists' Pages

MARY JANE JACOB

Artists were an essential voice in the São Paulo conference and are found as both authors and visual contributors in this publication. Increasingly, in a less hermetic art world where socio-political themes and activist strategies are prominent, art and artists themselves play a role; both object and person are articulate about the issues confronted. Therefore, we asked twenty-three artists to create works of art for this book, translating onto the printed page subjects they usually deal with in their work.

Those represented are artists with a message: meaning is important to their work. Their subjects may be derived from personal histories or those they keenly observe; they direct their work to audiences they aim to impact; and they seek to provoke dialogue and, in some cases, even change. Unlike those maintaining an essentially aesthetic point of view, these artists believe in the importance of expressing and taking a stand in the social and political arena. They believe in the power of art to influence ideas and social thought. Most of all, they are artists who proceed from a strong sense of responsibility to the future.

Several artists from the United States who represent so-called "minorities" have emerged on the scene as part of the multicultural revolution of the 1980's. They speak from a point of view outside the mainstream. Their history has been consistently written out or misrepresented, and they use their art to tell a different story—their story. David Avalos and Deborah Small, Coco Fusco and Guillermo Gómez-Peña, and Robert Sanchez and Richard Lou, present a revisionist or fictionalized history from the point of view of the Mexican-American; for each the collaborative mode of working is important to arriving at a broader point of view that extends beyond the modernist myth of the individual artistic genius. While Avalos and Small break with the conventional structure of literature to reveal how language has been used to create and perpetuate cultural stereotypes, the other two teams explore conventions of anthropology and history as exclusionary processes that have segregated persons of color from the dominant culture. They implicate museums as promoters of these practices. Fusco and Gómez-Peña have exposed barbaric practices of cultural observation and exhibition through their extended 1492 commemorative work, *The Year of the White Bear*. By contrast, Sanchez and Lou have inverted the relationship between the dominant culture and the Other in a fictional tale of anthropological scrutiny of white culture.

Hachivi Edgar Heap of Birds deals with the history of Native American peoples usually using language in the form of signage. He makes reference to an act of civil disobedience, one of massive proportions in terms of loss of human life. His sign is a message to the libertarian Chinese peoples

Los artistas fueron una voz esencial en la conferencia de San Pablo y participan en esta publicación tanto como autores como con su aporte visual. Acrecentadamente, el arte y el artista mismo desempeñan un papel importante en un mundo del arte —cada vez menos hermético, donde los temas socio-políticos y las estrategias de activismo adquieren más relieve— donde tanto el objeto como la persona están vinculados a los temas que se afrontan. Por esta razón, les pedimos a veintitres artistas que creasen una obra como su aportación a este volumen, traduciendo a la página impresa temas con los que ellos normalmente tratan en su trabajo.

Los aquí representados son artistas con un mensaje: el significado es importante para su obra. Sus temas derivan quizá de sus historias personales o de aquellas que observan de forma aguda; dirigen sus obras hacia una audiencia a la que desean impactar; y persiguen provocar un diálogo e incluso, en algunos casos, un cambio. A diferencia de los que mantienen un punto de vista esencialmente estético, estos artistas creen en la importancia de expresar y tomar una postura definida en el campo político y social. Creen en el poder del arte para influir las ideas y el pensamiento social. De mayor importancia, son artistas que proceden de un fuerte sentido de responsabilidad hacia el futuro.

Varios artistas de los Estados Unidos que representan las llamadas "minorías" han surgido en escena como parte de la revolución multicultural de la década de los 80. Hablan desde un punto de vista ajeno al *mainstream*. Su historia a menudo ha sido copiada o disfrazada, y ellos utilizan su arte para expresar una historia distinta—su hitoria. David Avalos y Deborah Small, Coco Fusco y Guillermo Gómez-Peña, y Robert Sanchez y Richard Lou, presentan, desde un punto de vista de mexicano-americanos, una hitoria revisionista o ficticia; para cada uno, el modo de trabajo en colaboración es importante para llegar a un punto de vista más amplio y que va más allá del mito modernista del genio artístico individual. Mientras Avalos y Small rompen con la estructura convencional de la literatura para revelar cómo el lenguaje ha sido utilizado con el fin de crear y perpetuar un estereotipo cultural, los otros dos equipos exploran convencionalismos antropológicos e históricos como procesos excluyentes que han segregado a las personas de color de la cultura dominante. Implican a los museos como promotores de estas prácticas. Fusco y Gómez-Peña han expuesto prácticas barbáricas de observación y exhibición cultural a lo largo de su extensa obra conmemorativa de 1492, *El Año del Oso Blanco*. En contraste, Sanchez y Lou han invertido la relación entre la cultura dominante y el Otro a través de un relato ficticio de escrutinio antropológico de la cultura blanca.

whose hopes were extinguished on June 4, 1989 in Tiananmen Square: "Don't Believe Miss Liberty." She, too "turned [her] back on Native Americans and remains so for many Americans," in the words of the artist. Daniel Martinez also focuses on one revolutionary act: the civil insurrection in Los Angeles in April 1992 following the acquittal of four white police officers for the beating Rodney King. Often using incendiary imagery and language, his work captures that city's anger set against the backdrop of actual destruction to tell graphically about another point of view on the incident and the riots it sparked.

As a member of the Brazilian avant garde, Cildo Meireles mixes conceptual art with political activism. Often returning and recycling images and forms, here he returns to a subject of 1976, a period during which he was creating works critical of the country's military regime. These "nets of liberty" are as relevant to the continued concern for political, social, and economic freedom as they were nearly twenty years ago, and Meireles continues to devote his work to issues of the eradication of native peoples and the destruction of the environment. The cyclical nature of history is addressed by Félix González-Torres who contributes a page from a series of personalized historical timelines. This information is presented without editorial comment or annotation. In spite of the lack of chronology, the interrelatedness of these events become evident in the reading, illustrating the short distance between civil rights events of the 1960's and society in the United States during the 1980's and 90's. Thus, González-Torres creates a cyclical or non-progressive reading of history.

Some artists reform existing images of the world to give what they feel is a more accurate reading of reality. In the "reconstructions" of Chilean Catalina Parra, imagery and text taken from mass media sources are combined to create another look at reality that carries with it a political message. Using sewing techniques to, in part, affix her collage, she further intensifies the human and worn quality of her images and expresses the need for repairing society, particularly in Latin America. Here she asks us to reconsider these needs when glossed over by international events like the Olympics.

Juan Sanchez, a first generation U.S. citizen of Puerto Rican descent, employs images of his ancestral history and of mainstream Western art to point to the continuing colonial position of Puerto Rico which has denied him direct access to his history and heritage. Like Parra, Sanchez layers scraps of paper; the multiplicity of images matches the complexity of the social situation he addresses. He calls these works "Rican/Structures" (a term borrowed from Salsa musician Ray Barretto). Like Parra's "reconstructions," these works present a new reality of awareness. While Parra

Hachivi Edgar Heap of Birds trata con la historia de los pueblos Nativos Americanos usualmente utilizando el lenguaje en forma de signos. Hace referencia a un acto de desobediencia civil, uno de proporciones masivas en términos de pérdida de vidas humanas. Su signo es un mensaje a los liberales chinos cuyas esperanzas fueron destruidas el 4 de junio de 1989, en la Plaza de Tiananmen: "Don't Believe Miss Liberty". Ella también "dio la espalda a los nativos americanos y así continua todavía para muchos de ellos", según palabras del artista. También Daniel Martinez enfoca su obra en un acto revolucionario: la revuelta civil en Los Angeles, en abril de 1992, a consecuencia de la puesta en libertad de cuatro policías blancos acusados de apalear a Rodney King. A menudo su obra capta la rabia de la ciudad contra el escenario de la destrucción misma, usando imaginería y lenguaje incendiarios para expresar gráficamente otro punto de vista sobre el evento y los alborotos que produjo.

Como miembro de la vanguardia brasileña, Cildo Meireles mezcla arte conceptual con activismo político. Frecuentemente retornando y reciclando imágenes y formas, vuelve aquí a un tema de 1976, período durante el cual creó varias obras que critican el régimen militar de su país. Estas "redes de libertad" son tan relevantes para la continua preocupación por la libertad política, social y económica como lo fueron hace casi veinte años, y Meireles continua dedicando su obra a temas que versan sobre la erradicación de los pueblos nativos y la destrucción del medio ambiente. Félix González-Torres elige la naturaleza cíclica de la historia, contribuyendo con una página de una serie sobre el oportunismo histórico personalizado. Esta información es presentada sin anotación o comentario editorial. A pesar de la falta de cronología, la interrelación de estos acontecimientos surge evidente en su lectura, ilustrando la corta distancia entre los sucesos relacionados con los derechos civiles en las décadas de los 60 y la sociedad en los Estados Unidos en décadas las de los 80 y 90. De este modo, González-Torres crea una lectura cíclica y no progresiva de la historia.

Algunos artistas dan nueva forma a imágenes ya existentes del mundo para señalar lo que ellos sienten como una lectura más precisa de la realidad. En las "reconstrucciones" de la chilena Catalina Parra, se encuentran combinadas imágenes y textos de los medios de comunicación masiva, para crear otra expresión de la realidad que conlleva un mensaje político. Utilizando técnicas de cosido para, en parte, unir su collage, intensifica aun más la gastada calidad humana de sus imágenes y expresa la necesidad de re-componer la sociedad, particularmente en América Latina. Aquí, Parra nos pide que reconsideremos estas necesidades cuando son pulidas y barnizadas por eventos internacionales como las Olimpiadas.

Juan Sanchez, ciudadano estadounidense de primera generación, de

seeks to comment on social dilemmas, Sanchez aims to further the Puerto Rican struggle for self-identity.

The exploration of identity has been a major theme of art since the 1980's worldwide, from the concerns of diverse ethnic populations, to cultural issues when outside one's country of origin or at the borders of nations, to questions of gender and sexual orientation. Jin-me Yoon's *Souvenirs of Self* take up issues of her identity as a Korean emigre to white, Anglo/French-identified Canada. By assuming cliché poses at tourist sites, she exposes cultural notions of difference, as well as personal impulses of desire and memory. A segment from this photowork, that previously took the form of actual postcards and an installation, is reproduced here. Another Canadian artist, Liz Magor, has dealt with the idea of double identity—real and assumed roles—in photographic series. Taking on the guise of another culture, the men she features here become contemporary versions of heroic explorers of the Arctic. Their consciousness of dress is further emphasized be stylishly rendering the accompanying text in a manner evoking a DKNY (Donna Karan, New York) advertisement. Lorna Simpson focuses on her identity as an African-American female, using spare images of the others. Anonymous with content that is politically and sexually charged, her subjects are most often caught in the entrapment of discrimination. Her artist's page is a more ambiguous image and text, in which the feminine is referenced solely by the shoes and drapery.

Gran Fury is a collaborative dedicated to addressing the AIDS epidemic through art, combining didactic information, visual imagery, and public-servicelike messages. While their focus has been equity for the gay male population, the AIDS epidemic has made their work more inclusive; since AIDS is a subject of importance to everyone. The image they chose to reproduce here was originally presented at the Aperto section of the 1990 Venice Biennale. It seemed an appropriate message to take to the São Paulo Bienal as part of the conference recorded in this publication, since Brazil is second in the Western Hemisphere in number of AIDS cases. In part responsible for this statistic is the Catholic Church, which in Brazil still holds sway in preventing condoms from being widely distributed and used. Tom Kalin, a member of Gran Fury, has also contributed a text to this publication.

Alfredo Jaar, a Chilean-born artist living in New York, has investigated through photographic series political inequities of first and third worlds. One of his most profound series of images and a key image of the era, almost an icon of the multicultural movement is *A Logo for America*. Executed in 1987 as a temporary public art project on a spectacolor lightboard in New York's Times Square, it consisted of a 45-second computer-

descendencia puertorriqueña, emplea imágenes de su historia ancestral y del *mainstream* del arte Occidental para acentuar la continua posición colonial de Puerto Rico, la cual le ha negado acceso directo a su historia y a su herencia. Al igual que Parra, Sanchez superpone pedazos de papel; la multiplicidad de imágenes se equipara a la complejidad de la situación social que trata en su obra. Llama a estas obras "Ricon/strucciones" (una expresión del músico de salsa Ray Barreto). Al igual que las "reconstrucciones" de Parra, estas obras presentan un nuevo modo de percepción. Mientras Parra busca comentar sobre los dilemas sociales, Sanchez pretende promover la lucha de Puerto Rico por su auto-identidad.

La exploración de la identidad ha sido mundialmente uno de los temas principales del arte en la década de los años 80, desde el interés por poblaciones étnicamente diversas, a temas culturales cuando se vive fuera del país de origen o en zonas fronterizas, y hasta temas de sexo y orientación sexual. *Souvenirs of Self* de Jin-me Yoon, retoma cuestiones de su identidad como emigrada coreana en una Canadá identificada como blanca y anglo-francesa. Asumiendo posturas cliché en lugares turísticos, ella logra exponer nociones culturales de diversidad, así como impulsos personales de deseo y recuerdo. Reproducimos aquí una parte de esa serie fotográfica que originalmente apareció en forma de postales y formó parte de una instalación. Otra artista canadiense, Liz Magor, ha tratado la idea de la doble identidad —papel real y papel asumido— a través de sus series fotográficas. Los seres que ella muestra aquí se convierten en versiones contemporáneas de heroicos exploradores del Artico, tomando la apariencia de otras culturas. Su atención al vestuario queda enfatizada al reproducir, con gran estilo, el texto que acompaña, evocando en cierto modo la publicidad de DKNY (Donna Karan, New York). Lorna Simpson se enfoca en su identidad como mujer afro-americana, utilizando esporádicamente imágenes de los demás. Cargados de contenido político y sexual, y de tipo anónimo, sus temas a menudo caen en la trampa de la discriminación. Su contribución artística contiene imagen y texto más ambiguos, en el cual las únicas referencias a lo femenino son los zapatos y el ropaje.

Gran Fury es una colaborativa cuya misión es abordar el tema del SIDA a través del arte, combinando información didáctica, imágenes visuales y mensajes de servicio al público. Mientras su tema central ha sido la igualdad para la población homosexual masculina, la epidemia del SIDA ha hecho su obra más amplia, teniendo en cuenta que el SIDA es un tema de importancia para todos. La imagen que eligieron para este volumen fue originalmente exhibida en la sección de Aperto de la Bienal de Venecia de 1990. Su mensaje pareció apropiado para llevar a la Bienal de San Pablo, como parte de la conferencia registrada en esta publicación, considerando

animation sequence broadcast every six minutes for a month, stages of which are reproduced here. Beginning with the U.S. notion of "America," Jaar expands on an ethnic-centric definition and eliminates—at least for a few seconds—the United Sates' imposition on the hemisphere by using words and images to show the two continents and many countries, both north and south, that are the Americas. Luis Camnitzer, who is from Uruguay, also confronts the predominating geographic view of the world in a language work. Like a new symbol or directional sign, this work points to the world emphasis on the first world as a privileged part of the globe, and the orientation of power in society that places the east and south in secondary positions.

The idea of cultural displacement and crossing borders are constant themes for many of these artists. Since 1983 Eugenio Dittborn has sought to connect his home country of Chile to other parts of the world with his "Airmail Paintings." These large sheets are folded and mailed from Santiago to other destinations and exhibited with their envelopes. Jac Leirner also deals with migration across countries, in her case autobiographically. Like many itinerant artists who create art at or for international venues, she travels from Brazil often. As in the past when she has assembled ordinary objects of personal use like Brazilian cruzeiros or cigarette packs, here she uses her boarding passes and the ashtrays from her seat, linking them in a continuous circuit of unending trips.

Using imagery evoking the indigenous has been a way for artists to reclaim their heritage and restate their cultural identity. Marta María Pérez Bravo creates a female altar in her photograph *Parallel Cults*. The votives, matriarchal emphasis, and title allude to native religions that, rather than being erased by colonial Catholicism, were syncretized in Candomble and Santeria where indigenous gods found parallels with foreign saints. Mario Cravo Neto's view of two massive fish on the back of a man takes on the sense of sacrifices. Like Bravo, he is interested in the African roots of his Brazilian culture, but departs from the role of ethnographer-photographer, to create images of aesthetic and spiritual power.

Jimmie Durham and María Thereza Alves deal with the prejudicial circumstances of indigenous peoples and the lack of access for these peoples to speak for themselves in a world where colonial attitudes still prevail. Using some of Durham's own sculptures in this composed ceremonial scene they tell a tale of cultural encounter with the white man submissive at the altar of the native.

For her page, Cecilia Vicuña has created a small woven and assembled object collage. Like her *Precarious* or offerings made for her own ritual-installations, it appears to be ancient. Connecting the past to the present

que Brasil es el segundo país del Hemisferio Occidental en número de casos del SIDA. Responsable en parte de esta cifra es la Iglesia Católica, que en Brasil todavía se opone al uso y distribución generalizado de condones. Tom Kalin, miembro de Gran Fury, también contribuye a esta publicación con un texto.

Alfredo Jaar, artista chileno que reside en Nueva York, ha investigado las desigualdades políticas del primer y tercer mundos a través de series fotográficas. Una de sus series de imágenes más profundas, e imagen clave de esta era, es *Logo for America,* casi un icono del movimiento multicultural. Realizado en 1987 como un proyecto de arte público en una pantalla iluminada specta-color, en la Plaza de Times Square de Nueva York, consistió en una secuencia de animación computarizada, de 45 segundos, y radiotransmitida cada seis minutos durante un mes. Reproducimos aquí facetas de la serie. Comenzando con la noción de "América", Jaar se extiende sobre una definición etno-céntrica y elimina, al menos por unos segundos, el dominio de los Estados Unidos en el hemisferio, utilizando palabras e imágenes para mostrar ambos continentes y muchos países, tanto del norte como del sur, que forman las Américas. Luis Camnitzer, artista uruguayo, también confronta el punto de vista que da predominio a un área geográfica del mundo, en una obra que utiliza como soporte el lenguaje. Como un nuevo símbolo o signo direccional, esta obra muestra al mundo el énfasis en el primer mundo como una región privilegiada del globo, y la orientación del poder en la sociedad que coloca al Este y al Sur en posiciones secundarias.

La idea de desplazamiento cultural y cruce de fronteras son temas constantes para varios de estos artistas. Desde 1983, Eugenio Dittborn ha buscado poner en conexión a su Chile natal con otras partes del mundo a través de sus "Airmail Paintings". Estas grandes hojas son dobladas y enviadas por correo desde Santiago a otros destinos y después exhibidas con sus sobres. Jac Leirner también trata con la inmigración a través de países, en su caso autobiográficamente. Al igual que varios artistas itinerantes que crean arte en, o para, ambientes internacionales, ella sale frecuentemente de Brasil. Como en el pasado, cuando ha reunido objetos ordinarios de uso personal, como cruzeiros brasileños o cajetillas de cigarrillos, aquí utiliza sus tarjetas de embarque y los ceniceros de sus asientos, uniéndolos en un circuito continuo de viajes sin fin.

Uno de los medios utilizados por artistas para reclamar su herencia y reinstalar su identidad cultural, ha sido a través del uso de imágenes evocadoras de los pueblos indígenas. Marta María Pérez Bravo crea un altar femenino en su fotografía *Parallel Cults*. Los votivos, el énfasis matriarcal, y el título aluden a las religiones nativas que, más que haber sido erradi-

in images and words (she is also a poet), it speaks of cyclical time: the future is the origin. Roberto Evangelista has created a ritual or celebratory piece from a stone he found in Texas. Literally connecting this element to the ancient Amazonas of his native Brazil, he tied the stone to a piece of natural cloth using a vegetal fibercord common to the Indians. The stone took on the form of a ritual object: its triangular form echoed in the braided cord carefully tied into criss-crossing patterns, its natural and timeless quality bridging two continents. Gabriel Orozco takes a similar photographic position by focusing on a found object placed on a cloth. His object becomes not so much magical or sacred, as a revered artifact. Using shards or ruins, like archaeological artifacts photographed in situ before they are removed for museum display, he shows a contemporary view on Mexico's ancient past.

Together these artist's pages form a visual equivalent to the subjects and themes addressed in the texts. They also serve as a summary of many of the pressing concerns of artists today that have reshaped the making and showing of contemporary art since the 1980's.

cadas por el colonialismo católico, fueron sincretizadas en el Candombe y la Santería—donde dioses indígenas tienen cierto paralelismo con los santos católicos. La figura de dos grandes peces en la espalda de un hombre, de Mario Cravo Neto, refleja un sentido de sacrificio. Al igual que Bravo, Cravo Neto se interesa por las raíces africanas de su cultura brasileña, aunque su punto de partida es como etnógrafo-fotógrafo, para crear imágenes de gran poder estético y espiritual.

Jimmie Durham y María Thereza Alves, tratan las circunstancias discriminantes de los pueblos indígenas y su falta de poder para expresarse por sí mismos, en un mundo donde todavía prevalece la actitud colonial. Utilizando algunas de las esculturas de Durham en esta composición de una escena ceremonial, nos relatan un cuento de encuentro cultural del hombre blanco sometido ante el altar del indígena.

Como su aportación a este volumen, Cecilia Vicuña ha creado un collage de varios objetos sobre un pequeño tejido. Al igual que sus *Precarios,* o las ofrendas hechas para sus propias instalaciones-rituales, parece un objeto antiguo. Enlazando el presente con el pasado en imágenes y palabras (ella también es poeta), habla del tiempo cíclico: el futuro es el origen. Roberto Evangelista ha creado un ritual o pieza celebratoria a partir de una piedra que encontró en Tejas. Literalmente enlazando este elemento con la antigua Amazonas de su Brasil natal, ata la piedra a un trozo de tela de fibra natural utilizando una soga de fibra vegetal, muy comun entre los indios. La piedra toma la forma de un objeto ritual: su forma triangular se refleja en la soga cuidadosamente trenzada en forma de crucetilla, como puente natural e intemporal entre dos continentes. Gabriel Orozco toma una postura fotográfica similar, al centrarse en un objeto encontrado, colocado sobre una tela. Su objeto se convierte no tanto en algo mágico o sagrado, como en un artefacto venerado. Muestra una imagen contemporánea del pasado de México a través de cascotes o ruinas, como artefactos arqueológicos fotografiados *in situ*, antes de ser llevados para su exposición en un museo.

Juntas, estas páginas de artistas forman el equivalente visual a los temas y asuntos abordados por el texto de este volumen. También sirven como un sumario de las múltiples preocupaciones que los artistas de hoy confrontan, y que desde la década de los 80 han dado nuevas formas para crear y exhibir el arte contemporáneo.

David Avalos United States
Deborah Small United States
RAMONA: BIRTH of a mis•ce•ge•NATION 1992

RAMONA: BIRTH of a mis•ce•ge•NATION

Cliff Notes: This made-for-video production recasts **Ramona**, Helen Hunt Jackson's melodramatic novel of intrigue and romance with all the usual suspects reflecting mid-19th century California's mix of Indian, Spanish, Mexican, and Anglo inhabitants. The tale's principle characters are star-crossed lovers doomed by the race violence of a California giving birth to itself. We don't have the space to tell you the story, a precursor to contemporary multicultural conflagrations, but we really don't need to. You already know the story . . .

The Multicultural Caste

Helen Hunt Jackson and Ramona
Ramona and Alessandro
Maria and Tony
Cora and Uncas
Malinche and Cortez
Pocahontas and John Smith
James Fenimore Cooper and Chingachgook
Daniel Day-Lewis and Chingachgook
Sacajawea and Lewis & Clark
Robinson Crusoe and Friday
Princess Summer Fall Winter Spring and Howdy Doody
Sasheen Littlefeather and Marlon Brando
Delores Del Rio and Elvis
Big Mama Thornton and Elvis
Jennifer Jones and Gregory Pecker
Spike Lee and Madonna
Donna and Richie Valens
Luis Valdez and Frida Kahlo
Madonna and Frida Kahlo
Michael Jackson and Michael Jackson
Beauty and the Beast
Little Red Riding Hood and the Wolf
Kevin Costner and the Wolf
Gerard Depardieu and Native America
Roy Rogers and Trigger
George Bush and the Tomahawk Cruise Missile
Ted Turner and the Tomahawk Chop

The Lone Ranger and Tonto
Theodora Kroeber and Ishi
Ishmael and Queequeg
Miranda and Caliban
George Bush and Willie Horton
George Bush and Saddam Hussein
George Bush and Colin Powell
George Bush and Clarence Thomas
Anita Hill and Capitol Hill
Mt. Rushmore and the Black Hills
George Bush and Boot Hill
John Ford and Monument Valley
Rodney King and Simi Valley
Simi Valley and Detroit
Ice-T and Darryl Gates
Vanilla Ice and Ice Cube
Pat Boone and Little Richard
Elvis Presley and Little Willie John
The Beach Boys and Chuck Berry
Fawn Hall and the Contras
Huck Finn and Jim
Cowboys and Indians
FBI and AIM
FBI and the Black Panthers
Sitting Bull and Buffalo Bill
La Migra and Undocumented Workers
Maquiladoras and Transnational Corporations

Marta Maria Pérez Bravo   Cuba
Parallel Cults   1990

Luis Camnitzer Uruguay
Untitled 1992

WEST ORIENTED

NORTH
:
.

Eugenio Dittborn Chile
La Casa de los Vagabundos:
Dittborn's Airmail Paintings are Secret 1992

There, at the edge of that street in Santiago de Chile, four envelopes contain the folded fragments of Airmail Painting number 76, produced by Dittborn early in 1990, and which he called *"To Travel, Traveled, Traveled, Traveling"*.

BANFF

MANCHESTER

LONDON

ROMA

Here, at the edge of this street in Santiago de Chile, four envelopes contain four fragments which, unfolded and hung on a wall, measure 5.60 meters wide and 2.10 meters high.

SANTIAGO DE CHILE

Jimmy Durham   United States
Maria Thereza Alves   Brazil
Encounters 1992

"Texas's Stone" or *"Amazonas Texas"*

In 1990 I went to Texas where I took part in the exhibition "Revered Earth" at the Contemporary Arts Museum, Houston.

I and Delfina Laten, who is a great Brazilian artist living in Texas, presented a collaborative work; it was a project which celebrated the four elements of nature.

One day, walking by a lake, I found a pebble. And as I held it in my hands, I felt it to be sacred, ancient and alive.

I brought it to Manaus, Amazonas, where I live.

By using a rope made out of vegetal fiber, I tied the pebble to a piece of natural cloth called *turirí* (the fine fiber underneath the bark of a native palm tree), from which the Amazon region Indians used to make their masks, paintings, and ritual vests.

Ostensibly fragile, the *turirí* is resistant to wear over time like papyrus.

A feeling of the sacred and of the appearances, and a reflection about time and ancient cultures have inspired me.

Roberto Evangelista
September 1992

Roberto Evangelista Brazil
Texas's Stone or *Amazonas Texas* 1992

In commemoration of 500 years of practices that inform contemporary multiculturalism in the West, the two of us lived in a gilded cage in Columbus Plaza (Plaza de Colón) in Madrid for three days in May 1992. In a fictional history, we presented ourselves as aboriginal inhabitants of an island in the Gulf of Mexico that Columbus had somehow overlooked. We performed "authentic" and "traditional" tasks, such as writing on a laptop computer, watching television, sewing voodoo dolls, and doing exercises. Interested audience members could pay for authentic dances, stories, and Polaroids of us posing with them. More than half of our visitors thought we were real.

1493: An Arawak brought back from the Caribbean by Columbus is left on display in the Spanish Court for two years and dies of sadness.

1501: Eskimos are exhibited in Bristol, England.

1550's: Native Americans are brought to France to build a Brazilian village in Rouen. King Henry II of France orders his soldiers to burn the village as a performance. He likes the spectacle so much that he orders it restaged the next day.

1562: Michael de Montaigne is inspired to write his essay "The Cannibals" after seeing Native Americans brought to France as a gift to the king.

1613: In writing *The Tempest* Shakespeare models his character Caliban on an "Indian" he has seen in an exhibition in London.

1617: Pocahontas, the Indian wife of John Rolfe, arrives in London to advertise Virginia tobacco. Shortly thereafter, she dies of a disease she has contracted in England.

1676: The Wampanoag Chief Metacom is executed for fomenting an indigenous rebellion against the Puritans. His head is publicly displayed in Massachusetts for 25 years.

1810-1815: The Hottentot Venus (Saartje Benjamin) is exhibited throughout Europe. After her death her genitals are dissected by French scientists; they remain preserved in Museé de l'Homme, Paris.

1822: A Laplander family is displayed with live reindeer in The Egyptian Hall in London.

1823: Impresario William Bullock stages a Mexican "peasant" diorama in which a Mexican Indian youth is presented as ethnographic specimen and museum docent.

1829: A Hottentot woman, exhibited nude, is the highlight of a ball given by the Duchess du Barry in Paris.

1834: After General Rivera's cavalry has completed the genocide of all the Indians in Uruguay, four surviving CharrDas are donated to the Academy of Natural Sciences in Paris and are displayed to the French public as specimens of a vanished race. Three die within two months, but one escapes and disappears, never to be heard from again.

1844: The American artist George Catlin displays "Red Indians" in England.

1847: Charles Dickens writes about four Bushmen on exhibition at The Egyptian Hall in London.

1853: Thirteen Kaffirs are displayed in the St. George Gallery in Hyde Park, London.

Pygmies dressed in European garb are displayed playing the piano in a British drawing room as proof of their potential for "civilization."

1853-1901: Maximo and Bartola, two microcephalic San Salvadorans tour Europe and the Americas; they eventually join Barnum and Bailey's Circus. They are billed as "the last Aztec survivors of a mysterious jungle city called Lxinaya."

1879: P.T. Barnum offers Queen Victoria $100,000 for permission to exhibit captured warrior Zulu Chief Cetewayo; she refuses.

1882: W.C. Coup's circus announces the acquisition of "a troupe of genuine male and female Zulus."

1883: Buffalo Bill begins touring his Wild West Show in which Native Americans are featured as "expert horsemen" and "fierce warriors."

1896: A group of Ashanti women are exhibited in the Prater in Vienna. The skull of Little Crow, one of the leaders of the 1862 U.S.-Dakota conflict, is donated to the Minnesota Historical Society. It is placed together with his forearms and scalp, which are already in the possession of the Historical Society. His remains are exhibited there until the early 20th century. They are then put on a shelf and held as a state trophy until 1971 when Little Crow's grandson succeeds in having them removed and properly buried in South Dakota.

1898: At the Trans-Mississippi International Exposition in Omaha, Nebraska, a mock "indian battle" is staged as President William McKinley watches.

1911: Ishi, the sole surviving member of California's Yahi tribe, is captured and displayed for the last five years of his life—practicing native crafts—at a University of California museum. Presented as a symbol of the U.S.'s defeat of the Indian nations, he is labelled the "last wild Indian" in America.

The Kickapoo Indian Medicine Company is sold for $250,000 after 30 years of performances in the U.S. Included in 150 of their medicine shows were one or more Kickapoo Indians as "proof" that the medicines being hawked were derived from genuine Indian medicine.

1931: The Ringling Bros. Barnum & Bailey Circus features 15 Ubangis, including "the nine largest-lipped women in the Congo."

Guillermo Gõmez-Penã Mexico
Coco Fusco United States
The Year of the White Bear:
Two Amerindians on display for three days
at Columbus Plaza, Madrid 1992 1992

Felix González-Torres

United States, born in Cuba

Untitled 1992

Head Start 1965 L.A. Olympics 1984 Willie Horton 1988 Civil Rights Act 1964
War on Poverty 1964 Trickle Down Economy 1980 L.A. Rebellion 1992 Freedom
Summer 1964 Montgomery Bus Boycott 1955 Watts 1965 EuroDisney 1992

Gran Fury United States
Untitled 1990/92

The Catholic Church has long taught men and women to loathe their bodies and to fear their sexual natures. This particular vision of good and evil continues to bring suffering and even death. By holding medicine hostage to Catholic morality and withholding information which allows people to protect themselves and each other from acquiring the Human Immunodeficiency Virus, the Church seeks

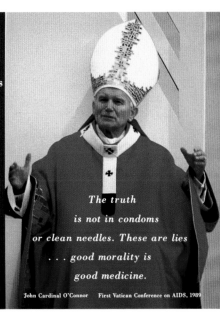

The truth
is not in condoms
or clean needles. These are lies
. . . good morality is
good medicine.

John Cardinal O'Connor   First Vatican Conference on AIDS, 1989

to punish all who do not share in its peculiar version of human experience and makes clear its preference for living saints and dead sinners. It is immoral to practice bad medicine. It is bad medicine to deny people information that can help end the AIDS crisis. Condoms and clean needles save lives as surely as the earth revolves around the sun. AIDS is caused by a virus and a virus has no morals.

SEXISM REARS ITS UNPROTECTED HEAD

MEN
AIDS KILLS

USE CONDOMS
OR BEAT IT
WOMEN

Hachivi Edgar Heap of Birds

Cheyenne and Arapaho Nation
Don't Believe Miss Liberty 1989

DON'T BELIEVE MISS LIBERTY

FOR CHINA

Alfredo Jaar Chile
A Logo for America 1987/92

Jac Leirner Brazil
Corpus Delicti 1992

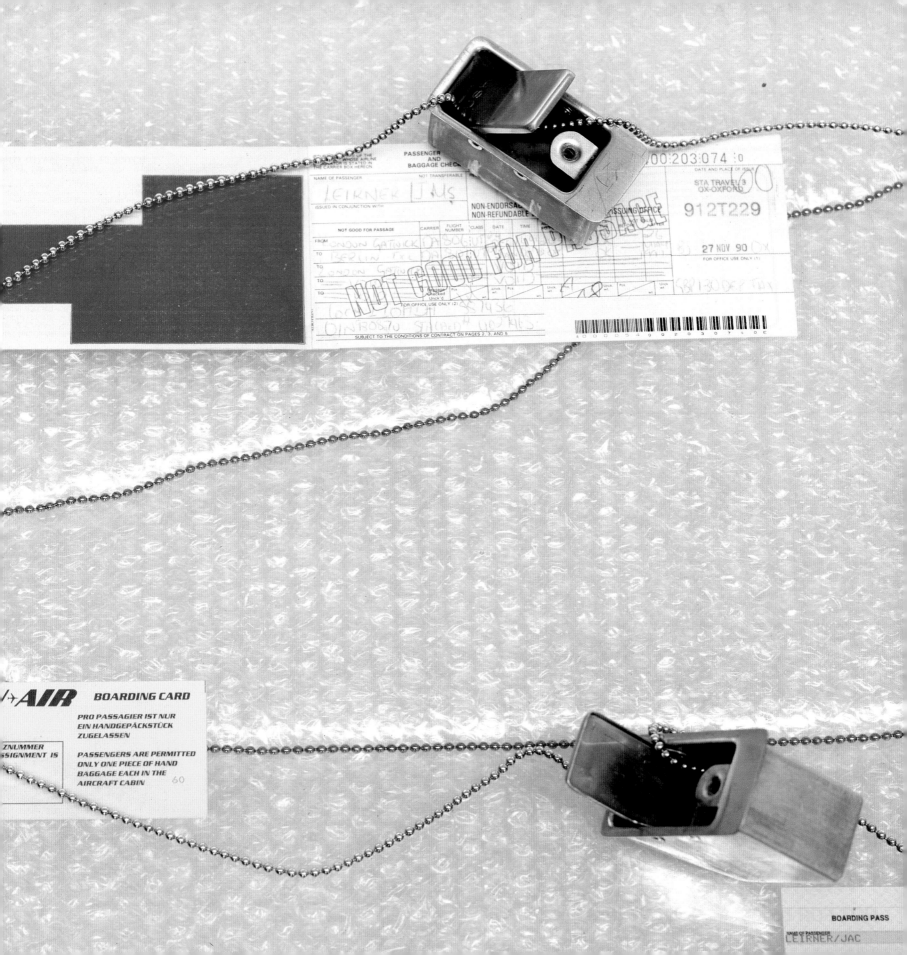

Richard A. Lou United States

Robert J. Sanchez United States

Whitefying 1992

"W H I T E F Y I N G"

DIG SITE #OSC 95 1992 ONGOING PROJECTS BY:
RICHARD A. LOU & ROBERT J. SANCHEZ

Installation/performance: Sanchez and Lou explore issues of 'White' ethnicity by using the same anthropological and archaeological techniques used by the 'Dominant Culture' to support their claims about race, culture, ethnicity, and primitivism. Lou and Sanchez investigate how the 'Dominant Culture' perceives the remains of people of color as exotic artifacts to be examined, probed, classified, and displayed for public consumption, and for the public's participation in the codification of the difference between the sub-human 'other' and the self-imposed superiority of western civilization. This in turn legitimizes this practice of intrusion, destruction, and display. The notions of Scientific Inquiry, and its mantle of objectivity, has justified hundreds of years

Dig Team from the University of Aztlan Department of Archaeology; from left to right, R. Rodriguez, Dr. R. Lou, A. George, Dr. R. Sanchez, and S. Rodriguez.

Unearthed mummies of white people found in the backyard of a resident of San Diego's East County (Calif.), adjacent to D. Duke's Automotive Transmission.

of violently unearthing the 'other' to satisfy Euro-knowledge. Scientific Inquiry or Western Rational Thought overrides the sacredness of ceremony and ritual, which facilitates the community's understanding of life and the after life and the bridge between. The 'other's cultural practices and belief systems are deemed quaint and irrelevant, on one hand, yet important as a gauge of western civilizations social and technological advancement, on the other. Even in death people of color are forced to accommodate the dominate culture's need for a safe dark safari. Western museums have become giant decontextualized mausoleums, physically warehousing and spiritually suspending in perpetuity our ancestors final destination as prescribed by their beliefs.

Liz Magor Canada
Transvestism 1992

This photograph was taken on the corner of
Washington Boulevard and Main Street in
downtown Los Angeles. It was once the site
of an appliance and electronics store in a
thriving retail shopping center. Here are the
remains after the acquittal of four white
police officers for the beating of Rodney
King in April 1992: the result of revolution,
uprising, revolt, insurrection, riot.

Daniel J. Martinez **United States**
Untitled 1992

A
SITUATION IS
UNDER CONTROL
ONLY WHEN MEMBERS OF A SOCIETY AGREE TO ABUSE
OR TO BE ABUSED BY ITS RULES OF OPERATION.
AN OPERATION IS OUT OF CONTROL
WHEN MEMBERS OF A SOCIETY DISAGREE ON THEIR SITUATION.
MEMBERS OF A SOCIETY ARE A DISPOSABLE COMMODITY
THAT BE CAN BE BOUGHT, SOLD, AND TOSSED AWAY.

Cildo Meireles Brazil
Malhas da Liberdade I and *II* *1976/1992*

Mario Cravo Neto Brazil
Man with Two Fish 1992

Gabriel Orozco Mexico
Sleeping Boundries 1991

Catalina Parra Chile
Barcelona, Olympic Games 1992 1992

In other words, business as usual.

Barcelona, Olympic Games 1992.

Juan Sanchez Puerto Rico/United States
Rican-structed Evidence 1992

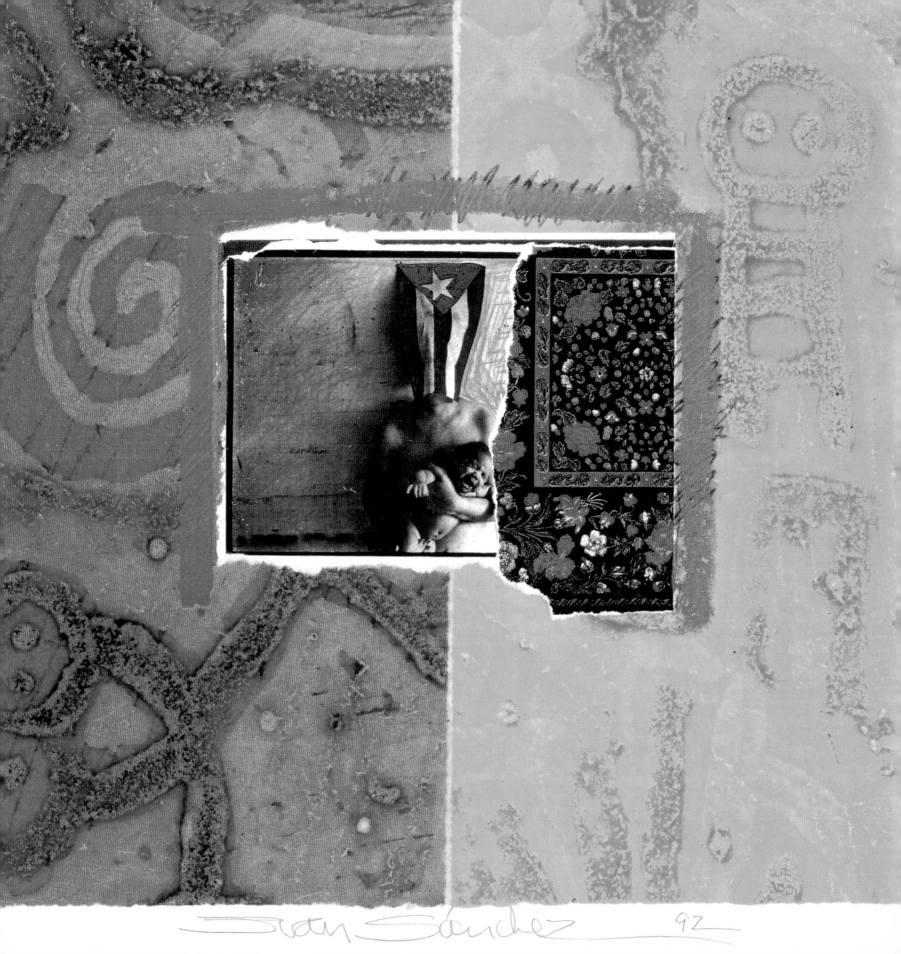

Juan Sánchez   92

Lorna Simpson United States
Untitled 1992

 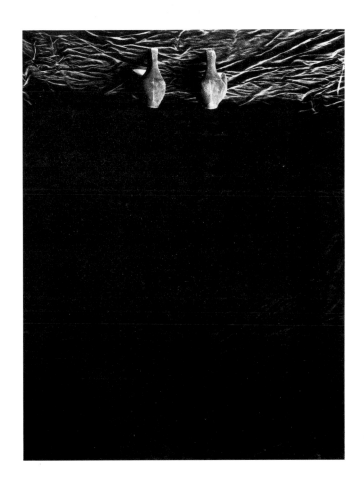

She used to think that
there was time or there
would be time, time off,
time for, good ol' time,
completely fucked up
time, but had not
thought of a lack of time.

Cecilia Vicuña Chile
Ofrenda, Lake Titicaca August 1992 1992

El Futuro esté on el origen

Jin-me Yoon Canada, born Korea
Souvenirs of the Self 1991 (detail)

Photography Credits

Durham:
Maria Thereza Alves

Gomez-Peña and Fusco:
Peter Barker

Leirner:
Pedro Franciosi

Meireles:
Regina Bittencourt

Yoon:
Cheryl Bellows, courtesy the
Walter Phillips Gallery, Banff,
Alberta, Canada

This project was initially
supported by the Walker
Phillips Gallery, Banff,
Alberta, Canada

redefining identity in the americas

Unleashing the Demons of History,
An Interview with Coco Fusco and Guillermo Gómez-Peña

KIM SAWCHUK

This interview on discovery, performance strategies, the specularization of the other, and cultural hybridity is based on a discussion that took place in Banff, Alberta, during Radio Rethink, a symposium on experimental and pirate radio sponsored by the Walter Phillips Gallery. It first appeared in *Parachute 67*.

How did *The Year of the White Bear* start?

Coco Fusco: We wanted to create an interdisciplinary project that addressed a number of issues relating to the quincentenary celebrations, particularly the ways in which Columbus and the Columbian legacy are being used in the United States to advance certain political agendas. The project is a visual arts installation with multiple image projections, site-specific performances, a radio piece, and eventually a publication.

In March 1992, we performed *The Year of The White Bear: Take One—Two Undiscovered Aborigines Visit Irvine* at the University of California at Irvine. It was the first in a series of similar performances that we will be engaging in throughout this year in North America, Europe and Australia. We presented ourselves as inhabitants of an island called Guatinau that was overlooked by Columbus. We lived in a 10' x 12' cage for three days during which we conducted our "traditional" aboriginal activities, such as watching TV, working on a laptop computer, lifting weights, sewing voodoo dolls, listening to bilingual rap music, and so on. We did not speak English, and relied on "zoo guards" to translate for us,

feed us and take us to the bathroom. A plaque in front of the cage gave taxonomic information about our supposed origins, and a map showed our island's location in the Gulf of Mexico. A sign next to the donation box attached to the cage explained that we would dance, sing, tell aboriginal stories and take polaroids with visitors for a small fee. Our zoo guards also sold authentic aboriginal souvenirs such as hair and toenails and gave visitors surgical gloves to wear if they wanted to feed or touch us.

The responses were truly amazing. Before we arrived at Irvine, the health and sanitation services department at the university was already sending piles of memos to the art department to let everyone know that the "aborigines" couldn't simply go to the bathroom in bedpans. Actually, there was some confusion as to whether we were real aborigines, or anthropologists who were bringing real aborigines to the gallery. We received pages of instructions on the proper disposal of human waste, and a list of thirty diseases that were communicable through excrement, particularly excrement from the "rural peoples" of the world.

Even after we arrived, many visitors were confused, and even disturbed, by our presence in the cage. Some people thought we were real aborigines and they were quite upset. Others were troubled at the sight of human beings in a cage—one woman actually broke down and cried. Others had no idea of the historical precedents and entered into the performance in a light and celebratory way, eager to pose for pictures and to applaud our songs and dances, no

Esta entrevista trata entre otras cosas sobre el "descubrimiento", las estrategias escénicas necesarias para hacer contracultura, la especularización del Otro, y la hibridéz de la cultura contempránea. La conversación tuvo lugar en el Centro de Arte de Banff (Alberta, Canadá), durante un simposio de radio experimental apoyado por la Galería Walter Phillips. Esta entrevista apareció previamente en la revista canadiense *Parachute 67*.

¿Cómo comenzó *El Año del Oso Blanco?*

Coco Fusco: Queríamos crear un proyecto interdisciplinario que tocara un número de temas relacionados con las celebraciones de los 500 años de América, y en específico con las formas en que Colón, y su legado, están siendo utilizadas en los Estados Unidos para avanzar ciertas agendas políticas. El proyecto es una instalación de arte visual con poyección de múltiples imágenes, performances en sitios específicos, una obra de radio-arte y una publicación.

En Marzo de 1992 realizamos *El Año del Oso Blanco: Toma Uno— Dos Aborígenes-no-descubiertos Visitan Irvine,* en la Universidad de California en Irvine. Fue la primera en una serie de performances similares que estaremos ejecutando durante el año en Norte América, Europe y Australia. Nos presentamos como habitantes de una isla ficticia llamada Guatinou, la cual jamás fue descubierta por Colón. Vivimos en una jaula de 10' x 20' por 3 días, durante los cuales ejecutamos nuestras actividades aborígenes "tradicionales", entre otras ver la televisión, escribir en una

computadora, levantar pesas, hacer muñecas de vudú y escuchar rap bilingüe. No hablábamos inglés y dependíamos de los "guardias" para traducir lo que decíamos. Ellos nos alimentaban, y nos llevaban al baño en cadenas de perro. Una placa al frente de la jaula proporcionaba información taxonómica sobre la locación de nuestra isla en el Golfo de México. Un anuncio junto a la caja de donaciones explicaba que por una pequeña suma de dinero nosotros podíamos bailar, cantar, contar historias auténticas y sacarnos fotos con los visitantes. Nuestro "guardia" también vendía souvenirs auténticos aborígenes como muestras de cabello y uñas, y proveía a los visitantes con guantes quirúrgicos para usarlos si es que deseaban alimentarnos o tocarnos.

Las reacciones de los visitantes fueron realmente asombrosas. Antes de nuestro arrivo a Irvine, el departamento de servicios de salud y sanidad de la universidad ya había mandado varios memorandums al departamento de arte para informarle al público que los "aborígenes" simplemente "no podrían hacer sus necesidades biológicas en vasijas". De hecho, hubo cierta confusión sobre si Guillermo y yo en realidad éramos los aborigenes, o los antropólogos que llevarían a los aborígenes a la galería. Recibimos documento tras documento con instrucciones sobre la forma adecuada en que habríamos de deshacernos de nuestra materia fecal, y una lista de 30 enfermedades transmitidas por medio del excremento, de las "personas que habitan las regiones rurales del tercer mundo".

Incluso después de nuestra llegada, varios visitantes seguían

matter how tacky they were. Many people brought us food and little gifts. An art critic who came to document our performance offered us her video camera at one point so that we could film the visitors. The one thing that seemed to scare people was any kind of sexual behavior on our part—if we kissed or fondled each other, everyone would quickly leave the gallery.

Another interesting dimension of the response was the language problem—the fact that most people couldn't speak to us because they didn't speak Spanish. This immediately created a sense of distance that at times frightened people. We had a phone in the cage and many people would call asking for information, only to be angered by our responses in Spanish. In some cases, however, people would hang up in anger and then call back and admit to knowing some Spanish. They would then ask us to speak slowly so that they could grasp what we were saying. In the end, it seemed that many people actually had to acknowledge their comprehension of a foreign language—even against their will.

Guillermo Gómez-Peña: We are trying to participate in the Columbus debates in a way that is, hopefully, more complex and irreverent than we see either side embracing: on the one hand, the very fixed ideas of an ultra-conservative position glorifying the Columbian legacy, a position often linked to the New World Order, Free Trade and the entrepreneurial spirit of the Republican administration, things we fundamentally object to; and on the other hand, an ultra-indigenist, romantic view

that believes it is still possible to send Europe back to the old world. We feel that European culture hasn't established a pact with history and with its indigenous populations. But we also understand that the European presence is irreversible. What we want, perhaps, is to articulate the contradictions. Coco and I contain the two traditions within our own histories and our own cultures. Coco is of Afro-Caribbean and European descent and I am a mestizo from Mexico. We are both children of Europe and indigenous America.

I'm interested in the way you use performance to raise those issues. You've called it a "dance on the wounds of history," Guillermo. Is performance an effective interventionist strategy for dealing with a history and a politic that have been overlooked, or internationally ignored by cultural essentialists on both sides? How does it allow you to explore the hybrid nature of your backgrounds and the historical legacy we are living in?

Coco Fusco: While it is impossible to go back to a time prior to the colonization of the Americas, it is also impossible to come up with an authentic or true account of what actually happened. Most indigenous accounts were destroyed by the Spanish. Most European accounts are extremely tendentious and unreliable. The accuracy of Columbus's diaries have been seriously questioned. What we have instead are five hundred years of speculations as to what things looked like before, or what that original first encounter

confundidos y hasta perturbados por nuestra presencia en la jaula. Una mujer lloró al vernos enjaulados. Otros no desconocían el precedente histórico y entraron al performance de manera celebratoria y liviana, ansiosos de fotografiarse con nosotros y de aplaudir nuestras canciones y danzas, sin importarles qué tan grotescas fueran. Mucha gente nos llevó comida y pequeños regalos. Un crítico de arte que fué a documentar nuestra performance, nos ofreció su cámara de video para que nosotros filmáramos a nuestros visitantes. Lo que más asustaba a nuestras visitas era cualquier forma de comportamiento sexual de nuestra parte. Si nos besábamos o tocábamos, la galería se vaciaba inmediatamente.

Otra dimensión de respuesta que es interesante fue la cuestión del lenguaje; el hecho de que la mayoría de la gente no se podía comunicar con nosotros. Esto creó una especie de distancia que a veces asustaba a la gente. Teníamos un teléfono en la jaula y recibimos varias llamadas solicitando información sobre el proyecto, pero la gente se enojaba al oir nuestras respuestas en español o esperanto. En algunos casos, la gente colgó el teléfono con enojo para volver a llamar y confesar que efectivamente hablaban un poco de español. Entonces nos pedían que habláramos despacio para poder entendernos. Al final, parece que de hecho mucha gente aceptó entender una lengua extranjera—en contra de su voluntad.

Guillermo Gómez-Peña: Estamos tratando de participar en los debates sobre Colón de una forma

más compleja e irreverente de lo que hasta ahora hemos visto en ambos lados del *issue:* por un lado, una posición ultra-conservadora que glorifica irreflexivamente el legado colombino; posición que vincula a Colón con la mitología del Nuevo Orden Mundial, del Tratado de Libre Comercio y con el espíritu empresarial de la administración republicana. Del otro lado está la postura ultra-indigenista y romántica que sigue creyendo en la posibilidad de regresar a un pasado pre-europeo. Creemos que la presencia europea es irreversible. Lo que queremos, más bien, es articular las contradicciones inherentes a la relación entre el viejo y el nuevo mundo, entre el Norte y el Sur. Coco y yo contenemos ambas tradiciones dentro de nuestras historias y culturas. Coco es de descendencia Afro-Caribeña y Europea, y yo soy un mestizo mexicano en proceso de chicanización. Negar esta realidad resulta ingenuo.

Me interesa la forma en que han utilizado el performance para sacar a la luz estos temas. Guillermo, tú has definido tu trabajo como "danza en las cicatrices de la historia". ¿Creen que el performance es una estrategia intervencionista efectiva para lidiar con una historia y una política que han sido ignoradas por los esencialistas?

Coco Fusco: Si bien es imposible "retroceder" a tiempos previos a la colonización de las Américas, también es imposible crear una historia auténtica o verdadera de lo que sucedió. La mayoría de las historias indígenas fueron destruidas por los españoles; y las historias

was. Obviously the accounts are largely one-sided because most of them were written by Europeans seeking to justify their exploits or to obtain support for future voyages.

There was a dimension of spectacle and fantasy from the very beginning. Rather than debating historical accuracy, we are interested in the concept of "discovery" not only as the encounter with a continent unknown to Europeans but also as the beginning of the West's relationship to otherness. In this sense the discovery is about the creation of a discoverer, and the discoverer's attitude toward the Other. We find that this spirit, this attitude is repeated in all kinds of places and situations, including the presentation and interpretation of art.

There are many examples of otherness being put on display for the European gaze. They range from Columbus bringing Arawaks to the Spanish court, to the subsequent exhibition of human beings from Africa, Asia and the Americas in the zoos, parks, museums and taverns of Europe, and to the freak shows and circuses of the United States. What was understood in the nineteenth century as living ethnography, we see as the origins of intercultural performance. The practice of the discovery objectifying the other can be played with and parodied. In *Two Undiscovered Aborigines* we use our bodies to act out that concept.

By making reference to the past we indicate how this dynamic of discovery is not just something that happened long ago, but is repeated in certain forms of multiculturalism still alive today. When we decided to create a living diorama, we knew

we would stir up a whole set of issues about how Europe has constructed the concepts of The Native and The Primitive.

Are you saying that the practice of specularizing otherness is not just endemic to anthropology or to contemporary media production, but was contemporaneous with contact?

Coco Fusco: Yes, but I think this tendency became intensified in the latter half of the nineteenth century when the scientific and colonialist impulses to categorize, document, classify and objectify reached their height. The connection between imperialist classification and the fetishizing of the exotic body is most apparent in the freak shows and pseudo-ethnographic spectacles that were, at the time, the basis for popular entertainment for the urban, industrial, working class of the United States and Europe.

These living dioramas were not only parts of popular culture circulating in carnivals and circuses, but also high culture: the same people were also displayed in the salons, high courts, aristocratic circles and parks that wealthy people frequented. They also often became subjects of scientific enquiry, such as the famous case of the Hottentot Venus, whose allegedly over-sized genitals were dissected by French scientists after her death and are still preserved at the Museum of Man in Paris. This specularization had an equalizing force of empowerment for the European population of all classes by making them feel superior to these so-called primitives on display.

Europeas resultan extremadamente tendenciosas. La exactitud de los diarios de Colón deja mucho que desear. En su lugar, lo que tenemos son 500 años de especulación sobre cómo eran las cosas antes de la llegada de los europeos, y cómo fue el encuentro original. Obviamente, estos relatos son en gran parte unilaterales debido a que la mayoría fueron escritos por europeos que buscaban justificar sus hazañas para obtener apoyo financiero para sus viajes.

Desde un principio existió una cierta dimensión de espectáculo y de fantasía. En lugar de debatir la exactitud histórica, nosotros estamos más interesados en el concepto político y epistemológico de "descubrimiento", no sólo como el encuentro con un continente desconocido por los europeos, sino también como el comienzo de la relación de Occidente *con* el Otro. En este sentido, el "descubrimiento" es un comentario sobre el mismo descubridor, y sobre su actitud hacia el Otro. Hemos encontrado que este espíritu, esta actitud, se repite en todo tipo de lugares y situaciones, incluyendo la presentación e interpretación del arte del Otro.

Existen muchísimos ejemplos del Otro en exhibición para la contemplación europea. Varían desde Colón llevando arawakos a la corte española, hasta las subsecuentes exhibiciones de seres humanos de Africa, Asia o América en los zoológicos, parques, museos y tavernas de Europa, hasta los estrafalarios *freak shows* y circos de los Estados Unidos. Lo que en el siglo XIX se entendía como etnografía viviente, nosotros lo vemos como los orígenes del performance intercultural. La práctica del descubrimiento como mecanismo de cosificación del Otro puede ser

parodiada. En *Dos Aborígenes-no-descubiertos*, utilizamos nuestros propios cuerpos para reactivar esta práctica de una manera crítica.

Al hacer referencia al pasado, indicamos cómo esta dinámica del descubrimiento no es solamente algo que pasó tiempo atrás, sino que se repite hoy día en ciertas versiones del "multiculturalismo". Al decidir crear un diorama vivo, sabíamos que podríamos detonar toda una serie de temas sobre la forma en que Europa ha contribuído al concepto de lo "nativo" y lo "primitivo".

¿Quiéren decir que la práctica de convertir al Otro en espectáculo no es sólo endémica a la antropología o a la producción contemporánea, sino que comenzó con los primeros contactos entre el viejo y el nuevo mundo?

Coco Fusco: Sí, pero pienso que esta tendencia se intensificó en la segunda mitad del siglo XIX, cuando los impulsos científicos y colonialistas de categorizar, documentar, clasificar y objetificar llegaron a su climax. La conección entre la obsesión por la clasificación imperialista y el fetichismo del cuerpo exótico es más aparente en los shows de los *freaks* y en los espectáculos pseudo-etnográficos que eran, en su tiempo, la base para el entretenimiento popular de las clases urbanas, industriales y trabajadoras de los Estados Unidos y Europa.

Estos dioramas vivientes no eran únicamente parte de la cultura popular que transitaba en carnavales y circos, sino también de la alta cultura: las mismas personas eran exhibidas en salones, cortes,

It also created the ideological fiction of a unified Europeaness against and opposed to the non-European.

Coco Fusco: Absolutely. And these practices were supplanted by ethnographic film.

Guillermo Gómez-Peña: Coincident with this practice was the emergence of the idea of Latin America as an entity. Latin America, Latin American culture, Latin Americans, we have always been on display for Europe: from zoos and circuses, to concert halls and contemporary museums, from living dioramas to festivals. We have always been the exotic other for a European bas-relief and for the European flâneur cum North American tourist. An effect of this is that Latin Americans have absorbed this identity as the object of European contemplation, and at times still cater to that desire by presenting ourselves as frozen in certain historical moments.

What we want to do in our work is to defrost these identities, so to speak, to get ourselves out of these historicist ice cubes in which we have been placed, and recapture our contemporaneity as post-industrial citizens of the same world, the same present, the same society. Performance is a very good strategy to thaw our imposed identities.

Coco Fusco: The performative encounter can also stir up ghosts. Even in this period of multicultural frenzy where there is a desire to discover and understand the other, there exists at the same time a desire to *forget* that our contempo-

rary relationship and actions have insidious historical antecedents. To recall a practice from a hundred years ago and to connect it to practices from five hundred years ago is in a sense to bring back the ghosts. I don't know if there is an effective way of doing this that *wouldn't* be performative.

Guillermo Gómez-Peña: We want to bring back the ghosts and unleash the demons of history, but we want to do it in a way that the demons don't scare the Anglo-European others, but force them to begin a negotiation with these ghosts and demons that will lead to a pact of co-existence. The ghosts we are trying to unleash are extremely whimsical, irreverent, and grotesque, extremely crazy and picaresque.

Coco Fusco: This is where irreverence, humor and parody come in. By making these serious issues funny, in the process of laughing about them, we stir up an awareness of the absurdity of trying to forget about the past or pretend that what we are doing now doesn't have something to so with what already has been done. We also want to present this dilemma in a way that doesn't bludgeon the audience.

Much resistance to the violence of colonization has been through acts of parody and satire—laughing at imposed identities, imposed rules, imposed laws. Latin Americans have a legacy of negotiating the very difficult impositions that come with colonial rule by finding an opening within it and throwing it back in a humorous way.

círculos aristocráticos y parques frecuentados por las clases opulentas. Estos personajes exóticos también se convirtieron en sujetos de investigación científica, como el famoso caso de la Venus Hotentote, cuyos enormes genitales fueron disecados por científicos franceses después de su muerte—y todavía están preservados en el Museo del Hombre en París. Esta especularización afectó a la población europea de todas las clases sociales, al hacerlos sentirse seres superiores a los llamados "primitivos" en exhibición.

También creó una ficción ideológica de una europeidad unida y opuesta a lo no-europeo.

Coco Fusco: Absolutamente, y estas prácticas posteriormente fueron suplantadas por el cine etnográfico.

Guillermo Gómez-Peña: Coincidente con esta práctica fue el surgimiento de la idea de Latinoamérica como una entidad explotable culturalmente. Latinoamérica, la cultura latinoamericana, y los latinoamericanos, siempre hemos estado en exhibición para Europa: desde los zoológicos y los circos hasta las salas de concierto y los museos contemporáneos; desde los dioramas vivientes hasta los festivales, siempre hemos sido exhibidos como "el Otro exótico" para públicos europeos y para el *flâneur cum,* o sea, el turista norteamericano y europeo. Un efecto de esto, es que los latinoamericanos hemos absorbido esta identidad construida como un objeto de contemplación, y en ocasiones, conciente o incon-

cientemente, nuestro trabajo está dirigido al deseo mítico del europeo y del anglosajón. Optamos incluso por presentarnos como seres congelados en ciertos momentos históricos.

Lo que tratamos de hacer a través de nuestro trabajo es precisamente descongelar estas identidades, por asi decirlo, escaparnos de estos cubos de hielo en los que hemos sido atrapados y recuperar nuestra contemporaneidad como ciudadanos postindustriales del presente y de la misma sociedad. Nuestras performances son una estrategia para descongelar identidades impuestas.

Coco Fusco: El encuentro performativo también puede despertar a los fantasmas. En este período de frenesí cultural en el cual hay un deseo de descubrir y entender al Otro, al mismo tiempo existe un impulso por *olvidar* que nuestras relaciones y acciones contemporáneas poseen antecedentes históricos. El acto de revivir una práctica que tiene por lo menos 500 años y conectarla a prácticas del presente, en cierto sentido implica conjurar de vuelta a los fantasmas. En esto radica el poder del performance.

Guillermo Gómez-Peña: Efectivamente, queremos invocar a los fantasmas y despertar a los demonios de la historia, pero queremos hacerlo de tal forma que dichos demonios no asusten a los anglo-europeos, sino que los forcen a comenzar un proceso de negociación política y cultural con estos fantasmas y demonios, con el objetivo de lograr un pacto de co-existencia. Los fantasmas que esta-

However, in our culture, we concerned Anglo-European people have a tendency, particularly in serious matters like politics, to read things quite literally. At one level, I think your performances are an important and appropriate strategy for turning back, or should I say twisting, or diffracting, the European gaze. At another level, it's also pertinent, not to mention humorous, when the audience *doesn't* understand that it's parody, and they put you back into the role of the authentic other, and beseech you to perform a shamanistic ritual, or ask to join the Church of Guillermo. It intrigues me that your picaresque strategy is not unified; it is both deadly serious and deadly humorous. Nor does it represent your possible audiences and critics as homogeneous. You parody the way different ideological camps and political groups talk about the same problem. In your radio piece *Norte:Sur,* for example, you throw all these ideological positions into the same soup, and allow those chunks to exist together, without mixing them into a creamy blend. When the reader, the listener, or the viewer enters this critical space, we latch onto, we encounter, we hear, and we see the specific ideas and places where *we* have positioned *ourselves.* This adds a whole other dimension to your project: it is a reading of the latest projection onto the other by the Anglo-European or North American who is watching the spectacle, a projection which, simultaneously, is thrown back onto you. The performance is a living laboratory investigating this dynamic and the process of specularity.

Guillermo Gómez-Peña: I am interested in this territory, the territory of cultural *mis*understanding, that exists between us and our audiences, and also between Latinos and Anglo-Americans, as well as between a Catholic sensibility and Protestant ethic. One of the basic differences that exists between Latin American and Anglo-European culture is the fact that Latin America is a symbolic culture where concepts are explained metaphorically; Anglo-American culture is more pragmatic and in this analytical sensibility there is very little space for metaphor. As a result many of the metaphorical elements of our work are always read literally.

Another aspect is that Anglo-European culture has a tendency to approach social issues with an incredible sobriety. Latin Americans, perhaps because we've been victims and underdogs, approach the same issues through incredibly complex mechanisms of parody and exaggeration. Often we walk that very fine line where matters of race, gender and colonial relations are presented in such an irreverent way that they border on insensitivity in an Anglo-European context. It's dangerous . . . but I like it.

Coco Fusco: I use the film *Cannibal Tours,* by Dennis O'Rourke, as a perfect example of this strategy. The film depicts an impoverished aboriginal people in Papua New Guinea, who invent a "cannibal tour" for Europeans. They dress up and perform in certain ways to give the impression that they are the

mos tratando de despertar son extremadamente caprichosos, efervescentes y grotescos: extremadamente locos y pícaros. El problema es que América se asusta de sus propios fantasmas. América no quiere aceptar sus reponsabilidades históricas.

Coco Fusco: Aquí es donde la irreverencia, el humor y la parodia entran en juego. Al convertir estos asuntos serios en algo cómico: justo durante este proceso de burlarnos de ellos, despertamos una conciencia de lo absurdo que es tratar de olvidar el pasado o pretender que lo que hacemos ahora no tiene nada que ver con lo que se hizo hace dos o tres siglos.

La resistencia contra la violencia de la colonización ha sido planteada a través de actos de parodia y sátira. Los jodidos siempre nos reímos de las identidades, las reglas y las leyes impuestas. Los latinoamericanos poseemos un legado de negociación sobre las difíciles imposiciones que vienen con un gobierno colonial. Y el humor siempre ha jugado un papel muy importante en esto.

Sin embargo, en nuestra cultura, nosotros los anglosajones abrumados por la culpa, tenemos la tendencia, al abordar asuntos "serios", de leer las cosas en forma muy literal. Yo creo que sus performances son una estrategia muy apropiada para voltear, o mejor dicho, torcer o defractar los mecanismos de comtemplación. En otro nivel también resulta pertinente, sin mencionar humorístico, cuando el público *no* entiende que se trata de una parodia, y te vuelve a posicionar en el rol del

aborígen "auténtico". Entonces te ruega que lleves a cabo un ritual shamanístico. Literalmente se unen a la iglesia de Guillermo. Me intriga que su estrategia picaresca no sea unificada, sino que al mismo tiempo, resulte mortalmente seria y humorística. Ustedes parodian la forma en que diferentes campos ideológicos y grupos políticos hablan sobre el mismo problema. En su pieza de radio-arte, *Norte:Sur,* por ejemplo, juntan todas estas posiciones ideológicas en una misma sopa y permiten que todos esos pedazos co-existan sin mezclarlos hasta lograr una amalgama cremosa. Cuando el lector, el escucha o el espectador entra en este espacio crítico, de repente se encuentra con las ideas específicas y con los lugares en los que se ha agazapado en su dogmatismo. Esto añade una dimensión completamente diferente a su proyecto: se trata de una lectura de la última proyección sobre el Otro por parte del anglo-europeo o del norte-americano que observa el espectáculo; una proyección que, simultáneamente, es re-proyectada sobre el público. El performance es un laberinto viviente que investiga esta dinámica y este proceso de espectacularización de la Otredad.

Guillermo Gómez-Peña: Yo estoy muy interesado en este territorio, en el territorio de los malos entendidos que existen entre latinos y anglo-americanos, en la zona fronteriza entre el inglés y el español, entre la sensibilidad católica y la ética protestante. Una de las diferencias básicas que existe entre las culturas latinoamericana y anglo-europea, es el hecho de que América

last of a culture of cannibals—and it's all a show. But as a result of the show, they earn enough to survive. In these situations of relative disempowerment, you get used to manipulating Western projections in order to survive, to keep a space for yourselves, and to forge a space of contestation.

Ethnography and anthropology have had to confront the fallacy of believing that everything presented to the ethnographer, the anthropologist, the outsider, are real things experienced by the insiders of the culture. This fallacy assumes a transparent relationship between the outsider's gaze and the actions of the insider. It leaves no space for self-conscious irony by the ethnographic subject, nor does it account for the ideological position of the outsider. Furthermore, the problem of interpretation that cultural and religious syncretism presents demands a semiotics that can account for how one sign or icon can be invested with radically disparate meanings. Examples of this abound in the multicultural, multi-ethnic societies of the Caribbean, where "subjected" and converted Indians and Africans have projected their own beliefs onto Catholic iconography. I feel we are playing into and contributing to this practice. It's absolutely critical to understand this so we can avoid lapsing into fallacies of believing that we approach these encounters completely equipped to understand everything, immediately, just by looking.

The notion of discovery you're criticizing has multi-faceted edges —touching art, anthropology, ethnography—yet it's also about

representing those who are observed, not simply as victims, but as strategists and cultural survivors. How does this relate to your past work within the realms of writing and Border Arts? How do you differentiate between your model of hybridity, which maintains a critical edge, and the liberal model of cultural identity which implies that I can participate in another's culture through the act of consumption, where, hypotethically, I can put on blackface or wear feathers and believe that I've changed my identity? How does your work speak to the issue of appropriation that has become so central, so contentious and which demands such sensitivity?

Guillermo Gómez-Peña: One of the most effective strategies of border artists has been to work with historical contingencies— What if the continent was turned upside down? What if the United States was Mexico? What if the gringos were the illegal aliens? What if English was Spanish?—and turn the table 180 degrees and adopt a position of privilege and speak from a position of privilege even though we know it's a fictional position. It's a very critical strategy. I think that a number of the interesting projects from Border Arts groups have derived from this premise. The work Coco and I are doing plays with historical contingency—What if the undiscovered knew more about the *West* than the West about them? What if La Malinche was actually manipulating Cortez? What if the Aztecs had discovered Europe? We want to bring all of this into the present and explain how the traditional notions

Latina es una cultura simbólica, mientras la cultura anglo-americana es más bien pragmática. En esta sensibilidad analítica hay poco espacio para la metáfora. Como resultado, los elementos metafóricos de nuestro trabajo siempre son interpretados literalmente.

La cultura anglo-americana tiene la tendencia de abordar los temas sociales con una sobriedad increíble. Los latinoamericanos, quizá por nuestra condición endémica de víctimas de sistemas coloniales, abordamos estos mismos temas a través de mecanismos increíblemente complejos de parodia y exageración. Usualmente caminamos sobre esta fina línea, en la cual los asuntos de raza, sexualidad y relaciones coloniales son presentados de una forma tan irreverente que linda en lo insensible dentro de un contexto anglo-europeo. Esto resulta peligroso . . . pero me gusta. El territorio del performance a fin de cuentas debe ser peligroso.

Coco Fusco: Yo utilizo el film *Cannibal Tours,* de Dennis O'Rourke, como el ejemplo perfecto de esta estrategia. Este film muestra a una población deteriorada de aborígenes de Papúa, Nueva Guinea, los cuales inventan un "tour caníbal" para los europeos. Se visten y actúan de cierta forma para dar la impresión de que son la última cultura de caníbales—y es únicamente un acto teatral. Pero como resultado de este acto, ganan suficiente dinero para subsistir. En estas condiciones las poblaciones indígenas se acostumbran a manipular las proyecciones culturales de la cultura dominante para sobrevivir, para mantener un espacio y para falsificar un

espacio de contestación.

La etnografía y la antropología han tenido que confrontar la falacia de creer que todo lo presentado por el etnógrafo y el antropólogo son cosas "reales". Esta falacia presupone una relación transparente entre la contemplación del fuereño y las actitudes de la gente local. No deja espacio para la ironía conciente del sujeto etnográfico, ni tampoco considera la posición ideológica del fuereño. A más de esto, el problema de interpretación que el sincretismo cultural y religioso presenta, exige una semiótica que considere el porqué un signo o un icono pueden ser investidos con significados radicalmente distintos. Ejemplos de esto abundan en las sociedades multiculturales y multi-étnicas del Caribe, donde los indios "súbditos" y convertidos, y los africanos han insertado sus propias creencias en la iconografía católica. Siento que estamos contribuyendo a esta práctica. Es imperativamente crítico el que entendamos esto para evitar caer en la falacia de creer que cuando abordamos estos encuentros estamos completamente equipados para comprender todo inmediatamente, con el simple hecho de mirar.

La noción de "descubrimiento" que ustedes critican tiene filos y connotaciones polifacéticas — lindando con el arte, la antropología, la etnografía, etc.— y sin embargo, también comenta sobre la "representación" de aquellos que son observados, no sólo como víctimas, sino como estrategas y sobrevivientes culturales. ¿Cómo se relaciona esto con su trabajo anterior dentro del

of Latinos as passive recipients of colonialism and dominant culture can be subverted. We want it to be understood that what Latin American cultures does is expropriate dominant culture forms, subvert them, and turn them into extremely vital forms of contestation, resistance and expression.

One main difference in the way the North deals with the other versus the South is that the concept of multiculturalism in the North is based upon a Dantean model. It's a fantasy about descending into the underworld—into Latin America, into hell, the sexual other, the radical other—to look *for* enlightenment. It's very European. It's an extremely voyeuristic way of relating to the other, whereas the South's relationship to the North is the opposite. The South ascends and takes power from the state. Anglo-American talk about multiculturalism is about a fantasy of descending, while we talk about a fantasy of ascending. They're talking about going from the center to the margins and we're talking about going from the margins to the center. We don't start in the same place and we never seem to meet.

Coco Fusco: It is also about power and access and the relationship between power and access. I have problems with relativistic political models of cultural exchange that consider all exchange to be the same and make no distinction between an Anglo-American artist living on one side of the border who has access to all kinds of institutions and can appropriate a *maquiladora* style from the Mexican side (and often uses the labor of Mexican artists, giving

them very little compensation and no recognition), and a Tijuana artist who wants to put Mickey Mouse into a piece. I don't agree with the apolitical position that these forms of appropriation are the same.

There are different relationships to power and the cultures that are being appropriated, re-appropriated and recycled. Celeste Olalquiaga talks about this in her book, *Megalopolis*. In the United States, the main way for the mainstream and for those with the most power to have access to otherness is through commodification and consumption: so you get the yuppification of Latin American objects and consumer goods, and they are then made available to a mainstream public. That is the State's primary mode of exchange, and in it ethnicity and otherness become a vicarious experience of sentimentality and emotion, and a reassertion of power through the act of consuming.

It also operates within a liberal framework of choice: it's consumer choice to participate in these cultures, and participate in a very safe way.

Coco Fusco: Another aspect relevant to the Latin American context is that Americaness is dumped, it is imposed. Latin Americans have to contend with a simulated America created through shopping malls, consumer goods, television programs, and films: exchange in this sense is a selective appropriation and recycling which is part of the tradition that comes out of the colonial legacy. You take what's dumped on you and make it into something else.

terreno de la crítica cultural y del taller de Arte Fronterizo? ¿Cómo diferencían ustedes entre su modelo de "hibridización" y otro que implica que yo como anglosajona puedo participar en la cultura del Otro a través de un acto de consumo; a través del cual, hipotéticamente, yo puedo pintarme la cara de negro o vestirme con plumas y creer que he cambiado de identidad? ¿Cómo es que su trabajo habla del tema de la apropiación que se ha convertido en un tema central y litigoso, y que nos exige un cierto nivel de sensibilidad hacia otras culturas?

Guillermo Gómez-Peña: Una de las estrategias más eficaces para los artistas de la frontera, ha sido el trabajar con contingencias históricas. O sea, ocupar un centro ficticio y voltear de cabeza las relaciones de poder. ¿Qué pasaría si el continente fuera puesto de cabeza; si los Estados Unidos fueran México; si los gringos fueran "ilegales"; si el español fuera la lengua dominante? La idea es voltear la mesa 180 grados, adoptar como "minoría" una posición de privilegio y hablar desde esa posición de privilegio aunque sepamos que, a fin de cuentas, es una posición ficticia. Creo que los proyectos más interesantes de los artistas de color han derivado de esta premisa. El trabajo que Coco y yo hacemos, juega con la contingencia histórica—¿Qué pasaría si los no-descubiertos tuvieran más conocimiento sobre el Occidente que el Occidente sobre ellos?; ¿Cuál hubiera sido la Historia, si la Malinche hubiera manipulado a Cortéz; si los aztecas hubieran descubierto Europa? Queremos transportar todo esto al presente y

explicar cómo las nociones tradicionales de los latinoamericanos como recipientes pasivos del colonialismo y de la cultura dominante pueden ser desafiadas. Queremos que quede entendido que lo que las culturas latinoamericanas hacen es "expropiar" formas culturales dominantes, fagocitarlas y convertirlas en formas extremadamente vitales de contestación, resistentica y expresión.

Una diferencia básica entre la forma en que el norte y el sur lidian con el concepto del Otro, es que . . . el concepto de multiculturalismo en el norte se basa en el modelo Danteano. Es decir, se trata de una fantasía sobre el descenso al submundo —a América Latina, al infierno, a la otredad sexual— en busca de la iluminación. Es un modelo muy europeo, mientras que la relación del sur con el norte es lo opuesto. El sur "asciende" y toma poder del estado. La práctica anglo-americana del multiculturalismo se basa en la fantasía del ascenso. Ellos hablan sobre un viaje del centro hacia los márgenes, y nosotros hablamos de un viaje de los márgenes hacia el centro. No comenzamos en el mismo punto, y tal parece que nunca logramos coincidir en ningún otro lugar.

Coco Fusco: Nuestra obra también trata de la relación entre poder y acceso. Yo tengo problemas con los modelos relativistas políticos de intercambio cultural que consideran todo intercambio como equivalente, sin establecer distinción alguna entre un artista anglo-americano viviendo en un lado de la frontera con acceso a todo tipo de instituciones y capaz de apropiarse de la otredad a volun-

It's a very different strategy—you empty the icon of its symbolic meanings and reinvest it with something meaningful to you. It's a kind of creative expropriation as opposed to a passive consumption or a more objectifying consumption, and that is a major difference.

The stress we put on hybridization in our model of cultural exchange is a way of acknowledging the co-existence and the ongoing interaction of cultures across geographic lines. Trying to speak from a space of cultural purity makes little sense no matter where you're speaking from. As we have said, Latin America lives and breathes in the North and North America lives and breathes in the

South, and almost everyone has to deal with the presence of that other reality. It can be as basic and as simple as having to speak two languages all of the time; or it can be in the form of constant cultural exposure, or moving back and forth because of migratory patterns and economic conditions.

Besides recalling the act of discovery, is the cage in _Two Undiscovered Aborigines_ a metaphor for state-imposed multicultural policies which attempt to obliterate these differential relations of power?

Fusco and Gómez-Peña: Yes!

tad, a menudo utilizando la labor de los artistas mexicanos, dándoles muy poca compensación y ningún reconocimiento; y por otro lado, un artista de Tijuana que decide incluir a Mickey Mouse en una pieza como un acto de expropiación. No estoy de acuerdo con la posición a-política de que estas formas de apropiación son iguales.

Existen diferentes relaciones de poder entre las culturas que están siendo apropiadas, re-apropiadas y recicladas. Celeste Olalquiaga habla sobre esto en su libro _Megalópolis_. En los Estados Unidos, la principal forma de acceso al Otro del mainstream, es a través de la co-modificación y el consumo: por lo que tenemos la "yuppificación" de objetos latinoamericanos y artículos de consumo que son puestos al acceso del público del "mainstream". Esta es la forma principal de intercambio del estado, y en ella la etnicidad y la otredad se convierten en una experiencia vicaria de sentimentalismo y emoción, y en una confirmación de poder a través del acto de consumo.

También opera dentro del marco liberal de opción: o sea, el participar en estas culturas, y participar en una forma segura, es una "opción" más del consumidor.

Coco Fusco: Otro aspecto relevante al contexto latinoamericano es el hecho de que la "americaneidad" es impuesta. Los latinoamericanos tienen que pelear contra una noción de América simulada, creada a través de los grandes centros comerciales, de artículos de con-

sumo, programas de televisión y películas: el intercambio en este sentido es una apropiación selectiva y reciclada que es parte del legado colonial. Tú tomas lo que se te ha impuesto y lo conviertes en algo diferente. Es un tipo de "expropiación creativa", a diferencia del consumo pasivo. Esa es la diferencia principal.

El énfasis que ponemos en la "hibridación" de nuestro modelo de intercambio cultural es una forma de reconocer la co-existencia y la interacción de culturas que cruzan líneas geográficas. Intentar hablar desde un espacio de "purificación cultural" no tiene sentido. Como hemos dicho, América Latina vive y respira en el norte, y Norte América vive y respira en el sur, y la mayoría de la gente tenemos que lidiar con la presencia de esa "otra realidad". Esto puede ser tan básico como el acto de practicar dos idiomas todo el tiempo; o de estar expuesto a otras culturas a través de los medios y de los viajes, o a través del movimiento entre una y otra cultura por motivos de patrones migratorios y condiciones económicas.

Además de recordarnos el acto del descubrimiento, la jaula en _Dos Aborígenes-no-descubiertos,_ es una metáfora de las políticas multiculturales impuestas por el estado que tratan de borrar estas relaciones diferenciales de poder?

Fusco y Gómez-Peña:
Efectivamente!

States of Impermanence

TOM KALIN

The United States government spends more money on defense in five hours than it spent in the first six years of the AIDS crisis.

•

Brazil, second in its AIDS caseload in the Western Hemisphere with the largest foreign debt in the "Third World," barely affords health care for its population of 140 million. In response to pressure from the Catholic Church, the text of a TV campaign was changed to emphasize "self-control" of sexual impulses rather than use of condoms.

•

In Cuba, every man, woman and child over the age of fifteen is tested. Those who are HIV positive are asked to go voluntarily to an isolation facility. Those who refuse are brought in by force. Reports of escape attempts have generated huge police mobilizations.

•

In Uganda, twenty-two different tongues are spoken among 44 million people. The government's anti-AIDS campaign to "love carefully" has been translated into only ten.

•

The cost of treating ten people with AIDS in the United States—about $450,000—is more than the entire budget of one large hospital in Zaire.

•

American AIDS researcher Robert Gallo proposed using Africans as "guinea pigs" to test safety of potential AIDS vaccines before distributing in the country of origin.[1]

•

The AIDS crisis—in 1991, a global epidemic impacting millions worldwide—has profoundly altered my life personally, socially and cul-turally; it has tangled with and changed the contours of the ways in which we define our bodies, our sexualities, our nationalities and our politics. Recent activism—AIDS activism in particular—has prompted invaluable cultural production, insisting upon theory's inextricability from practice, injecting visual and conceptual clarity and, importantly, humor into that cultural production. In the United States, the past five years have witnessed a mass resurgence of direct action activism around our ability to control our bodies and their fluids, with all the fleshy contradictions intact. Particularly lesbian and gay activism, compelled as it is by ever increasing surveillance and control, can be a means to redefine sexual politics and helps resist mythologies such as *the sacred nuclear family* or the "general population"—that rhetorical device of control and exclusion. This activism, taking many forms (as art, as protest) also helps to give me back my body—a way of refusing to be separated from my skin even while I live inside it. Like most people I know, my relationship to my own body—as both physical self and political battlefield—has been profoundly and, perhaps, irreversibly impacted by the epidemic of HIV infection. Not only by the physical aspects but also by the tissue of texts and images which have constituted the epidemic. Each battle over censorship is a testament to how deeply branded we are by the world of images and the signs of social coercion. In the United States, reactionary politicians such as Senator Jesse Helms make it clearer than it already was that merely representing our sexualities

El gobierno de los Estados Unidos gasta más en su departamento de defensa en cinco horas, que el total gastado durante los primeros cinco años de la crisis del SIDA.

•

Brasil, el segundo país con el mayor número de casos de SIDA en el hemisferio occidental, y con la deuda exterior más grande del "Tercer Mundo", apenas puede solventar los gastos de sanidad para su población de 140 millones de habitantes. En respuesta a la presión ejercida por la Iglesia Católica, el texto utilizado en la campaña de televisión contra el SIDA fue cambiado para enfatizar el "auto-control" de los impulsos sexuales, en lugar del uso de condones.

•

En Cuba, todo hombre, mujer y adolescente mayor de quince años de edad, debe de tomar la prueba. A aquellas personas que resultan positivas al Síndrome de Inmunodeficiencia Adquirida, se les pide ir voluntariamente a una facilidad de aislamiento. Aquellos que se niegan, son trasladados por la fuerza. Reportes sobre intentos de huída han generado gran mobilización policial.

•

En Uganda se hablan veintidos dialectos diferentes entre 44 millones de personas. La campaña contra el SIDA que el gobierno ha lanzado, "ama con cuidado", solamente ha sido traducida a 10 de estos dialectos.

•

En los Estados Unidos, el costo total de tratamiento para diez personas con SIDA —cerca de $450,000— es mayor que el presupuesto total de un hospital grande en Zaire.

El científico estadounidense, investigador de SIDA, Robert Gallo, propuso usar a Africanos como "conejillos de indias" para probar el potencial de seguridad de una vacuna contra el SIDA, antes de ser distribuída en el país de orígen.[1]

La crisis del SIDA —en 1991 una epidemia global que ha afectado a millones de personas alrededor del mundo— ha alterado profundamente mi vida personal, social y cultural; ha confundido y cambiado los contornos de las formas en que definimos nuestros cuerpos, nuestra sexualidad, nuestras nacionalidades y políticas. Reciente activismo —en particular activismo sobre el SIDA— ha impulsado una producción cultural invaluable, insistiendo en la inextricabilidad de la teoría de práctica, introduciendo claridad visual y conceptual y, de más importancia, humor a la producción cultural. En los Estados Unidos, los últimos cinco años han sido testigos a una resurgencia masiva de activismo de acción directa sobre nuestra capacidad de controlar nuestros cuerpos y sus fluídos, con todas sus contradicciones carnales intactas. Específicamente, el activismo lesbiano y *gay,* aunque forzado por una continua y creciente vigilancia y control, puede ser el medio que redefina la política sexual y ayude a crear resistencia contra mitos como el *sagrado núcleo familiar* o la "población general"—aquel estratagema retórico de control y exclusión. Este activismo, que puede tomar varias formas (como arte, como protesta), también me ha ayudado a devolverme mi cuerpo—una forma de negar el ser separado de mi piel, aún cuando vivo dentro de ella. Al igual que la ma-

is a form of oppositional media.

To speak of the political and cultural impact of AIDS in universal terms would be, of course, impossible. The "First World" model of conceptualizing the crisis fails to articulate the global and regional aspects of this pandemic, and any such ethno-centric or racist views have a profoundly damaging effect. The epidemic has developed among us in relation to our specific political and cultural characteristics— our sexual cultures, our material and ideological resources for grappling with health care and disease, our notions of collective action and societal responsibility.[2] For instance, many countries and cultures, Brazil among them, have a sexual culture quite distinct from North American constructs of "heterosexual," "lesbian" or "gay." Sex between men is not always already defined as "homosexual," but, rather, is often understood in relation to one's "passive" or "dominant" role in sex. These cultural traditions challenge any easy or facile use of HIV prevention education, and, in fact, they interrogate any universal concepts of identity.

My individual involvement within the cultural politics of AIDS has assumed several forms: for three years I worked with AIDS Films, a non-profit education company dedicated to creating HIV and AIDS materials from within communities of color; since 1987 I have been an activist with ACT UP (AIDS Coalition to Unleash Power) and a member of the collective Gran Fury; and I have produced several works in film and video which attempt to delineate the personal, social and political subtexts of the crisis.[3] My work in these areas has

taught me a great deal about the resourcefulness of regional activism. For example, the brave and important work of São Paulo's renowned transvestite Brenda Lee, who almost singlehandedly created a care and support house for transvestites with AIDS, reflects a powerful and moving form of local activism. Her perseverance throughout the transfer of power from a military to a civilian government in 1985, and her continued dedication despite violence and harassment from São Paulo police speaks of enormous courage. Now receiving support from the São Paulo Ministry of Health, Brenda Lee has continued her direct activism even as she has moved into the realm of bureaucratic responsibility.

An effective cultural politics will recognize the dominance of mass media, and with this recognition such a politics will attempt to intervene into dominant media—television, video, film, newspaper and the like. "Speed is increasing"[4]: the romantic site of the museum and gallery cannot effectively embrace the complexities of information and propaganda so adroitly maneuvered by media culture. As we—artists, critics, activists—attempt to grapple with the ideological collapse of borders (our "new world order") we must not forget, as theorist Eve Kosotky Sedgwick has written, "how a variety of forms of oppression intertwine systematically with each other, and especially how the person who is disabled through one set of oppressions may—by the same positioning—be enabled through others." Let us be wary of chanting what cultural critic Kobena Mercer calls "the mantra"—class-race-gender-sexuali-

yoría de la gente que conozco, la relación con mi propio cuerpo — como ambos, ser físico y campo de batalla— ha sido impactada profunda y posiblemente en forma irreversible por la epidemia del SIDA. No solamente por los aspectos físicos, sino también por el tejido de textos e imágenes que han constituído esta epidemia. Cada batalla contra la censura es testimonio de la profundidad de cada marca dejada por el mundo de imágenes y signos de coerción social. En los Estados Unidos políticos reaccionarios, como el senador Jesse Helms, han aclarado que el simple representamiento de nuestras sexualidades es una forma de oposición a la red de información.

El hablar del impacto político y cultural que el SIDA ha creado en términos universales, sería obviamente imposible. El modelo del "Primer Mundo" que conceptualiza la crisis, ha fallado en articular los aspectos globales y regionales de esta epidemia; estos puntos de vista etno-centristas o racistas han tenido efectos profundamente dañinos. Esta epidemia se ha desarrollado entre nosotros específicamente en relación a nuestras características políticas y culturales— nuestras culturas sexuales, nuestros recursos materiales e ideológicos para lidiar con el cuidado de la salud y con enfermedad, nuestras nociones de acción colectiva y responsabilidad social.[2] Por ejemplo, varios países y culturas, Brasil entre ellos, poseen una cultura muy diferente a las construcciones estadounidenses de "heterosexual", "lesbiana" o gay. Sexo entre hombres no es siempre definido como "homosexual", sino que es usualmente entendido en relación al

rol sexual de "pasivo" o "dominante". Estas tradiciones culturales desafían cualquier uso fácil de la educación preventiva contra el SIDA y, de hecho, interrogan cualquier concepto universal de identidad.

Mi interés personal dentro de la cultura política del SIDA, ha tomado varias formas: durante tres años trabajé con AIDS Films, una compañía educacional sin fines lucros, dedicada a la creación de material del SIDA y HIV (virus de inmunodeficiencia humana) dentro de comunidades de color; desde 1987 he sido un activista con ACT UP (AIDS Coalition to Unleash Power), y miembro del colectivo Gran Fury; también he producido varios trabajos en film y video que intentan delinear los sub-textos personales, sociales y políticos de las crisis.[3] Mi trabajo en estas áreas me ha enseñado mucho acerca de los ilimitados recursos del activismo regional. Por ejemplo, el trabajo tan valiente e importante del renombrado travestí de San Pablo, Brasil, Brenda Lee —quien, con una mano en el bolsillo, ha creado una casa de cuidado y apoyo para travestis con SIDA— lo cual refleja una forma muy poderosa y emocional de activismo local. Su perseverancia durante la transferencia del poder militar al gobierno civil en 1985, y su continua dedicación, a pesar de la violencia y el acosamiento de parte del cuerpo de policía de San Pablo, hablan muy en alto sobre su enorme valor. Actualmente, con apoyo del Ministerio de Salud de San Pablo, Brenda Lee ha continuado con su activismo directo a pesar de haber pasado al reino de la responsabilidad burocrática.

Una política cultural efectiva,

ty—without a supple and strategic politics able to deal with their complex overlap and collision.

I offer these quotes in an attempt to recognize our bodies as the ultimate site of control, a location in which the construction of identity meets the surveillance of the physical.

"Racial identities are not only Black, Latino, Asian, Native American and so on; they are also white. To ignore white ethnicity is to redouble its hegemony by naturalizing it."

- Coco Fusco

"We need a politics of representation that can expose the real consequences of familial ideology, and its impoverished vision of what it means to be a woman or a man, a parent or a child . . ."

- Simon Watney

"But our flesh arrives to us out of history, like everything else does. We may believe we fuck stripped of social artifice, in bed, we even feel we touch the bedrock of human nature itself. But we are deceived.

Flesh is not an irreducible human universal."

- Angela Carter

"History is hysterical: it is constituted only if we consider it, only if we look at it. As a living soul, I am the very contrary of History, I am what belies it, destroys it for the sake of my own history."

- Roland Barthes

"The victim who is able to articulate the situation of the victim has ceased to be a victim; he or she has become a threat."

- James Baldwin

"My problem, like that of thousands of other people with this disease is not to ask for easier conditions of death but to demand a better quality of life—a problem, by the way, that is common to almost all Brazilians . . . The body, in the end, is de-organized—and AIDS, poor thing, is just an affliction of the organs. It won't be AIDS that makes me lose my appetite. AIDS only places me, like an explosion of a corporeal truth, in a state of impermanence."

- Herbert Daniel

reconocerá la dominación de los medios masivos de comunicación, y con este reconocimiento tal política tratará de interferir en los medios dominantes—TV, radio, film, prensa, etc. "La velocidad incrementa"[4]: el sitio romántico del museo y la galería no abraza efectivamente lo complejo de la información y propaganda tan diéstramente manejada por la cultura de los medios de información. Al nosotros —artistas, críticos, activistas— tratar de lidiar con el colapso ideológico de las fronteras (nuestro "nuevo orden mundial"), no debemos olvidar, tal como el teorista Eve Kosotky Sedgwick ha escrito, "cómo una variedad de formas de opresión interactúan sistemáticamente unas con otras, y especialmente cómo la persona que es incapacitada por medio de un grupo de opresiones puede, por su misma posición, ser capacitada por medio de otros". Seamos cautelosos al cantar lo que el crítico cultural Kobena Mercer llama "la mantra" —clase-raza-género-sexualidad— sin una póliza flexible y estratégica que sea capaz de lidiar con sus complejos pliegues y colisiones.

Ofrezco las siguientes citas como un esfuerzo para reconocer nuestros cuerpos como el máximo sitio de control, un sitio en el que la construcción de la identidad se reúne con la vigilancia de lo físico.

"Las identidades raciales no solamente son negras, latinas, asiáticas, indígenas; también son blancas. El ignorar la etnia blanca es duplicar su hegemonía al naturalizarla".

- Coco Fusco

"Necesitamos una política de representación que pueda exponer las consecuencias reales de la i-

deología familiar y su empobrecida visión de lo que significa ser una mujer o un hombre, un padre o un niño . . ."

- Simon Watney

"Pero nuestra carne llega hasta nosotros a través de la historia, como todo lo demás. Podemos creer que chingamos sin artificio social alguno, en la cama hasta sentimos que tocamos la roca sólida de nuestra naturaleza humana. Pero nos engañamos. La carne no es una universal humana irreducible."

- Angela Carter

"La historia es histérica: se constituye solamente si la consideramos, solamente si la vemos. Como un alma viviente, yo soy la antonomía de la historia, yo soy lo que la niega, la destruye para el bien de mi propia historia".

- Roland Barthes

"La víctima que es capaz de articular la situación de la víctima ha dejado de ser una víctima; él o ella se ha convertido en una amenaza".

- James Baldwin

"Mi problema, como el de miles de otras personas con esta enfermedad, no es el pedir condiciones de muerte más fáciles, sino el demandar una mejor cualidad de vida—un problema que, por cierto, es común a casi todos los brasileños . . . . El cuerpo, al final, es des-organizado—y el SIDA, pobre cosa, es solamente una aflicción de los órganos. No será el SIDA lo que me hará perder el apetito. El SIDA solamente me sitúa, como una explosión de verdad corporal, en un estado de impermanencia".

- Herbert Daniel

Feminism: Constructing Identity and the Cultural Condition

HELOISA BUARQUE DE HOLLANDA

As I thought about the theme of this forum, I decided to address feminist historiography. I became aware that the knowledge resulting from these studies has a lot to do with the issues that have been raised by criticism and by the history of art and literature in the so-called "subordinate" or "excluded" countries. This becomes more evident principally in relation to two crucial issues: the construction of a national identity or subjectivity, regarded as precluding by a few social sectors and segments, and the difficulty in establishing the locus of national artistic and cultural production within the context of an emerging multinational economy and culture.

In the case of Brazil, it is interesting to observe that the trends of feminist studies give clear preference to historiographic studies, which include the discussion of the construction of an idea of national identity in the second half of the 19th century. Recently I was commissioned by the Fundação Carlos Chagas to conduct research on state-of-the-art feminist literary criticism in Brazil. I verified that 68% of the studies following clearly feminist guidelines in the area of literature were affiliated to the archaeological trend—that is to say, to the work of rehabilitating authors and historical data "silenced" by literature canons. I also verified that, within this trend, an expressive portion of the studies dealt directly with the analysis of representations about the concept of "national." It is also interesting to observe that current metropolitan feminist theoretic production seeks to deconstruct an epistemological reference

determined by clearly patriarchal presuppositions and that it has actually made advancements through extremely original reviews of Marxism, psychoanalysis, structural anthropology, the presuppositions of criticism and historiography of art and literature. Concurrently, in Brazil feminist studies have established as a priority the task of examining the process of construction and/or invention of a nationality generated by the struggle for independence and the process of constitution of the National State in confrontation with colonial policies and ideologies. Even though this issue has been addressed by feminist for very specific reasons—the enormous difficulty that women have always had to position themselves within the social and historical context of national construction and the uncomfortable relations with patriotic feelings prompted by the nationalist ideologies—I believe it is appropriate to mention it here because of its proximity to a few issues that have been addressed by the most recent Latin American criticism.

Generally, two underlying issues of feminist theory of criticism are particularly important to the discussion of literary historiography[1]: the myth of *linearity* in the history of Western culture, and the historian's myth of false *objectivity*. Therefore, studies about women have invested insistently in an analysis of the construction process of traditional history and in the historian's role as an active factor in the way in which history is conceived. The definition of a *specific historical fact* in itself has been

Voy a hablar sobre la historia feminista porque, al pensar en el tema de esta mesa, me dí cuenta de que la experiencia de estos estudios tiene mucho que ver con las cuestiones que están siendo levantadas por la crítica y por la historia de la literatura y de las artes en los países llamados "subalternos" o "excluídos". Esto se hace evidente, principalmente, en lo que se refiere a dos problemas centrales: la cuestión de la construcción de la identidad o, mejor dicho, de una subjetividad nacional sentida como excluyente por algunos sectores y segmentos sociales; y la dificultad de establecer el *locus* de la producción cultural y artística nacional en el cuadro de la emergencia de una economía y una cultura multinacionales.

En el caso de Brasil, es interesante observar que las tendencias de los estudios feministas privilegian, en forma muy clara, los estudios historiográficos y, dentro de este esquema, la discusión de la construcción de la idea de identidad nacional en la segunda mitad del siglo XIX. En una investigación reciente que realicé, para la fundación Carlos Chagas, sobre el estado del arte de la crítica literaria en Brasil, verifiqué que, del total de esos estudios de orientación claramente feminista en las áreas de literatura, 68% pertenecían a la tendencia arqueológica —o sea al trabajo de recuperación de los actores y de los datos históricos "silenciados" por la literatura canónica— y que, dentro de esta tendencia, una fracción significativa de los estudios trataba directamente el análisis de

las representaciones en torno al concepto de lo "nacional".

También es interesante observar que, mientras la actual producción teórica feminista metropolitana procura deconstruir un referente epistemológico determinado por presupuestos claramente patriarcales, y el que ha avanzado con exámenes extremadamente originales del marxismo, el psicoanálisis y de la antropología estructural, así como de los presupuestos de la crítica y de la historiografía del arte y literatura; los estudios feministas en Brasil establecieron, como tarea prioritaria, la revisión del proceso de construcción y/o de invención de la nacionalidad. Una nacionalidad conformada a partir de las luchas de independencia y de los procesos de constitución del Estado Nacional en oposición a las políticas e ideologías. Aunque las feministas están abordando este problema por razones bastante específicas —a partir de la enorme dificultad que las mujeres siempre demostraron para situarse en el cuadro socio-histórico de la formación nacional; y a partir del desasosiego en la relación con los sentimientos patrióticos estimulados por las ideologías nacionalistas— me pareció oportuno mencionarlo aquí, dada su proximidad a algunas cuestiones que la crítica latinoamericana más reciente está encaminando.

En términos generales, dos cuestiones de fondo de la teoría de la crítica feminista son particularmente importantes para la discusión de la historiografía literaria:[1] el mito de la *linealidad* de la historia de la cultura occidental y el mito de la falsa *objetividad* del historiador.

regarded as fallacious by feminist historiography. Furthermore, it has been reconsidered, based on the perception that the historical event is but an occurrence to which the historian decides to attribute a historical value—that is to say, based on the perception of historiography as a very complex activity that depends totally on the historian's interpretation skills.

Going back to the historiographic work conducted by female historians, we should note the great productivity of the rescue mission involving lost, or "silenced," aspects of female culture. An amazing number of female authors, trends and even new fields and subjects of investigation are being revealed in this process. Concurrently, we should also note the evidently unsatisfactory results of recovering these works. Often the rescued subjects did not "fill" the blanks of official history. Such a lack of success—that was actually a success—demonstrated how literary history does not provide the categories through which women's actions may be satisfactorily described. In addition, it showed the pressing need for a more in-depth enquiry into pre-suppositions of this historiography, its starting points, methods, categories and chronologies.

By going a little deeper into the reflection on the myth of linearity of literary history, I would like to mention the forms of inter-relations between the discourses of literary history and the discourses of *genealogy* in patriarchal societies. In both cases, the logic of succession of brilliant writers or heroic warriors is dealt with in a similar

manner. In both cases this logic is constructed based on the chronological lineage—no matter whether it be real or hypothetical—of an uninterrupted single tradition in which those who do not conform (because of sex, race, ideas, or nationality) are excluded and cast aside. This lineage is defined in patrilineal terms and based on the logic of private property, according to which children are legitimate heirs of the political and cultural heritage. In Brazil, there is an extremely curious variable related to the make-up of artistic and literary lineages.

In the second half of this century, when the establishment of a cultural identity as a result of the movements of creation and consolidation of the National State became an urgent issue, there was no genealogical trunk capable of establishing the lines of our literary aristocracy. For this reason, there was a need for this tradition to be *invented*. Today this tradition—accepted as "authentic," linear and ancestral—also serves to define the outline of Brazilian literature. Here the point in question is the analysis of one of the most efficient ways to conduct the basic negation of the impact of social and historical structures in the construction of literary tradition.

Another point presented by feminist historiography, which I see as greatly pertinent for a more general review of the history of art and literature, is the analysis of the perspective, clearly based on the writings, of this historiography—that is to say, the permanence of a monolithic concept of writing, the use of such a concept in academic discus-

En este sentido, los estudios sobre la mujer se han ido concentrando insistentemente en el examen de los procesos de construcción de la historia tradicional y en el papel del historiador como parte activa de la forma como la historia es concebida. La historiografía feminista ha considerado falaz la propia definición de lo que sería un *hecho histórico específico;* y la ha reconsiderado a partir de la percepción de lo que apenas es el hecho histórico: un acontecimiento al cual el historiador decide atribuir un valor histórico—la percepción de la historiografía como una actividad bastante compleja que depende completamente de las facultades interpretativas del historiador.

Regresando al trabajo propiamente historiográfico que está siendo emprendido por las mujeres, llama la atención la gran productividad del trabajo de rescate de lo que se perdió —o que fue "silenciado"— en la cultura femenina, lo cual ha ido revelando un número sorprendente de autoras, tendencias y aún hasta nuevos campos y objetos de investigación. Al mismo tiempo, también llama la atención la evidencia de que el resultado de estos trabajos se revele, en cierta forma, insatisfactorio. Los objetos rescatados frecuentemente no "cabían" en las lagunas de la historia literaria oficial. Este desencuentro —en realidad un hallazgo— demostró cómo la historia literaria no proporciona las categorías por medio de las cuales las acciones de las mujeres puedan describirse satisfactoriamente. Mostró también la necesidad inaplazable de un trabajo más profundo sobre las presuposiciones

de esta historiografía, sus puntos de partida, métodos, categorías y cronologías.

Profundizando un poco en la reflexión sobre el mito de la linealidad de la historia literaria, me gustaría observar las formas de interrelación entre los discursos de la historia literaria y los discursos de la *genealogía* en las sociedades patriarcales. En los dos casos, la lógica de la sucesión de escritores brillantes o de héroes guerreros es tratada de manera bastante similar. En ambos casos, esta lógica se construye a partir del trazado del linaje cronológico —no importa si es real o hipotético— de una tradición única e ininterrumpida en la cual, los que no encajan (por sexo, raza, ideas o nacionalidad), son excluidos como marginales. Este linaje se define en términos de línea paterna y está basado en la lógica de la propiedad privada, en la cual los hijos son los herederos legítimos del patrimonio político o cultural. En Brasil tenemos, a propósito de la constitución de linajes literarios y artísticos, una variable extremadamente curiosa.

En la segunda mitad del siglo, cuando se volvió urgente el establecimiento de una identidad cultural en función de los movimientos de creación y consolidación del Estado Nacional, se hizo evidente la falta de un tronco genealógico que pudiese establecer las líneas de nuestra aristocracia literaria y, por lo tanto, la necesidad de la propia *invención* de esta tradición. Esta tradición, hoy experimentada como "auténtica", lineal y ancestral, es aun el eje de la definición de los contornos de la literatura nacional. Lo que aquí está en juego es el

sions, and its consequences in the sense of "eliminating" the "marginal" production, i.e., folk, ethnical and female literature. These issues have been developed, in a very interesting way, particularly in the works of Ria Lemaire. The author suggests the need of a new literary history based on the development of writing technology—an analysis of the slow and progressive transition from oral expression to the primitive forms of writing, to printed materials and finally to mass media, based on a discussion of the forms and functions of these technologies at different historical times and, consequently, of the pressing analysis of the relation between oral expression and writing.

Going back to the situation in Brazil, I have already mentioned how women's studies have been dedicating substantially more attention to the analyses of history, tradition and literary production than to other fields of criticism. Among the most important results presented this far is the analysis of an informal economy that has developed on the side of the canonical literary production and that has been overlooked by traditional historiography. In this respect, we also have fine works such as the extensive research conducted by Marlyse Meyer on the decisive role of the female reader in the forging of the Brazilian novel; several analyses on the 19th century female press, the productivity and importance of which are only now being assessed, or on the circuit formed by literary salons and academies valued as semi-public places where women could cultivate new literary forms along with new forms of

sociability. These are some of the examples that demonstrate how the election of diversified forms of assessment and classification of the "literary facts" *necessarily* fosters another history, in which neglected themes may turn into central themes, while those that defined the collection and the legitimacy of works in traditional historiography are surrendered to a second plane.

Another point that may be extremely important to a discussion of traditional historiography is the issue of so-called "minor" genres, which encompass, whether by option or mere strategy, nearly all forms of female production as well as oral and folk cultures.

It seems to me that one of the most attractive courses for the analysis of these "marginal" artistic forms is the development of Bakhtin's suggestions mentioned in many of his studies such as "Genres of Discourse," "The Epics and the Novel" and in the interview published in *Novi Mir* magazine where he spoke about the deadlocks of literary theory in Russia in 1972. In all these essays Bakhtin insists on an outright criticism of literary historiography built on peripheral and historically insignificant phenomena, such as the conflict between literary schools and trends, instead of understanding literary history as the deepest and most radical history of the trajectory of genres of discourse. Bakhtin expands, in this case, the notion of genre, which he defines as a field of perception valued as a way to represent the world or even as a way of thinking. Each genre of discourse should reveal, therefore, a

análisis de una de las formas más eficaces de conducir la negociación básica del impacto de las estructuras históricas y sociales en la construcción de la tradición literaria.

Otro punto señalado por la historiografía feminista, que considero de gran pertinencia para una revisión más general de la historia de las artes y de la literatura, es el análisis de la perspectiva, claramente basada en los escritos de esa historiografía; es decir, la permanencia de un concepto monolítico de escritura, el *uso* de este concepto en las discusiones académicas y sus consecuencias en el sentido de la "eliminación" de la producción de los "márgenes"—literaturas populares, étnicas y de mujeres. Estas cuestiones se han desarrollado de manera muy interesante especialmente en el trabajo de Ria Lemaire, quien sugiere la necesidad de una nueva escritura— en un análisis de la transición lenta y progresiva de la expresión oral para las formas primitivas de la escritura, para la escritura impresa y finalmente para los medios masivos, a partir de una discusión de las formas y funciones de estas tecnologías en diferentes momentos históricos y, en consecuencia, del examen inaplazable de las relaciones entre expresión oral y escritura.

Volviendo al caso brasileño, al inicio ya señalé cómo los estudios sobre la mujer han ido dando una atención sustancialmente mayor a los análisis de la historia, tradición y la serie literaria, que a las demás prácticas de criticismo. Entre los resultados más importantes que se han presentado está el examen de una economía informal que se

desarrolló en los márgenes de la producción literaria canónica y que fue preferida por la historiografía tradicional. En este sentido, tenemos aún buenos trabajos, como la extensa investigación de Marlyse Meyer sobre el papel decisivo de la lectora en la formación de la novela brasileña; diversos análisis sobre la prensa femenina del siglo XIX, cuya productividad e importancia sólo ahora están siendo avaladas; o sobre el circuito de los salones y academias literarias valorizados como espacios semipúblicos en donde las mujeres pudieran probar nuevas formas literarias al lado de nuevas formas de sociabilidad. Estos son algunos de los ejemplos que muestran cómo la elección de formas diversificadas de reconocimiento y clasificación de los "hechos literarios" promueve *necesariamente* otra historia, en la cual los temas olvidados se pueden volver centrales mientras que aquellos que definían el agrupamiento y la legitimidad de obras en la historiografía tradicional, pasan a un segundo plano.

Otro punto que puede ser extremadamente importante para una discusión de la historiografía tradicional es la cuestión de los llamados géneros "menores", en los cuales, por opción o estrategia, se cuadran casi todas las formas de producción femenina y de las culturas orales y populares.

Uno de los caminos más atrayentes para el análisis de estas formas artísticas "marginales" me parece que es el desarrollo de las sugerencias de Bakhtin, mencionadas en varios de sus estudios como "Género del discurso", "La épica y la novela" y en la entrevista

specific type of creative activity that, in turn, translates a particular sense of experience. Within this perspective, different social experiments determine different literary genres or genres of discourse, just as the appearance of new genres of discourse reflects changes in social life. Thus, the study of genres changes mainstream, gains priority as a vehicle of historicity and knocks down the habitual assessment of value of the means of expression of cast-aside cultures.

Going back to my initial question, I would like to comment on one of the master guidelines for defining lineage and the organization of our literary tradition: the idea of an *instinct of nationality* and the extremely perturbing issue for feminist studies, the myth of an *"ambiguous" and cordial national identity*, that has been providing a matrix for the rating system of our literature.

It is certainly not by mere chance that a special preoccupation has been observed in Brazilian feminist criticism as a whole with respect to the second half of the 19th century—a crucial moment of our historiography, the time of the rush toward the definition of the outlines of the Brazilian nation so often described by writers and intellectuals of the time as an "undeniable mission." The paths covered by the discourses that conceived the nation not only systematically produced the metaphor of the "Republican maternity," that is to say, overestimated the woman's role—broadly publicized by literature—as a "civilizer" responsible for the idea of a modern, educated and homogeneous nation[2], but also

contradictorily excluded her from the symbolical pact that ended up constituting the very globalizing idea of a nation. Any analysis of the founding novels—in which women are depicted almost invariably as national icons but, concurrently, also as the privileged locus of civilization—will certainly point in this direction. Furthermore, one should note that rarely do female writers identify themselves with the mission of the "national construction." On the contrary, according to research, in female literary production there is a deep feeling of exclusion, and even of loss of identity, determined by modernizing, homogenizing and nationalist ideologies. The traditional notion of nation focused on the ideas of limit, sovereignty and fraternity, publicized by novels and by 19th century stories, shows how the space therein reserved for women seems to have been extremely limited and ambiguous. Even the valorization of the idea of a "Republican maternity," seen as an indispensable central element in the process of construction of the modern nation, evinces a form of feminine valorization focused only in the woman's reproductive capacity, in detriment of her citizenship rights within the national community. An interesting and revealing datum of the feminine discomfort and of women's dissociation from the ideas of a national esprit de corps is the existing trend of feminist organizations toward international networks, as for example the great female participation in the Pan-Americanist movement and in international pacifist associations.

Likewise, the Latin American

que concedió a la revista *Novi Mir* sobre los *impasses* de la teoría literaria en Rusia en 1972. En todos estos trabajos, Bakhtin insiste en una crítica frontal a la historiografía literaria que se centra en fenómenos periféricos e históricamente insignificantes, como la lucha entre escuelas y tendencias literarias, en lugar de entender la historia literaria como la historia más profunda y más radical de la trayectoria de los géneros discursivos. Bakhtin amplía, en este caso, la noción de género que define como un campo de percepción valorizado, como una forma de representar el mundo o, también, como una forma de pensar. Cada género discursivo revelaría, por lo tanto, un tipo específico de actividad creativa, traduciendo, a su vez, un sentido particular de la experiencia. En esta perspectiva, diferentes experiencias sociales determinan diferentes géneros discursivos o literarios, así como el surgimiento de nuevos géneros de discurso refleja cambios en la vida social. El estudio de los géneros cambia, por lo tanto, de eje, pasando a ser considerados prioritariamente como vehículos de historicidad y golpeando los habituales juicios de valor sobre las formas de expresión de las culturas marginalizadas.

Regresando al problema inicial, me gustaría hacer algunas observaciones sobre una de las líneas maestras de definición del linaje y de la organización de nuestra tradición literaria: la idea de un *instinto de nacionalidad* y la cuestión, extremadamente perturbadora para los estudios feministas, del mito de una *identidad nacional "ambigua" y cordial,* que ha venido

sirviendo de matriz para el sistema clasificador de nuestra literatura.

No debe ser mero accidente que, en el conjunto de la crítica feminista brasileña, se observe una preocupación especial por la segunda mitad del siglo XIX, momento crucial de nuestra historiografía, época del *rush* en dirección a la definición del los contornos de la nación brasileña, tantas veces descrito, por los escritores e intelectuales de la época, como una "misión inexcusable". No solamente los caminos recorridos por los discursos que imaginaron la nación produjeron sistamáticamente la metáfora de la "maternidad republicana", o sea, se hiper-valorizó el papel —divulgado hasta el hartazgo por la literatura— de la mujer como "civilizadora" y responsable de la idea de una nación moderna, educada y homogénea [2] pero también, contradictoriamente, se la excluyó del pacto simbólico que terminó por construir la propia idea globalizadora de nación. Cualquier examen que se haga, por ejemplo, de las novelas fundadoras, en las cuales las mujeres, casi invariablemente, son representadas como iconos nacionales pero, al mismo tiempo como el *locus* privilegiado de la colonización, ciertamente apuntará en este sentido. También es importante observar que raramente las escritoras mujeres se identificaron con la misión de la "construcción nacional". Al contrario, la investigación ha ido mostrando en la producción literaria femenina un profundo sentimiento de exclusión y aún hasta de pérdida de identidad, determinado por las ideologías modernizantes, homogeneizantes y

nationalist discourses dramatize the contradictions denounced by feminist studies, that is to say, the struggle to tell a "historical truth" when this "truth" is always written from a partisan viewpoint or, the struggle to maintain the purity of its limits, when this purity means the exclusion of the heterogeneous.

If the 19th century drew the outline of an extremely problematic national identity with respect to ethnic or genre relations, the proposal of re-definition of the national identity on the part of the turn-of-the-century artistic vanguards is even more complex. The modernist design of a mutant, festive identity "without any character" that reverberates both in artistic and cultural production and in political or academic discourses is still hegemonic in today's Brazil. The acme of Brazilian modernism in terms of definition of a modern cultural identity for the country was the proposal of an "anthropophagic model" that suggests an attitude, not of imitation of the central countries, but of a cannibalistic appropriation of the "desirable" aspects of different cultures and values. The anthropophagic gesture is basically one that, instead of submitting itself to or establishing a confrontation with diversity, prefers "to swallow the difference." In the modernist vanguard, this "swallowing" of both the colonial discourse and the modernizing discourse, is followed by the option to throw out anything that is "of no interest." Thus an elaborate technology of cultural grinding, processing and swallowing of difference is developed. In this case, a few questions are unavoidable: "Actually, who

eats who, and what is worth throwing out during the anthropophagic banquet?"[3] How to deal with the idea of a festive national identity that apparently absorbs, with naturalness and extreme cordiality, all that "does not belong to it"? How to analyze the myth of a "racial democracy"—and a sexual democracy as well—that for more than half a century has been defining the outline of Brazilian culture?

These are some of the issues that are being addressed by feminist studies and that certainly will end up pointing not only toward a questioning of the strategic discourse that define the identity problem of colonial nations and their relations with the metropolitan culture, but also, most important of all, to a questioning of the very structure of power relations in our countries.

Henceforth, it will be easier to put forth a second question that today is posed to the peripheral countries: How to respond to the concrete situation of an emergent multinational culture?

For the last time I go back to the output of feminist studies and to the development of a notion of "genre" as a category of analysis that, today, substitutes with an edge the classical notion of "feminine identity" which progressively showed itself to be limited and committed to the humanistic economy and the patriarchal logic that it sought to criticize. However, the notion of "genre" was posed in a relational perspective that takes into consideration the multiplicity of positions suggested by the notion of subject, thus making a clear commitment with the historicizing

nacionalistas. La noción tradicional de nación —centrada más en las ideas de límite, soberanía y fraternidad, divulgada por el romance y por la novela del siglo pasado— muestra cómo el espacio reservado ahí a las mujeres parece haber sido extremadamente limitado y ambiguo. Incluso la valoración de la idea de una "maternidad republicana", vista como un elemento indispensable y central del proceso de construcción de la nación moderna justifica una forma de valoración femenina, enfocada únicamente hacia su capacidad reproductiva, en detrimento de sus derechos de ciudadanía dentro de la comunidad nacional. Un dato interesante y revelador de la inconformidad y la disasociación de las mujeres para con las ideas de una fraternidad nacional, es la inclinación que existe en las organizaciones feministas por los *networks* internacionales, como fue el caso de la significante participación femenina en los movimientos panamericanistas y en las asociaciones pacifistas internacionales.

De igual manera, los discursos nacionalistas latinoamericanos dramatizan las contradicciones denunciadas por los estudios feministas, o sea, la lucha por narrar una "verdad histórica" cuando esta "verdad" siempre se escribe desde un punto de vista partidario, o la lucha para mantener la pureza de sus límites, cuando esta pureza significa la exclusión de lo heterogéneo.

Si el siglo XIX trazó el esbozo de una identidad nacional extremadamente problemática en lo que respecta a las relaciones étnicas o de género, aún es más compleja la propuesta de redefinición de la

identidad nacional por parte de la vanguardia artística de principios de siglo. En Brasil, aun ahora es hegemónico —y prácticamente intocable por la crítica — el diseño modernista de una identidad "sin ningún carácter", carnavalesca y que reverbera tanto en la producción cultural y artística como en los discursos políticos o académicos. El punto alto del modernismo brasileño, en términos de definición de una identidad cultural moderna para el país, fue la propuesta de un "modelo antropofágico" que propone una actitud, no de imitación de los países centrales, sino de apropiación canibalesca de los aspectos "deseables" de diferentes culturas y valores. El gesto antropofágico es, básicamente, aquél que, en lugar de la sumisión del establecimiento de una confrontación con la diversidad, prefiere la "deglución de la diferencia". Esa deglución, en el caso de la vanguardia modernista, tanto el discurso colonial como el discurso modernizador, es seguida por la opción de expulsar lo que "no interesa". Se desarrolla así, una elaborada tecnología cultural de trituración, procesamiento y deglución de la diferencia. En este caso, algunas preguntas se vuelven inevitables: en realidad, ¿quién come a quién? y ¿qué es lo que vale la pena expulsar durante el banquete antropofágico?[3] ¿Cómo lidiar con la idea de una identidad nacional carnavalizante que absorbe, aparentemente, con naturalidad y extrema cordialidad todo lo que "no es suyo"? ¿Cómo analizar el mito de una "democracia racial" —y sexual— que perdura hace más de medio siglo, definiendo los con-

approach in its analyses.

Among other results, the current insistence of feminist criticism on the valorization of a historicizing perspective and a systematic investigation of nexus that link identity and language, has served to clarify the difference between the notion of history as an achievement and

history as a discourse, thus helping to liberate the so-called sectorial energies—sexual, ethnical or national—for the remaking of its private histories and for the delicate, but pressing, formulation of a democratic aesthetic and a cultural policy.

tornos de la cultura brasileña?

Estos son algunos de los problemas a los que se enfrentan los estudios feministas y que, ciertamente, acabarán por apuntar hacia el cuestionamiento de las estrategias discursivas que definen no solamente el problema de la identidad de las naciones coloniales y sus relaciones con la cultura metropolitana, sino también, y prioritariamente, hacia el cuestionamiento de la propia estructura de las relaciones de poder en nuestros países.

A partir de ahí, será más fácil abordar una segunda cuestión que se presenta hoy, a los países periféricos: ¿Cómo se responde a la situación concreta de la emergencia de una cultura multinacional?

Regreso, por última vez, a la experiencia de los estudios feministas y al desarrollo de la noción de "género" como categoría del análisis que hoy sustituye con ventajas la noción clásica de "identidad femenina" que fue, progresivamente, mostrándose limitada y

comprometida con la economía humanística y con la lógica patriarcal que intentaba criticar. La noción de "género", mientras tanto, se afirmó a partir de una perspectiva relacional que lleva en consideración la multiplicidad de posiciones que la noción de sujeto sugiere, asumiendo un claro compromiso con el abordaje historicizante y sus análisis.

La insistencia actual de la crítica feminista, en la valoración de una perspectiva historicizante y en la problematización sistemática del nexo que mantiene ligados identidad y lenguaje, entre otros resultados, ayudó a esclarecer la diferencia entre la noción de historia como hecho y de historia como discurso, ayudando así a liberar las llamadas energías sectoriales —sexuales, étnicas o nacionales— para la reconstrucción de sus historias particulares y la delicada, pero inaplazable, formulación de una estética y una política cultural.

Untitled

LIZ MAGOR

In Toronto, on the street where I live, 95% of the shops are owned by people who have English as a second language. The anomaly, the 5%, stands between the Mai Phuong Video Store and the Venezia Portuguese Bakery. It's a little convenience store, opened by Irish-Canadians in 1910 and called, patriotically enough, the Maple Leaf Confectionery. Now it's run by Kaye, the last in the family, a snaggle-toothed crone who shuffles around behind her Victorian display cases straightening the little piles of candy and smokes and hoping to snag a hapless customer into a bit of gab and gossip. Mostly she lurks in vain. Due to the combined effect of meager stock and the heavy scent of catshit, her store stays quite empty of customers. Even I don't go there, which is strange since I like to gab and gossip and I share Kaye's Irish heritage. But when I go out for milk I walk right past her store going an extra block to the Korean store on the corner.

To explain why this is so I have to resort to a dichotomy, though the parts are unequal in that one side is much easier to address.

The easy part to say is that I want the Korean to feel welcome in my neighborhood and I want to feel welcome in his store. I realize the demographics around me are changing and I think that if I shop where everyone else shops I can adjust my sense of identity incrementally as these changes occur. This is enlightened self-interest; establishing good relations for the future and ensuring that I can continue to live in Toronto with psychic comfort in spite of the fact that I am not surrounded by my own culture. I am encouraged in my approach. Not only does it enjoy the moral support of my peers and the official support of our government but it inherently contains enough unknowns to appear exciting and desirable. In fact sometimes, waiting for a streetcar in a typical Toronto crowd that includes every race and creed known in the world, I am moved to a Benetton-like fervor in thinking of the whole thing as a great adventure, a social experiment without precedent.

But of course I can afford to be generous. I was born in Canada and so was my father and so was his. So was my mother and hers and hers. I have privilege in Canada that I don't even have to think about to claim. Privilege that extends beyond the economic to the physical, material place. I know the islands and waterways of the west coast. I know the farms of the Ottawa Valley and the towns in the foothills of the Rockies. I can imagine moving to almost any small town in Canada and being welcome. I can imagine living in a forest or on the edge of a lake and surviving. I may find myself in a minority in downtown Toronto but my proprietary rights outside the city are long established. This sense of possessing the body of Canada has been part of the Euro-Canadian identity since Charles II gave Ruperts Land to British fur merchants (The Company of Adventurers) in 1670. This is the other side of the Canadian immigration coin. Kaye and I are both progeny of immigrants though we've not been inclined to acknowledge that until recently. We would more likely describe ourselves as

En Toronto, en la calle en la que vivo, el 95% de los comercios son propiedad de personas que hablan inglés como su segunda lengua. La anomalía, el 5%, está entre la tienda de *Video Mai Phuong* y la panadería *Venezia Portuguese*. Es una pequeña tienda de abastos, abierta por irlandeses-canadienses en 1910 y llamada, muy patrióticamente, la *Maple Leaf Confectionary*. Actualmente está al cargo de Kaye, la última de la familia, una vieja chimuela que ronda atrás de los aparadores de estilo Victoria, arreglando pequeños montones de dulces y cigarros, y esperando sonsacar a algún desamparado cliente a que suelte la lengua y chismee. Por lo general, trata en vano. Debido a la combinación creada por los fuertes olores de los escasos abarrotes y caca de gato, su tienda carece de clientes. Ni siquiera yo entro a esa tienda, lo cual es extraño ya que a mi me gusta soltar la lengua y chismear, además de que comparto su herencia irlandesa. Pero cuando salgo por leche paso de corrido por su tienda, caminando una cuadra extra a la tienda coreana de la otra esquina.

Para explicar el porqué de esta situación, tengo que recurrir a una dicotomía, aunque las dos partes sean desiguales—una es mucho más fácil de explicar.

La parte más fácil de decir es que yo quiero que los coreanos se sientan bienvenidos en nuestra vecindad, y yo quiero sentirme bienvenida en su tienda. Estoy conciente de que la demografía a mi alrededor está cambiando, el ir de compras a tiendas en las que otras personas compran me ayuda a ajustar mi sentido de identidad al ritmo creciente de estos cambios. Esto es franco auto-interés; estableciendo buenas relaciones para el futuro y asegurando mi permanencia en Toronto bajo un estado psíquico confortable, a pesar del hecho de que no estoy rodeada por mi propia cultura. Esta actitud es alentada no sólo por el apoyo moral de mis conocidos y el apoyo oficial de nuestro gobierno, sino que inherentemente contiene suficientes incógnitas para aparecer exitante y deseable. De hecho, a veces el esperar el camión en la calle, con la muchedumbre típica de Toronto que incluye cada raza y credo conocidos en el mundo, me mueve emocionalmente *a la Benetton,* sintiendo que es una gran aventura, un experimento social sin precedente alguno.

Pero claro que puedo ser generosa. Nací en Canadá, al igual que mi padre, y su padre. También mi madre, su madre, y la de ella. En Canadá gozo de privilegios a los que tengo derecho sin siquiera tener que pensar en ellos. Privilegios que van desde lo económico al lugar material y físico. Conozco las islas y canales de la costa oeste. Conozco las granjas del valle de Ottawa y las ciudades a las faldas de las Rocallosas. Puedo imaginar el cambiar de residencia a cualquier ciudad pequeña en Canadá, y ser bienvenida. Puedo imaginar vivir en un bosque, o a la orilla de un lago, y sobrevivir. Me puedo encontrar entre la minoría en el centro de Toronto, pero mis derechos de propiedad fuera de la ciudad han estado establecidos desde tiempo atrás. Este sentimiento de poseer el cuerpo de

the descendants of settlers or pioneers, and it is this precise heritage that I'm unable to celebrate with her and which keeps me out of her store. Kaye has no problem with the history she's been taught while I have my doubts.

From the first Canadian Immigration Act in 1869 until World War Two, immigrants to Canada paid little attention to the fact that there were people here before them. Many immigrants came under the Homestead Act taking free land in return for developing it. They saw no culture above theirs and recognized no inhabitants on the land they turned into farms and towns. Theirs is a well-known story, one told throughout all the Americas. But Canada is still writing this story and she has tales to tell that are peculiar to herself, that concern how she imagines herself and how she describes herself to others.

Canadians imagine themselves as wilderness experts, people who know about deep forests and clear waters. Never mind that most of us live on a thin line of cities stretching from the Pacific to the Atlantic just a breath away from the Canada/U.S. border. As far as we're concerned, the land that made our fortune also formed our soul. Our classrooms are crammed with paintings of trees and lakes. Our postcards and calendars show miles of mountains and moose. Our vacations are juggling acts of canoes and kayaks and skis and fishing rods. With a population equal to California's and an area of land just shy of the former Soviet Union's, there certainly is a lot of room for trying out our equipment.

But we go further. Every Canadian nationalist has an Inuit carving in the house. Every clerk has a Cape Dorset print on the wall. We wear Haida earrings and bracelets and the City Hall raises Kwakiutl poles on the plaza. Tourists flock to our museums to see the Indian artifacts. We are people of the North. We are people of the land.

We have worked out some sort of deal for ourselves that makes this our romance, our rationalization for living in a difficult climate. This is our compensation for having no great cities, no world power and no particular genius. We have carefully superimposed aboriginal culture over our own to enhance our rôle as we rattle around on our big, frozen stage and our commitment to the part suffers no challenge. How can there be Native land claims when we are native ourselves? We have it both ways; we are here by royal decree *and* by indigenous design ironically fashioning ourselves into the only real noble savage there ever was.

But now the act is over. These days we feel a psychic shudder from sea to shining sea as the First Nations gain a purchase on power claiming not only their lands and a right to self-government but also the return of all myths, stories, images, histories and language that have been sucked into the usurper's maw.

This makes us afraid. What if it happens that our big advantage, our edge over native and newcomer alike, our trove of Canadian Culture and History turns out to be nothing but a box of forgeries, frauds and impostors. We are afraid that we'll lose the right to

Canadá ha sido parte de la identidad euro-canadiense desde que Carlos II le cedió Rupertsland a comerciantes de pieles británicos (La Compañía de Aventureros), en 1670. Esta es la otra cara de la moneda de inmigración canadiense. Kaye y yo somo descendientes de inmigrantes aunque no hemos querido reconocerlo sino hasta últimamente. Más bien nos describíamos como descendientes de colonizadores o pioneros, y es precisamente esta diferencia la que soy incapaz de celebrar y la que me forza a permanecer fuera de su tienda. Kaye no tiene ningún problema con la historia que le ha sido transmitida, mientras que yo tengo mis dudas.

Desde el primer Acto de Inmigración Canadiense en 1869 hasta la Segunda Guerra Mundial, inmigrantes en Canadá dieron poca importancia al hecho de que previamente a su llegada, ya había gente habitando estas tierras. Muchos inmigrantes vinieron bajo el *Homestead Act*, apropiándose de la tierra a cambio de su desarrollo. No vieron cultura alguna sobre la suya, y no reconocieron a ningún habitante en las tierras que convirtieron en sus granjas y pueblos. La de ellos es una historia muy conocida, una transmitida por todas las Américas. Pero Canadá todavía está escribiendo esta historia, y tiene cuentos por contar que son peculiares a sí misma, concernientes a cómo se imagina, y cómo se describe ante otros.

Los canadienses se imaginan a sí mismos como expertos en la naturaleza, gente que conoce las profundidades de bosques y lagos. Olvidan que la gran mayoría de

nosotros vivimos en la breve línea de ciudades que se extiende desde el Pacífico hasta el Atlántico, apenas unas millas de la frontera con los Estados Unidos. En lo que nos concierne, la tierra que creó nuestras fortunas también formó nuestras almas. Nuestras aulas de clase están llenas de pinturas de árboles y lagos. Nuestras tarjetas postales y calendarios muestran millas y millas de montañas y alces. Nuestras vacaciones son actividades en canoas y kayaks, esquís y cañas de pescar. Con una población igual a la de California, en un área poco menor a la de la ex-Unión Soviética, hay sin lugar a duda mucho espacio para probar nuestros equipos para el deporte. Pero vamos aún más lejos. Todo canadiense patriota posee un grabado inuit en su casa. Todo oficial de secretaría tiene un poster del Cabo Dorset en su pared. Usamos aretes y pulseras haida, el City Hall coloca postes kwakiutl en la plaza. Los turistas llenan los museos para ver artefactos nativos. Somos gente del norte. Somos gente de la tierra.

Hemos creado un convenio que convierte todo esto en nuestro romance, nuestra racionalización por el hecho de vivir en un clima difícil. Esta es nuestra compensación por no tener grandes ciudades, poder mundial o ningún genio en particular. Hemos superimpuesto la cultura nativa sobre la nuestra para acentuar nuestro rol, al movernos atolondradamente sobre nuestro escenario, tan grande y congelado, mientras que nuestro compromiso con la parte no sufre amenaza alguna. ¿Cómo es que pueden existir reclamos de tierras nativas, cuando

think of ourselves as brave and just, that the pioneer in the family will become an embarrassment, that our European names will translate as "racist."

Another thing that we had imagined is that all racists live elsewhere, like in the United States. It's harder for us to think of ourselves in these terms than it is not to think of ourselves at all. We would rather erase our own past than claim it so it's tempting to leave history closed by simply conceding that the worst is true. We merely change the labels under the portraits to read "EVIL EXPLOITER" instead of "BRAVE EXPLORER," leaving out the details of our own subtle and devious ways.

But our lies *are* our stories and much more interesting than Victorian tales of good and bad. There are tales to tell about how comfortable we became in our ill-

fitting costumes; how we thought no-one could see through our romantic personae; how we cobbled together our scripts from movies and books and tall tales. I want to look into the chest and pull out the props, check out the shabby disguises, hold the lump of pyrite in my hand. And as I root around, I think I will be ashamed and embarrassed, but those feelings are already out of the box and will not be stuffed back in. Maybe I'll find some things that don't sound so hollow when I shake them and I'll put them aside. It's like salvaging after a fire. If there's anything substantial in the end I might call it a place; a place for me to be in Canada between the first people and the new Canadians, and I'll be very glad to have it even if it's not much grander than the Maple Leaf Confectionery on Ossington Avenue.

nosotros mismos somo nativos? Lo tenemos todo; estamos aquí por decreto real y por diseño indígena, irónicamente moldeándonos en el único salvaje noble y real que jamás haya existido.

Pero el acto se ha terminado. Hoy día, sentimos nuestro psíquico estremecerse de costa a costa en la medida que las Primeras Naciones ganan en poder de reclamo no sólo de sus tierras y su derecho a la soberanía, sino también de regresar a sus mitos, cuentos, imágenes, historias y lenguajes que habían sido absorbidos por los usurpadores.

Esto nos asusta. ¿Qué pasaría si nuestra ventaja, nuestro filo sobre los nativos y recién llegados por igual, nuestro derecho a la cultura e historia canadiense se convierten en una caja de mentiras, fraudes e impostores? Tenemos miedo de perder nuestro derecho a creernos valientes y justos, de que los pioneros en la familia se conviertan en una vergüenza, de que nuestros nombres europeos sean traducidos a "racistas".

Otra de las cosas que nos imaginábamos es que todo racista vive en otro lugar, como en los Estados Unidos. Es más difícil pensar en nosotros bajo estos términos, que el no pensar en nosotros del todo. Preferiríamos borrar nuestro propio pasado a reclamarlo, por lo que es tentador dejar la historia cerrada y simplemente aceptar que lo peor es verdad. Tan solo tene-

mos que cambiar los rótulos bajo los retratos que leen "EXPLOTADOR MALO" en vez de "EXPLOTADOR BRAVO", dejando fuera los detalles de nuestras astutas y desviadas maneras.

Pero nuestras mentiras *son* nuestras historias, y son mucho más interesantes que los cuentos Victorianos del bien y el mal. Hay cuentos que contar sobre la forma en que nos hemos sentido tan cómodos vestidos en nuestros disfraces enfermizos; de cómo hemos creído que nadie puede ver a través de nuestra persona romántica; de cómo hemos remendado nuestros libretos de películas, libros y cuentos. Quiero ver el interior del baúl y sacar la utilería, checar los disfraces usados, sostener el pedazo de pirita en mi mano. Al encontrar mis raíces, creo que me sentiré avergonzada y apenada, pero esos sentimientos ya están fuera de la caja y no serán forzados dentro de ella otra vez. Tal vez encontraré algunas cosas que no suenen tan huecas cuando se les agita y las pondré aparte. Es como salvar los restos de un incendio. Si algo queda al final que sea sustancial, lo llamaré un lugar; un lugar en el que yo pueda estar en Canadá, entre las primeras gentes y los nuevos canadienses, y me sentiré alegre de tenerlo, aun cuando no sea mucho más grande que la *Maple Leaf Confectionary* en la avenida Ossington.

Rican/structed Realities, Confronted Evidence

JUAN SANCHEZ

Each generation must out of relative obscurity discover its mission, fulfill it, or betray it.

Frantz Fanon *(1925-1961)*

The artist, like the writer, has the obligation to be of use; his painting must be a book that teaches; it must serve to better the human condition; it must castigate evil and exalt virtue.

Francisco Oller *(1833-1917)*

All art should seek a liberating orientation. . . . Art is the necessity of freedom, the necessity of the slave who liberates him/herself and contacts his/her freedom in a thousand ways, giving it a thousand meanings with a dialectical no and yes. . . . And what is a slave doing saying he is free? Spiritual liberation—as Marx said about revolution—is a precondition to real freedom.

Elizam Escobar *(b. 1948)*

Following the palpitation of one's heart and mind through painting as well as through various forms of activism has its pleasures and sometimes its despairs.

We are living in times of great social upheaval, where evil can openly be observed in many different manifestations. Today we have Apartheid in South Africa and colonial imperialism in Latin America, the Caribbean and other parts of the world. We also have hunger, AIDS, and other terrible diseases, plus the possibility of a nuclear holocaust. At the same time, in our own backyards people are living in dire poverty, oppressed and spiritually brutalized.

Colonialism, like the evil epidemic it is, continues to damage Puerto Rican land and culture. Boriquen (the original name of the island, given by the Taino Indians) has been under United States military rule and occupation since its illegal invasion in 1898. Colonialism is the real AIDS of Puerto Rican reality in the island as well as in the cities of the United States. All the vileness of a rotting society—poverty, alienation, prostitution, drugs, homelessness, high infant mortality, diseases, environmental and economic exploitation, and other plagues—flourishes in Puerto Rico. Most of us, especially those who have gone through its racist and sexist educational system, have been constantly denied our wonderful and unique history and status as a nation. Our second- and third-class status as United States citizens does not grant Puerto Ricans living in the island the right to participate in presidential elections. Yet we have been drafted to fight in two World Wars, the Korean War, and the Vietnam War. Puerto Ricans have performed military duty in all conflicts as well as other post-draft U.S. military interventions (Grenada, Lebanon, Panama, Nicaragua, and currently the Middle East).

I was born of Puerto Rican parents in Brooklyn, New York. My art is inspired by the fact that even though the empire tries to bury the truth, Puerto Rican people resist. They never allowed imperial powers to bury their island, their culture, their history, and their lives. They continue to fight to preserve the truth and have repeatedly denounced colonial control. They have shouted their national identity and proclaimed their independence. Many individuals have paid heavily for being Puerto Rican

Cada generación debe, fuera de relativa obscuridad, decubrir su misión, cumplirla, o traicionarla.

Frantz Fanon *(1925-1961)*

El artista, como el escritor, tiene la obligación de ser útil; su pintura debe ser un libro que enseñe; debe servir para el mejoramiento de la condición humana; debe castigar el mal y exaltar la virtud.

Francisco Oller *(1833-1917)*

Todo arte debe buscar una orientacion libertadora. . . . El arte es la necesidad de la libertad, la necesidad del esclavo(a) que se libera y contacta su libertad de mil maneras, dándole mil significados con un sí o un no dialéctico. . . . Y ¿qué hace un esclavo afirmando que es libre? La liberación espiritual —como Marx dijo sobre la revolución— es una precondición de la libertad real.

Elizam Escobar *(b. 1948)*

El seguir las palpitaciones de tu corazón y mente al pintar, así como a través de varias formas de activismo, tiene sus placeres y a veces sus desesperanzas.

Vivimos en tiempos de levantamientos sociales mayores, donde el mal puede ser observado abiertamente en diferentes formas de manifestación. Hoy, tenemos el *Apartheid* en Sudáfrica y el imperialismo colonial en América Latina, el Caribe, y otras partes del mundo. También tenemos el hambre, el SIDA, y otras enfermedades terribles, a más de la posibilidad de un holocausto nuclear. Al mismo tiempo, en nuestros propios patios, la gente vive en la pobreza total, oprimidos y espiritualmente brutalizados.

El colonialismo, como la epidemia maligna que es, continúa dañando la tierra y cultura puertorriqueña. Boriquen (el nombre original de la isla dado por los indios taino), ha estado bajo el mando y la ocupación militar de los Estados Unidos desde su invasión ilegal en 1898. El colonialismo es el SIDA real de la realidad puertorriqueña en la isla así como en las ciudades de los Estados Unidos. Toda la vileza de una sociedad en decadencia —pobreza, alienación, prostitución, droga, gente destituída de sus hogares, el alto índice de mortalidad en la población infantil, enfermedad, explotación económica y del ecosistema, y otras plagas— florece en Puerto Rico. La gran mayoría de nosotros, especialmente aquellos que hemos pasado por su sistema educacional racista y sexista, hemos sido constantemente negados de nuestra maravillosa, singular historia y nuestra condición de nación. Nuestra condición de segunda y tercera clase de ciudadanos de los Estados Unidos no concede a puertorriqueños que residen en la isla, el derecho de particpar en las elecciones presidenciales. Sin embargo, hemos sido reclutados para pelear en dos guerras mundiales, las guerras en Corea y en Vietnam. Los puertorriqueños hemos cumplido la obligación militar en todos los conflictos, así como en otros postreclutamientos de intervenciones militares de los Estados Unidos (Granadina, Líbano, Panamá, Nicaragua, y actualmente el Medio Oriente).

Yo nací en Brooklyn, Nueva York, de padres puertorriqueños. Mi arte es inspirado por el hecho de que aun cuando el imperio trata de enterrar la verdad, la gente puertorriqueña se resiste. Nunca

Independentistas and human rights activists. Others have even taken up arms to combat this colonial manipulation and domination and ended up as Puerto Rican Political prisoners of war in United States prisons. Many activists have been assassinated. Yet the people's will for freedom remains unbroken.

Oil paint, canvas, paper, photographs, poetic images, symbols and words presented through tearing, cutting, pasting, and collaging are what bring me closer to expressing these realities. It is a constant stimulus to aim toward self-realization in objective and subjective correlation with a people who are moving and evolving with the passion and convictions that reflect their inner strength. My commitment to express significant concerns and content through the investigation of aesthetic and formal practice; to search for racial, cultural, social, and political definitions rooted in, and erupting from, a hostile environment is a necessity in my creative process. The multilayering of this process also expresses the complexity of the reality of the Puerto Rican people. To be responsible and responsive to a culture challenged by genocide is to make art that serves progress and not reactionary forces; to take sides with the oppressed and not with the oppressors; to deal not only with protest but also with recuperative and regenerative healing, to take sides with victory in

affirming life and not embracing death.

In my work, you will notice images of children. Along with Taino petroglyphs of Boriquen, revolutionary figures, images of saints and African orishas, sacred hearts, leaves, Puerto Rican flags, and the torn edges of the gritty urban-ghetto environment, there are boys and girls running, jumping, and playing. There are images of myself when I was one and four years old, together with photographs of my beloved mother. I can't help but realize that my people's long and epochal history of heroism, patriotism, and violence has always been dedicated to the future of our children. My art is in the form of a testimony of love and celebration of the Puerto Rican people and their capacity to move forward, assert themselves, and energize and enrich the present in their efforts and attempts to get rid of the evil empire's epidemic and become a free and sovereign nation.

My art attempts to Rican/struct our reality so that we can confront the evidence. My art is also an act of faith.

In the poorest part of town/ Where the sun never reaches the ground/And seeing's not believing/The feeling stays alive, yeah yeah/Little children laughing and playing/Cause they haven't learned to start hating/Never giving up/ They still believe in love sweet love.[1]

ha permitido que poderes imperialistas entierren su isla, su cultura, su historia, y sus vidas. Continúan peleando para preservar la verdad, y vez tras vez han denunciado el control colonial. Han gritado su identidad nacional y proclamado su independencia. Varios individuos han pagado muy caro el ser independentistas puertorriqueños y activistas de los derechos humanos. Otros han hasta tomado las armas para combatir esta manipulación y dominación colonial, y han terminado como puertorriqueños prisioneros políticos de guerra en las prisiones de los Estados Unidos. Varios activistas han sido asesinados. Aun así, la voluntad de la gente por la libertad, sigue inquebrantable.

Pintura de óleo, tela, papel, fotografías, imágenes poéticas, símbolos y palabras presentadas al rasgar, cortar, pegar y *collages,* son lo que me aproxima a la expresión de estas realidades. Es un estímulo constante el asestar hacia la auto-realización en una co-relación objetiva y subjetiva con una gente que se mueve y se desenvuelve con una pasión y convicción que refleja su fuerza interior. Mi compromiso por expresar intereses y contenido significantes a través de la investigacion estética y la práctica formal; la búsqueda de definiciones raciales, culturales, sociales y políticas que enraizen en, erupcionen de un medio ambiente hostil, es una necesidad en mi proceso creativo. Las multicapas de este proceso, también expresan la complejidad de la realidad de la gente puertorriqueña. El ser responsable y respondiente a una cultura que ha sido desafiada por el genocidio, es hacer un arte que sirva al progreso y no a las

fuerzas reaccionarias; el tomar partido con los oprimidos y no con los opresores; el lidiar no sólo con la protesta sino también con el remedio recuperativo y regenerativo; el tomar partido con la victoria al afirmar la vida y no abrazar la muerte.

En mi trabajo, notarán las imágenes de niños. Al lado de petroglíficos tainos del Boriquen, figuras revolucionarias, imágenes de santos y *orishas* afriqueños, corazones sagrados, hojas, banderas puertorriqueñas, y esquinas rasgadas del arenoso sistema ghetto-urbano, hay niños y niñas corriendo, brincando y jugando. Hay imágenes de mí mismo cuando tenía uno y cuatro años de edad, junto con fotografías de mi adorada madre. No puedo sino darme cuenta de que la historia de mi gente, larga y de época de heroísmo, patriotismo y violencia, siempre ha sido dedicada al futuro de nuestros niños. Mi arte es en la forma de testimonio de amor y celebración de la gente de Puerto Rico y su capacidad de seguir hacia adelante, afirmándose, energetizando y enriqueciendo el presente con sus esfuerzos e intentos por deshacerse de la epidemia del imperio maligno, y de convertirse en una nación libre y soberana.

Mi arte trata de ricon/struir nuestra realidad para poder confrontar la evidencia. Mi arte también es un acto de fé.

En el lugar más pobre del pueblo/ Donde el sol nunca toca el suelo/Y el ver no es creer/El sentimiento sigue vivo, sí, sí/Niños pequeños riendo y jugando/Porque no han aprendido a comenzar a odiar/Sin darse por vencidos/Todavía creen en el amor, dulce amor.[1]

I Feel at Home With My Ancestors: A Canadian Perspective

GERALD MCMASTER

As we approach 1992, questions of identity, land claims and colonization are being addressed with a ferocity previously unheard of within the borders of Canada, and to our Native American neighbors to the south. I would like to address these issues in this all too brief forum.

Issue One: Identity

A few years ago a good friend came to visit me at the museum. After some discussion about the current state of contemporary Indian art, I asked him how he felt about having his work collected by the Canadian Museum of Civilization[1]. He said simply, "Having my work here, I feel at home with my ancestors." He said this knowing full well to state such a position might bring immediate opposition from many contemporary indigenous artists, especially those who argued for years that there was little or no representation in the National Gallery.

To me, he asserted this position for two reasons: first, he knew his work had yet to be collected by the National Gallery; and second, he had accepted that his work was almost totally inspired by his native ancestry. In his mind, he knew his works would not connect to the Gallery's total historical affinities to Europe, by saying "they would look out of place." He believed, instead, the Museum was a somewhat more appropriate context for his works, since the Museum contains some of the best pre-20th century Native Canadian collections in the world (many of which have consistently come into view as 'art'). He believed his viewpoints would be respected and therefore better understood.

As you can guess by now, the ongoing debate in Canada (or the U.S.) is whether contemporary art by indigenous artists properly belongs in the Canadian Museum of Civilization[2], in the National Gallery of Canada, or both. While native artists want the finest pieces of their work, chosen primarily according to aesthetic principles, in the latter, it is the former that provides a complementary focus. Works collected and displayed within the Museum prove not only the continuity of native art traditions but also their interplay with other world artistic traditions and philosophies.

The Canadian Museum of Civilization, once considered an ethnographic museum—its history made famous by the collections it amassed on the many Native Canadian cultures, particularly in the areas of artifacts, linguistics, music, photographs, etc.—now regards itself a "human history museum." Yet, ironically the Museum visualizes "History" beginning with a blond blue-eyed male, but that is another story.[3] Its original intention seemingly was to gather or "salvage" as much as possible of the Native cultures before they disappeared—the "vanishing race."

Returning to the opening statement, said by Edward Poitras, a Metis artist whose talent is now nationally recognized, saying he "felt at home with his ancestors," is not only a leap of faith at a time artists are seeking approval from the "mainstream" but gives further endorsement to those more interested in tradition. Poitras did not object to the notion that his work might be categorized or thought of

Mientras nos acercamos a 1992, las cuestiones de identidad, territorio y colonización están siendo tratadas con una ferocidad previamente ignorada dentro de las fronteras canadienses así como a nuestros vecinos los nativos americanos del sur. A mí me gustaría dirigirme a dichas cuestiones en este muy breve foro.

Asunto Primero: Identidad

Hace algunos años, un buen amigo vino a visitarme al museo. Después de discutir sobre el actual estado del arte indígena contemporáneo, le pregunté cómo se sentía de tener su trabajo recopilado por el Museo Canadiense de Civilización.[1] El simplemente dijo: "Teniendo mi trabajo aquí, me siento en casa con mis ancestros". Dijo esto sabiendo muy bien que tomar semejante posición debía atraer oposición inmediata de muchos artistas indígenas contemporáneos, especialmente quienes dijeron por muchos años que había poca o nula representación en la Galería Nacional.

Para mí, él afirmó esta posición por dos razones: primero, supo que su trabajo todavía no había sido seleccionado por la Galería Nacional; y segundo, él había aceptado que su trabajo fue inspirado por sus antepasados nativos. Para él, sus obras no conectarían con la afiliación histórica de la Galería con Europa, diciendo: "parecerían fuera de lugar". Por eso, él creyó que el Museo sería, de alguna manera un contexto más apropiado para su obra, ya que el Museo contiene algunas de las mejores colecciones pre-siglo XX nativo-canadienses en el mundo (muchas de las cuales consistentemente han sido acep-

tadas como "arte"). Creyó que sus puntos de vista serían respetados y por eso mejor entendidos.

Así, el debate que continúa en Canadá (o los Estados Unidos), es saber si el arte indígena contemporáneo pertenece primordialmente al Museo Canadiense de Civilización[2] o a la Galería Nacional de Canadá, o a ambos. Mientras que los artistas nativos buscan que las piezas más finas de su obra, estén en la segunda, seleccionadas básicamente de acuerdo a principios estéticos, es el Museo el que provee el enfoque complementario. Obras coleccionadas y exhibidas por el Museo no solamente prueban la continuidad del arte tradicional nativo sino también su interacción con otras tradiciones y filosofías artísticas mundiales.

El Museo Canadiense de Civilización, alguna vez considerado un museo etnográfico —su historia es famosa por las colecciones que ha ido adquiriendo de las numerosas culturas nativas canadienses, particularmente en las áreas de artefactos, lingüística, música, fotografía, etc.— ahora se considera a sí mismo como un "Museo de Historia Humana". Sin embargo, irónicamente el Museo visualiza "Historia" comenzando con el hombre rubio de ojos azules, pero esa es otra historia.[3] Su intención original parecía ser el "salvar" o recopilar lo más de las culturas nativas antes que desaparezcan—la raza en extinción.

Volviendo al punto de partida, como dijo Edward Poitras, artista metis cuyo talento es ahora nacionalmente reconocido, él: "se siente en casa con sus antepasados", siendo no sólo un salto de fé en el tiempo en que los artistas

as "ethnographic" because it was in the Canadian Museum of Civilization, rather, he dismissed the arbitrariness of such categorization in the first place. He saw new meaning in his inclusion in the Museum and forced exclusion from a major international art gallery. Even though museums are frequently attacked for containing "remnants of salvaged cultures," Poitras obviously saw other connections. It was as though he were rejecting inclusion into the mainstream art world's hegemony and colonialist position against non-western artists. A new empowering strategy which no doubt may be exercised more openly in the future. Incidently, Poitras was selected by the National Gallery in 1989 to partake in its first biennial exhibition.

Another artist, Robert Davidson (Haida), also points out his indebtedness to museums: "Museum collections," he says, "chart . . . out . . . [a] progression [that] can offer knowledge and insights into innovation to help the Haida artist today. For my development, museums helped my creativity and now, as a teacher, I am sharing my knowledge, and learning a lot through that sharing."

Many other Native Canadian (and American) artists have come to rely on "ethnographic" collections for a better historical understanding of their artistic possibilities and cultural importance. I expect in the future that museum collections will prove their importance to artists and other Native peoples as they become more aware of their heritages. Already, many artists are combining their traditional heritage with personal innovations to develop

new and powerful statements, or works of art.

Issue Two: Summer 1990

For many Canadians, especially by Native Canadians, the summer of 1990 will long be remembered as the one in which Elijah Harper (Cree), member of the Legislative Assembly of Manitoba, effectively put the country on hold as his lone abstention curtailed the passing of the Mooch Lake constitutional accord, plunging the country into political confusion. The accord, in part, was to recognize the French-speaking province of Québec as a "distinct" society, and its inclusion into the constitution. Harper's resistance called attention to the exclusion of Aboriginal peoples in the accord, an obvious omission that gave immediate notice to Aboriginal issues.

It was, as well, the summer when Mohawk Warriors confronted the Canadian Armed Forces, at Oka (Québec), protesting a disputed land transaction. Almost immediately, Aboriginal peoples across North America gave massive support by blockading roads and railroads, diverting dams, and organizing marches. Around the world Canadian embassies were bombarded with angry protesters. Additional support for Aboriginal issues came from many segments of Canadian society, giving firm evidence that Aboriginal peoples are capable of applying various kinds of pressure to get governments to respond.

The media for its part reported in numerous and interesting ways. For instance, reports flashed out of Oka about armed "Indians" as in: "Indians and the army are still at a

buscan la aprobación del "mainstream" sino que da mayor ratificación a los más interesados en tradición. Poitras no objetó a la noción de que su obra fuera categorizada o pensada como "etnográfica" porque estaba en el Museo Canadiense de Civilización, en su lugar, descartó las arbitrariedades de semejante categorización desde el principio. El vió un nuevo significado a su inclusión en el Museo y forzada exclusión de la importante Galería Internacional. Aun cuando los museos son constantemente atacados por contener restos de culturas "desaparecidas", obviamente, Poitras vió otras conexiones. Era como si se negara su inclusión a la más importante hegemonía artística mundial y la posición anti-colonialista de artistas no occidentales. Sin duda un nuevo poder estratégico que debe ser ejercitado más abiertamente en el futuro. Casualmente, Poitras fue seleccionado por la Galería Nacional en 1989 para tomar parte en su primera exhibición bienal.

Otro artista, Robert Davidson (haida), también destaca su endeudamiento con los museos: "Colecciones Museográficas" dice, "trazan. . . (una) progresión (que) puede ofrecer conocimiento y una visión innovadora para ayudar al artista haida de hoy. A mí los museos me han ayudado a desarrollar mi creatividad y ahora, como profesor, comparto mi conocimiento y aprendo a través de ese compartir".

Otros artistas nativos canadienses (y americanos) han empezado a confiar en colecciones "etnográficas" para un mejor entendimiento histórico de sus posibilidades artísticas e importancia cultural. Yo

espero que en el futuro las colecciones museográficas comprobarán su importancia al artista y a otros grupos nativos a medida que se concienticen de sus raíces. Actualmente muchos artistas combinan su herencia tradicional con innovaciones personales, desarrollando así nuevas y poderosas declaraciones y obras de arte.

Asunto Segundo: Verano de 1990

El verano de 1990 será recordado por los canadienses, especialmente por los nativos, cuando Elijah Harper (cree), miembro de la Asamblea Legislativa de Manitoba, puso al país a la expectativa cuando su solitaria abstención para pasar el acuerdo del Lago Mooch, sumergió al país en confusión política. En parte, el acuerdo era para reconocer la provincia francoparlante de Quebec como sociedad "distinta" y así incluirla en la constitución. Por otro lado, la resistencia de Harper señaló la exclusión de la gente nativa en el acuerdo, omisión obvia que dió notoriedad a asuntos nativos.

Fue también en el verano cuando los Guerreros Mohawk se enfrentaron a las Fuerzas Armadas Canadienses en Oka (Quebec), protestando una transacción de territorio disputado. Casi inmediatamente, la gente nativa a través de América del Norte, dió apoyo masivo bloqueando carreteras y vías ferroviarias, desviando el agua contenida por diques y organizando marchas. En todo el mundo las embajadas canadienses fueron bombardeadas con protestas. Apoyo adicional para asuntos nativos vino de varios segmentos de la sociedad canadiense, mostrando firme evidencia de que

standoff." These "Indians" were later identified as Mohawk warriors, members of the Iroquois Confederacy, barricaded at Kahnasatake. Then, I read Peter C. Newman's statement in *Maclean's* magazine that said, "The trouble with Indians is that they insist on acting like Indians. That means the rest of us who judge their behavior by *our* [emphasis his] standards can't even begin to appreciate their motives or comprehend their tactics." Other reporters saw it as the Mohawk Warriors resisting an "invasion onto their sovereign territory," and the army trying to "maintain law and order." Clearly the media saw the dividing mark, but like everyone else could not understand. The circumstances leading up to Oka were extremely complicated, and the media did its superficial best. Comments like Newman's, however, did little to help unravel the complexity and enormity of the situation.

The coverage was a superb minidrama, with minute-by-minute raw film footage, with some reporters actually stationed and reporting from the Mohawk side staring out toward the armed forces. Trying to see from a Mohawk perspective perhaps? Time and writing can only tell. It took nearly two months before moderately substantive questions were asked like, why were Mohawks behaving this way? Later the real issues—sovereignty, land-claims, self-government, aboriginal rights and title—did begin to come forth, confusing everyone, even aboriginal peoples.

The media's constant presence did prevent the army from entertaining any notion of a full-scale attack (a la Rambo or cavalry style). For safe measure verbal fuel was tossed into the barrage when red-necked hotheads (a recent Canadian phenomenon) were quoted, "Look at the God damned savages: they say they care about the environment and they are tearing it up." Even supposed objective politicians lost sight of the issues and began to refer to the warriors as "terrorists." The Mohawks, on the other hand, responded tersely. "We have backed up and backed up and backed up to satisfy the settlers of this country. This time, we stand our ground."

Aboriginal peoples in all spheres of activity without a doubt will be standing their ground as we enter the post-Columbian era.

Issue Three: 1992

The months leading up to and beyond 1992 will be strategic for the aboriginal voices of the Americas. As part of the process, aboriginal artists are demanding a critique of the history of colonization and its contemporary celebrations that embody a language of dominance and conquest. An understanding and reworking of the beliefs and attitudes that underlie such celebrations can lead to a dynamic process of change. Aboriginal people have the history and vision to partake effectively in world events that so profoundly affect their lives and the future course toward self-determination. But simply, we need the chance to be heard.

Nineteen ninety-two, in Western time, will mark the convergences of innumerable anniversaries, high among them European and Euro-North Americans will celebrate the 1492 landfall of Christopher

la gente nativa es capaz de aplicar varias formas de presión para conseguir respuesta del gobierno.

Los medios de comunicacion, por su parte respondieron de numerosas e interesantes formas. Reportaron por ejemplo, a "indios" semi-armados como: "Indios y el ejército todavía en un empate". Estos "indios", fueron identificados más tarde como guerreros mohawk, miembros de la confederación iroquesa, encerrados con barricadas en Kahnastake. Más tarde, leí un artículo publicado en la revista *Maclean* y escrito por Peter C. Newman diciendo que "El problema con los indios es que insisten en comportarse como indios. Lo que significa que el resto de nosotros, que juzgamos su comportamiento por *nuestros* (su énfasis) estándares, ni siquiera podemos apreciar sus motivos o comprender sus tácticas". Otros reportaron que los guerreros mohawk resistieron una "invasión a su territorio soberano", y el ejército trató de "mantener el orden". Evidentemente, la prensa vislumbró la marca divisoria, pero tampoco entendieron. Las circunstancias que codujeron a Oka fueron extremadamente complicadas, y los medios de comunicación hicieron su mejor trabajo, superficialmente. De cualquier manera, comentarios como el de Newman ayudaron poco para desenredar la complejidad e importancia de la situación.

El reportaje fue un soberbio mini-drama, con filmación minuto a minuto, con reporteros instalados y reportando desde el lado mohawk apuntando fijamente hacia el lado de las fuerzas armadas. ¿Tal vez tratando de ver desde la perspectiva mohawk? Sólo el tiem-

po y la escritura lo dirán. Tomó casi dos meses para que se plantearan preguntas sustanciales como, ¿Por qué los mohawks se comportan de esta manera? Después los asuntos reales, soberanía, territorio, autonomía, derechos y títulos nativos, comenzaron a surgir confundiendo a todos, aún a la gente nativa.

La presencia constante de la prensa evitó que el ejército emitiera una acción de ataque (estilo Rambo o de caballería). Como medida de seguridad, energía verbal fue inyectada en las barricadas cuando cuellos-rojos, cabezascalientes (un reciente fenómeno canadiense) fueron citados, como por ejemplo: "Mira a los desgraciados salvajes: se proclaman proecologistas y lo están destruyendo". Aún los llamados políticos objetivos perdieron la dirección del asunto y comenzaron a referirse a los guerreros como "terroristas". Los mohawks, por su parte, respondieron lacónicamente. "Siempre hemos cedido y cedido y cedido para satisfacer a los intereses del país, esta vez nos mantenemos firmes".

Sin duda, los nativos, en todas las esferas de actividad, permanecerán en pie mientras entramos en la era post-colombina.

Asunto Tercero: 1992

Los meses que quedaron atrás y más allá de 1992 serán estratégicos para las voces nativas de las Américas. Como parte del proceso, los artistas nativos demandan una crítica sobre la historia de la colonización y sus celebraciones contemporáneas que personifican un lenguaje dominante y conquistador. Entender y examinar de nuevo

Columbus (Cristobal Colón), to the Americas (Turtle Island).

Indigenous time, on the other hand, will mark 1992 as any other since time immemorial, through the annual giving thanks to the Creator in various festivals celebrating humankind's survival.

This time period, 1492-1992, however, does signify a 500-year parallel history, native and non-native, but despite this assumption, this year will be filled with numerous myths and contradictions.

The biggest myth perhaps is the current rhetoric coming out of Europe's public relations promotion of the 500 years. Initially the 500 years were to celebrate Columbus's "discovery." Not only have indigenous people disputed this claim since 1492, but now numerous and highly respected historians have also begun to see the facts differently. Without wishing to offend too many people, least of all "the discovered," the organizers of these monstrous celebrations have made a complete turn around, proposing instead that what really happened in 1492 was in fact a "meeting of two worlds." Other saleable rhetoric includes "encounters." The subtext that continues to shine through all this is that colonization began in 1492, whether indigenous North Americans like it or not. The encounter took immediate form through Columbus's insistence that they take back to Spain a number of indigenous people, obviously against their will. This was the beginning of a 500-year legacy of religious, cultural, social, economic and political intolerance, which is still at every level of modern society. To ask indigenous people to participate in celebration

must be addressed very carefully and with great diplomacy; otherwise, to have a party celebrating the "meeting of two worlds" with only one world participating will be slightly embarrassing, if not down right ludicrous.

The second contradiction is that while the celebration centers around a 500-year historical legacy, this legacy did more to undermine indigenous history (-ies) in the process. This 500-year denial and subjugation is why indigenous people of the Americas are taking responsibility to present their perspectives and on their own terms.

Figuratively and mythically, perhaps, indigenous people have been floating on the Turtle's back, as the Iroquois like to say. Nonetheless and more meaningful to contemporary indigenous peoples, were the developments and achievements of the previous thousands of years— linguistically, culturally, socially, philosophically, politically and economically. That moment of convergence and subsequent merger with the newcomer was the beginning of a 500-year history!

But was it? Did indigenous peoples partake of official *History?*

In truth, indigenous peoples are subordinate in History, and this maintenance of historical, cultural and political intolerance has been tantamount to genocide. The denial and erosion of an indigenous history by the newcomers has effected lasting damage. This resistance to the inclusion of their history has rendered indigenous peoples all but invisible. Without a place in history, they've become instead objects for study, seen as "the mythic image of a 'natural man' who lived before history and civilization,"[4] who was

las creencias y actitudes que sirven de base a semejantes celebraciones puede llevar a un dinámico proceso de cambio. La gente nativa tiene visión e historia para tomar parte efectiva en los eventos mundiales que afectan tan profundamente sus vidas y el curso hacia un futuro de autodeterminación. Pero simplemente, necesitamos la oportunidad de ser escuchados.

Mil novecientos noventa y dos, en tiempo occidental, marcará convergencias de innumerables aniversarios. Sobre todo europeos y euro-norteamericanos, quienes celebrarán la llegada, en 1492, de Cristóbal Colón a las Américas (Isla Tortuga).

Por otro lado, el tiempo indígena marcará 1992 como cualquier otro año desde tiempos inmemorables, a través del anual día de gracias al Creador en varios festivales que celebren la supervivencia humana.

Este período de tiempo, 1492-1992, de cualquier manera, significa 500 años de historia paralela, nativa y no-nativa, más sin embargo, este año estará lleno de mitos y contradicciones.

Tal vez, el mito más grande es la actual retórica originada en Europa y sus relaciones públicas promoviendo los 500 años. Inicialmente, estos 500 años celebran el "descubrimiento de Colón". Los indígenas no solamente lo han disputado desde 1492 sino numerosos y altamente respetados historiadores han comenzado también a mirar los hechos de otra manera. Sin querer ofender a mucha gente, y menos a los "descubiertos", los organizadores de estas celebraciones han dado vuelta al asunto, promoviendo así

que lo que en realidad pasó en 1492 fue un "encuentro de dos mundos". Otra retórica vendible incluye "encuentros". El subtexto que aún brilla en todo esto es que la colonización empieza en 1492, les gustara o no a los indígenas norteamericanos. El encuentro tomó forma al Colón insistir en llevar a España cierto número de indígenas, obviamente en contra de su voluntad. Este fue el principio de un legado —de 500 años— de intolerancia religiosa, cultural, social, económica y política que todavía encontramos a cualquier nivel de la sociedad moderna. Pedir a los indígenas que participen en la celebración debe de hacerse diplomáticamente y cuidadosamente. De otro modo, el celebrar un "encuentro de dos mundos" con uno solo participando, sería vergonzoso y absurdo.

La segunda contradicción es que mientras la celebración se concentra en 500 años de legado histórico, este legado hizo más para aminorar las historias indígenas en el proceso. Estos 500 años de negación y subyugación son la razón por la cual los indígenas de las Américas se están responsabilizando al presentar sus perspectivas en sus propios términos.

Tal vez, mística y figurativamente, los indígenas han flotado en la espalda de la tortuga, como los iroqueses gustan decir. Sin embargo, lo más significativo para los indígenas contemporáneos ha sido el desarrollo y todo lo logrado durante los miles de años previos — lingüística, cultural, social, filosófica, política y económicamente. Ese momento de convergencia y la subsiguiente consolidación con el recién llegado fue el principio de una historia de 500 años.

pure, free and simple, resembling the flora and the fauna. Indigenous perspective on the correspondence is tolerable, but its assignment only serves to justify the newcomer's colonizing demeanor. Indigenous history amounts to 500 years and more. In this quincentennial year of written historical contact, indigenous peoples indeed have something to prove and celebrate, aside from the derisive views toward a nautical error.

The events of 1992 will draw significant international attention, wherein the themes of *discovery, exploration* and *encounter* demand that indigenous peoples establish themselves within this history of "the meeting of cultures." As the dubious beneficiaries of 500 years of Western intervention, indigenous people will assume a more reflective posture, while the rest of the world revels in its accomplishments. This milestone will, however, prompt aboriginal people to address issues such as historicity, cultural conquest, aboriginal title, identity and sovereignty. Nineteen ninety-two is recognized as an arbitrary date when consciousness about indigenous histories and continued existence can be presented to a substantial audience throughout the world.[5]

In 1992 most Western nations will celebrate in a myriad of forms: from writing another interpretation of Columbus's great "landfall," to unveiling plaques commemorating some local hero; from retracing the great Columbian route across the Atlantic, to boosting satellites into outer space ("the last frontier") in a race toward Mars; and from debating Columbus's legitimate nationality, to paying lip service to

indigeneous issues. Next year, we will witness a global party unprecedented in the history of humankind—save for the year 2000, which may rival 1992 for global attention—for now we look back rather than ahead. Indeed, next year will laud every conceivable achievement—some reputable, many dubious—beginning with the monolithic quincentennial and ending with some insignificant event of the previous year. Many celebrations will be public demonstrations while still more become personal.

The "celebration" of discovery in 1992 is an event galvanizing indigenous peoples of the Americas in common feelings, shared experiences and responses.[6] The devastating pattern of consumption and destruction in the late 20th century has reached alarming proportions. Concern arose among many aboriginal communities that our voices would be silenced once again by an immigrant society interested only in perpetuating the illusion of the continuing superiority of Euro-North American culture and values. Native voices provide a conscience to a world quickly losing its humanity through its disrespect for the values and traditions of "others" in both the cultural and natural realms. Artist Lawrence Paul feels that Euro-North Americans should celebrate their five hundred years here to remind them that they came from somewhere else.

The INDIGENA Project

For 1992, the Canadian Museum of Civilization is allowing indigenous Canadians to present their perspectives on the 500 years, in a project called *INDIGENA: Indigenous Perspective on 500 years.*

¿Pero acaso lo fue? ¿Acaso los indígenas tomaron parte en la *Historia* oficial?

En realidad, los indígenas son subordinados en la Historia, y este mantenimiento de la intolerancia histórica, cultural y política ha sido equivalente al genocidio. La negociación y la erosión de una historia indígena por los recién llegados ha producido daños duraderos. Esta resistencia a incluir su historia ha dejado a los indígenas casi invisibles. Sin lugar alguno en ella, se han convertido en objetos de estudio, vistos como "la mítica imagen del 'hombre natural' que vivió antes de la historia y la civilización"[4] que fue puro, libre y simple, como la flora y la fauna. La perspectiva indígena sobre la correspondencia es tolerable, pero su asignación sólo sirve para justificar el comportamiento colonizador del recién llegado. La historia indígena suma 500 años y más. En este quinto centenario de contacto histórico escrito, los indígenas tienen verdaderamente algo que comprobar y celebrar, además de burlarse de un error náutico.

Los eventos de 1992 atraerán significativa atención internacional, cuando los temas de *descubrimiento, exploración* y *encuentro* exijan que los indígenas se establezcan a sí mismos dentro de la historia de "encuentro de dos culturas". Como los dudosos beneficiarios de 500 años de intervención occidental, los indígenas asumirán una posición reflexiva, mientras que el resto del mundo se regocija en sus éxitos y logros. Esta piedra milenaria, de cualquier modo, impulsará a los pueblos nativos a examinar asuntos como historicidad, conquista cultural, título nativo, identidad y sobe-

ranía. Mil novecientos noventa y dos es reconocido como una fecha arbitraria cuando la conciencia por la historia indígena y su existencia hasta la fecha pueden ser presentadas a una audiencia substancial en todo el mundo.[5]

En 1992 la mayoría de las naciones occidentales celebrarán en una miríada de formas: desde escribir otra interpretación de "el gran arribo de Colón" hasta revelar placas conmemorando algún héroe local; desde volver a trazar la gran ruta Colombina a través del Atlántico hasta lanzar satélites al espacio ("la última frontera") en la carrera hacia Marte; y desde debatir la nacionalidad de Colón, hasta prestar servicio labial a los asuntos nativos. El año entrante, presenciaremos una fiesta global sin precedentes en la historia de la humanidad —salvo el año 2000, que entrará en competencia por la atención global con 1992— por ahora lo mejor es mirar hacia atrás en lugar de hacia adelante. En efecto, el siguiente año alabará cada logro concebible —algunos respetables, otros dudosos— empezando con el monolítico quinto centenario y terminando con algún evento insignificante del año anterior. Muchas celebraciones serán demostraciones públicas mientras otras más serán de carácter más personal.

La "celebración" del descubrimiento en 1992 es un evento que galvaniza a los indígenas americanos en sentimientos comunes, experiencias y respuestas compartidas.[6] El patrón devastador de consumo y destrucción en la segunda mitad del siglo XX ha alcanzado proporciones alarmantes. Muchas comunidades nativas se preocupan

From the start we ensured our idea would have to be accepted by native artists if was to get off the ground.[7] Therefore, we approached the Society of Canadian Artists of Native Ancestry for their support, and since then they have become important collaborators on the project, with many other Native organizations also giving their support .

INDIGENA will assemble, for the first time, indigenous Canadian visual, literary and performing artists, to make a unified yet personal statement using the 500 years as the backdrop.

During the past years, several discussions on the implications of the 500 years on indigenous people have gathered momentum and interest. In the fall of 1989, Assembly of First Nations Chief George Erasmus bitterly asked a large group of prominent Canadian businesspeople and professionals who were gathered to discuss how to "celebrate 1992," the caustic question, "For God's sake, won't you listen! What have we got to celebrate?[8] His emotionally eloquent speech took immediate hold and suddenly woke up everyone to indigenous issues. His speech was eventually broadcast repeatedly across the national network of the Canadian Broadcasting Corporation.

From the beginning of the project, the objectives were to engage artists from all across Canada to address such issues as discovery, colonization, cultural critique and tenacity from each of their perspectives. With the 500 years as a framework the opportunity had arrived in which indigenous peoples could address issues commonly experienced, and for the first

time commonly expressed. INDIGENA grew out of a concern that indigenous peoples would be the recipients of a 500-year hangover, without ever having attended Western man's celebration. As this project developed, it became more evident that artists were not only concerned with these issues, but were already thinking of other more profound and deeply disturbing issues. Yet in the final analysis, all the issues to be presented will become the unifying statement for INDIGENA.

The essays, performances, paintings, installations, videos and photographs in INDIGENA will examine the tangled complex of history, language, feelings, identity, concepts, preconceived notions and contemporary realities that define aboriginal cultures today. Thus, it is the intention of INDIGENA to present the widest range possible of art forms utilized today by aboriginal peoples to present a broad representation of cultural ideas. The artists and writers share not only their aboriginal histories but also a contemporary artistic language which they utilize in completely original works. In keeping with the principles of the project, artists use European-based forms and technologies to express their values and philosophies. Aboriginal peoples have long adapted to a continuing barrage of new surroundings, as long as the choice and ability to control the process remains within the culture.

Nineteen ninety-two is a time to critically review and reflect upon the policies and practices of the past 500 years, and to plan the future. It is a time to examine the values and ethics of the colonial

de que nuestras voces sean silenciadas una vez más por una sociedad de inmigrantes interesada únicamente en perpetrar la ilusión de la continua superioridad de la cultura y los valores euro-norte-americanos. Las voces nativas proveen conciencia a un mundo que pierde su humanidad rápidamente a través de su falta de respeto por los valores y tradiciones de "otros" en ambos sentidos, cultural y natural. El artista Lawrence Paul siente que los euro-norte-americanos deben celebrar sus quinientos años aquí para recordarles que vinieron de otra parte.

El Proyecto INDIGENA

Para 1992, el Museo Canadiense de Civilización está permitiendo a los indígenas canadienses presentar sus perspectivas sobre los 500 años en un proyecto llamado INDIGENA: perspectiva indígena sobre 500 años.

Para empezar, nos aseguramos que nuestra idea debía ser aceptada por los artistas nativos si iba a "despegar".[7] Por eso, contactamos a la Sociedad Canadiense de Artistas de Ascendencia Nativa para darnos su apoyo, y desde entonces se han convertido en importantes colaboradores en el proyecto, con muchas otras organizaciones nativas también dando su apoyo al proyecto.

INDIGENA reunirá por primera vez a artistas visuales, literarios y teatrales canadienses, para hacer una declaración unificada y hasta personal, usando como trasfondo los 500 años.

Durante las numerosas discusiones, las implicaciones de los 500 años en los indígenas han cobrado impulso e interés. En el otoño de 1989, el Jefe de la

Asamblea de Primeras Naciones, George Erasmus, amargamente preguntó a una gran audiencia de prominentes negociantes y profesionales canadienses reunidos para discutir cómo "celebrar 1992", "Por el amor de Dios, ¿me quieren escuchar? ¿Qué tenemos que celebrar?" Su emocional y elocuente discurso atrajo y despertó a todos abruptamente en cuanto a asuntos nativos. Eventualmente su discurso fue transmitido repetidas veces en la Red Nacional de la Corporación Difusora Canadiense.

Desde el principio del proyecto, el objetivo era atraer a artistas de todo el país, para tratar temas tales como el descubrimiento, la colonización, la crítica cultural y tenacidad, desde cada una de sus perspectivas. Con los 500 años como marco, la oportunidad de que los indígenas puedan tratar temas de experiencias comunes ha llegado, y por primera vez expresarlos comunmente. INDIGENA nació de la preocupación de que los indígenas fueran los receptores de 500 años de resaca, sin nunca haber asistido a la celebración del hombre occidental. Mientras el proyecto se desarrollaba, se hizo más evidente que los artistas no sólo se preocupaban por estos asuntos, sino que ya estaban pensando en otros más profundos y seriamente enojosos. Empero, en el análisis final, todos los asuntos presentados serán el elemento unificador de INDIGENA.

Los ensayos, presentaciones, pinturas, instalaciones, videos y fotografías en INDIGENA examinarán el complejo enredo de la historia, lenguaje, sentimientos, identidad, conceptos, nociones preconcebidas y realidades contem-

process upon which the Euro-American societies were created.

Conclusion

Thus, art functions as an expressive outlet for ideas of change, with a re-evaluation of history as the artist's primary objective. However, change can only happen through interaction and equality of dialogue which allows for other viewpoints. Native artists and writers today would not be so vocal in this exercise of colonialist critiques if certain of these issues had been recognized and questioned at some point during the 500 years.

Finally Jeannette Armstrong, Okanagan writer, says:

". . . imagine the writer of [the] dominating culture berating you for speaking out about appropriation of cultural voice and using the words "freedom of speech" to condone further systematic violence, in the form of entertainment about *your* culture and *your* values and all the while yourself being disempowered and rendered voiceless through such 'freedoms.'

Imagine how you as writers from the dominant society might turn over some of the rocks in your own garden for examination. Imagine in your literature courageously questioning and examining the values that allows the de-humanizing of peoples through domination and the dispassionate nature of the racism inherent in perpetuating such practices. Imagine writing in honesty, free of the romantic bias about the courageous 'pioneering spirit' of colonialist practice and imperialist process. Imagine interpreting for us *your own peoples'* thinking toward us instead of interpreting for us, our thinking, our lives and our stories. We wish to know, and you need to understand, why it is that you want to own our stories, our art, our beautiful crafts, our ceremonies, but you do not appreciate or wish to recognize that these things of beauty arise out of the beauty of our people."[9]

poráneas que definen las culturas nativas hoy. Así, la intención de *INDIGENA* es presentar un panorama más amplio de las formas de arte utilizadas hoy día por los nativos para presentar una extensa gama de ideas culturales. Los artistas y escritores no sólo comparten sus historias nativas sino también un lenguaje artístico contemporáneo que utilizan en obras completamente originales. Manteniendo los principios del proyecto, los artistas usan formas artísticas y tecnologías de bases europeas para expresar sus valores y filosofía. Los nativos hace tiempo que se han adaptado a continuos ataques de sus nuevos alrededores, mientras la habilidad y oportunidad para controlar el proceso se mantenga dentro de la cultura.

Mil novecientos noventa y dos es un año para revisar y reflexionar críticamente sobre las políticas y prácticas de los pasados 500 años y para planear el futuro. Es hora de examinar valores y éticas del proceso en que las sociedades euro-americanas fueron creadas.

Conclusión

Así pues, el arte funciona como una salida expresiva para las ideas de cambio, con una reevaluación de la historia como objetivo primario de los artistas. De cualquier manera, el cambio sólo puede suceder a través de interacción e igualdad de un diálogo que se abra a diversos puntos de vista. Los artistas y escritores nativos hoy no serían tan vocales en este ejercicio de críticas colonialistas, si algunos de estos asuntos hubieran sido

reconocidos y cuestionados alguna vez durante los 500 años.

Finalmente Jeannette Armstrong, escritora okahagense dice:

. . . imagina al escritor de (la) cultura dominante regañándote por hablar de apoderación de la voz cultural y por usar las palabras "libertad de expresión" para condenar más violencia sistemática, en la forma de entretenimiento respecto a *tu* cultura y *tus* valores, mientras tú misma estás siendo despojada y rendida sin voz a través de semejantes "libertades".

Imaginen como ustedes, escritores de la sociedad dominante, podrían voltear algunas piedras en su propio jardín para examinarlas. Imagina en tu literatura, cuestionando y examinando valientemente los valores que permiten la deshumanización de la gente a través de la dominación y la naturaleza imparcial del racismo inherente en perpetrar semejantes procesos. Imagínate escribiendo honestamente, libre de prejuicios románticos acerca del valiente "espíritu pionero" de las prácticas colonialistas e imperialistas. Imagínate interpretándonos *a tu propia gente* pensando hacia nosotros, en lugar de interpretar para nosotros, nuestro pensamiento, nuestras vidas y nuestras historias. Nosotros deseamos saber, y tú necesitas entender, por qué es que tú quieres apropiarte de nuestra historia, nuestro arte, nuestras bellas artesanías, nuestras ceremonias, pero tú no aprecias ni quieres reconocer que estas creaciones nacen de la belleza de nuestra gente.[8]

Expanding Confusions: Native Americans and Ecology

JIMMIE DURHAM and MARIA THEREZA ALVES

This is a joint paper by two dissimilar artists, María Thereza Alves and Jimmie Durham, so it is actually in two parts. Although we are primarily addressing issues of art and ecology and dialogues in the western hemisphere, this paper might be seen more properly as an amicus brief to the conference.

I (Alves) am in São Paulo at this time for a different conference—of workers and environmental activists in preparation for the United Nations Conference on the Environment and Development in 1992. It is an interesting time and conjunction of events.

During the 1980's we watched Brazil as a concept become fashionable in New York although not much was made of Brazilian reality and less of the São Paulo Bienal. There is much to be criticized in the history and practice of the Bienal, and that critical discourse should certainly be a part of this conference. For various institutions or individuals to simply become "influential" in the going-on of the Bienal may be simply an expansion of elitism.

We also saw during the 1980's a growing popularity of concepts of environmentalism, but in Brazil, concern for the environment (concern as a public project) has a different and shorter history. Since we founded the Green Party in Brazil, in 1987, but not because of that, we have seen 'ecology' become an everyday word that was hardly known before that.

Last year in Brazil the media deified the environmental movement. We must imagine that in part that came about because

Chico Mendes became a martyr in the international press, which as usual, made the Brazilian press take notice.

Three years ago many Brazilians who are now most vocal in expressing environmental concerns would not have considered those concerns at all. It is wonderful that with the media's attention every model, talk-show host, politician and businessman is now making press statements in support of environmental concerns. Any landscape painter in Brazil may now declare himself an environmentalist.

This year, however, one may observe changes. In this year before the U.N. Conference the Brazilian press has undertaken a subtle campaign against the environmental movement. One example among the dozens available any day will perhaps show what I mean: a small article in the magazine *Veja*, July 31, 1991 (not signed) discussing the possibility of hunting licenses for alligators initiated by the infamous governor of the Amazon, Gilberto Mestrinho. The unidentified writer states, "To give-up on hunting in order to promote wildlife management would never occur to the ecologists in the south of the country, who are always preoccupied with the uncompromising defense of animals—even when these animals become a plague." The next paragraph is a statement by a sociologist from Rio de Janeiro, Helio Jaguaribe, describing a rural situation in the northeast of Brazil, "It is impossible to think about ecology when you are hungry. I would like to see what ecologists would do if they were in the same position as these people."

Este es un texto conjunto en el que colaboran dos artistas distintos, María Thereza Alves y Jimmie Durham, por lo que está dividido en dos partes. Aunque, en principio abordamos asuntos relacionados con arte y ecología, y diálogo en el hemisferio occidental, este texto puede ser visto mejor como un breve "amicus" de la conferencia.

Yo (Alves) estoy en San Pablo en estos momentos con motivo de otra conferencia —de trabajadores y activistas ecologistas preparándose para la Conferencia de las Naciones Unidas sobre el Medio Ambiente y Desarrollo en 1992 (ECO '92). Es un momento interesante y de conjunción de eventos.

Durante la década de los ochenta hemos visto cómo Brasil, como concepto, se puso de moda en Nueva York —aunque lo mismo no haya sucedido con la realidad brasileña y, mucho menos, con la Bienal de San Pablo. Hay mucho que criticar en la historia y práctica de la Bienal, y ciertamente ese discurso crítico debe ser incluído en esta conferencia. Para varias instituciones e individuos, el volverse más "influyente" en el desarrollo de la Bienal quizá sea simplemente una expansión de elitismo.

También, durante los ochenta, hemos visto una creciente popularidad de los conceptos ecologistas, aunque la preocupación de Brasil por el medio ambiente (preocupación como un proyecto público) tiene una historia diferente y más corta. Desde que fundamos el Partido Verde en Brasil, en 1987, pero no a causa de ello, hemos visto que "ecología" se ha ido convirtiendo en una palabra cotidiana,

la cual antes era escasamente conocida.

En Brasil, el año pasado, los medios masivos de comunicación deificaron el movimiento ecologista. Debemos suponer que, en parte, esto sucedió porque Chico Mendes se convirtió en mártir de la prensa internacional; lo cual, como es costumbre, obligó a la prensa brasileña a considerar la noticia.

Hace tres años, muchos brasileños, que ahora llevan el liderazgo en la expresión de las preocupaciones ecologistas, ni siquiera se hubieran preocupado por esos problemas. Es maravilloso que con la cobertura del *media*, cada invitado a los shows de entrevistas, cada político y empresario ahora hacen declaraciones públicas en apoyo a las preocupaciones por el medio ambiente. En estos días, cualquier pintor de paisajes en Brasil se puede declarar a sí mismo ecologista.

Este año, sin embargo, podemos observar cambios. Este año, la prensa brasileña, antes de la conferencia de la ONU, realizó una campaña sutil en contra del movimiento ecologista. Un ejemplo, entre las docenas que tenemos disponibles hoy en día, ilustra lo que quiero decir: un pequeño artículo en la revista *Veja* de julio de 1991 (sin firma), discutía la posibilidad de expedir licencias de caza de caimán propuesta por el desprestigiado gobernador del Amazonia, Gilberto Mestrinho. El escritor no identificado dice: "La renuncia a la cacería con el objeto de promover la administración de la vida salvaje nunca se les ocurriría a los ecologistas del sur del país, quienes siempre han

This campaign to defame the environmentalists and Greens began early this year. It is interesting that true intellectual analysis of the problems within the environmental movement has not occurred. Instead the media is presenting alleged "impartial" reporting. In Brazil by June of 1992, sufficient anti-environmental feelings will have been built up to serve the state narrative.

Within this context we must trace the idea of environmentalism that has become today part of the state agenda. There is a history within the environmental movement of a view of nature as a wilderness, a place out of doors; this has evolved from the European cultural perspective of a separation of ourselves from nature. This has therefore set up the construct of nature as a set of problems to be solved or, as in the USA, nature as a new religion to embrace.

In Latin America the above is compounded by the First World view of us as the exotic/other/a place of problems to be solved. Latin America has been thus placed in the same discourse as nature. The reality, Latin America as a colonial construct, is avoided.

We, as Latin Americans, either buy into this opportunistically or accept the identity put upon us from the First World, or both; as classically happens with women. Many people in the First World, including perhaps some of us at this conference, and we as Brazilians consider ourselves to be happy go-lucky people. Remember this is a country where a twenty-

year military dictatorship tortured and killed thousands with the active support or complicity of the population. Yesterday it was a country that abandoned its millions of children. Today, it kills them. Many of you and many of us continue to accept this "nice Brazilian" myth for various reasons.

Environmentalism has also initiated renewed interest in the indigenous population of the Americas. In the USA this has resulted in the deflection of support for the native population's struggle for their land base; the environmental movement has instead turned itself to the native's spirituality with the land. The indigenous population is seen as children (which is actually the law in Brazil) or animals in tune with "Mother" nature.

We as artists are not removed from this construct which reinforces the state. In subtle or obvious ways it affects us. When we as artists make art around environmental issues, every little step of the way we must ask ourselves how this is reinforcing the state. Do we inadvertently support colonialist discourse?

In this time of hyper-activity before 1992 with all of its expectations, there is a great opportunity for every sort of nonsense to come together to produce nonsense of a higher order. There is a smaller chance of de-constructing our popular myths and investigating how we might move in an art system that has basically remained a pillager.

.

We cannot easily imagine benign pillaging (Durham writes), but we

estado preocupados con la defensa inflexible de los animales—aún cuando estos animales se convierten en plaga". El siguiente párrafo es una declaración del sociólogo fluminense Helio Jaguaribe describiendo una situación rural en el Noreste brasileño: "Es imposible pensar en ecología cuando uno está hambriento. Me gustaría ver qué harían los ecologistas si estuvieran en la misma situación que esta gente". Esta campaña para difamar a los ecologistas y a los Verdes comenzó a principios de este año. Es interesante notar que un análisis verdaderamente intelectual de los problemas dentro del movimiento ecologista no ha surgido. Por el contrario, la *media* está presentando reportajes supuestamente "imparciales". Para junio de 1992, en Brasil se habrán construído suficientes sentimientos anti-ecologistas para servir al discurso del estado.

Dentro de este contexto, debemos localizar la idea de ecología que se ha convertido en parte de la agenda estatal. Dentro del movimiento ecologista existe una historia de la visión de la naturaleza como región salvaje, un lugar fuera-de-casa. Esta idea ha evolucionado a partir de la perspectiva cultural europea que separa al hombre de la naturaleza. Así, esto ha preparado la construcción de una naturaleza con un conjunto de problemas a resolver o, como en los Estados Unidos, la naturaleza como una nueva religión en dónde refugiarse.

En América Latina, lo anterior se compone de la visión que el Primer

Mundo coloca sobre nosotros como lo exótico/otro/un lugar de problemas a resolver. De esta manera, América Latina ha sido colocada en el mismo discurso que la naturaleza. La realidad, América Latina como una construcción colonial, se evita.

Nosotros, como latinoamericanos, hemos entrado en calidad de oportunistas o aceptando la identidad puesta sobre nosotros por el Primer Mundo, o ambas cosas; tal como sucede con las mujeres. Muchas personas del Primer Mundo, incluyendo quizá a algunos presentes en esta conferencia, y nosotros mismos como brasileños, nos consideramos gente feliz y con suerte. Un mito. Hay que recordar que este es un país en el que una dictadura militar de veinte años torturó y mató a miles de personas con la ayuda activa o la complicidad de la población. Ayer era un país que abandonaba a millones de sus niños. Ahora, los mata. Muchos de ustedes y de nosotros continuamos aceptando este mito de los "felices brasileños" por varias razones.

El movimiento ecologista también ha despertado un renovado interés por la población indígena de América. En los Estados Unidos, esto ha desembocado en la desviación del apoyo para la lucha de la población indígena por su base territorial; el movimiento ecologista, por el contrario, se ha volcado a la espiritualidad del nativo con la tierra. La población indígena es vista como menores de edad (lo cual es ley en Brasil) o animales sintonizados con la "Madre" naturaleza.

have ample evidence of pillage with a benign face: practically every program to help Indians of the Americas. We are not often allowed as Indians to speak on our own behalf but there are always good-hearted people willing to speak for us. The system of "experts" is thereby strengthened. When the rock singer Sting adopts an Indian to take on his concert tour, where is the Indian's voice? It is background rhythm in Sting's tour. Does Sting help enable the Indian to speak? Would Sting, in solidarity with the Palestinian people, take Edward Said on tour? Do we *know* that Raoni is less than Said? Now, a slightly more difficult but just as facetious question: Can Said speak because colonialism enabled his people through its benign aspects?

The now infamous Paris show, *Magiciens de la Terre* included the work of a Navajo sand-painter. If the sand-painter's work was "sent back home" later, (it certainly is not included in the discourse of art except as circumstantial evidence) we might say that, in the name of 'multi-culturalism' or 'Post-Modernism', the art system once again has enjoyed benign pillaging.

In the Americas the central division is not geographical; North/South. It is Indians/non-Indians. The non-Indians are colonial settlers. That may sound rash in Brazil, which has more blacks that any other country in the world including Ghana and Nigeria. But in the Americas black people are given *only* the choice of (almost) participating in the identity of the state, which necessarily means in

a colonial agenda.

Indians, on the other hand, remain the property of the respective American states. Venezuela has just created a large reservation for Yanomami Indians, whereas Brazil has not. But by whose authority does Venezuela act in Yanomamis' territory? If Brazil in turn creates a similar reserve must we continue to speak of 'Venezuelan' Yanomami and 'Brazilian' Yanomami or will Yanomami territory be administered jointly by the two states? In either case, where are the Yanomami? In the U.S. the term "American Indian" generally means an Indian from within the borders of the U.S. There are Papago, Yaqui, Kickapoo, and other peoples who have territory on either side of the border, however, so that one is Mexican Indian and her sister is an American Indian. There are Canadian Iroquois and American Iroquois, Honduran Mesquito and Nicaraguan Mesquito, Bolivian Aymara and Peruvian Aymara.

If we are not considered as state property the situation must be intellectually intolerable, yet it currently seems completely tolerable to most.

The United States, including the U.S. art world often, is now attempting to both celebrate and exploit a renewed nationalism in what is called "Latin" America. So far the dialogue remains colonial.

In the art world Indians are still instructed to be "authentic." At best we are expected to explain ourselves, to present our individual histories and frustrations for art

Nosotros, como artistas, no estamos fuera de esta construcción que refuerza al estado. De manera obvia o sutil, nos afecta.

Cuando nosotros como artistas hacemos arte sobre temas ecológicos, a cada pequeño paso en nuestro camino debemos preguntarnos de qué manera estamos reforzando al estado. ¿Es que acaso estamos inconcientemente apoyando el discurso colonialista?

En estos momentos de hiperactividad previos a 1992, con todas las expectativas presentes, hay una gran oportunidad para que cualquier tipo de tontería se articule y forme parte de un absurdo de orden mayor. Hay pocas oportunidades para deconstruir nuestros mitos populares e investigar cómo nos deberíamos mover en un sistema artístico que ha permanecido básicamente como pillaje.

.

No podemos imaginarnos con facilidad un pillaje benigno (escribe Durham), pero tenemos amplia evidencia del pillaje con un rostro benigno: prácticamente todos los programa de ayuda a indios en América. Como indios, pocas veces se nos permite hablar en nuestro propio nombre, pero siempre hay personas de buen corazón que desean hacerlo por nosotros. Así, el sistema de "expertos" es reforzado. Cuando Sting, el cantante de rock, adopta a un indio para llevarlo en su gira de conciertos, ¿en dónde queda la voz del indio? Es el ritmo de fondo en la gira de Sting. ¿Acaso Sting ha creado un espacio para que el indio hable? ¿Llevaría Sting, en solidaridad con el pueblo

palestino, a Edward Said en su gira? ¿*Sabemos* nosotros que Raoni es menos que Said? Ahora, una pregunta más difícil pero igual de capciosa: ¿Acaso Said puede hablar porque el colonialismo preparó a su gente a través de sus aspectos benignos?

El ahora desprestigiado show de París, *Magiciens de la Terre* incluyó el trabajo de un pintor de arena de origen navajo. Si el trabajo del pintor se "envió de vuelta a casa" después, (ciertamente no se le incluye en los discursos del arte, excepto como evidencia circunstancial) podemos decir que, en nombre del "multiculturalismo" o del "post-modernismo", el sistema del arte, una vez más, ha disfrutado de pillaje benigno.

En América, la división principal no es la geográfica Norte/Sur. Es la de indios/no-indios. Los no-indios son colonos. Esto puede sonar desproporcionado en Brasil, en donde hay más negros que en cualquier otro país del mundo, incluyendo Ghana y Nigeria. Pero en América, a los negros *solamente* se les da la oportunidad de (casi) participar en la identidad de un estado, lo cual necesariamente redunda en una agenda colonial.

Los indios, por otra parte, permanecen como propiedad de sus respectivos estados. Venezuela creó recientemente una gran reserva para los indios yanomami, mientras que Brasil no. Pero ¿en nombre de qué autoridad Venezuela actúa en territorio Yanomami? Si Brasil creara, a su vez, una reserva similar, ¿debemos continuar hablando de yanomamis vene-

entertainment.

As María Thereza Alves said, all sorts of potentially dangerous ideas are coming together now under a new "Enlightenment." Problems might be solved, forests and Indians might be "protected" nominally.

Meanwhile some non-Indian artists, particularly in Latin America, feel no obvious qualms at using Indian subject matter or styles as part of their "patrimony." Others make their fame taking up our "cause."

To again paraphrase Alves, if these facets the of Americas' "postmodern" agenda are not intellectually intolerable, where is our intellectuality? The state must have confiscated it.

zolanos y yanomamis brasileños, o el territorio Yanomami será administrado conjuntamente por ambos estados? En todo caso, ¿en dónde están los yanomami? En los Estados Unidos, el término "indio americano" generalmente significa un indio de dentro de las fronteras de los Estados Unidos. Existen los papago, yaqui, kikapoo y otros más que tienen territorio ya sea de uno o del otro lado de la frontera. Así, uno es un indio mexicano mientras que su hermana es una india americana. Hay iroqueses canadienses e iroqueses americanos, mesquitos hondureños y mesquitos nicaragüenses, aymarás bolivianos y aymarás peruanos.

Si no somos considerados como una propiedad del estado, la situación tiene que ser intelectualmente intolerable; sin embargo, parece completamente tolerable a la mayoría.

Los Estados Unidos, incluyendo frecuentemente el mundo del arte estadounidense, están ahora intentando tanto celebrar como explotar los renovados nacionalismos en lo que se conoce como América

"Latina". Hasta ahora, el diálogo sigue siendo colonial.

En el mundo del arte, aún se les pide a los indios ser "auténticos". En el mejor de los casos, lo que se espera de nosotros es que nos expongamos, que presentemos nuestras historias individuales y nuestras frustraciones como entretenimiento artístico.

Como María Thereza Alves dijo anteriormente, se están reuniendo todo tipo de ideas potencialmente peligrosas bajo un nuevo "Iluminismo". Los problemas se pueden solucionar, los bosques y los indios pueden ser "protegidos" racionalmente.

Mientras tanto, algunos artistas no-indios, especialmente en América Latina, no sienten escrúpulo alguno al utilizar temas o estilos indios como parte de su "patrimonio". Otros se vuelven famosos tomando nuestra "causa".

Parafraseando a Alves de nuevo, si estos aspectos de la agenda americana post-moderna no son intolerables intelectualmente, ¿en dónde está nuestra intelectualidad? El estado la habrá confiscado.

To Write in the Margins of History

MILTON HATOUM

"The Amazon has always had the ability to impress distant civilizations," wrote Euclides de Cunha in one of the essays which make up the volume entitled *In the Margins of History*.[1] In 1905, the author of *Rebellion in the Backlands* made a long journey to the region, where he led the Brazilian Section of the Mixed Reconnaissance Committee of the High Purus. The experience of that journey and the reading of texts about the region would become the foundation for the masterwork which Euclides da Cunha intended to write about the Amazon: a work which would be his "second revenge or duel" against the desert, and which was called *A Paradise Lost*. Unfortunately, the writer's tumultuous life prevented him from concluding his *paradiso*. But the articles, essays and letters he wrote about the capitals of Northern Brazil and the Amazon region can serve as preamble to a reflection on the condition of the writer who lives "in the margins of history." Euclides's vision of the Amazon is "transverse, when not astigmatic," for "he still sees it through the eyes of others," or rather, according to the reading of the many travel accounts by foreigners who passed through the region.[2] A vision which, like a pendulum, swings from surprise to familiarity, from distancing to identification, from transcendence to reality. In this pendular movement, the Amazon is evoked sometimes as "wonderful scenery," sometimes as "nature, regally brutal and the dangerous adversary of man."[3] In many of Euclides's essays there is an underlying longing to decipher the enigmas of a region whose complexity and vastness intmidate him.

"I shall give the impression of being a man crushed by his subject," he states in a letter which refers to the projected writing of *A Paradise Lost*.[4]

This perception of nature, which simultaneously fascinates and discourages the writer, is also reflected in his conception of urban space. For Euclides, Manaus is a "half unsophisticated backwater, half European" city in which an artificial and ephemeral cosmopolitanism may be observed, born from the wealth of the extractive economy during the rubber boom. Modern only in appearance, this European urbanism does not help the inhabitant of Manaus to feel any less isolated. In a letter to Coelho Neto, he writes: "This Manaus torn by large, long avenues . . . has on me the effect of a tiny room. I live without light, half-extinguished and half-dazed."[5]

It is as if the sunlit equatorial city produced the asphyxiating effect of a prison, of a place with no exit. Capital of a region in the "margins of history," Manaus becomes the "emblematic figure of a cultural dilemma."[6]

Nearly nine decades after Euclides's passing through Manaus, the sensation of "being in the margin" still moves us: the discomfort of someone who exiles himself in his own land and feels, in the equatorial city, the suffocating effect of isolation.

Does not being eccentric in some way mean being in the margin? It is up to the writer who lives far from the cultural centers but near one of the world's most exotic regions, to answer the question: how can we fill with signs this blank space (the sheet of paper) while

"Amazonia simpre tuvo el don de impresionar a las civilizaciones lejanas", escribió Euclides da Cunha en uno de los ensayos que integran el volumen titulado *A los márgenes de la historia*.[1] El autor de *Os sertões* realizó un largo viaje por la región en 1905, cuando dirigió la Sección Brasileña de la Comisión Mixta de Reconocimiento del Alto Purus. La experiencia de este viaje y la lectura de textos sobre la región, componen la base de la obra maestra que Euclides da Cunha pretendía escribir sobre la Amazonia: una obra que sería su "segunda venganza o duelo" en contra del desierto, y que se llamaría *Un paraíso perdido*. Desafortunadamente la vida agitada del escritor le impidió concluir su paraíso. Sin embargo, los artículos, ensayos y cartas que escribió sobre las capitales del norte brasileño y la región amazónica pueden servir de preámbulo para una reflexión sobre la condición del escritor que vive "al márgen de la historia". La visión de Euclides sobre la Amazonia es "transversal, cuando no astigmática", ya que él la ve todavía a través de la mirada ajena, de acuerdo a los relatos de viaje de los extranjeros que pasaron por la región.[2] Visión que, como un péndulo, oscila de la sorpresa a la familiaridad, del distanciamiento a la identificación, de la trascendencia a la realidad. En este movimiento pendular, Amazonia es a veces evocada como un "escenario maravilloso", y otras como una "naturaleza soberanamente brutal y adversaria, peligrosa para el hombre".[3] En varios ensayos de Euclides subyace un deseo de descifrar los enigmas de una región cuya complejidad y

grandeza lo intimidan.

"Daré la impresión de un escritor oprimido por el tema", afirma en una carta en la que se refiere al proyecto de escribir *Un paraíso perdido*.[4]

Esta percepción de la naturaleza, que al mismo tiempo fascina y desanima al escritor, también se reproduce en su concepción del espacio urbano. Para Euclides, Manaos es una ciudad "medio *caipira*[5], medio europea", en la que se transparenta un cosmopolitismo artificial y efímero, producto de la riqueza de la economía extractiva durante el *boom* del caucho. Este urbanismo europeo, moderno sólo en apariencia, contribuyó para que el habitante de Manaos se sintiese menos aislado. En una carta a Coelho Neto, escribe: "Esta Manaos rasgada por avenidas, anchas y largas . . . me produce el efecto de un cuarto pequeño. Vivo sin luz, abatido, mareado".[6]

Pareciera que la ciudad ecuatorial y soleada produjese el efecto asfixiante de una prisión, de un lugar sin salida. Capital de una región "al márgen de la historia", Manaos es condsiderada "una figura emblemática de un dilema cultural".[7]

Casi nueve décadas después del paso de Euclides por Manaos todavía se percibe la sensación de estar "al márgen": el malestar de alguien que se exilia en su propia tierra y siente, en la ciudad ecuatorial, el efecto sofocante del aislamiento.

¿Acaso el no ser excéntrico significa, de cierta manera, estar al márgen? A un escritor que vive lejos de los centros irradiadores de cultura y cerca de una de las regiones más exóticas del mundo,

maintaining as symbolic reference another Conradian blank, a distant place, a territory lost "in a corner of the forest and a darkened attic of history?"[7]

Instead of expatiating on this dilemma, I prefer to comment briefly on a personal experience. To speak, that is, of a double journey. The first, imaginary. The stationary traveler who imagines distant worlds during his childhood in Manaus. The second, a real journey to the south of Brazil and to another hemisphere: displacement of the periphery to various centers (the center is always plural), desire to leave the margin and navigate the river of another culture or society.

During my childhood, familiarity with the external Other took place within the paternal home itself. The son of an Eastern immigrant and a Brazilian of likewise Eastern origin, as a child I was able to discover the Others within myself. According to Todorov, "a person can become aware of the fact that he or she is not a homogenous substance radically foreign to everything that is not itself."[8]

The presence and passage of strangers in my childhood home contributed toward the broadening of a multicultural horizon. My mother tongue is Portuguese, but the contact with Middle Eastern Arabs and North African Jews allowed me to assimilate something of their cultures and religions. In a similar fashion, the native Indian culture imposed itself through the presence of the natives who lived in my house and the immigrant Eastern ghetto of the capital (of the state) of Amazonas. This apprenticeship was a slow one, as is always the case when we assimilate another culture. In the early years of my childhood I would hear my elders speaking Arabic, to the point where I thought that language to be spoken by adults, while Portuguese was spoken by children. Little by little the Arabic language, the history, the landscape and the customs of a faraway country became familiar to me. The blood ties contributed toward this, but the small East which surrounded me (and from which various visible and invisible codes emanated) was decisive. To scrutinize a man kneeling at prayer, in his room with his body turned toward Mecca, was to violate an intimate moment, but it also meant the discovery of my father's religious fervor. Other close relatives were Catholic or Maronite Christians, but no religion was imposed on me: acquiring knowledge of Biblical or Koranical texts was considered more important than choosing a religion. After all, said the elders, we are all descended from Abraham.

Besides religion, language and customs, the culture of the Other was revealing itself to me in another way, perhaps the most fertile of them all: that of oral narrative. This was the form of discourse used by the excellent storytellers who were regulars at the Fenicia Boardinghouse, a place of my childhood. Today, thirty years later, the image I have of those storytellers somewhat resembles that of "the errant observer who peruses the Amazon basin" and "the sedentary man" posted on the river bank cited by Euclides da Cunha.[9] An image closer even to the figure of the storyteller evoked by Walter Benjamin, the German philosopher, in the prefactory observations of a

le cabe responder a una pregunta: ¿Cómo podemos llenar de signos este espacio blanco (la hoja de papel) teniendo como referencia simbólica otro espacio en blanco, konradiano, lugar distante, territorio perdido "en un rincón de la floresta y en un desván oscurecido de la historia"?[8]

En lugar de desarrollar este dilema, prefiero hacer un breve comentario sobre una experiencia personal; en otras palabras, hablar de un doble viaje. El primero, imaginario. Un viajero inmóvil que, durante su infancia en Manaos, imagina mundos distantes. El segundo, un viaje real rumbo al sur de Brasil y al otro hemisferio: desplazamiento de la periferia hacia varios centros (el centro es siempre plural), deseo de dejar la orilla y navegar el río de otra cultura o sociedad.

En mi infancia, la convivencia con el Otro exterior sucedió en mi casa paterna. Hijo de un inmigrante oriental y una brasileña, también de origen oriental, pude descubrir desde niño a los Otros en mí mismo. Como afirma Todorov: "una persona puede darse cuenta de que no es una sustancia homogénea y radicalmente extranjera a todo lo que no es ella misma".[9]

La presencia y el paso de extranjeros por la casa de mi infancia contribuyeron para ampliar mi horizonte multicultural. Mi lengua materna es el portugués, pero la convivencia con árabes del oriente medio y judíos del norte de Africa me permitió asimilar un poco de su cultura y de su religión. En forma parecida, la cultura indígena se impuso con la presencia de nativos que vivían en mi casa y frecuentaban el barrio de inmigrantes orientales de la capital (del estado) del Amazonas. Este aprendizaje fue lento, como sucede siempre que asimilamos otra cultura. En los primeros años de mi niñez escuchaba a los mayores conversar en árabe, llegando inclusive a creer que esta lengua era propia de los adultos, mientras que el portugués era propio de los niños. Con el tiempo, la lengua árabe, la historia, los paisajes y las costumbres de un país tan distante se me hicieron familiares. Los lazos sanguíneos contribuyeron en ese sentido, pero el pequeño oriente que me rodeaba (y del que emanaban varios códigos visibles e invisibles) fue decisivo. Escudriñar a un hombre arrodillado en su cuarto, rezando con el cuerpo en dirección a la Meca, era violar un momento de su intimidad, pero también era descubrir el fervor religioso de mi padre. Otros parientes próximos eran católicos o cristianos maronitas. A pesar de eso, no me fue impuesta ninguna religión: era más importante conocer el texto bíblico o el coránico que optar por una religión. A final de cuentas, decían los adultos, todos somos descendientes de Abraham.

Además de la religión, la lengua y las costumbres, la cultura del Otro se definía por otro camino, tal vez más fecundo para mí: el de la narración oral. Esta forma de discurso era usada por eximios contadores de historias que frecuentaban la Pensión Fenicia, un lugar de mi infancia. Hoy, pasados treinta años, la imagen que tengo de estos narradores es semejante a la del "observador errante que recorre la cuenca amazónica" y la del "hombre sedentario" apostado

magnificent study on the work of Nikolai Leskov, underscores "among (. . .) the many nameless storytellers, two groups which overlap in many ways," that of the traveling or trading seaman, someone who "has come from afar" and, therefore, has much to tell, and another group to which belongs the sedentary peasant, the man who has never left his own country, the one who "knows the local tales and traditions."[10] Still, according to Benjamin, these two groups, by means of their archaic representatives, show how "each sphere of life has, as it were, produced its own tribe of storytellers."

A remnant of the lifestyles to which Benjamin alludes existed in the spaces I inhabited as a child. On one hand, some older relatives who belonged to this family of traveling salesmen were, in truth, storytellers in transit. They told tales which spoke of their recent travel experiences to the furthest settlements of the Amazon, nameless places spread out along the fluvial labyrinth. During the pauses in their traveling commerce they would exercise the art of storytelling.[11] These Arabs, whether uneducated or literate, also recounted episodes from their past which took place in different parts of the Middle East before their long journey to the Southern Hemisphere.

On the other hand, the Amazonians who had migrated to the capital brought with them (in their imaginary) legends and Indian myths. At the Fenicia Boardinghouse the voice of these natives provided a counterpoint to those of the Eastern immigrants: dissonant voices which told very different stories but which seemed to pay homage to a type of knowledge mentioned by Benjamin: "the intelligence that came from afar—whether the spatial kind from foreign countries or the temporal kind of tradition."[12]

To listen to these stories, to watch the storytellers with their gestures and expressions was one of the most enriching experiences of my childhood and adolescence. In a way I too travelled to the most hidden places of the Amazon and the Far East. To the listener, the stories told assumed a character at once familiar and strange. Those worlds, verisimilar or fictional, became a part of my life. The stationary traveler thus experiences the perception of the Other through shared experience and the spoken word.

Manaus, at the beginning of the sixties, still retained the "hick cosmopolitan" air mentioned by Euclides da Cunha. The urban design which dated back to the *Caboclo*[13] *Belle époque* remained nearly unchanged. Popular architecture made up of palafittes (wooden houses on stilts at the edge of the *igarapés*[14]), and the neoclassical-style mansions which were erected in the more prosperous years of the rubber boom lived side by side in the urban landscape. During my adolescence I regularly visited some of these houses as a student of foreign language courses. The austere environment in which the Europeans lived contrasted with the bustle of the Fenicia Boardinghouse and the other Eastern immigrant homes where I spent my day. But it was during these classes, interspersed with conversation about European capitals and culture, that I became

a la orilla del río, ambos citados en las obras de Euclides da Cunha.[10] La imagen es aún más cercana a la figura del narrador evocada por Walter Benjamin, el filósofo alemán, en sus observaciones previas a un bello estudio sobre la obra de Nikolai Leskov, en las que resalta, "entre . . . los innumerables narradores anónimos, dos grupos coinciden en varias formas": el del viajero o marinero comerciante, alguien que "viene de lejos" y, por esa razón tiene mucho que contar. Y otro grupo al que el campesino sedentario pertenece, un hombre fijado a la tierra, que pasó toda su vida sin salir del país del que "conoce sus historias y tradiciones".[11] Según Benjamin, esos dos grupos, a través de sus representantes arcaicos, configuraron "dos esferas de vida que tienen, o han producido, sus respectivas familias de narradores".

Un vestigio de estos estilos de vida mencionados por Benjamin existía en el espacio que frecuentaba cuando era niño. Por un lado, algunos parientes mayores que pertenecían a esa familia de comerciantes-viajeros eran, en verdad, narradores en tránsito. Contaban historias que se referían a sus experiencias recientes, de sus viajes a los pueblos más distantes del Amazonas, lugares sin nombre, esparcidos en ese laberinto fluvial. Durante las pausas de su comercio ambulante ejercitaban el arte de la narrativa.[12] Estos orientales, tanto no educados como literatos, narraban también episodios de su pasado, ocurridos en diferentes lugares del oriente medio, antes de su larga travesía hacia el hemisferio sur.

Por otro lado, los amazonenses que habían emigrado para la capital, traían consigo (en su imaginario) leyendas y mitos indígenas. En la Pensión Fenicia, las voces de estos nativos hacían contrapunto con las de los inmigrantes orientales: voces disonantes que contaban historias muy diferentes, pero que parecían rendir homenaje al tipo de saber citado por Benjamin: "el saber que venía de lejos—tanto el espacial de tierras foráneas, como el de tradición temporal.[13]

Oir estas historias, ver a los narradores con sus gestos y expresiones, fue una de las experiencias más ricas de mi infancia y de mi adolescencia. De algún modo, yo también viajé a los lugares más recónditos del Amazonas y al lejano oriente. Para el oyente, aquellas historias narradas asumieron un carácter, al mismo tiempo familiar y extraño. Aquellos mundos, reales o ficticios, formaron parte de mi vida. Así, el viajero inmóvil experimenta la percepción del Otro a través de la convivencia y de la palabra oral.

A principios de los años sesenta, Manaos todavía conservaba un aire "caipira y cosmopolita" del que nos habla Euclides da Cunha. El trazado urbano heredado del *cabloco*[14] de la *belle époque* cambió muy poco. En la fisonomía urbana convivían la arquitectura popular formada de palafitos (casas de madera sobre pilares a la orilla de los *igarapés*[15]) y las casas de estilo neoclásico, construídos en los años más prósperos de la economía del caucho. En mi adolescencia, como alumno de clases de lenguas extranjeras, frecuenté algunas de esas casas. El ambiente de sobriedad en el que vivían los europeos contrastaba con el bullicio de la Pensión Fenicia

aware of the need to sail other latitudes. During those years, to hear my elders recount a tale from the *Arabian Nights* or a passage from the life of the Caliph Haroun-al-Raschid was as fascinating as listening to my French teacher read a poem by Baudelaire or contemplating, with exotic desire, a map of Paris.

Reproductions of European paintings, poems and stories of an "Amazonian East," all these were part of a magical pendulum which alluded to another time and another space. And thus the outline of an exotic practice takes shape: the desire to know is also the desire to travel. Or, in the words of a philosopher of Otherness: "desire itself is travel, expatriation, leaving my place."[15]

The traveller distances himself from the "margin of history" in order to assimilate the culture of the Other without, in the meantime, losing the compass which points to his North.

"In order to get to know our community we should first know the whole world," observes Todorov in a beautiful essay on human adversity.[16] This real journey has been a life (as well as a reading) experience: a pilgrimage through the south of Brazil and through several European cities which began over twenty years ago. In a way, this travel-reading has amplified the voices and visions which passed through my childhood. In São Paulo, at the beginning of the seventies (far, therefore, from the familiar and provincial spaces), I enthusiastically read both the novels and the *Pau-Brasil Poetry* and *Anthrophagite* Manifestos of Oswald de Andrade. The stylistic

parody and the poetic-philosophical reflections of that Modernist helped me to understand that books speak of books, that our own literary texts (as well as those which come to us from overseas) are communicating vessels and, finally, that cultures address one another synchronically.

The literary cannibalism suggested by Oswald de Andrade does not appear to me to be an uncertain assimilation of European culture. Literary cannibalism is a delicate and selective practice: to devour the culture of the Other is to know to select (and taste) the texts which lead us to reflect on our work and our own "peripherical" situation.

Aside from Oswald de Andrade, two other contemporary Latin American writers led me to reflect on the condition of being "in the Margin," on our way of being-in-History or, even earlier, when America (and the Amazon itself) were "a land without history," to use an expression of Euclides da Cunha's.

If I begin by mentioning Lezama Lima, it is because he constructed, almost without having left the island where he was born and where he lived his entire life, "a kind of imagination which is our differential mark in the context of the West."[17] To Lezama Lima, imaginary journeys are more interesting than real ones, perhaps in an allusion to an erudite education acquired in the libraries of La Habana Vieja and his house on the Calle Trocadero. The Cuban writer, poet and essayist's example deserves brief comment. His most famous essay, entitled "La Expresión Americana," is an instigating, inventive and erudite meditation on American culture. Instead of focus-

y de las demás casas de inmigrantes orientales en las que yo pasaba buena parte del día. Fue durante esas clases, entreveradas con conversación sobre las capitales y la cultura europea, que tomé conciencia de la necesidad de navegar en otras latitudes. Durante aquellos años, oir de los ancianos uno de los cuentos de *Las mil y una noches*, o un pasaje de la vida del Califa Haroun al-Rashid era tan fascinante como oir de mi profesora de francés un poema de Baudelaire, o contemplar, con un deseo exótico, un mapa de París.

Reproducciones de pinturas europeas, poemas e historias de un "oriente-amazónico", todo esto formaba parte de un péndulo mágico que se refería a otro tiempo y espacio. Es de esta forma que se configuró el diseño de una práctica exótica: el deseo de saber es el deseo de viajar. O, en las palabras de un filósofo de la otredad: "deseo en sí es viaje, expatriación, dejar mi lugar".[16] El viajero se distancia del "márgen de la historia" con el fin de asimilar la cultura del Otro, sin perder la brújula que apunta para su norte.

"Para conocer nuestra propia comunidad, primero debemos conocer al mundo entero", observa Todorov en un bellísimo ensayo sobre la diversidad humana.[17] Este viaje real ha sido una experiencia de vida y de lectura: una peregrinación por el sur de Brasil y por varias ciudades europeas que comencé hace más de veinte años. De alguna manera, este viaje-lectura amplificó las voces y las visiones que pasaron por mi infancia.

En San Pablo, a principio de los años setenta (lejos, por lo tanto, del espacio familiar y provinciano)

leí entusiasmado las novelas y los manifiestos (*Poesía Pau-Brasil* y *Antropofágico*) de Oswald de Andrade. La parodia estilística y las reflexiones poético-filosóficas del escritor modernista me ayudaron a entender que los libros hablan de libros, que nuestros textos literarios (tanto de América como del resto del mundo) forman vasos comunicantes, llegando a la conclusión de que las culturas dialogan entre sí de forma sincrónica. La antropofagia literaria surgida por Oswald de Andrade no es una asimilación aleatoria de la cultura europea. El canibalismo literario es una práctica delicada y selectiva: devorar la cultura del Otro es saber seleccionar (y paladear) los textos que nos hacen reflexionar sobre nuestra situación periférica.

Además de Oswald de Andrade, dos escritores latinoamericanos contemporáneos me hicieron reflexionar sobre la situación de estar "al márgen", de nuestra manera de ser en la Historia, inclusive antes, cuando América (y Amazonia) era una "tierra sin historia", para usar una expresión de Euclides da Cunha.

Si cito al escritor cubano Lezama Lima, es porque construyó, casi sin haber salido de la isla en la que nació y vivió toda la vida, "un tipo de imaginación que es nuestra marca diferencial en el contexto de Occidente".[18] Para Lezama Lima, los viajes imaginarios son más interesantes que los viajes reales, aludiendo, quizá, a su formación erudita adquirida en las bibliotecas de La Habana Vieja y en su casa de la calle Trocadero. El ejemplo del escritor, poeta y ensayista cubano, merece un breve comentario. Su más famoso ensayo, titulado *La expresión americana*, es

ing his study on the search for identity (the Being or Essence of the Latin American), on the obsession over origin or the ennumeration of European influences for the explanation of American cultural facts, he prefers to reflect on "imaginary eras."

In the Introduction to the Brazilian edition of the essays which make up *The American Expression*, literary critic Irlemar Chiampi's commentary elucidates the lines of the Cuban writer's thought:

If an imaginary era may be a flowering within a culture, then it is possible to detect the imaginary American Statute in the West. But, as the Lezamian project further intends, to point out the advent of America (in the counterpoint of resemblances and differences) within Western cultures, yet another theoretical twist is needed in this formulation: the types of imagination transcend the very cultures in which they were generated and reappear in others.[18]

For Lezama Lima it is therefore not a question of exalting this or that culture or of hierarchizing values, but rather of encountering images which speak to one another in time and space. With another aesthetic project, but sailing in universal waters, the work of Jorge Luis Borges has also taught us that types of imagination, like

myths, also travel. The essays, the narratives and the poetic work of Borges may be read as the metaphor of a fabulous Atlas or a palimpsest of philosophical reflection and Eastern stories, the *Kabbalah* and the literature of the River Plata, the century of Spanish gold and the Nordic sagas.

Reading the work of these two Latin American writers has allowed me to see more clearly that the relationship between the center and the periphery is one of contiguity and interaction rather than rupture or separation.

The "imaginary eras" of Lezama and the Borgean Atlas contributed toward calling into question the notion of a hegemonic culture produced in the European or North American metropolises. I believe that "to situate one's self on the margin of history" can only mean, to writers like Lezama Lima and Borges, a combination of personal and geographical circumstance. It is through language that geography inscribes itself in History and in the writer's life. And the fascination of a real journey lives in the discovery of a new language. In his dwelling-place in the margin of history, this is the perception of a reader/ writer from the Amazon fascinated by distant civilization.

This article is dedicated to Horácio Costa and Agualdo Farias.

una reflexión instigante, inventiva y erudita sobre la cultura americana. En vez de enfocar su estudio hacia la búsqueda de una identidad (el Ser o la Esencia del latinoamericano), en la obsesión por el origen o por la enumeración de influencias europeas para explicar los acontecimientos culturales americanos, él prefiere reflexionar sobre las "eras imaginarias".

En la Introducción de la edición brasileña de los ensayos que componen *La expresión americana*, la crítica literaria Irlemar Chiampi realiza un comentario que elucida las líneas de fuerza del pensamiento del escritor cubano:

"Si una era imaginaria puede aflorar dentro de una cultura, entonces es posible detectar el estatuto imaginario americano dentro de Occidente. Pero, ya que el proyecto Lezamiano también es mostrar el devenir americano (dentro del contrapunto entre semejanzas y diferencias) en la cultura occidental, le es necesario un giro teórico mayor en esa formulación: los tipos de imaginación trascienden a las propias culturas en las que fueron generados, emergiendo en otras."[19]

Para Lezama Lima, no se trata, por lo tanto, de enaltecer esta o aquella cultura o de jerarquizar valores, sino de ir al encuentro de imágenes que dialogan entre sí en el tiempo y en el espacio. Con otro proyecto estético, pero navegando en aguas universales, la obra de

José Luis Borges nos enseñó también que los tipos de imaginación, al igual que los mitos, viajan. Los ensayos, la narrativa y la obra poética de Borges pueden ser leídos como la metáfora de un Atlas fabuloso, o como un palimpsesto, que abarca la reflexión filosófica y los cuentos orientales, la Cábala y la literatura del Río de la Plata, el Siglo de Oro español y las sagas nórdicas.

La lectura de la obra de estos dos escritores latinoamericanos me hizo ver con más claridad que la relación entre el centro y la periferia es más una relación de contigüidad e interacción, que una relación de ruptura y separación. Las "eras imaginarias" de Lezama y el Atlas borgeano, contribuyeron a cuestionar la noción de una cultura hegemónica producida desde las metrópolis europeas o norteamericanas. Creo que "colocarse al márgen de la historia" puede significar para escritores como Lezama Lima y Borges, sólo una intersección, una conjunción de circunstancias personales y geográficas. Es a través del lenguaje, que la geografía se inscribe en la historia y en la vida de un escritor. Es en el descubrimiento de un nuevo lenguaje que reside la fascinación de un viaje real. Desde su lugar al márgen de la historia, ésta es la percepción de un lector-escritor amazonense fascinado por la civilización distante.

Para Horácio Costa y Agualdo Farias.

Caliban's Daughter or Into the Interior

MICHELLE CLIFF

Rule Britannia/Britannia rules the waves
Britons never, never, never shall be slaves

I

These words, rousing and affirming, resonated through the colonial enclaves of my childhood. In the Anglican girls' school I attended, we sang loudly, thinking the promise belonged to us.

Who among us knew otherwise?

Who among us knew the source of the song?

Who knew it was a sea chantey, sung by sailors plowing the Atlantic during the Middle Passage, cutting south into the Caribbean on the Windward Passage?

Who realized those syllables, those notes, so brilliantly enthusiastic, emphatically spreading across the wake of a ship weighed down by its cargo?

The dimity of the ocean sparkling in the sunlight, the cargo was brought above decks to be fed and exercised. Those who refused were not allowed to refuse.

Which of us girls, sweating in chapel, our voices raised, "Fairest Lord Jesus, ruler of all nature," would recognize the *speculum oris,* placed in the mouth to force the lips apart, to feed the recalcitrant slave?

Who among us had seen the woman hanging from the yardarm from the length of Osnaburg check, instigating a wave of what the trader called "contagious melancholia"?

Who among us could imagine her loneliness, her homesickness?

None of us, of course. Which is one of the points of colonization, of being colonized.

And we sang and thought the song applied to us. Which it did; by negation.[1]

Walter Rodney, in *How Europe Underdeveloped Africa,* speaks further to the joys of colonial education, the scarification of the intellect as Europe was introduced into our imaginations.

On a hot afternoon in some tropical African school, a class of black shining faces would listen to their geography lesson on the seasons of the year—spring, summer, autumn, and winter. They would learn about the Alps and the river Rhine but nothing about the Atlas Mountains of North Africa or the River Zambezi. If those students were in a British colony, they would dutifully write that "We defeated the Spanish Armada in 1588"—at a time when Hawkins was stealing Africans and being knighted by Queen Elizabeth I for so doing. If they were in a French colony they would learn that "the Gauls, our ancestors, had blue eyes," and they would be convinced that "Napoleon was our greatest general"—the same Napoleon who reinstituted slavery on the island of Guadelupe, and was only prevented from doing the same in Haiti because his forces were defeated by an even greater strategist and tactician, the African L'Ouverture.[2]

When our landscape is so tampered with, how do we locate ourselves?

When the rainy season becomes an unnaturally tempestuous spring; mango season the dog days of summer; hurricane season an untameable autumn?

When scar tissue masks any memory of Toussaint?

Impera Bretaña/Bretaña impera sobre las olas
Los britanos jamás, jamás, jamás, serán esclavos

I

Esas palabras, que animan y afirman, tuvieron mucha resonancia en los enclaves coloniales de mi niñez. En la escuela anglicana para niñas a la que yo asistí, cantamos en voz alta, pensando que la promesa era para nosotras.

¿Quién, entre nosotras, pudiera pensar de otra manera?

¿Quién, entre nosotras, sabía el origen de la canción?

¿Quién pudiera saber qué era una saloma, cantada por los marineros que surcaban el Atlántico durante la trata de esclavos, cortando hacia el sur, rumbo al Caribe, por la travesía de Barlovento?

¿Quién se daba cuenta de esas sílabas, esas notas, tan brillantamente entusiastas, diseminándose enfáticamente por la estela de un barco oprimido por su cargamento?

La cotonía del mar brillaba bajo el sol, sacaban al cargamento humano a la cubierta para que se alimentara e hiciera ejercicio. A los que se negaban, no se les permitía negarse.

¿Quién, entre nosotras, niñas entonces, sudando en la capilla con las voces alzadas, "Jesucristo, que reina sobre la naturaleza", pudiera reconocer al *speculum oris* [que sujetaba los labios para mantenerlos abiertos a la fuerza], para alimentar al esclavo recalcitrante?

¿Quién, entre nosotras, había visto a la mujer colgada del penol con un trozo de tela a cuadros Osnaburg, incitando una ola de lo que el traficante llamaba "melancolía contagiosa"?

¿Quién, entre nosotras, pudiera imaginarse su soledad, sus añoranzas?

Nadie, por supuesto. Y eso es uno de los puntos principales de ser colonizado.

Y cantamos creyendo que la canción se refería a nosotras. Y sí, efectivamente, pero nos negaba.[1]

Walter Rodney, en su estudio *Cómo Europa subdesarrolló a Africa,* habla de manera aún más contundente sobre los placeres de la educación colonial, las heridas profundas que dejaron cicatrices en el intelecto al introducir a Europa en nuestras imaginaciones.

Una tarde calurosa en alguna escuela africana tropical, un grupo de radiantes caras negras asistía a la clase de geografía dedicada a las estaciones del año—la primavera el verano, el otoño, y el invierno. Aprenderían mucho sobre los Alpes y el río Rín pero nada sobre las montañas Atlas de Africa del Norte o el río Zambeze. Si aquellos estudiantes se encontraran en una colonia británica, escribirían obedientemente "Nosotros derrotamos a la Armada Española en 1588" — en la misma época en que Hawkins robaba a los africanos, y la reina Elizabeth I por esa razón, le confería título de caballero. Si estuvieran en una colonia francesa, aprenderían que "los galos, nuestros antepasados, tenían los ojos azules", y estarían convencidos de que "Napoleón fue nuestro general más exaltado"—el mismo Napoleón que restableció la esclavitud en la isla de Guadalupe, e intentó hacer lo mismo en

II

There are several versions of the colonized child, several versions of silence, voicelessness. There is the child who is chosen, as was I, to represent the colonizer's worlds, peddle the colonizer's values, ideas, notions of what is real, alien, other, normal, supreme. Male and female. To apotheosize his success as civilizer, enabling the chosen child to speak, albeit in the tongue he/she does not own. It is the King's, Queen's.

The civilizer works against the constant danger of the forest, of a landscape ruinate, gone to ruination.

Ruinate, the adjective, and *ruination,* the noun, are Jamaican linguistic inventions. Each word signifies the reclamation of land, the disruption of cultivation, civilization, by the uncontrolled, uncontrollable forest. When a landscape becomes ruinate, carefully designed aisles of sugar cane are envined, strangled, the order of Empire, the controlled, the redefined landscape is replaced by the chaotic, unkempt forest.

The word *ruination* (especially) signifies this immediately; it contains both *ruin* and *nation.* It is playful, almost. Trope-ic, tropic, tropical. A landscape in ruination means one in which the imposed nation is overcome by the naturalness of ruin.

As individuals in this landscape, we, the colonized, are also subject to ruination, the self rushing to the wildness of the forest, the uncivilized, the imaginative.

We are by nature uncultivated.

This is all by way of explaining that part of my purpose as a writer of Afro-Caribbean—Indian (Arawak and Carib), African, and European —experience and heritage, and western experience and education, has been to reject speechlessness, a process which has taken years, and to invent my own peculiar speech, with which to describe my own peculiar self, to draw together everything I am and have been, sometimes civilized, sometimes ruinate.

Above all, the daughter of Caliban, and the granddaughter of Sycorax, precolonial female/landscape, I(s)land: I land.

Caliban speaks to Prospero, saying: "You taught me language, and my profit on't/ Is, I know how to curse."

As do I.

And this declaration brings immediately to my mind the character of Bertha Rochester—wild and raving *ragôut,* as Charlotte Brontë describes her, more beast than human, as Brontë envisions her". . . . oh, sir, I never saw a face like it! It was a discolored face—it was a savage face."

Bertha's savagery originates in the forest, on the island of Jamaica, transfused through the bloodlines of her savage mother.

The landscape of the Caliban is Caliban, *caníbal,* the realm of Sycorax, savage, witch—wild woman.

Rochester recalls his honeymoon to enlighten Jane:

. . . it was a fiery West Indian night; one of the description that frequently precede the hurricane of those climates. . . The air was like sulphur-streams—I could find no refreshment anywhere. . . [T]he sea, which I could hear from thence rumbled dull like an earthquake—black clouds were casting up over it; the moon was setting in the waves, broad and red, like a

Haití antes de que sus tropas fueran derrotadas por un maestro de estratagia y táctica aún más grande que él, el africano L'Ouverture.[2]

Cuando falsifican tanto nuestro paisaje, ¿cómo podemos ubicarnos?

¿Cuándo la temporada de las lluvias se transforma en una primavera anormal y tempestuosa; la temporada de los mangos, en los días de calor más insoportables del verano; la temporada de ciclones, en el otoño indomable?

¿Cuántas cicatrices ocultan la memoria de Toussaint?

II

Hay varias versiones del niño colonizado, varias versiones de silencio, de los que no tienen voz. Tenemos al niño, elegido, como fue el caso mío, para representar los mundos del colonizador, diseminar los valores, las ideas, las nociones de lo real, lo extraño, lo ajeno, lo normal, lo supremo del colonizador. Masculino y femenino. Se exaltan sus éxitos en tanto civilizador, permitiendo así hablar al niño elegido, aunque sea en una lengua que no le pertenece. Es la del Rey, y de la Reina.

El civilizador obra siempre contra la constante amenaza del bosque, de un paisaje arruinado, que se ha hechado a perder.

Ruinate (arruinado), el adjetivo, y *ruination* (arruinamiento), el sustantivo, son inventos lingüísticos jamaiquinos. Cada palabra significa la apropiación de un terreno, la interrupción del cultivo, de la civilización, por el bosque indomable, fuera de control. Cuando un terreno "se arruina", secciones de caña cuidadosamente designadas se cubren de enredaderas, se estrangulan, y de esa manera el orden del Imperio, el paisaje controlado y redefinido, es reemplazado por el bosque caótico y enmarañado.

La palabra *ruination* (específicamente) sugiere eso inmediatamente; contiene la palabra *ruin* (arruinar) y *nation* (nación). La palabra es casi juguetona. Trope-ic, tropic, tropical. Un paisaje "arruinado" significa que en él la nación impuesta ha sido vencida por la naturalidad de lo que está en ruinas.

Como individuos en ese paisaje, nosotros, los colonizados, también estamos expuestos al "arruinamiento", nuestro yo se lanza al bosque cimarrón, a lo no civilizado, a lo imaginativo.

Somos, por naturaleza, silvestres.

Dicho todo lo anterior para explicar que parte de mi razón de ser, como escritora de ascendencia y experiencia afro-caribeña —indígena, arauca y caribe, africana y europea— y de experiencia y educación occidentales, ha sido intentar rechazar la condición de estar sin voz, un proceso que ha tomado años, y de inventar mi propio lenguaje particular, con el cual puedo describir mi yo particular, uniendo todo lo que soy y he sido, a veces "civilizada", a veces, "arruinada".

Sobre todo, hija de Calibán, y nieta de Sycorax, el paisaje precolonial/femenino, isla: mi isla.

Calibán le habla a Próspero, diciendo: "Me enseñaste el lenguaje, y de ello obtengo/El saber maldecir."

Y yo también.

Esta declaración trae inmediatamente a la mente el personaje Bertha Rochester—un *ragôut* salvaje y extraordinario, como la

hot cannon-ball—she threw her last bloody glance over a world quivering with the ferment of tempest.

Bertha becomes one with the infernal landscape, the sulphurous air, tempestuous waters—"stewing Sargasso," in Derek Walcott's phrase. The world of Rochester's description is about to explode, disorder to overcome orderliness. How can an Englishman survive?

From this "bottomless pit" Rochester is rescued by "a wind fresh from Europe,' which breaks apart the vile tropical night, and restores calm.

Here the landscape of the Caribbean, Jamaica as envisioned by Charlotte Brontë, does not know when to stop. It is out of control, threatening in its wildness.

Rochester returns to England, the "monster" in the vessel accompanying him, soon to be incarcerated in her "wild beast's den." Indeed Bertha is consistently described in bestial terms: "it groveled, seemingly, on all fours; it snatched and growled like some strange wild animal: but it was covered with clothing, and a quantity of dark, grizzled hair, wild as a mane, hid its head and face.

"[T]he clothed hyena rose up, and stood tall on its hind feet."[3]

In the hold of the ship bound for Europe, Bertha embarks on an enforced passage, recalling the Middle Passage. To me, at that moment, she is King Kong, seized from the sulphurous atmosphere of Skull Island, where monstrosities are commonplace, evolution suspended, ruination everywhere, secreted in the belly of a ship en route to civilization. Like Kong, Bertha will fall from a high place to her death, but not before burning the Great House, endangering the white master, as Kong endangers white womanhood—all these, house, master, white woman, Empire State Building, signifiers of civilization.

There is one difference: Kong, like the Venus Hottentot, will be put on display.[4] Bertha, Rochester's private property, will be hidden. But each—King Kong, Venus Hottentot, Bertha Rochester—is imprisoned; each is voiceless.

It took a Caribbean woman, Jean Rhys, to describe Bertha from the interior, using the lens of the female questioning colonization, keeping Bertha's "humanity, indeed her sanity as a critic of imperialism intact," in Gayatri Spivak's words, feminist Marxist deconstructivist, wild colonial girl, as was Jean Rhys, as am I, the latter, not the former.

What a disruptive phrase—critic of imperialism—to describe the character we all encountered as girls—our hair plaited, our bodies uniformed, our minds trained on the mother (sic) country—as the madwoman in the attic, uncontrolled and uncontrollable, the worst thing a woman could become.

The character I kept turning toward, even as I was meant to cleave to Jane Eyre.

Jean Rhys goes so far as to rename Bertha Rochester, rather, to restore to her her original name: Antoinette Cosway. The surname sounding as *causeway*, Antoinette/Bertha, a woman of mixed race, a bridge between the Caribbean and England, living proof of contact. Rochester's insistence in *Wide Sargasso Sea* that Antoinette accept his christening her Bertha, signifying the use to which the dark woman was put under colonialism, as breeder.

By restoring her name, Rhys is

describe Charlotte Brontë, más bestia que ser humano, tal y como Brontë la visualiza. ". . . oh, señor, ¡jamás había visto un rostro igual! Era un rostro manchado—era un rostro salvaje".

El salvajismo de Bertha proviene del bosque, de la isla de Jamaica, por una especie de transfusión de sangre que recibe de su madre salvaje.

El paisaje de Calibán es Calibán, *caníbal*, el reino de Sycorax, salvaje, bruja—mujer indomable.

Rochester recuerda su luna de miel para instruir a Jane:

. . . era una noche caribeña ardiente; una de las descripciones que a menudo preceden a los ciclones de esos climas. . . . El aire era como corrientes de azufre—no había lugar donde pudiera refrescarme. . . [El] mar, que escuchaba desde allá, rugía sordamente como un terremoto —nubes negras aparecían en el horizonte; la luna se ponía sobre las olas, ancha y roja, como bala de cañón ardiente— ella hechó su última mirada sanguinaria sobre un mundo que se estremecía con el tumulto de una tempesta.

Bertha se funde con el paisaje infernal, el aire sulfúreo, las aguas tempestuosas—"los Sargazos agitados", para citar a Derek Walcott. El mundo descrito por Rochester está a punto de estallar, el desorden está por vencer a lo ordenado. ¿Cómo podrá sobrevivir un inglés?

A Rochester lo viene a rescatar, a sacar de este abismo, "un viento de Europa", que rompe la vil noche tropical y restituye la calma.

Hasta aquí el paisaje del Caribe, de Jamaica, como lo concibió Charlotte Brontë, no tiene para

cuando parar. Está incontrolable, amenazante, con toda su ferocidad.

Rochester regresa a Inglaterra, el "monstruo" que lo acompaña en el barco, pronto estará encarcelado en su "guarida de bestia salvaje". En efecto, Bertha se describe en todo momento en términos bestiales: "se arrastraba, al parecer, en cuatro patas; desgarraba y gruñía como una extraña bestia salvaje: pero andaba vestida, y una mata de pelo oscuro, entrecano, bravo, como una melena, le cubría la cabeza y el rostro."

"[L]a hiena vestida se levantó, irguiéndose sobre sus patas traseras."[3]

En la bodega del barco con destino a Europa, Bertha emprende un traslado coercitivo, que recuerda la trata de esclavos. Para mí, en ese momento, ella es King Kong, capturado en el ambiente sulfúreo de la Isla Calavera, donde las monstruosidades son lugares comunes, la evolución está suspendida, y todo está arruinado, para luego estar escondida en la bodega de un barco que va rumbo a la civilización. Al igual que Kong, Bertha sufrirá la muerte al caerse de un lugar muy elevado, pero no sin antes incendiar la Casa Grande, poniendo en peligro a su amo blanco, como Kong pone en peligro a la mujer blanca—todo eso, la casa, el amo, la mujer blanca, el edificio Empire State, significa "civilización".

Hay una diferencia: a Kong, como a la Venus Hotentote, lo ponen en exhibición.[4] Bertha, propiedad privada de Rochester, será escondida. Pero encarcelan a los tres — King Kong, la Venus Hotentote, Bertha Rochester— y a ninguno se le permite hablar.

Fue necesario que apareciera una mujer caribeña, Jean Rhys, para poder describir a Bertha

relocating Antoinette, re-identifying her as a Caribbean woman.

The protagonist of two of my novels is named Clare Savage. She is not an autobiographical character, but an amalgam of myself and others. Eventually she becomes herself alone.

Bertha Rochester is among her ancestors.

As is Heathcliff.

Nelly Dean, narrator of *Wuthering Heights,* describes the first appearance of the child Heathcliff, brought from Liverpool by Mr. Earnshaw.

". . . it's as dark as if it came from the devil."

Then:

". . . it only stared round and round, and repeated over and over again some gibberish that nobody could understand."

Gibberish? African language? Mother tongue?

Forest-speak?

Finally:

"The master tried to explain. . . a tale of seeing it starving, and houseless, and as good as dumb [speechless], in the streets of Liverpool, where he enquired for its owner."[5]

Owner? What does this suggest?

Heathcliff enters the narrative in 1771. By the end of the eighteenth century Liverpool handled five-eighths of the English slave trade, and seven-eighths of the entire European trade. Ships would travel from Liverpool with goods to the Guinea Coast of Africa, there onload slaves, travel the Middle Passage to the New World, return to Liverpool with shiploads of rum and molasses, and slaves known as "leftovers."[6]

In the city of Liverpool, "free or discarded blacks swelled the ranks of the poor and destitute. . . [T]he gruesome accessories of the slave trade were on display in shop windows: 'chains and manacles, devices for forcing open Negroes' mouths [called the *speculum oris*]. . . thumbscrews and all other instruments of oppression.'"[7]

Down by the Old Dock, the red-brick Customs House, paying homage to the source of the city's prosperity, was decorated with the sculpted heads of Africans, surrounding the arena of commerce.

"Busts of blackamoors and elephants, emblematical of the slave trade, adorned Liverpool town hall. . . . Slaves were sold openly at auction. . . . Little black boys were the appendages of slave captains, fashionable ladies, or women of easy virtue."[8]

Yes, owner.

As a girl I was of course taken by the Brontës. I was especially thrilled by the idea of Emily Brontë, a wild unbroken girl, as I understood her, escaping the parsonage with its graveyard lookout, to wander over the equally wild unbroken landscape, much as I escaped school to run into the Jamaican bush.

And to think of her there was of course to think also of Cathy and of Heathcliff. The furies that drove them, which our teachers assured us were rooted in grand romantic passion—were they?

What does it mean when the Jamaican tomboy says "I am Heathcliff"?

On my first trip to Haworth I bought a painting of Top Withens, the actual locus of Wuthering Heights. The painting hangs in my home today; if you regard it aslant, a portrait of Heathcliff appears in the stormclouds gathered over the property.

Years later, in conversation with Angela Carter, I learned that Top desde adentro, utilizando la óptica femenina para poner en tela de juicio la colonización, manteniendo la "humanidad, y aún la cordura de Bertha como crítica del imperialismo intactas", como dijo Gayatri Spivak, marxista feminista deconstruccionista, muchacha colonial indomable, como lo fue también Jean Rhys, como lo soy yo, la segunda, no la primera.

Qué frase más inquietante —crítica del imperialismo— para describir al personaje que todas encontramos cuando niñas —con el pelo trenzado, el cuerpo uniformado, la mente enfocada en la madre [sic] patria— como la loca en el ático, descontrolada y descontrolable, lo peor que puede llegar a ser una mujer.

Es el personaje hacia el cual me inclino, por más que quieran que me aferrara a Jane Eyre.

Jean Rhys tiene la osadía de darle un nombre nuevo a Bertha Rochester, o más bien devolverle su nombre original: Antoinette Cosway. El appellido suena como *causeway* (carretera o camino), Antoinette/Bertha, una mujer de raza mixta, un puente entre el Caribe e Inglaterra, es una muestra viva del contacto. La insistencia de Rochester, en *Wide Sargasso Sea,* en que Antoinette acepte que se le bautice como Bertha, es significativo del papel que se le asignaba a la mujer morena en el colonialismo, el de la procreación.

Al devolverle su nombre original, Rhys re-ubica a Antoinette y la re-identifica como mujer caribeña.

La protagonista de dos de mis novelas se llama Clare Savage. No es un personaje autobiográfico sino una amalgama de mí misma y de otros, que eventualmente se convierte en ella misma.

Bertha Rochester se encuentra entre sus ancestros.

Lo mismo sucede con Heathcliff.

Nelly Dean, narradora de *Cumbres borrascosas,* describe la primera aparición del niño Heathcliff, traído de Liverpool por el Sr. Earnshaw.

". . . es tan oscuro como si viniera del diablo".

Luego:

". . . miraba a todos lados, y repetía una y otra vez cierta algarabía que nadie pudo entender".

¿Algarabía? ¿Lengua africana? ¿Lengua materna?

¿Lenguaje del bosque?

Finalmente:

"El amo intentó explicar. . . la historia de encontrarlo muriéndose de hambre, sin hogar, prácticamente mudo [sin habla], en las calles de Liverpool, donde preguntó por el amo"[5]

¿Amo? ¿Qué nos sugiere?

Heathcliff aparece en la narrativa en 1771. A fines del siglo XVIII Liverpool manejaba cinco-octavos del tráfico inglés de esclavos, y siete-octavos de todo el tráfico europeo. Los barcos viajaban de Liverpool, con mercancías, a la Costa Guinea de Africa, allí desembarcaban a los eclavos, seguían con destino al Nuevo Mundo, y de allí regresaban a Liverpool con cargamentos enteros de ron y melaza, y los esclavos denominados "sobrantes".[6]

En la ciudad de Liverpool, "los negros libres y desechados engrosaban las filas de los pobres y desamparados. . . . [L]os horripilantes accesorios de la trata de esclavos se exhibían en las vidrieras: 'cadenas y grillos, dispositivos para abrir a la fuerza la boca de un negro [llamado *speculum oris*]. . . empulgueras y todos los demás instrumentos de opresión'".[7]

Allí al lado del Viejo Muelle, la

Withens was the estate of a slave trader, a fact Emily Brontë certainly would have known, and now I wonder: Is that fact the source of the brooding, damned nature of her narrative? Of the horrific and pervasive violence? Of the dreadful interior of Wuthering Heights and the misery of the lives lived in it?

Heathcliff, perhaps the child of a slave captain and an African woman, a wild speechless child, furious, restless, disappears from the narrative for three years to "seek his fortune," and returns tamed, and damned, and very rich. We are never told what business he was engaged in. And I wonder if he took up his father's, and his adoptive father's trade.[9]

III

As girls in the Caribbean, reading *Wuthering Heights,* being taught about romantic passion and Byronic heroes, how did Heathcliff enter us? Was he recognized as our brother? Did we fear him, as we were meant to fear Bertha Rochester?

What would it mean to love him? Her?

Clare Savage's first name signifies light-skinned, which she is, and in the worlds she knows light-skin stands for privilege, civilization, erasure, proximity to the colonizer. Light-skin is meant to ordain her behavior. She is not meant to curse or rave or be a critic of imperialism; were she to do so she would be considered at least deviant, possessed by a rogue gene. She is meant to keep to her place, and to keep others to their places; that is, of course, key.

Her surname is self-explanatory. It is intended to invoke the wildness which has been bleached from her

skin, understanding that my use of the word wildness is ironic, mocking the master's meaning, evoking the precolonial imagination, Sycorax. A sense of history, the past which has been bleached from Clare Savage's mind, as the rapes of her grandmothers bleached her skin. And this bleached skin is the source of her power, she thinks, for she is a colonized child. She is a light-skinned female who has been removed from her homeland in a variety of ways, and whose life, and narrative, is a movement backed—ragged, interrupted, uncertain—to that place.

She is fragmented; incomplete.

By the end of *No Telephone to Heaven,* Clare Savage has cast her lot, quietly and somewhat tentatively, but most definitely. She ends her life literally burned into the landscape of Jamaica, as one of a small band of guerrillas engaged in a symbolic act of revolution. While essentially tragic, I see it and planned it as an ending that completes the circle, actually triangle, of the character's life. In death she has achieved complete identification with her homeland. Soon she will be indistinguishable from the ground. Her bones will turn to potash as did her ancestors' bones. Her grandmothers' relics will be unable to distinguish her from her darker-skinned sisters.

The forest will grow from her.

The ending of the novel, and the sense it conveys, is connected to the work of the Cuban artist, Ana Mendieta. Like Clare Savage, like me, a child-exile. Elizabeth Hess has described Mendieta's work:

Mendieta's art took shape in performance, earthworks, sculptures, and photographs.

Aduana de ladrillo rojo que rendía homenaje a la prosperidad de la ciudad se adornaba con esculturas de cabezas africanas que rodeaban la esfera del comercio.

"Bustos de negros y elefantes, emblemas de la trata de esclavos, adornaban el ayuntamiento de Liverpool. Los eclavos se vendían abiertamente en subasta. . . . Niños negros acompañaban, como accesorios, a los capitanes negreros, las damas de sociedad y las mujeres de la vida alegre."[8]

Sí, amo.

En mi niñez, me sentía muy atraída por las Brontë. Me emocionaba especialmente la idea de Emily Brontë, una joven de espíritu indómito, como la entendía yo, que se escapaba de la rectoría con vista del cementerio, para caminar libremente por un paisaje igualmente salvaje e indómito, como me escapaba yo de la escuela para correr por la manigua jamaiquina.

Y el pensar en ella allí, me hacía pensar también en Cathy y en Heathcliff. La rabia que los impulsaba, que nuestros maestros nos aseguraban nacía de una gran pasión romántica—¿era cierta?

¿Qué quiere decir cuando una niña intrépida dice "yo soy Heathcliff"?

En mi primer viaje a Haworth, compré un cuadro de Top Withens, el verdadero lugar de Cumbres borrascosas. Hoy el cuadro está en mi casa; si lo miras sesgadamente, en las nubes grises que se forman sobre la propiedad, aparece un retrato de Heathcliff.

Años más tarde, en conversación con Angela Carter, supe que Top Withens había sido la finca de un traficante de esclavos, un detalle que seguramente Emily

Brontë sabría, y ahora me pregunto: ¿Emana de ese hecho la naturaleza melancólica, maldita, de su narrativa? ¿La violencia horrorosa que lo penetra todo? ¿Y el interior tan pesado de Cumbres borrascosas, y la miseria de las vidas vividas allí?

Heathcliff, hijo tal vez de un capitán negrero y una mujer africana, un niño salvaje, sin habla, furibundo, inquieto, desaparece de la narrativa durante tres años para "buscar su fortuna", y regresa domesticado, condenado y muy rico. No se nos dice nunca a qué clase de negocio se dedicaba. Y me pregunto si se enriqueció con la trata de esclavos, al igual que su padre y su padre adoptivo.[9]

III

Como niñas en el Caribe, leyendo *Cumbres borrascosas,* y recibiendo clases sobre la pasión romántica y los héroes Byronianos, ¿cómo asimilamos a Heathcliff? ¿Reconocimos en él a un hermano? ¿Nos asustaba, como querían que nos asustara, Bertha Rochester?

El nombre de Clare Savage (Clara) significa piel clara, que de hecho tiene, y en los mundos conocidos por ella la piel clara implica privilegios, civilización, la capacidad de borrar u ocultar, y la proximidad al colonizador. Ella no está hecha para maldecir o enfurecerse o criticar al imperialismo; y si lo hiciera sería considerada al menos una persona rara, poseída de una variación genética. Se supone que ella sepa mantener su lugar, y que mantenga a los demás en el suyo; eso sí por supuesto, es clave.

Su apellido se explica por sí mismo. Pretende invocar todo el salvajismo que se le ha quitado en

Again and again, she carved a haunting, iconic figure into the ground, onto the side of a cave, or even into a stream of water—by defining the form with ripples and rocks. On occasion the figure was born in flames, literally exploding into existence—then burning up. All that was left of these pieces, called the "Silueta Series," is a scar, a shadow-image. The earth owns these works, which will disappear over time.[10]

Some of Mendieta's intended landscapes exist today in Cuba, where she worked in 1981. Her work, like mine, has been a movement back, to homeland, identity. She represents this landscape of identity as female, the contours of a female body, at times filling the contours with blood, at times fixing the silhouette to the earth by gunpowder.

At the end of *No Telephone to Heaven*, Clare Savage is burned into the landscape with gunfire, but she is also enveloped in the deep green of the hills and the delicate intricacy of birdsong. Her death occurs at the moment she relinquishes human language, when the cries of birds are no longer translated by her into signifiers of human history, her own and her people's, but become pure sound. The same music heard by the Arawak and Carib.

O je t'adore, O je t'adore, O je t'adore

Poor-me-one, poor-me-one, poor-me-one

Tres-tontos-son, tres-tontos-son, tres-tontos-son

Kitty-woo, kitty-woo, kitty-woo

Whip-whip-whip-whip-whip-whip-whip-whip-whip-whip

Back-raw, back-raw, back-raw, back-raw, back-raw

She remembered language
Then   it was gone.

cutacoo, cutacoo, cutacoo
coo, cu, cu, coo
coo, cu, cu, coo
piju, piju, piju
cuk, cuk, cuk, cuk
tuc-tuc-tuc-tuc-tuc
eee-kah, eee-kah, eee-kah
krrr
krrr
krrr-re-ek
cawak, cawak, cawak
hoo hoo hoo hoo hoo hoo hoo hoo hoo hoo hoo
be be be be be be be be be be be be be be
kut ktu ktu kut ktu ktu
cwa cwa cwa

cwaah cwaah cwaah[11]

Mendieta and I understand the landscapes of our islands as female. As does Aimé Césaire in his re-vision of *The Tempest, Une Tempête*. When Prospero claims the death of Sycorax, Caliban responds:

. . . you only think she's dead because you think the earth itself is dead. . . . It's so much simpler that way! Dead, you can walk upon it, pollute it, you can tread upon it with the steps of a conqueror. I respect the earth because it is alive, and I know that Sycorax is alive. Sycorax. Mother.
Serpent, rain, lighting
And I see thee everywhere!
In the eye of the stagnant pool

el proceso de blanqueamiento de su piel, entendiendo, desde luego, que mi uso de la palabra "salvajismo" es irónico, evocando la imaginación precolonial, Sycorax. Un sentido de la historia, del pasado, que se ha borrado, cual mancha, de la mente de Clare Savage, como las violaciones de sus abuelas blanquearon su piel. Y esa piel blanqueada es la fuente de su poder, piensa ella, porque es una hija colonizada. Es una mujer de piel clara que ha sido desarraigada de su tierra natal en varios sentidos, y cuya vida, y narrativa, es un movimiento de retorno —irregular, interrumpido, incierto— a ese lugar.

Ella está fragmentada; incompleta.

Al final de *No Telephone to Heaven* ("Las llamadas no llegan al Cielo"), Clare Savage ha echado su suerte, callada y algo tentativa, pero de manera definitiva. Ella termina su vida quemándose literalmente, dejando su marca en el paisaje de Jamaica, como miembro de una guerrilla que lleva a cabo un acto simbólico de revolución. Mientras es esencialmente trágico, y yo lo veo y lo planifiqué como un fin que cierra el círculo, en realidad un triángulo, de la vida del personaje. Al morir, ella ha logrado identificarse completamente con su patria. Pronto será indistinguible de la tierra. Sus huesos se convertirán en piotasa, como los de sus antepasados. Los restos de su abuela no podrán distinguirla de sus hermanas de piel más oscura.

De ella nacerá el bosque.

El fin de la novela, y la idea que comunica, está vinculado a la obra de la artista cubana Ana Mendieta. Como Clare Savage, como yo, una niña del exilio. Elizabeth Hess ha descrito la obra de Mendieta:

El arte de Mendieta tomó su forma en performances, trabajo en tierra, esculturas, y fotografías. Una y otra vez, entallaba una figura inquietante, icónica, en la tierra, en el costado de una cueva, o incluso en un arroyo—definiendo la forma con piedras y pequeñas olas. De tiempo en tiempo la figura nacía en llamas, incendiándose, literalmente, en el momento de cobrar existencia, para luego consumirse. Lo único que queda de esas piezas, de la "Serie Silueta", es una cicatríz, una imagen-sombra. La tierra es dueña de esas obras, que con el tiempo desaparecerán.[10]

Algunos de los paisajes concebidos por Mendieta existen hoy en Cuba, donde trabajó en 1981. Su obra, como la mía, ha sido un movimiento de retorno a la patria, la identidad. Ella representa este paisaje de la identidad como uno femenino, con los contornos del cuerpo femenino, a veces llenando los contornos con sangre, otras veces fijando la silueta en la tierra con pólvora.

Al final de *No Telephone to Heaven*, Clare Savage se quema en el paisaje con fuego de pistola, pero también es envuelta en el verde oscuro de los cerros y la delicada intrincación del canto de los pájaros. Su muerte ocurre en el momento en que renuncia al lenguaje humano, cuando el canto de los pájaros ya no es traducido por ella en signos de la historia humana, la de ella y la de su pueblo, sino que se convierte en sonido puro. Es la misma música que escuchaban los

into which I gaze
unflinching,
through the rushes,
in the gestures made by twisted
   root and its awaiting thrust.
Into the night, the all-seeing
   blinded night,
the nostril-less all-smelling
   night![12]

With the magic of this precolonial woman, Caliban counters the spells of the colonizer. She informs the land; she will be the ruination.

The play ends with Prospero and Caliban the only remaining inhabitants on the island, which is going wild.

Prospero It's as though the jungle was laying siege to the cave.[13]

IV

Before escaping, the female slaves steal grains of rice, corn, and wheat, seeds of bean and squash. Their enormous hairdos serve as granaries. When they reach the refuges in the forest, the women shake their heads and thus fertilize the free land.[14]

Eduardo Galeano is speaking of the women of the Maroons; their name from the Spanish *cimarrón,* meaning wild, unbroken. The revolutionary communities of Surinam, Guadeloupe, Belize, St. Vincent, Jamaica. The armies, male and female, who raged against the colonizers for literally hundreds of years.

In the Maroon woman the identities of warrior and mother come together.

The warrior/mother is apotheosized in Nanny, the African Maroon leader, "Science-woman" (as her followers called her). Nanny, the never-enslaved one, precolonial female par excellence, into whose cauldron the Red Coats, mesmerized, tumbled; whose magical pumpkin seeds bore huge fruit in one day of planting to feed her starving troops; who wore a necklace made from the teeth of white men; who could catch a bullet between her buttocks and fire the lead back at her attackers; who fired shot also from between her breasts.

She is the Jamaican Sycorax.

Into the interior, in the Blue Mountains, of the island, I-land, you will find traces of her Nannytown.

Her redoubt.

Where faces are etched into the trunks of trees.

Where a flock of birds flies out each evening at sunset, the spirits of Nanny and her followers.

Where no European dare step, for fear of death.

Even now.

Where the Science-woman once set a waterfall to boiling.

She is the Magnanimous Warrior! of *No Telephone to Heaven.*

Magnanimous Warrior! She in whom the spirits come quick and hard. Hunting mother. She who forages. Who knows the ground. Where the hills of fufu are concealed. Mother who brews the most beautiful tea from the ugliest bush. Warrior who sheds her skin like a snake and travels into the darkness a fireball. Mother who catches the eidon and sees them to their rest. Warrior who labors in the spirit. She who plants gunga on the graves of the restless. Mother who carves the power-stone, center of the

arauacos y los caribes.

   O je t'adore, O je t'adore, O je
     t'adore
   Poor-me-one, poor-me-one, poor-
     me-one
   Tres-tontos-son, tres-tontos-son,
     tres-tontos-son
   Kitty-woo, kitty-woo, kitty-woo
   Whip-whip-whip-whip-whip-whip-
     whip-whip-whip-whip
   Back-raw, back-raw, back-raw,
     back-raw, back-raw

   Ella recordó el lenguaje
   Y entonces   desapareció.

   cutacoo, cutacoo, cutacooo
   coo, cu, cu, coo
   coo, cu, cu, coo
   piju, piju, piju
   cuk, cuk, cuk, cuk
   tuc-tuc-tuc-tuc-tuc
   eee-kah, eee-kah, eee-kah
   krrr
   krrr
   krrr-re-ek
   cawak, cawak, cawak
   hoo hoo hoo hoo hoo hoo hoo
     hoo hoo hoo hoo
   be be be be be be be be be be
     be be be be be
   kut ktu ktu kut ktu ktu
   cwa cwa cwa

   cwaah cwaah cwaah[11]

Mendieta y yo entendemos el paisaje de nuestras islas como algo femenino. Así lo entiende también Aimé Césaire en su re-visión de *La Tempestad, Une Tempête.* Cuando Próspero declara que Sycorax está muerta, Calibán responde:

   . . . piensas que está muerta
   porque piensas que la tierra
   misma está muerta. . . . ¡Es
   mucho más sencillo así!
   Puedes caminar sobre la tierra muerta, contaminarla,
   pisarla con pisadas de con-

quistador. Yo respeto la tierra porque está viva y sé que Sycorax está viva. Sycorax. Madre.

   Serpiente, lluvia, relámpago
   ¡Y te veo en todas las cosas!
   En el ojo del charco estancado
     en que miro impávido,
   a través de los juncos,
   en los gestos hechos por
     las raíces torcidas y la
     arremetida que espera
   ¡En la noche, la noche ciega que
     todo lo percibe
   la noche sin narices que todo lo
     huele![12]

Con la magia de esta mujer precolonial, Calibán combate el hechizo del colonizador. Ella informa la tierra; ella será su arruinamiento.

La obra termina con Próspero y Calibán, únicos habitantes de la isla, retomada por lo silvestre.

Próspero Es como si la selva tomara por asalto a la cueva.[13]

IV

Antes de escaparse, las esclavas se roban granos de arroz, maíz y trigo, semillas de frijol y de calabaza. Sus peinados enormes sirven de granero. Cuando alcanzan a los refugiados en el bosque, las mujeres se sacuden la cabeza y así fecundan a la tierra libre.[14]

Eduardo Galeano se refiere a las mujeres cimarronas; el nombre, en español, *cimarrón,* quiere decir salvaje, indómito. Las comunidades revolucionarias de Surinám, Guadalupe, Belice, San Vicente, Jamaica. Los ejércitos, masculinos y femeninos, que combatían feroz-

world. Warrior who places the blood-cloth on the back of the whipped slave. . . . Mother who goes forth emitting flames from her eyes. Nose. Mouth. Vulva. Anus. She bites the evildoers that they become full of sores. She treats cholera with bitterbush. She burns the canefields. She is River Mother. Sky Mother. Old Hige. The Moon. Old Suck. Rambling Mother. Mother who trumps and wheels counterclockwise around the power-stone, the center of the world.[15]

The extent to which I can believe in her powers, that they are to be taken literally, proof of her Africanness; the extent to which I take to heart her sense of justice; the extent to which I place her at the center of the world—these represent the extent to which I have decolonized my mind.

---

mente a los colonizadores durante cientos de años, literalmente.

En la mujer cimarrona, las identidades de guerrera y madre se unen.

La guerrera/madre se exalta en la figura de Nanny, la líder cimarrona africana, "Mujer-Ciencia" (como le dicen sus seguidores). Nanny, la que nunca se deja esclavizar, la mujer precolonial por excelencia, en cuya caldera caen, hipnotizados, los soldados ingleses; y cuyas semillas mágicas de calabaza dan frutos inmensos en un solo día de cultivo para dar de comer a sus tropas hambrientas; que se pone un collar hecho de los dientes de hombres blancos; que agarraba las balas entre sus nalgas y las disparaba a los que atacaban; y que también disparaba balas que guardaba entre sus pechos.

Ella es Sycorax jamaiquina.

Hacia el interior, en las Montañas Azules, de la isla, Isla, encontrarás huellas de su pueblo Nanny.

Su reducto.

Donde hay caras grabadas en los troncos de los árboles.

De donde sale volando una bandada de aves todos los días con la puesta del sol, los espíritus de Nanny y sus seguidores.

Lugar que ningún europeo se atreve a pisar, por temor a la suerte.

Aún ahora.

Donde la Mujer-Ciencia una vez puso a hervir una catarata.

Ella es la Guerrera Magnánima! de *No Telephone to Heaven.*

¡Guerrera Mangánima! Ella, a la que los espíritus vienen rápida y duramente. Madre

---

cazadora. La que forrajea. La que conoce la tierra. Y dónde se ocultan los cerros de *fufu*. Madre, la que prepara infusiones del té más hermoso del arbusto más feo. Guerrera que se muda de piel como una serpiente y viaja por la oscuridad como bola de fuego. Madre que ase los "eidon" y los lleva al descanso. Guerrera que trabaja el espíritu. La que siembra gunga en la tumba de los que no tienen paz. Madre que esculpe la piedra del poder, centro del mundo. Guerrera que coloca la tela-sangre sobre la espalda del esclavo azotado. . . . Madre que sale echando fuego de los ojos. La naríz. La boca. La vulva. El ano. Ella muerde a los hacedores de maldades para que se llenen de llagas. Cura el cólera con hojas de la "mata amarga". Quema los cañaverales. Es la Madre-Río. La Madre-Cielo. La Vieja *Hige*. La Luna. La Vieja *Suck*. La Madre Vagante. La Madre que vence y le da la vuelta a la piedra-poder, centro del mundo, corriendo en sentido contrario al de las manecillas del reloj.[15]

Hasta dónde puedo creer en sus poderes, que pueden tomarse literalmente como prueba de su africanidad; hasta dónde puedo asimilar y hacer mío su sentido de la justicia; hasta dónde puedo colocarla en el centro del mundo—indica hasta dónde he logrado descolonizar mi mente.

Redefinitions: Art and Identity in the Era of Post-National Cultures

NESTOR GARCIA CANCLINI

Until the 1960's and 70's, cultural and artistic movements were conceived in relation to national identities. Even when the avantgardes at the beginning of the century were already exhibiting multinational composition and showing a tendency to expand beyond their country of origin, they were identified with specific countries and national styles such as Italian futurism, Russian constructivism or Mexican muralism. Even in the second half of this century, the names assigned to many artistic movements suggest that national profiles serve to define their innovative projects. This is also the case when one talks about Italian Neorealism, French New Wave, or German new cinema, American pop, Italian transvanguard or the Neo-Mexicanism of certain young painters.

This paper tries to reflect on the contradiction between this way of characterizing artistic movements and the transnational conditions in which art is produced, circulated and received at the end of our century. What do national identities mean in a time of transnationalization and interculturalism, of multinational co-productions and "Paris-Berlin" or "Paris-New York" exhibitions, of free-trade agreements and regional economic integrations, where art works, artists and capital constantly cross borders?

This is not only a visual arts problem. It entails crossings between genres and territories of different forms of art, as can be appreciated in the above mentioned inter-city exhibitions and in movies like Win Wender's *The State of Things*—which started as a more or less metaphysical drama filmed in Europe and concluded as a "thriller" in the multi-ethnic streets of Los Angeles. It is also not a process which only occurs in the artistic world. To understand the new conditions in which the arts are produced, one has to look at them within transnationalism, deterritorialism and hybridity of cultures. It is thus necessary to examine these contexts in order to rethink current aesthetic definitions and present artistic practices.

Can Art Continue to be the Stage for National Identity?

This question forces us to stop at a coincidence: the restructuring of the relationship between artistic practices and national cultures is occurring in the same period of time as the elite arts (visual arts, literature) and popular traditions (crafts, folk music) are losing their hegemonic place in social life to electronic technologies destined for mass consumption (television, video, etc.). Nationalist ideologies have maintained a certain verisimilitude to the extent that they use the iconographic repertory of high culture and folklore as a symbolic base, but they have lost the capacity to generate cultural policies and projects appropriate to the reorganization of the cultural markets produced by the new communications technologies. It makes sense that the dependency theory of the 1970's maintains a certain resonance in the institutions and groups dedicated to these traditional practices, as it "explains" the difficulties Latin American cultures have had due to the dominion of the metropolis. This theory was useful in pointing out some of the devices utilized by international

Hasta los años sesenta y setenta se concebían los procesos culturales y artísticos en relación con las identidades nacionales. Aún cuando las vanguardias de principio de siglo ya exhibían una composición multinacional y tendían a expandirse más allá de su país de origen, eran identificadas con sociedades particulares: se hablaba del futurismo italiano, el constructivismo ruso y el muralismo mexicano. Todavía en la segunda mitad de este siglo los nombres asignados a muchos movimientos artísticos sugieren que los perfiles nacionales podrían servir para definir sus proyectos innovadores. Así se procede cuando se habla del neorrealismo italiano, la nueva ola francesa o el nuevo cine alemán, del pop estadounidense, la transvanguardia italiana o el neomexicanismo de ciertos pintores jóvenes.

Este trabajo quiere reflexionar sobre la contradicción entre esta manera de caracterizar los movimientos artísticos y las condiciones transnacionales en que se produce, circula y se recibe el arte en nuestro fin de siglo. ¿Qué significan las identidades nacionales en un tiempo de transnacionalización e interculturalidad, de coproducciones multinacionales y exposiciones "París-Berlín" o "París-Nueva York", de acuerdos de libre comercio e integraciones económicas regionales, donde las obras, los artistas y los capitales atraviesan constantemente las fronteras?

No se trata sólo de un problema de las artes plásticas. Supone cruces entre los géneros y los territorios de las distintas artes, como se aprecia en esas exposiciones interciudades que acabo de citar y en películas como *El estado de las cosas*, de Win Wenders, iniciada como un drama más o menos metafísico que se filma en Europa y concluída como un *thriller* en las calles multiétnicas de Los Angeles. Tampoco es un proceso que ocurra sólo en el mundo artístico. Para entender las nuevas condiciones en que se producen las artes hay que verlas en medio de la transnacionalización, desterritorialización e hibridación de las culturas. Es necesario, por lo tanto, examinar estos contextos para repensar las definiciones estéticas y las prácticas artísticas actuales.

¿Puede ser aún el arte escenario de la identidad nacional?

Esta pregunta exige detenerse en una coincidencia: la reestructuración de las relaciones entre prácticas artísticas y culturas nacionales se produce en el mismo período en que las artes cultas (plástica, literatura) y populares tradicionales (artesanías, música folcrórica) pierden su lugar hegemónico en la vida social frente a las tecnologías electrónicas de la imagen destinadas al consumo masivo (televisión, video, etc.). Las ideologías nacionalistas conservan cierta verosimilidad en la medida en que usan como soporte simbólico el repertorio iconográfico de las artes cultas y del folclor, pero han perdido la capacidad de generar políticas y proyectos culturales adecuados a la reorganización de los mercados culturales producida por las nuevas tecnologías comunicacionales. Es lógico que en las instituciones y los grupos dedicados a esas prácticas tradicionales mantenga cierto eco la teoría de la dependencia de los años setenta,

160

artistic and communication production centers which conditioned—and still do—the development of peripheral countries. The persistent asymmetry between what dependency theorists call the First and Third Worlds, and the unequal exchange of goods, messages and capital between them, still confers a certain verisimilitude to those positions.

The most recent data on the international arts market and the exhibition policies in metropolitan museums contribute to this analytic perspective: the works of Tarsila, Botero and Frida Kahlo, the most marketable Latin American artists, rarely reach the million dollar mark—that is, a price 50 times smaller than Picassos and Van Goghs. As for the recent interest in Third World art exhibitions in the United States and Europe, it is due more to the search for the exotic and a marginal increment in the market, than to an acknowledgement of the creative and innovative contributions of peripheral countries.

Nonetheless, the changes occurring during the last three decades in the interactions between center and periphery, and in the technological and industrial conditions of production and cultural communication, cannot be explained from that polar or schematic model. There are, at least, three classes of processes that require the reformulation of the analytic paradigm:

a) The transnational reorganization of cultural markets by new technologies (television, video, satellite, fax, optic fibers, etc.) has rendered obsolete the endeavor of nationalist cultural policies to become entrenched in regional folk repertories. The national culture,

which was conceived as an expression of a collective being, is now seen as a historical and largely imaginary construction, that is, constantly reorganized while interacting with transnational goods and messages.

A study of cultural consumption recently conducted in Mexico shows the predominance of electronic means of communication over local cultural offerings (from the neighborhood, the city, or the region). Not even 10% of the sector relates to institutionalized high culture (cinema, theatre, concerts). This percentage is not higher even when attendance at traditional popular events or celebrations is included. If this happens in a country such as Mexico—with stronger ethnic and popular traditions promoted by the state than other societies—one can imagine that in the other places symbolic, local life has even less resonance. We found that 95% of the homes in Mexico have a television set, 87% a radio, and 52% have a video cassette player. These numbers, together with the data on the high percentage of leisure time spent with these mechanisms, reveal a reorganization of cultural habits, increasingly dedicated to the audio-visual messages received at home which express international codes of symbolic elaboration.[1] The majority of information and entertainment produced for the masses originates from a delocalized, transnational, cultural production system, which is increasingly less associated with a distinctive territory and the singular goods produced in it.

b) The growing advancement of an audio-visual culture transmitted by electronic means, is generally

que "explica" las dificultades de las culturas latinoamericanas por la dominación de las metrópolis. Esa teoría fue útil para hacer visibles algunos dispositivos utilizados por los centros internacionels de producción artística y comunicacional que condicionaban, y aún condicionan, el desarrollo en los países periféricos. La persistente asimetría entre lo que los dependentistas llaman el primer y el tercer mundo, y el intercambio desigual de bienes, mensajes y capitales entre uno y otro, confiere aun cierta verosimilitud a esas posiciones.

Los datos recientes del mercado artístico internacional y la política de exposiciones en los museos metropolitanos contribuyen a esta perspectiva de análisis: los cuadros de Tarsila, Botero y Frida Kahlo, los artistas latinoamericanos más cotizados, rara vez alcanzan el millón de dólares, o sea un precio cincuenta veces menor que los Picasso y los Van Gogh. En cuanto al auge de las exposiciones de arte tercermundista en Estados Unidos y Europa, se deben más a la persecución de lo exótico y a una ampliación marginal del mercado que al reconocimiento de aportes creativos e innovadores de los países periféricos.

Sin embargo, los cambios ocurridos en las últimas tres décadas en las interacciones entre centro y periferia y en las condiciones tecnológicas e industriales de producción y comunicación cultural no pueden ser explicadas desde ese modelo polar y esquemático. Hay al menos tres clases de procesos que requieren reformular el paradigma de análisis:

a) La reorganización transnacional de los mercados culturales

por las nuevas tecnologías (televisión, video, satélites, fax, fibras ópticas, etc.) volvió obsoleta la pretensión de las políticas culturales nacionalistas de atrincherarse en repertorios folclóricos regionales. La cultura nacional, que se concebía como expresión de un ser colectivo, es vista ahora como una construcción histórica, en buena medida imaginaria, que se reorganiza constantemente al interactuar con bienes y mensajes transnacionales.

Un estudio sobre consumo cultural que realizamos recientemente en México muestra el predominio de los medios electrónicos de comunicación sobre las ofertas culturales locales (del barrio, la propia ciudad o región). No llega al 10% el sector que se relaciona con la alta cultura institucionalizada (cine, teatro, conciertos), ni tampoco supera ese porcentaje la franja de quienes dicen asistir regularmente a espectáculos o fiestas populares tradicionales. Si esto ocurre en un país como México, con fuertes tradiciones étnicas y populares más promovidas por el Estado que en otras sociedades, es imaginable que en los restantes la vida simbólica local cuenta aun con menos eco. En tanto, encontramos que el 95% de los hogares de la ciudad de México tienen televisión, el 85% radio y el 52% videocaseteras: estas cifras, junto con las referencias dadas sobre el alto porcentaje de tiempo que esos aparatos ocupan en el uso del tiempo libre, revelan una reorganización de los hábitos culturales, cada vez más dedicados a los mensajes audiovisuales que se reciben en la casa y que expresan códigos internacionales de elaboración simbólica.[1]

associated with the major presence of a metropolitan culture and its predominance over the peripheral countries' "own" culture. This is partially correct, especially in nations with less developed cultural industries. Nevertheless, the situation turns out to be more complex if we take a look at what is happening in cases such as Brazil and Mexico, where the massification and industrialization of culture does not imply—as was assumed in the 1960's and 70's—a bigger dependency on foreign production. From 1971 to 1982, the production of Brazilian cinema within the country increased from 13.9% to 35%. Books by national authors, which occupied 54% of the total editorial production in 1973, occupied 70% of the production in 1981. The popularity of national records and tapes has increased, while the sales of imported records have gone down. In 1972, 60% of the programming for Brazilian television was foreign; in 1983, this number dropped to 30%. Simultaneous to this nationalization of cultural production, Brazil has become an active agent in the international market, exporting soap operas. As its culture penetrates in the central countries, it has become the seventh largest producer of television advertising in the world, and the sixth largest producer of records. Sociologist Renato Ortíz arrived at this conclusion: we passed from "defending the national-popular, to exporting the international-popular."[2]

The growth of this tendency that is the opposite to the imposition of cultural goods from the center over the periphery cannot be generalized to other nations. It also does not eliminate the questions of how different classes have benefited

from and are represented by the culture of each country. But the reorganization of the direction of production, circulation and consumption, questions the "natural" association which used to be made between the popular and the national, and the equally aprioristic opposition of the national with the international.

c) Third, the massive migrations from peripheral countries to the metropolis also require a reformulation of the Manichaeism with which the opposition between national and foreign cultures used to be represented. Since the middle of this century, migrations from dependent countries toward the United States and Europe are no longer the exclusive activities of writers, artists and political exiles. The asymmetries between the metropolis and Latin American countries have not diminished, but the unidirectional scheme of imperialist domination, does not explain the dynamic socio-cultural presence of 20 million Mexicans, Central and South Americans in the United States. According to recent statistics, they are 38% of the total population of New Mexico, 25% in Texas, and 23% in California. The huge market in the United States for goods circulating in Spanish and English which originate from Latin American cultural matrixes, has led to a very dynamic presence of the "hispanic" in North American culture. Some indicators showing this are the 250 or more radio and television stations and over 1,500 publications in Spanish, and an increasing interest in "ethnic" or "peripheral" literature, music, and visual arts.

Some anthropologists observing the increasing weight of Latin American cultures in the metropo-

La parte principal de la infomación y el entretenimiento de las mayorías procede de un sistema deslocalizado, transnacional, de producción cultural, y cada vez menos de la relación distinta con un territorio y con los bienes singulares producidos en él.

b) Este avance creciente de la cultura audiovisual transmitida por medios electrónicos suele asociarse a una presencia mayor de la cultura metropolitana y un predominio sobre las culturas "propias" de los países periféricos. Esto es parcialmente cierto sobre todo en las naciones con industrias culturales poco desarrolladas. Sin embargo, la situación resulta más compleja si miramos lo que ocurre en casos como Brasil y México, donde la masificación e industrialización de la cultura no implica —como se suponía en las décadas de los sesenta y setenta— una mayor dependencia de la producción extranjera. De 1971 a 1982 la producción de películas brasileñas en las pantallas de ese país creció de 13.9 al 35%. Los libros de autores nacionales, que ocupaban el 54% de la producción editorial de 1973, subieron al 70% en 1981. También se escuchan más discos y casetes nacionales, mientras descienden las ventas de importados. En 1972, un 60% de la programación televisiva en Brasil era extranjera; en 1983, bajó al 30%. Simultáneamente con esta tendencia a la nacionalización de la producción cultural, Brasil se ha convertido en un agente muy activo del mercado internacional exportando telenovelas. Como su cultura penetra en los países centrales, alcanzó a ser el séptimo productor mundial de televisión y publicidad, y el sexto en discos. El sociólogo Renato Ortíz extrae esta con-

clusión: pasamos "de la defensa de lo nacional-popular a la exportación de lo internacional-popular".[2]

El crecimiento de esta tendencia opuesta a la imposición de bienes culturales del centro sobre la periferia no es generalizable a muchas naciones. Tampoco elimina las preguntas de cómo distintas clases se benefician y son representadas con la cultura de cada país. Pero esta reorganización de las direcciones de producción, circulación y consumo cuestiona la asociación "natural" que solía hacerse de lo popular con lo nacional y la oposición igualmente apriorística de lo nacional con lo internacional.

c) En tercer lugar, más migraciones masivas de países periféricos a las metrópolis exigen también reformular el maniqueísmo con que solía representarse la oposición entre culturas nacionales y extranjeras. Desde mediados de este siglo las migraciones de los países dependientes hacia Estados Unidos y Europa ya no son sólo actividades exclusivas de escritores, artistas y políticos exiliados. No ha disminuído la asimetría entre las metrópolis y los países latinoamericanos, pero no podemos explicar mediante el esquema unidireccional de la dominación imperialista la dinámica presencia sociocultural de 20 millones de mexicanos, centro y sudamericanos en los Estados Unidos: según cálculos recientes, son un 38% de la población total de Nuevo México, 25% en Texas y 23% en California. El enorme mercado en Estados Unidos de bienes que circulan en español e inglés y que surgen de matrices culturales latinoamericanas, ha llevado a una presencia muy dinámica de lo "hispánico" en la cultura norteamericana. Algunos de los indicadores que lo muestran

lis, their effect in the symbolic markets, in cultural centers, and in everyday life, have talked about an "implosion of the Third World into the First World." The notions of closed and self-sufficient communities, of totally autonomous or "authentic" national cultures, cannot be maintained anymore, as Renato Rosaldo says, "except maybe as a 'useful function' or as a revealing distortion."[3] Another anthropologist, Roger Rouse, studied how Mexican immigrants in California mantain fluid communication with the friends and family they've left behind through the constant circulation of people, money, merchandise and information. He also questioned the use of the notion of community and the opposition between center and periphery. It was assumed, according to him, that the links between members of the community would intensify with the sharing of a common territory, but in some indigenous and popular sectors with low economic and educational levels, one can observe intense interaction between groups that are as far as 2,000 miles from each other, in different countries.

As for the center/periphery polarity, it was seen as an "abstract expression of an idealized imperial system," in which the gradations of power and wealth would be concentrically distributed: the biggest part in the center, with a constant diminution as one moves toward the surrounding areas. The world functions less and less in this way. We need, as Rouse proclaims, "an alternative cartography of social space," based on the notions of circuit and border.[4]

Following this, we would have to reconceptualize the complex relations between "the national" and "the Latin American," artistic images reformulated by painters living in the metropolis, whose work is propagated through transnational circuits of galleries and museums and influences multicultural audiences. The reformulation of focus in terms of transnational and transcultural circuits is also necessary in order to understand the modus operandi of the artistic production of the metropolis. Perhaps the international expansion of pop and abstract expressionism as aesthetic representations of North American culture imposed on the peripheral countries was the last time in which a metropolitan, national culture could seek to export itself and act as a standard for other societies. To analyze this period, the model employed by Shifra Goldman[5] and others who interpreted the center/periphery relations as the domination of an imperial culture over dependent ones, is still valid. But for subsequent movements, from conceptualism to trans-avant-garde, we need a paradigm which analyzes how metropolitan networks (New York-London-Paris-Milan-Tokyo) construct their hegemony through simultaneous reprocessing of multiple aesthetic cultures born and developed transnationally, rather than originating from national movements.

Unstable Mirrors: When Borders and Collections Are Erased

The challenge then, is to re-conceptualize cultural identity in the midst of the reorganization of markets and consumption by the predominance of electronic cultures over local and handcrafted cultures, and by massive migrations of people and objects among diverse societies. To evaluate how son las más de 250 estaciones de radio y televisión en castellano, más de 1500 publicaciones en la misma lengua y un expansivo interés por la literatura, la música y las artes plásticas "étnicas" o "periféricas".

Al percibir el peso creciente de las culturas latinoamericanas en las metrópolis, sus efectos en los mercados simbólicos, en los centros culturales y en la vida cotidiana, algunos antropólogos hablan de una "implosión del tercer mundo en el primero". Las nociones de comunidades cerradas y autosuficientes, culturas nacionales totalmente autónomas o "auténticas" ya no pueden ser sostenibles, dice Renato Rosaldo, "excepto quizá como una 'función útil' o una distorción reveladora".[3] Otro antropólogo, Roger Rouse, que estudió cómo los migrantes mexicanos a California se comunican fluidamente con sus amigos y parientes que siguen en México a través de la circulación continua de personas, dinero, mercancías e información, cuestiona también el uso de la noción de comunidad y la oposición entre centro y periferia. Se suponía, dice él, que los vínculos entre miembros de una comunidad serían más intensos al compartir un territorio único, pero aún en sectores indígenas o populares con bajo nivel económico y educativo se observan interacciones intensas entre grupos que están a dos mil millas de distancia, en países diferentes.

En cuanto a la polaridad centro/periferia, se veía como "expresión abstracta de un sistema imperial idealizado", en el que las gradaciones de poder y riqueza estarían distribuídas concéntricamente: lo mayor en el centro y una disminución constante a medida que nos movemos hacia zonas circundantes. El mundo funciona cada vez menos de este modo. Necesitamos, reclama Rouse, "una cartografía alternativa del espacio social", basada más bien en las nociones de circuito y frontera.[4]

En esta dirección habría que reconceptualizar las complejas relaciones de las imágenes artísticas de lo nacional y lo latinoamericano reformuladas por pintores que viven en las metrópolis, cuyas obras se difunden a través de circuitos transnacionales de galerías y museos, e influyen en públicos multiculturales. Y esta reformulación del enfoque en términos de circuitos transnacionales y transculturales es necesaria también para entender el modo en que opera la producción artística de las metrópolis. Quizá la expansión internacional del pop y el expresionismo abstracto como representaciones estéticas de la cultura estadounidense, que ésta impuso a los países periféricos, fue el último momento en que una cultura nacional metropolitana podía pretender exportarse y actuar como patrón para otras sociedades: para analizar ese período sigue siendo válido el modelo empleado por Shifra Goldman[5] y otros autores que interpretan las relaciones centro/periferia como dominación de una cultura imperial sobre las dependientes. Pero para los movimientos posteriores, desde el conceptualismo a la transvanguardia, necesitamos un paradigma que analice cómo las redes metropolitanas (Nueva York-Londres-París-Milán-Tokio) construyen su hegemonía, más que a partir de movimientos nacionales, mediante el reprocesamiento simultáneo de múltiples culturas estéticas nacidas y desarrolladas

these macro-social changes manifest themselves in the arts, I think it necessary to analyze two movements: on the one hand, what we can call processes of deterritorialization and multi-contextuality; on the other hand, the processes of deconstruction of collections and hybridization.

1. Deterritorialization and Multicontextuality. There was once a time in which cultural identity was constructed through the occupation of a territory and the formation of collections. To have an *identity* was to have a country, a city or a neighborhood, an *entity* where everything shared by the inhabitants of that place became identical and interchangeable. The most valued objects and signs were kept in museums and were consecrated in monuments that seemed to condense the originating matrix, the authentic version, the "essence" of identity.

In traditionalist as well as modern conceptions, this territorial and substantialist ideology retains some currency. Traditionalists—or fundamentalists—usually define identity in Latin American countries through a synthesis that integrates the newhispanic heritage, certain Catholic symbology associated with a hierarchical order of society, and occasionally some ingredients from indigenous cultures. With this ensemble—in truth, very heterogeneous—they set up a collection of goods which they assume are ontologically representative of what defines that population and its particular relation to the territory it inhabits. Art is conceived as the reproduction and celebration of that patrimony, and any experimentation which introduces innovations into that matrix, or worse, which plays parodogically with the national

symbols, is proscribed. I am thinking about the groups of Catholic fanatics who, in 1988, errupted in several museums of Mexican art and tried to interfere with exhibitions which altered the orthodox image of the Virgin of Guadalupe with the face of Marilyn Monroe, and the face of Christ with Pedro Infante's face.

The other version of the territorial definition of identity is the one that establishes a modern and more open patrimony, in which different ethnic heritages and traditions which formed the nation-state, can be established. This has been accomplished, in an exemplary way, at the National Museum of Anthropology in Mexico City. Through a compact museography which unifies the patrimonies of the 56 indigenous groups on which modern Mexico was built, the Museum of Anthropology functions as a metaphor of national culture. Like the nation-state, which was successful in welding in a common historical project diverse, often conflicting, traditions, the collection of monumental gods and stelae next to everyday objects from every region, when brought together all in one discourse, obturates an understanding of the conflicts. To give verisimilitude to this abstract unification of modernity, the museum freezes the Pre-Colombian heritage at the time of the conquest, describing the natives without the objects of industrial production and mass consumption which for many decades have been part of their practices. Neither the background settings nor the signs allow us to imagine what it means for the survival of old habits to be conditioned by the crisis of agrarian production, by migrations to the cities and the United States, and by the adapta-

transnacionalmente.

Espejos inestables: cuando se borran las fronteras y las colecciones.

El desafío, entonces, es reconceptualizar la identidad cultural en medio de la reorganización de los mercados y los consumos por la circulación transnacional de las nuevas tecnologías sobre las locales y artesanales, por las migraciones masivas de personas y objetos entre sociedades diversas. Para apreciar cómo se manifiestan estos cambios macrosociales en las artes, me parece necesario analizar dos movimientos: por un lado, lo que podemos llamar procesos de desterritorialización y multicontextualidad; por otro, los de descoleccionamiento e hibridación.

1. Desterritorialización y multicontextualidad. Hubo una época en que la identidad cultural se construía mediante la ocupación de un territorio y la formación de colecciones. Tener una *identidad* era tener un país, una ciudad o un barrio, una *entidad* donde todo lo compartido por los que habitaban ese lugar se volvía idéntico e intercambiable. Los objetos y signos más valorados se guardaban en museos y se consagraban en monumentos que parecían condensar la matriz originaria, la versión auténtica, la "esencia" de la identidad.

Esta ideología territorial y sustancialista conserva cierta vigencia, tanto en concepciones tradicionalistas como modernas. Los tradicionalistas o fundamentalistas suelen definir la identidad en los países latinoamericanos mediante una síntesis que integra la herencia novohispana, cierta simbología católica asociada a un orden jerárquico de la sociedad y a veces algunos ingredientes de las culturas indíge-

nas. Con ese conjunto, en verdad muy heterogéneo, arman una colección de bienes que suponen ontológicamente representativos de lo que define a ese pueblo y su particular relación con el territorio que habita. El arte es concebido como la reproducción y celebración de ese patrimonio por lo cual queda proscrita toda experimentación que introduzca innovaciones en esa matriz o, peor, juegue paródicamente con los símbolos nacionales. Pienso en los grupos de fanáticos católicos que irrumpieron en 1988 en varios museos de arte mexicanos para impedir exhibiciones que alteraban la imagen ortodoxa de la Virgen de Guadalupe con el rostro de Marilyn Monroe y la de Cristo mezclándolo con Pedro Infante.

La otra versión de esta definición territorial de la identidad es la que establece un patrimonio moderno y más abierto, en el que pueden integrarse diferentes herencias étnicas y las tradiciones conformadoras del Estado-nación. Esto se ha logrado ejemplarmente en el Museo Nacional de Antropología de México. Mediante una museografía compacta que unifica los patrimonios de los 56 grupos indígenas sobre los que se edificó el México moderno, el Museo de Antropología funciona como metáfora de la cultura nacional. Como el Estado-nación que logró soldar en un proyecto histórico común tradiciones diversas, muchas veces enfrentadas, la colección de dioses y estelas monumentales junto a objetos cotidianos de todas las regiones, al ensamblar todo en un solo discurso, obtura la comprensión de los conflictos. Para dar verosimilitud a esta unificación abstracta de la modernidad, el Museo congela la herencia precolombina en el momento de la

tion of crafts to the aesthetic demands of urban and tourist consumers.[6]

In perceiving how patrimony is constituted through a mise-en-scéne, through these operations of selection and combination, of monumentalization and miniaturization, all to serve a political project, we must rethink the notion of national culture. That which is defined as each nation's own culture is not the realistic representation of a territory and the social organization through which it is appropriated; it is rather the metaphor for a historic alliance in which certain actors succeeded in ordering a meaning of the artifacts, and established it as the "true one."

Can national museums continue to exist in a time of transnationalization of culture, when social alliances transcend borders? Is their purpose only to maintain a spectacle of a remembrance with no social base in the present? Is it to ritualize a fiction needed by the national states, as they dissolve in a process of privatization and transnationalization of their economies and cultures? We must still follow a complex path in order to avoid simplifications in the answers to these questions. But to anticipate somewhat the reinterpretations and neutralizations that national patrimonies are experiencing today, let us keep in mind what several critiques have pointed out the great exhibition *Mexico: a Work of Art*, presented by the Metropolitan Museum of Art in New York. It has been said that the invention—historically disputable—of a unique national and continuous culture, with "30 centuries of splendor," must be understood as part of the political-cultural diplomacy that goes along with the negotia-

tions of the free-trade agreement between Mexico and its northern neighbor.

In the present state of the theories of culture and art, essentialist conceptions of identity are not convincing. When national cultures are presented, substantialized in a determined group of objects intended to have a single meaning in relation to the territory from which they originated, it would be appropriate to question the socio-political goals of those who present them. This operation is of less interest as a scientific or aesthetic affirmation, than as a symptom of a strategy of power.

A good number of social scientists—and Latin American and U.S. artists—are proposing a different conception, de-territorialized and open, of the cultural dynamics in which identities are configured. For example, I think about the brutal expressionist Luis Felipe Noé, and his way of rethinking an aesthetics which "does not need a passport." We cannot, he says, question ourselves about identity as a simple reaction against cultural dependency: presenting it that way is like attempting to "answer to a police officer who demands some identification document, or a public official requesting a birth certificate." This is why he asserts that the question 'Does Latin American art exist?' is an "absurdly totalitarian" query.[7]

Rather than devoting ourselves to the nostalgic "search for a nonexistent tradition," he proposes to assume the variable baroquism of our history, reproduced in many contemporary painters by "an inability to make a synthesis when confronted by an excess of objects."[8] He appeals for an expressionistic painting, as in his own work: attempting to feel primitive when

conquista: describe a los indígenas sin los objetos de producción industrial y consumo masivo que desde hace muchas décadas forman parte de sus prácticas. Ni las ambientaciones ni las cédulas permiten imaginar qué significa que la supervivencia de hábitos antiguos esté condicionada por la crisis de la producción agraria, las migraciones a las ciudades y a los Estados Unidos, la adaptación de sus artesanías a las demandas estéticas de consumidores urbanos y turistas.[6]

Al percibir cómo se constituye el patrimonio a través de una puesta en escena —mediante estas operaciones de selección y combinación, de monumentalización y miniaturización— al servicio de un proyecto político, debemos repensar la noción de cultura nacional. Lo que se define como cultura propia en cada nación no es la representación realista de un territorio y de la organización social a través de la cual se apropia, sino la metáfora de una alianza histórica en la que ciertos actores lograron ordenar un sentido de los bienes y establecerlo como "verdadero".

¿Puede seguir habiendo museos nacionales en un tiempo de transnacionalización de la cultura, cuando las alianzas sociales trascienden las fronteras? ¿Sólo para mantener el espectáculo de una memoria sin soporte social en el presente? ¿Se trata de ritualizar una ficción y conservar alguna verosimilitud para el consenso que necesitan los Estados nacionales, mientras éstos se disuelven en los procesos de privatización y transnacionalización de la economía y la cultura? Debemos seguir todavía un camino complejo para evitar simplificaciones en la respuesta a estas preguntas. Pero para adelantar algo sobre las rein-

terpretaciones y neutralizaciones que experimentan hoy los patrimonios nacionales recordemos lo que afirman varias críticas a la gran exposición *México: una obra de arte*, presentada en el Museo Metropolitano de Nueva York y que ahora recorre Estados Unidos: se ha dicho que la invención, históricamente discutible, de una única cultura nacional y continua, con "treinta siglos de esplendor", debe entenderse como parte de la diplomacia político-cultural que acompaña las negociaciones de libre comercio entre México y su vecino del norte.

En el estado actual de las teorías de la cultura y del arte no son convincentes las concepciones esencialistas de la identidad. Cuando se presenta a las culturas nacionales sustancializadas en un conjunto fijo de objetos, que tendrían un único sentido en relación con el territorio en el cual surgieron, corresponde interrogarse sobre los fines sociopolíticos de quienes lo hacen. Esa operación interesa menos como afirmación científica o estética que como síntoma de una estrategia de poder.

Un buen número de científicos sociales y de artistas latinoamericanos y estadounidenses está proponiendo una concepción distinta, desterritorializada y abierta, de las dinámicas culturales en las que se configuran las identidades. Pienso, por ejemplo, en el brutalismo expresionista de Luis Felipe Noé, y en su modo de repensar una estética "que no necesite pasaporte". No podemos, dice, interrogarnos por la identidad como simple reacción contra la dependencia cultural: plantearlo así es como proponerse "responder a un policía que requiere documentos de identidad o como un funcionario que

facing the world, but exceeded not so much by nature, as by the multiplicity and dispersion of cultures. This is why his paintings escape their frame, expanding through the roof and floor, in tempestuous landscapes that "rediscover" the Amazon, the historic battles, the stare of the first conquistador.

Perhaps the artist who most radicalizes this deterritorialized and multicultural conception is Guillermo Gómez-Peña. In his performances and his texts, produced on the border of Tijuana-San Diego and now in New York City (which he also conceives as a border city), he seeks to "de-mexicanize himself in order to mexi-comprehend himself." He tries to express a generation that grew up "watching movies of 'charros' and science fiction, listening to cumbias and songs of the Moody Blues, constructing altars and shooting on super 8 film, reading *El Corno Emplumado* and *Art Forum*." That hybrid formation becomes even more evident "when they ask me about my nationality or ethnic identity: . . . I cannot respond with one word, because my 'identity' now possesses multiple repertories: I am Mexican but I am also a Chicano and Latin American. Along the border they call me 'chilango' or 'mexiquillo'; in the capital 'pocho' or 'norteño', and in Europe they call me 'sudaca'. The Anglo-Saxons call me 'hispanic' or 'latino', and on more than one occasion the Germans have mistaken me for a Turk or Italian." It isn't easy or comfortable to live in this versatility: "Our deepest generational feeling is the one of loss which comes from leaving." But there is also something gained from this process: "A more experimental vision of culture, that is to say multi-focal and tolerant."[9]

In a recent text, Gómez-Peña offers the notion of *multi-contextuality* to conceive the border location, the need of contemporary artists to live at the intersection of several cultures: "As artists who have to account to multiple communities on both sides of the borders, we have developed strategies of horizontal mobilization, from one community to the other. This inter-contextual mobility transforms us, in some way, into alchemists; we constantly have to change our aesthetic strategies, our cultural recipes, and even the proportions between the English and Spanish languages. Depending on the context we can be more or less humorists, experimentalists, or bicultural."[10]

2. Decollectionization and hybridization. The ordering of national cultures in relation to a particular territory, and the division within this of high and popular culture, were consecrated by collections. The identity of a people was reflected and preserved in a fixed repertory of objects, kept in museums, in art and history books, divulged by the schools and the mass media. These collections of elite and popular art objects, bound together by the notion of national culture, were used as devices to order the symbolic artifacts in which a population recognized itself and to hierarchize the objects that belonged to the upper classes. Art history and literature established the limits of "elite" collections and the criteria by which objects might be called "works of art." Folklore ordered another repertory of objects—crafts, legends, and traditional music—whose archaism or familiarity among the popular classes turned into their specific patrimony.

solicita la partida de nacimiento". Por eso, afirma que la pregunta de si existe el arte latinoamericano es una pregunta "absurdamente totalitaria".[7]

Más que dedicarnos a la nostálgica "búsqueda de una tradición inexistente", propone asumir el barroquismo variable de nuestra historia, reproducido en muchos pintores contemporáneos por "una incapacidad de hacer síntesis frente al exceso de objetos".[8] Aboga por una pintura expresionista, como la de su propia obra: intento de sentirse primitivo frente al mundo, pero excedido no tanto por la naturaleza sino por la multiplicidad y dispersión de las culturas. Por eso, sus pinturas escapan del cuadro, continúan por el techo y el piso, en paisajes tempestuosos que "redescubren" el Amazonas, las batallas históricas, la mirada del primer conquistador.

Quizá el artista que más radicaliza esta concepción desterritorializada y multicultural es Guillermo Gómez-Peña. En sus performances y en sus textos, producidos en la frontera Tijuana-San Diego y ahora en Nueva York (que también concibe como ciudad fronteriza), busca "desmexicanizarse para mexicomprenderse". Trata de expresar a una generación que creció "viendo películas de charros y de ciencia ficción, escuchando cumbias y rolas del Moody Blues, construyendo altares y filmando en super 8, leyendo *El Corno Emplumado* y *Art Forum*". Esa formación híbrida se le vuelve aún más evidente "cuando me preguntan por mi nacionalidad o identidad étnica: . . . no puedo responder con una palabra, pues mi 'identidad' ya posee repertorios múltiples: soy mexicano pero también soy chicano y latinoamericano. En la frontera me dicen 'chilango' o

'mexiquillo'; en la capital 'pocho' o 'norteño' y en Europa 'sudaca'. Los anglosajones me llaman 'hispanic' o 'latinou' y los alemanes me han confundido en más de una ocasión con turco o italiano". No es fácil ni cómodo vivir en esta versatilidad: "nuestro sentimiento generacional más hondo es el de la pérdida que surge de la partida". Pero también hay algo que se gana en este proceso: "Una visión de la cultura más experimental, es decir multifocal y tolerante".[9]

En un texto reciente, Gómez-Peña ofrece la noción de *multicontextualidad* para concebir la ubicación fronteriza, la necesidad de los artistas contemporáneos de vivir en la intersección de varias culturas: "Como artistas que tenemos que rendirle cuentas a múltiples comunidades, en ambos lados de la frontera, hemos desarrollado estrategias de movilización horizontal, de una comunidad a otra. Esta movilidad intercontextual nos convierte de alguna manera en alquimistas; tenemos que cambiar constantemente nuestras estrategias estéticas, nuestras recetas culturales, e incluso las proporciones entre el idioma inglés y el español. Dependiendo del contexto podemos ser más o menos humorísticos, experimentales, o biculturales.[10]

2. Descoleccionamiento e hibridación. El ordenamiento de las culturas nacionales en relación con un territorio particular, y las divisiones dentro de ella entre lo culto y lo popular, eran consagradas por colecciones. La identidad de un pueblo era reflejada y preservada en un repertorio fijo de objetos, guardados en los museos, en los libros de arte e historia, divulgados por las escuelas y los medios masivos de comunicación. Estas

Those divisions between elite and popular arts have fallen. Nowadays museums of art tend to have craft shows, installations which include popular objects and television sets, ephemeral performances by artists who do not believe in works of art anymore, and who refuse to produce collectible objects. On the other hand, vessels and handcrafted fabrics are not only found in indigenous populations and museums; they circulate profusely in urban markets and stores, and can be bought in boutiques in Mexico City, Acapulco, Rio de Janeiro and Los Angeles. Fine and popular goods have been reabsorbed, at the same time, by the systems of mass communications, in which goods from different countries compare and mix with each other.

The agony of collections reveals that cultures no longer can be identified by arranged and established patrimonies. The repertories of objects renew their composition and their hierarchy with the fashion, they cross each other all the time, and each user can make his or her own collection. The technologies of reproduction allow us to build, in our houses, a collection of records and audio-cassettes combining elite and popular music from various countries, including artists who deliberately search for hybridity in the structure of the works: Piazzola and the rockers who mix tango with jazz, romantic music with the most *heavy*, Caetano Veloso and Chico Buarque, who have combined linguistic games of concrete poets, the Afro-Brazilian tradition and electronic experimentation.

But where we can best appreciate the vanishing of collections is in the technological devices of produc-tion and reproduction of images that destructurize semantic orders established by art and folk his-tories. The video-cassette player allows us to "store" sports events and concerts, soap operas and ex-perimental video, panels on nation-al politics and the "spectacle" of the last international war. And the opposition between traditional and modern, between the national and the international, between news and entertainment, politics and fiction are thereby reorganized. Music videos are themselves hybrid productions; made with melodies and images from diverse periods cited out of context without con-cern, they take up the project of Magritte and Duchamp, but for a mass audience. The spectator "en-gendered" by these instruments, is someone who increasingly loses interest in narratives and the pro-gression of events. He is pleased with the discontinuity of the frag-ments, visual accelerations, the fleeting perception of reality. The world is seen as a discontinued effervescence of images. There are no universal or national narratives that totalize diversity, in a coherent manner, which hierarchize elite and popular traditions, historic periods or territorial locations.

I cannot find any reasons to mourn the decomposition of the rigid collections which, while sepa-rating the elite from the popular, promoted inequalities; and while opposing energetically the national and the foreign, often favored chauvinism. Nor do I see possibili-ties for restoring the classical order of modernity. On occasion, this irreverent hybridization helps to reveal the relativity of religious, national, ethnic, and artistic funda-mentalisms which give an absolute character to certain patrimonies colecciones de objetos de arte culto y popular, enlazadas bajo la noción de cultura nacional, fueron dispositivos para ordenar los bienes simbólicos en que una población se reconocía y jerar-quizar los que correspondían a las clases altas. La historia del arte y la literatura establecían cuáles eran los límites de las colecciones "cultas" y los requisitos que debían cumplir los objetos que merecen el nombre de "obras". El folclor ordenaba otro repertorio de obje-tos —las artesanías, las leyendas y músicas tradicionales— cuyo arcaísmo o familiaridad con las clases populares los volvían su patrimonio específico.

Se han caído esas divisiones entre lo culto y lo popular. Ahora en los museos de arte suele haber muestras de artesanías, instala-ciones que incluyen objetos popu-lares y televisores, performances efímeros de artistas que ya no creen en las obras y rehusan pro-ducir objetos coleccionables. Por otro lado, las vasijas y los tejidos artesanales no se encuentran sólo en los pueblos indígenas y los museos: circulan profusamente en mercados urbanos y tiendas, podemos comprarlos en las bou-tiques de México y Acapulco, Río de Janeiro y Los Angeles. Los bienes cultos y populares son rea-sumidos, a la vez, por los medios masivos de comunicación, y en ellos se comparan y mezclan los de distintos países.

La agonía de las colecciones re-vela que las culturas ya no se iden-tifican por patrimonios fijos y esta-bles. Los repertorios de objetos renuevan su composición y su je-rarquía con las modas, se cruzan todo el tiempo, y cada usuario puede hacer su propia colección. Las tecnologías de reproducción permiten armar en nuestras casas un conjunto de discos y casetes que combinan lo culto y lo popular, músicas de varios países, incluyen-do a los artistas que deliberada-mente buscan la hibridación en la estructura de las obras: Piazzola y los rockeros que mezclan el tango con el jazz, la música romántica con lo más *heavy;* Caetano Veloso y Chico Buarque que combinan los juegos lingüísticos de los poetas concretos, las tradiciones afro-brasileñas y la experimentación electrónica.

Pero donde mejor se aprecia el desvanecimiento de las colecciones es en los dispositivos tecnológicos de producción y reproducción de imágenes que desestructuran los órdenes semánticos establecidos por las historias del arte y del fol-clor. La videocasetera nos permite almacenar grabaciones de espec-táculos deportivos y conciertos, telenovelas y videos experimen-tales, mesas redondas sobre políti-ca nacional y el "espectáculo" de la última guerra internacional: se reorganizan las oposiciones entre lo tradicional y lo moderno, lo nacional y lo extranjero, las noticias y las diversiones, la política y la ficción. Los videoclips son en sí mismos una producción híbrida, hecha con melodías e imágenes de diversas épocas, citadas despreo-cupadamente, fuera de contexto: retoman los proyectos de Magritte y Duchamp, pero para públicos masivos. El espectador "engendra-do" por estos instrumentos es alguien que cada vez se interesa menos por los relatos y la progre-sión de los hechos. Se complace en la discontinuidad de los frag-mentos, las aceleraciones visuales, la percepción fugaz de lo real. El mundo es mirado como una efervescencia discontinua de imá-

and discriminate against the rest.

Nonetheless, one must point out that the decollectionization and the hybridization of cultures are not egalitarian. The possibilities of taking advantage of technological innovations and making them appropriate to country-specific productive and communication necessities, are different in the center countries—generators of inventions, with high endowments to renovate their collections and appropriate others' collections—than in Latin America, where investments are frozen by the weight of an external debt and austerity policies, where scientists and artists often have to migrate in order to continue their search.

There are also unequal cultural capital and aesthetic dispositions in different social classes. Decollectionization and hybridization are not the same for popular-class adolescents who go to arcades to play video games, as they are for the middle and upper classes who have the games in their homes, and who combine those recreational experiences with ample information on contemporary art and knowledge.

From synthesis to the exasperation of uncertainties

Undeniably the process of deconstruction of traditional and modern stereotypes of national identities has opened new horizons. We are experimenting with the patrimonies of several cultures, we cross and fuse their symbols: art redefines itself today as an open synthesis of heterodite-fragments, where experiences from diverse territories come together.

But art is also the place in which all uncertainties exacerbated, espe-

cially when it will not allow domestication by the exigencies of the market. The harmony of the modern art or the classic jazz composition constructed a more or less fictional coherence, which simulated the integration of ethnic groups or different cultural traditions convened in the work. To me, the clearest example of modern hybridism, where diversity is subordinated to a unifying narrative, is classical jazz: each musician plays his part, improvises on it, at times it seems like he's going to get lost, but finally they all save themselves in an ensemble interpretation which articulates all the parts. On the other hand, postmodern hybridism is characterized by fusions of jazz, rock and ethnic music that often do not resolve this coexistence. Today's lacerated music expresses the tensions and conflicts among several traditions, their changes and failures.

This art that assumes incessant displacements of heterogeneity and fragmentation of experiences in space sometimes attempts to condense them at the instantaneous moment of the work: the "happenings" by John Cage, Paxton's performances, acerbate this sense of the present without history. "We are living each moment by its unique quality. Improvisation is not historical," as Paxton said.

We are at the opposite extreme of Rembrandt's portraits, the ones in which George Simmel saw an attempt to reunite, in the density of the chiaroscuro, the coherent journey of a life. Today, the arbitrary mix of styles and periods by postmodern artists pursues non-hierarchical superimpositions of periods in art history, social and natural histories, and in personal histories.

genes. No hay narraciones universales ni nacionales que totalicen coherentemente la diversidad, que jerarquicen las tradiciones culturales y populares, los períodos históricos ni las localizaciones territoriales.

No encuentro muchas razones para lamentar la descomposición de las colecciones rígidas que, al separar lo culto de lo popular, promovían las desigualdades, y al oponer enérgicamente lo nacional y lo extranjero a menudo favorecían el chauvinismo. Tampoco veo posibilidades de que se restaure ese orden clásico de la modernidad. En ocasiones, esta hibridación irreverente ayuda a relativizar los fundamentalismos religiosos, nacionales, étnicos y artísticos que absolutizan ciertos patrimonios y discriminan a los demás.

Sin embargo, hay que señalar que la descolección y la hibridación de las culturas no es igualitaria. Las posibilidades de aprovechar las innovaciones tecnológicas y adecuarlas a las propias necesidades productivas y comunicacionales son diversas en los países centrales —generadores de inventos, con altas inversiones para renovar sus colecciones y apropiarse de las de otros — y en América Latina, donde las inversiones están congeladas por la carga de la deuda y las políticas de austeridad, donde los científicos y artistas a menudo deben emigrar para continuar sus búsquedas.

También hay capitales culturales y disposiciones estéticas desiguales en diferentes clases sociales. La descolección y la hibridación no son equivalentes para los adolescentes populares, que van a los negocios públicos de videojuegos, y para los de clase media y alta que los tienen

en su casa, y combinan esas experiencias recreativas con amplia información sobre el arte y el saber contemporáneos.

De la síntesis a la exasperación de las incertidumbres

Es innegable que este proceso de desconstrucción de los estereotipos tradicionalistas y modernos de las identidades nacionales abre nuevos horizontes. Experimentamos con los patrimonios de diversas culturas, cruzamos y fusionamos sus símbolos: el arte se redefine hoy como síntesis abierta de fragmentos heteróclitos, donde se juntan las experiencias tenidas en diversos territorios.

Pero el arte es también —sobre todo cuando no se deja domesticar por las complacencias del mercado— el lugar en el que se exacerban todas las incertidumbres. La armonía de la composición plástica moderna o del jazz clásico construía una coherencia más o menos ficticia, que simulaba la integración de las etnias o las tradiciones culturales diferentes convocadas en la obra. El ejemplo más claro de la hibridación moderna, donde la diversidad es subordinada a un relato unificador, me parece el jazz clásico: cada músico toca su *particella*, improvisa sobre ella, por momentos parece que va a perderse, pero finalmente todos se salvan en una interpretación conjunta que articula todas las partes. En cambio, la hibridación post-moderna se caracteriza por fusiones del jazz, el rock y las músicas étnicas en las que la coexistencia muchas veces no se resuelve. La música desgarrada de hoy expresa las tensiones y los conflictos entre varias tradiciones, entre sus cambios y fracasos.

Here I want to say, with the utmost crudeness, that in the unilaterality with which this process has been many times acerbated, I see a suicidal gesture in contemporary art. In a period of globalization of the economy (including the arts market), and of planetary concentration of hegemony as has never happened before, to relinquish the questioning of the meaning of collective history through art, is to avoid the contemporary dramas.

Reconstructing a place for art in Latin American history

For this reason, I would like to return to the socio-cultural conditions I described partially earlier. This description of what is happening in Latin American culture lacks an analysis of our crisis and of our historic stagnation.

The deterritorialized development of culture intensifies multidirectional exchanges, and questions the binary and polar paradigm that was used to explain relations between center and periphery. Nonetheless, it does not terminate the asymmetries and inequalities, it does not dissolve the questions of identity and national sovereignty; rather, it places them on a multifocal stage, full of intersections, crossed by multi-determined strategies. What follows is an outline of some of the problems and analytic perspectives that, in our opinion, could help the advancement of the present situation.

1. The globalization of the economy and the increasing interdependency fomented by the transnationalization of cultural industries acquires specific forms in Latin American countries as a consequence of the weakening of the

state apparatus and the impoverishment of the peripheral economies. We Latin Americans are trying to incorporate ourselves into the processes of regionalization, with our own agreements and projects for Latin American integration. However, the recession and stagnation of our economies, the hemorrhage of the external debt, the collapse of state and private investment, the reduction of cultural production and consumption, have placed us in an appalling condition for integration and exchange. States have withdrawn from cultural promotion: in Brazil, the proportion of foreign cinema shown in that country last year increased once again, due to the simple fact that the Brazilian government closed Enbrafilme, and the national production decreased to three or four movies a year. Something similar can be observed in the book and record industries, even in countries with a usually high level of production, such as Argentina. Latin American integration is being promoted at a time when we have less to exchange and when the impoverishment of our salaries has diminished the consumption level of the majority.

2. It has been frequently commented how much strength the historic vitality and richness of Latin American cultures would give us in the processes of integration, or in the free-trade agreements with the United States. And in fact, I do not see any reasons to have an apocalyptic vision of the popular-traditional cultures. If 500 years of subordination—colonial at first, modernizing elites later—did not extinguish the regional and national cultures, I do not see how the pre-

Este arte que se hace cargo de los desplazamientos incesantes de la heterogeneidad y fragmentación de las experiencias en el espacio, intenta condensarlas a veces en el tiempo instantáneo de la obra: los "acontecimientos" de John Cage, los performances de Paxton, exasperan este sentido del presente sin historia. "Nosotros estamos en tren de vivir cada momento por su calidad única. La improvisación no es histórica", dijo Paxton.

Estamos en el extremo opuesto de los retratos de Rembrandt, en los que George Simmel veía el intento de reunir en la densidad del claroscuro el itinerario coherente de una vida. Ahora, la mezcla arbitraria de estilos y épocas propiciada por los artistas post-modernos persigue la superposición desjerarquizada de los períodos de la historia del arte, de las historias social y nacional, de las historias personales.

Quiero decir aquí, con la mayor crudeza, que veo en la unilateralidad con que muchas veces se exaspera este proceso un gesto suicida del arte contemporáneo. Porque en una época de globalización de la economía (incluído el mercado artístico), de concentrización planetaria de la hegemonía como nunca había ocurrido, renunciar a interrogarse en el arte por el sentido de la historia colectiva es ausentarse de los dramas contemporáneos.

Reconstruir un lugar para el arte en la historia latinoamericana

Por eso, quiero retornar a las condiciones socioculturales que describía parcialmente al principio. A esa puesta en situación de lo que está sucediendo en la cultura

latinoamericana le falta un análisis de nuestra crisis y nuestro empantanamiento histórico.

El desarrollo desterritorializado de la cultura, que intensifica los intercambios multidireccionales, pone en cuestión el paradigma binario y polar con que se pensaban las relaciones entre centro y periferia. Sin embargo, no clausura la asimetría ni las desigualdades, no disuelve las preguntas por la identidad y la soberanía nacional: más bien las recoloca en un escenario multifocal, lleno de cruces, atravesado por estrategias multideterminadas. Vamos a proponer algunos de los problemas y perspectivas de análisis que, a nuestro juicio, podrían ayudar a avanzar en la situación presente.

1. La globalización de la economía y la creciente interdependencia fomentada por la transnacionalización de las industrias culturales adquiere formas específicas en los países de América Latina como consecuencia del debilitamiento de los aparatos estatales y del empobrecimiento de las economías periféricas. Los latinoamericanos intentamos incorporarnos a los procesos de regionalización con acuerdos y proyectos propios de integración latinoamericana. Pero la recesión y el estancamiento de nuestras economías, la hemorragia de la deuda externa, las caídas en la inversión estatal y privada, la reducción y el estancamiento de nuestras economías, la reducción de la producción y el consumo cultural, nos colocan en pésimas condiciones para integrarnos e intercambiar nuestros bienes. Los Estados se retiran de la promoción cultural: en Brasil ha vuelto a subir la proporción de cine extranjero en

sent movement of planetarization could accomplish that. Nevertheless, it is foreseen that the subaltern integration offered to us by the central countries—especially the United States—could have some partial and rapid effects in the most dynamic areas of production, circulation and consumption of culture: the ones which imply the use of complex technologies and high financial investments.

This asymmetric subordination will not occur in the same way for different social sectors. The new cultural technologies are applied in a segmented way: on one hand, in mass communication networks dedicated to entertainment (radio, cinema, television, video); on the other hand, in restricted circuits of information and communication destined for decision makers (communications via satellite, fax, cellular telephones, exclusive connections with data banks through optic fiber, computers and modem). In the first line—the production of recreational messages and information for the masses—the more developed countries of the periphery (Argentina, Brazil, Chile, Colombia, Venezuela, Mexico), have the technological, economic and human resources to generate, with some autonomy, their national production and perhaps some expansion in the region. In the second aspect—the information, the *know how* and the culture necessary to make decisions and innovate—all indications are that the distance and inequalities between center and periphery are aggravated. The innovative works and experiences in visual arts, video and literature are limited to the controlled and exclusive circuits restricted to minorities.

3. Given these conditions, how can we elaborate cultural, scientific and educational policies which will contribute to democratization and to the development of our societies? I see no other alternative but to reverse the tendency toward the privatization of decision-making, which is not a transference from the State to the civil society, but a transference of a state function to the more concentrated groups of the national and transnational capital. Unlike the beliefs of the 1960's and 70's, I do not think the necessary reinforcement of the State should be done in the name of a telluric nationalism. To relocate a role for States at the present juncture, it is necessary to rethink their conception and their functions as agents of the *public interest,* in the crossroads of national and international economic and cultural forces. The State, conceived as a democratic and plural space, is indispensable in order to prevent a reduction of artworks and cultural explorations into merchandise: to defend all that, in the symbolic lives of our societies, cannot be marketable—for example, human rights, aesthetic innovations, the collective construction of historic meaning. I feel we still need the existence of space such as national museums, public schools, and centers of experimentation subsidized by the State or by mixed systems, where the collaboration of governments, the private sector and independent groups can guarantee that the public interest and the need for information, recreation and experimentation of the masses will not be subordinated to the marketplace.

4. The study of cultural policies in Latin America shows an almost unanimous vocation to be removed from the present international con-

los últimos años por el simple hecho de que el gobierno cerró Enbrafilme y la producción nacional bajó a tres o cuatro películas por año. Algo semejante se observa en las industrias del libro y los discos, incluso en países que habían tenido un alto nivel productivo, como la Argentina. Se promueve la integración cultural latinoamericana en el momento en que tenemos menos para intercambiar y el empobrecimiento de los salarios disminuye el consumo de las mayorías.

2. Con frecuencia se habla de la fortaleza que nos daría en los procesos de integración o en los acuerdos de libre comercio con los Estados Unidos, la vitalidad y riqueza históricas de las culturas latinoamericanas. Efectivamente, no veo razones para tener una visión apocalíptica respecto de las culturas popular-tradicionales. Si quinientos años de subordinación —primero colonial, luego a las élites modernizadoras— no extinguieron a las culturas regionales y nacionales, no entiendo cómo podría lograrlo el actual movimiento de planetarización. Sin embargo, es previsible que la integración subalterna que ahora nos proponen los países centrales —especialmente Estados Unidos— tenga algunos efectos parciales y rápidos en las áreas más dinámicas de la producción, circulación y consumo de la cultura: las que implican el uso de tecnologías complejas y altas inversiones financieras.

Esta subordinación muy asimétrica no ocurrirá del mismo modo para los diversos sectores sociales. Las nuevas tecnologías culturales se aplican en forma segmentada: por una parte, en las redes de comunicación masiva dedicadas a los grandes espectáculos de entretenimiento (radio, cine tele-

visión, video); por otro lado, en circuitos restringidos de información y comunicación destinados a quienes toman decisiones (comunicación por satélite, fax, teléfonos celulares, conexiones exclusivas con bancos de datos mediante fibra óptica, computadoras y módem). En la primera línea —la producción de mensajes recreativos e información para mayorías— los países más desarrollados de la periferia (Argentina, Brasil, Chile, Colombia, Venezuela, México) disponen de recursos tecnológicos, económicos y humanos para generar con cierta autonomía su producción nacional y quizá expandirse en la región. En la segunda tendencia —la información, el *know how* y la cultura para tomar decisiones e innovar— todo indica que la distancia y la desigualdad entre centro y periferia tienden a agravarse. También las obras y experiencias innovadoras en las artes plásticas, el video y la literatura se ubican cada vez en forma más exclusiva y excluyente dentro de los circuitos restringidos de las minorías.

3. ¿Cómo elaborar políticas culturales, científicas y educativas que contribuyan a la democratización y el desarrollo de nuestras sociedades en estas condiciones? No veo otra salida que revertir la tendencia a la privatización de las decisiones, que no es transferencia del Estado a la sociedad civil sino transferencia de la función estatal a los grupos más concentrados del capital nacional y transnacional. A diferencia de lo que se sostenía en los años sesenta y setenta, no creo que el refortalecimiento necesario de los Estados deba hacerse en nombre de un nacionalismo telúrico. Para reencontrar un papel de los Estados en la actual coyuntura es necesario repensar su concep-

text.[11] They have a tendency to be reduced to preserving monumental and folk patrimonies within the more traditional and restricted conception of the nation and supporting the elite arts which reach select audiences only (visual arts, literature, etc.). To summarize, a conception of cultural development, which actually stopped being hegemonic since the mid-twentieth century, is being reproduced. If these tasks continue to be necessary—and in many cases, it is urgent that the budgets be raised in order to avoid the suffocation of vital parts of art and culture—at the same time the processes of modernization, as well as those of regional integration, both center-periphery and within the Latin American countries, require the promotion of policies for the public interest in the more dynamic zones of cultural development. It is imperative, for the future of our societies, to redirect cultural policies within the transnational conditions established by the technological development of culture, and to reorient it according to the needs of the masses.

After this replanning, I am not afraid of admitting—using words not in fashion this season—that a renovated art such as this, which deals with the present challenges of production, circulation and cultural consumption, can participate in the construction of a humanism where diversity can be resolved in solidarity. Maybe then the weakening of national iconographies will conclude in new, open and plural assemblages of symbols in which we will be able to recognize and find ourselves again.

ción y sus funciones como agentes de *interés público* en medio del cruce nacional e internacional de fuerzas económicas y culturales. El Estado, concebido como un espacio democrático y plural, es indispensable para evitar el reduccionismo de los bienes y las búsquedas culturales a mercancías, para defender todo lo que en la vida simbólica de las sociedades no puede ser comercializable: por ejemplo, los derechos humanos, las innovaciones estéticas, la construcción colectiva del sentido histórico. En esta línea, considero que aún necesitamos que existan espacios como los museos nacionales, las escuelas públicas y los centros de experimentación subvencionados por los Estados o por sistemas mixtos donde la colaboración de gobiernos, empresas privadas y agrupaciones independientes garantice que el interés público y las necesidades de información, recreación y experimentación de las mayorías no serán subordinadas a la rentabilidad comercial.

4. El estudio de las políticas culturales en América Latina demuestra una vocación casi unánime de éstas para desubicarse en el actual contexto internacional.[11] Suelen reducirse a preservar patrimonios monumentales y folclóricos dentro de la concepción más tradicionalista y restringida de la nación; se apoyan las artes cultas que sólo alcanzan a públicos minoritarios (plástica, literatura, etc.); se reproduce, en suma, una concepción del desarrollo cultural que dejó de ser hegemónica a mediados de este siglo. Si bien estas tareas siguen siendo necesarias —y en muchos casos es urgente que se suban los presupuestos para evitar la asfixia de partes vitales del arte y la cultura— los procesos de modernización, así como de integración regional centro-periferia, y entre los mismo países latinoamericanos, exigen promover políticas de interés público en las zonas más dinámicas del desarrollo cultural. Es decisivo para el futuro de nuestras sociedades reencauzar las políticas culturales en las condiciones transnacionales establecidas por el desarrollo tecnológico de la cultura, y reorientarlo en función de las necesidades de las mayorías.

Luego de este replanteamiento, no temo decir —usando palabras que no están de moda en la última temporada— que un arte así renovado, que se plantee los desafíos actuales de la producción, la circulación y el consumo cultural puede participar en la construcción de un humanismo donde la dispersión se resuelva en solidaridad. Quizá entonces el debilitamiento de las iconografías nacionales vaya desembocando en nuevos conjuntos abiertos y plurales de símbolos en que podemos reconocernos y volver a encontrarnos.

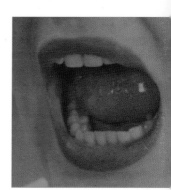

Footnotes

Latin America: A Critical Condition
IVO MESQUITA

1. Anthropophagy (Cannibalism): The practice of some person to eat its own species; used among some Brazilian Native tribes. In 1928, Brazilian writer and poet Oswald de Andrade published his "Manifesto Antropófago," which states that only cannibalism unites Brazilians socially, economically and philosophically. It proposed that a national culture has to be open to devour any influence, to digest everything to transform (and create in this way) its own meanings and perspectives.

The Cultural Milieu in 1991
ARACY AMARAL

1. Kenneth Frampton, "Toward a Critical Regionalism: Six Points for an Architecture of Resistance," *The Anti-Aesthetic: Essays on Postmodern Culture,* ed. Hal Foster (Seattle, WA: Bay Press, 1989), 21.

2. Paul Ricoeur, "History and Truth," in Foster, *The Anti-Aesthetic,* 16.

The Double American
RAUL ANTELO

1. Mário de Andrade, *Táxi e crônicas no Diário Nacional,* ed. Telê Ancona Lopez (São Paulo: Duas Cidades/Secretaria da Cultura, Ciência e Tecnologia, 1976), 487. The chronicle *Cuba, outra vez* (Cuba, once again) was written in 1932.

2. Mário de Andrade, "A música na América do Norte" in *Brasil-Estados Unidos: Fatores de amizade entre as duas grandes pátrias americanas,* various authors (Rio de Janeiro: *Diário de Notícias,* 1939), 288.

3. Charles de Mazade, "De l'américanisme," *Revue des Deux Mondes* 16 (Paris, 1946), 4:658. "L'américanisme représente l'oisivité, l'indiscipline, la paresse, la puérilité sauvage, tous les penchants stationnaires, toutes les passions hostiles à la civilization, l'ignorance, le dépérissement physique des races aussi bien que leur corruption morale."

4. Manuel de Araújo Porto-Alegre, "O papagaio do Orinoco" in *Grandes poetas românticos do Brasil* (São Paulo: LEP, 1959), 1:16. Hector Libertella analyzes the strategies of pastiche, parody and archaism employed by the Latin American writer (where papagaio means merry announcer of difference) in *Ensayos o pruebas sobre una red hermética* (Buenos Aires: Grupo Editor Latinoamericano, 1990).

5. Cf. Jan Mukarovsky, "Can there Be a Universal Aesthetic Value in Art" in *Structure, Sign and Function* (New Haven: Yale University Press, 1977), 57-69; and Jean-François Lyotard, "Une histoire universelle et differences culturelles," in *Critique* 456 (Paris: May 1985): 559-568. To Lyotard, "the world market does not constitute a universal history in the sense of modernity. The cultural differences are encouraged in the guise of touristic and cultural merchandise."

6. Roberto Schwarz, "Nacional por subtração," in *Que horas são?* (São Paulo: Companhia das Letras, 1987); and Nelly Richard, "Periferias culturales y descentramientos postmodernos (marginalidad latinoamericana y recompaginación de los márgenes)," *Punto de vista* 14:40 (Buenos Aires, July-Sept. 1991): 5-6.

7. Georges Bataille, "Conocimiento de América Latina" (Knowledge of Latin America) *Imán* 1 (Paris: April 1931): 199. "Organizar sistemáticamente el caos en países donde los hombres llevan el espíritu del método a su último grado de perfección — especialmente cuando se trata de fabricar montañas de cadáveres— hoy parece inevitable un regreso a costumbres más netamente crueles y violentas en las poblaciones europeas. Es pues posible, (y aun bastante verosímil) que las costumbres de nuestra vida política se transformarán a punto de no diferir mucho de las de América Latina."

States of Impermanence
TOM KALIN

1. Gary Fory, texts from *Let the Record Show* (Berlin, Germany: Neue Gesellschaft fur bildende Kunst, 1988). Statistics cited are from this time period.

2. I am indebted here to the important writing of Brazilian author and activist Herbert Daniel.

3. These tapes include *Like Little Soldiers (Line Them Up)*, 1986, *News From Home,* 1987 (Collaboration with Stathis Lagordakis), and *They are lost to Vision Altogether,* 1989.

4. A quote from Critical Art Ensemble.

Feminism
HELOISA BUARQUE DE HOLLANDA

1. The notions discussed herein were based in Jetty Shaap's "Introduction" and Ria Lamaire's "Rethinking Literary History," both quoted in Jetty Shaap's *Historiography of Women's Cultural Traditions* (Holland/USA: Foris Publications, 1987).

2. Miriam Moreira Leite, "Uma Construção Enviesada: A Mulher e o Nacionalismo" no Séc. XIX (Paper presented at the "De que fala o Nacionalismo?" forum, Ciec, UFRJ, 1989); and H.B. Hollanda, "Letras, Armas e Virtudes" (Paper presented at the 5th ANPOLL Meeting, 1990).

America Latina: Una Condicion Crítica
IVO MESQUITA

1. Antropofagia (Canibalismo): La práctica de algunas personas de comer a los de su propia especie; usual entre algunas tribus nativas brasileñas. En 1928, el autor y poeta brasileño Oswald de Andrade publicó su "Manifesto Antropófago", en el cual establece que solamente el canibalismo une a los brasileños social, económica y filosóficamente. Propuso que la cultura nacional tenía que estar abierta a la devoración de cualquier influencia, a digerir todo para transformarlo y crear a su manera sus propios significados y perspectivas.

El "Milieu" Cultural En 1991
ARACY AMARAL

1. Kenneth Frampton: "Toward a Critical Regionalism: Six Points for an Architecture of Resistance", *The Anti-Aesthetic: Essays on Postmodern Culture,* ed. Hal Foster, Seattle, WA., Bay Press, 1989, p. 21.

2. Paul Ricoeur: "History and Truth", en Foster, *The Anti-Aesthetic,* p. 16.

Lo "Americano" Como Doble
RAUL ANTELO

1. Mário de Andrade: *Táxi e crônica no Diário Nacional,* ed. Têle Ancona Lopez, San Pablo, Duas Cidades/Secretaria de Cultura, Ciência e Tecnologia, 1976, p. 487. La crónica *Cuba, outra vez* es de 1932.

2. Mário de Andrade: "A música na América do Norte" en *Brasil-Estados Unidos: fatores de amizade entre as duas grandes pátrias americanas,* vários autores, *Diário de Notícias,* Río de Janeiro, 1939, p. 288.

3. Charles de Mazade: "De l'americanisme", *Revue des Deux Mondes,* París, tm. 16, vol. 4, 1946, p. 658.

4. Manuel de Araújo Porto-Alegre: "O papagaio do Orinoco" en *Grandes poetas românticos do Brasil,* San Pablo, LEP, 1959, vol. 1, p. 16. Héctor Libertella analiza las estrategias del pastiche, de la parodia y del arcaísmo utilizadas por el escritor latinoamericano (donde *papagaio* significa locutor alegre de la diferencia) en *Ensayos o prueblas sobre una red hermética,* Buenos Aires, Grupo Editor Latinoamericano, 1990.

5. Cf. Jan Mukarovsky: "Can there Be a Universal Aesthetic Value in Art?" en *Structure, Sign and Function,* New Haven, Yale University Press, 1977, p. 57-69; y Jean Francois Lyotard: "Une histoire universelle et differences culturelles" en *Critique,* no. 456, París, mayo 1985, p. 559-568. Para Lyotard, "el mercado mundial no constituye una historia universal en el sentido de la modernidad. Las diferencias culturales son promovidas en la forma de mercancías turísticas y culturales".

6. Roberto Schwarz: "Nacional por subtração" en *Que horas são?,* San Pablo, Companhia das Letras, 1987; y Nelly Richard: "Periferias culturales y descentramientos post-modernos (marginalidad latinoamericana y recompaginación de los márgenes)", *Punto de vista,* año 14, no. 40, Buenos Aires, jul-sept 1991, p. 5-6.

7. Georges Bataille: *Conocimiento de América Latina,* Imán, 1, París, abril 1931, p. 199.

Estados De Impermanencia
TOM KALIN

1. Gary Fory: texto de *Let the Record Show,* Berlín, Neue Gesellschaft fur bildende Kunst,1988. Las estadísticas citadas son de este período.

2. Aquí quedo en deuda con los importantes escritos del autor y activista brasileño Herbert Daniel.

3. Estas películas incluyen, *Like Little Soldiers (Line Them Up),* 1986; *News from Home,* 1987, (colaboración con Stathis Lagordakis); y *They are lost to Vision Altogether,* 1989.

4. "Speed is increasing", una cita de Critical Art Ensemble.

Feminismo
HELOISA BUARQUE DE HOLLANDA

1. Las nociones que se discuten aquí tienen su base en los trabajos de Jetty Schaap: "Introducción", y de Ria Lamaire: "Re-pensando la historia de la literatura", ambos en Jetty Schaap: *Historiography of Women's Cultural Traditions,* Holland/USA, Foris Publications, 1987.

2. Miriam Moreira Leite: "Uma Construção Enviesada: A Mulher e o Nacionalismo" no. Séc. XIX, (Trabajo presentado en el seminario "De que fala o Nacionalismo?" Ciec, UFRJ, 1989); y H.B. Hollanda: "Letras, armas e virtudes" (Trabajo presentado en el V Encontro ANPOLL, 1990)

3. Zita Nunes: "Os males do Brasil: Antropofagia e Questão da Raça", Serie *Papéis Avulsos,* no. 22, Ciec/UFRJ, 1990.

Realidades Ricon/Struidas
JUAN SANCHEZ

1. G. Ballard, C. Magness, C. Semenya: "The Places You Find Love," canción del album de Quincy Jones *Back on the Block,* Qwest Records, 1989.

3. Zita Nunes, "Os males do Brasil: Antropofagia e a Questão da Raça," *Papéis Avulsos* 22 (Ciec/UFRJ, 1990).

Rican/structed Realities
JUAN SANCHEZ

1. G. Ballard, C. Magness, C. Semenya, "The Places You Find Love," song from the Quincey Jones album, *Back On the Block* (Qwest Records, 1989).

I Feel at Home with My Ancestors
GERALD MCMASTER

1. Since 1989 the Canadian Museum of Civilization has occupied its new facility. Designed by Alberta architect Douglas Cardinal (who is of Metis origin), the building cost approximately $182 million to construct, with an additional $75 million to design and install all the exhibition spaces.

2. In the early 1970's staff ethnologists felt the need to collect contemporary cultural developments. Since then, the collection has grown considerably. To exhibit this wonderful collection on an on-going basis it was a responsibility of the Indian and Inuit art curators to acquire space within the new structure for the exhibition of native art. Thus was born the idea of an **Indian and Inuit Art Gallery**. The mandate for the new Indian and Inuit Art Gallery had evolved within the framework of the Canadian Ethnology Service, which itself continues to develop collections and conduct research on the traditional languages, and cultures.

The proposal for an **Indian and Inuit Art Gallery** was seriously considered for several reasons. First, the Museum held the federal mandate to collect contemporary Canadian Indian and Inuit art in agreement with the National Gallery of Canada (NGC). Second, its collections of both contemporary Indian art and Inuit art was nearing 10,000. Third, it recognized the growing demands from the native art community, most notably from the Society of Canadian Artists of Native Ancestry, a leading arts lobby group; and fourth, it had already two full-time curators on staff trained in native art history.

3. While the First Peoples Hall, with the exception of the West Coast Peoples Hall, has yet to be inaugurated, the History Hall sees official "History" beginning with the 19th century landing of the Vikings. This Hall goes onto survey the various stages of development (colonization) in Canadian history. The "two founding peoples" concept, English and French, has been however seriously challenged by various Native political entities outside the Museum. To change the exhibition strategy now would be awesome since the exhibitions are permanent installations.

4. Mircea Eliade, *Myths, Dreams, and Mysteries* (New York: Harper Torchbooks, 1960), 40. Translated by Philip Mairet.

5. José Barreiro, *500 Years: Preliminary Results of a Quincentenary Survey* (Cornell University: Indigenous Communications Resource Center, 1990).

6. Alexander Ewen, "Editorial," *Native Nations* 1 (January, 1993): 2.

7. The *INDIGENA* project is co-curated by Lee-Ann Martin, Mohawk.

8. In a speech given at *Towards 1992*, Fall 1989, in Ottawa, Ontario, by George Erasmus, Dene, then Chief, Assembly of First Nations.

9. Jeannette Armstrong, "The Disempowerment of First North American Native Peoples and Empowerment through their Writing," *Gatherings* 1:1 (Fall 1990): 143-144.

To Write in the Margins of History
MILTON HATOUM

1. Euclides da Cunha, *Obras Completas* (Rio de Janeiro: Aguilar, 1966), II.

2. Cf. Lourival de Holanda Barros, "Historiografía a tintas nada neutras," *Revista USP* 13 (São Paulo: March-April-May, 1992).

3. Cunha, *Obras Completas* II:657.

4. Euclides da Cunha, "Carta a Artur Lemos," in *Obras Completas* II:662.

5. Ibid., II:661.

6. Cf. Barros, "Hisotriografía", 45.

7. Cunha, *Obras Completas* I:245.

8. Cf. Tzvetan Todorov, *La conquête de l'Amérique. La question de l'autre* (Paris: Seuil, 1982).

9. Cunha, *Obras Completas* I:231.

10. Cf. Walter Benjamin, "O Narrador. Considerações sobre a obra de Nikolai Leskov," in *Magia e técnica, arte e política: Ensaios sobre literaruta e história de la cultura.* Translated by Sérgio Paulo Rouanet (São Paulo: Brasilense, 1985). The English quotations from Walter Benjamin were taken from "The Storyteller—Reflections on the works of Nikolai Leskov." In *Illuminations.* Edited and with an introduction by Hannah Arendt, translated by Harry Zohn (New York: Schoken Books, 1968), 83-109.

11. Benjamin, "O Narrador", 214.

12. Benjamin, "O Narrador", 202.

13. *Cabloco:* in this context, a civilized Brazilian indian of pure blood and/or Brazilian half-breed of white and Indian.

Me Siento En Casa Con Mis Antepasados · GERALD MCMASTER

1. Desde 1989, el Museo Canadiense de Civilización se encuentra en un edificio nuevo. Diseñado por Douglas Cardinal, arquitecto de Alberta (de origen metis), el edificio costó aproximadamente $182 millones para construir, y otros $75 millones para diseñar e instalar todos los espacios de exhibición.

2. A principios de la década de los años 70, los etnógrafos de la administración sintieron la necesidad de coleccionar desarrollos culturales contemporáneos. Desde entonces la colección ha crecido considerablemente. La responsabilidad de adquirir espacio en la nueva estructura para exhibición de arte nativo fue de los conservadores de arte indio e inuit, para exhibir esta maravillosa colección en bases permanentes. Así nació la idea de una galería de arte indio e inuit. La orden para la nueva **Galería de Arte Indio e Inuit,** se había desarrollado en el marco del Servicio Etnográfico Canadiense, que continúa desarrollando colecciones e investigaciones en las lenguas y culturas tradicionales.

La propuesta para una **Galería de Arte Indio e Inuit,** fue seriamente considerada por varias razones. Primero, el Museo guardaba el mando federal de coleccionar arte canadiense contemporáneo indio e inuit, de acuerdo con la Galería Nacional de Canadá (NGC). Segundo, sus colecciones de arte contemporáneo indio e inuit llegaban a las 10,000 piezas. Tercero, reconoció las crecientes demandas de la comunidad de arte nativa, más notablemente de la Sociedad Canadiense de Ascendencia Nativa, uno de los grupos pro-arte principales; y cuarto, ya tenía dos curadores de tiempo completo en su personal, entrenados en historia de arte nativo.

3. Mientras el Salón de Primeros Pueblos, con la excepción del Salón de la Gente de la Costa Oeste, que todavía no se ha inaugurado, el Salón de Historia considera que la "Historia" oficial comenzó con el arribo, en el Siglo XIX, de los viquingos. Este Salón examina los varios estados de desarrollo (colonización) en la Historia Canadiense. El concepto "los dos fundadores", inglés y francés, ha sido, sin embargo, seriamente atacado por varias entidades políticas nativas fuera del Museo. Cambiar, a estas alturas del juego, la estrategia de la exhibición, sería impresionante ya que las instalaciones son permanentes.

4. Mircea Eliade: *Myths, Dreams and Mysteries,* Nueva York, Harper Torchbooks, 1960, p. 40. Traducido por Philip Mairet.

5. José Barreiro: *500 Years: Preliminary Results of a Quincentenary Survey,* Cornell University, Indigenous Communications Resource Center, 1990.

6. Alexander Ewen: "Editorial", *Native Nations,* vol. 1, no. 1, Enero 1991, p. 2.

7. Lee-Ann Martin, mohawk, se desempeña como co-curadora del proyecto *INDIGENA*.

8. En un discurso ofrecido en *Towards 1992,* otoño 1992, en Ottawa, Ontario, por George Erasmus, de origen dene, entonces Jefe de la Asamblea de Primeras Naciones

9. Jeannette Armstrong: "The Disempowerment of First North American Native Peoples and Empowerment through their Writing", *Gatherings,* vol. 1, no. 1, otoño 1990, p. 143-144.

Escribir Al Margen De La Historia
MILTON HATOUM

1. Euclides de Cunha: *Obras completas,* Río de Janeiro, Aguilar, 1966, vol. 2.

2. Cf. Lourival de Holanda Barros: "Historiografía a tintas nada neutras", *Revista USP,* San Pablo, no. 13, marzo-abril-mayo, 1992.

3. Cunha: *Obras Completas,* vol. 2, p. 657.

4. Euclides da Cunha, "Carta a Artur Lemos", 1905, en *Obras Completas,* vol. 2, p. 662.

5. *Caipira:* en ese contexto, significa tosca o limitada. El escritor Euclides da Cunha hace una comparación entre el urbanismo europeo de Manaos y la vida provincial en esta ciudad.

6. Ibid: vol. 2, p. 661.

7. Barros: "Historiografía", p. 45.

8. Cunha: *Obras Completas,* vol. 1, p. 245.

9. Cf. Tzvetan Todorov: *La conquête de l'Amérique. La question de l'autre,* París, Seuil, 1982.

10. Cunha: *Obras Completas,* vol. 1, p. 231.

11. Cf. Walter Benjamin: "O Narrador. Considerações sobre a obra de Nikolai Leskov", en *Magia e técnica, arte e política: ensaios sobre literatura e história da cultura.* Traducido por Sérgio Paulo Rouanet, San Pablo, Brasilense, 1985.

12. Benjamin: "O Narrador", p. 214.

13. Benjamin: "O Narrador", p. 202.

14. *Caboclo:* designación que se da al mestizo del norte de Brasil, hijo de hombre blanco e india.

15. *Igarapé:* palabra de origen indígena que indica los varios ríos que cruzan la floresta y las ciudades amazónicas.

16. Cf. Francis Affergan: *Exotisme et alterité,* París, PUF, 1987.

14. *Igarapés:* word of Indian origin, indicating the many small rivers that crisscross the forest and the Amazonian cities.

15. Cf. Francis Affergan, *Exotisme et altérité* (Paris: PUF, 1987).

16. Cf. Tzvetan Todorov, *Nous et les autres. La réfléxion française sur la diversité humaine* (Paris: Seuil, 1989).

17. Cf. Irlemar Chiampi, "Introdução," in J. Lezama Lima, *A expressão americana.* Translation and notes by Irlemar Chiampi (São Paulo: Brasilense, 1988).

18. Chiampi, op. cit., 28.

Caliban's Daughter or Into the Interior · MICHELLE CLIFF

1. James Thomson was the author of the original version of *Rule Britannia.* Interestingly, it was lines by Thomson that J.M.W. Turner chose to accompany his anti-slavery painting, *Slavers Throwing Overboard the Dead and Dying,* in the Royal Academy exhibition of 1840.

2. Walter Rodney, *How Europe Underdeveloped Africa* [Washington, D.C.: Howard University Press, 1974], 246-47.

3. Charlotte Brontë, *Jane Eyre* [Harmondsworth: Penguin, 1977]. 311; 335; 335; 336; 336; 321; 321.

4. Saartjie Baartman, also known as Sarah Bartmann, also known as Saat-Jee, is better known to us by her mythic name, the Venus Hottentot or Hottentot Venus. She was exhibited nude in Europe beginning in 1810. She died in Paris at the age of twenty-five. The reason people paid money to view her were her buttocks, their size offered as proof of her difference, her freakishness. After her death her genitalia were dissected. They can be seen today in a glass-jar in the Musée de l'Homme in Paris. For an imagining of her thoughts, see Elizabeth Alexander, *The Venus Hottentot,* a poem in the collection of the same name (Charlottesville, VA: University of Virginia Press, 1990), 3-7.

5. Emily Brontë, *Wuthering Heights* [New York, NY: Modern Library, 1978], 42-43.

6. For details on the English slave trade, and the presence of Africans in England, see, F.O. Shyllon, *Black Slaves in Britain* (Oxford University Press, 1974); James Walvin, *England, Slaves and Freedom* (Oxford, Mississippi: University Press of Mississippi, 1986).

7. Susanne Everett, *The Slaves* [New York, NY: G.P. Putnam's, 1978], 65.

8. Eric Williams, *Capitalism and Slavery* (Durham, North Carolina: University of North Carolina Press, 1944), 44.

9. There is room for speculation that Heathcliff is actually the son of Earnshaw and an African woman. Such would make the already powerful incestuous charge of the novel even more so.

10. Elizabeth Hess, "Out of Body" [*The Village Voice,* 12/8/87], 110.

11. Michelle Cliff, *No Telephone to Heaven* [New York, NY: Vintage, 1989], 208.

12. Aimé Césaire, *A Tempest,* translated by Richard Miller [New York, NY: Ubu Repertory Theater Publications, 1985], 15. Césaire's play was first published in 1969.

13. Ibid., 75.

14. Quoted by the artist Michele Gibbs in her stories of drawings, "New World Furrows," from Eduardo Galeano, *Memory of Fire* II. The drawing which accompanies the quote is entitled *They Carry Life in Their Hair.*

15. Cliff, *No Telephone,* 163-64. "Eidon" are the wandering spirits of dead babies.

Between Two Waters
MARI CARMEN RAMIREZ

1. The words of the Mexican artist Guillermo Gómez-Peña illustrate a more optimistic vision of this process: ". . . the United States are no longer the heirs to Western European culture. In its place, they have become a bizarre laboratory in which all races and continents are experimenting with their identity, trying to find a new model for co-existence." Guillermo Gómez-Peña, "On Nationality: Thirteen Artists," *Art in America* (September 1991), 126.

2. The most lucid and exhaustive analysis of this problem can be found in Lucy Lippard's *Mixed Blessings: New Art in a Multicultural America* (New York: Pantheon Books, 1990). See also the collection of texts edited by Russell Ferguson, Cornel West et. al., *Out There. Marginalization and Contemporary Cultures* (New York and Cambridge: The New Museum of Contemporary Art and MIT Press, 1990)..

3. Almost all the terms currently used to denominate these groups, such as "minorities," "ethnic," "marginal," "third-worldists," etc., are problematic due to their racial or discriminatory connotations. Because of the lack of other terminology I have made cautious use of them. On the other hand, since in this article I am dealing with so-called "Latino" artists (Mexican-American and Puerto Ricans), as well as their South American, Central American and Caribbean counterparts, I will be referring to them with the term "Latino-Americans." For more on terminology, see Lippard, 15-17; 29-36.

17. Cf. Tzvetan Todorov: *Nous et les autres. La réflexion française sur la diversité humaine,* París, Seuil, 1989.

18. Cf. Irlemar Chiampi: "Introdução", en J. Lezama Lima: *A expressão Americana.* Traducción y notas de Irlemar Chiampi, San Pablo, Brasilense, 1988.

19. Chiampi: op. cit., p. 28.

La Hija Del Calibán O Hacia El Interior
MICHELLE CLIFF

1. James Thomson fue el autor de la versión original de *Rule Britannia.* Es interesante notar que J.M.W. Turner eligió versos de Thomson para acompañar su cuadro anti-esclavista *Slavers Throwing Overboard the Dead and Dying,* en la exposición de la Academia Real de 1840.

2. Walter Rodney: *How Europe Underdeveloped Africa,* Washington, D.C., Howard University Press, 1974, p. 236-247. (Traducción nuestra.)

3. Charlotte Brontë: *Jane Eyre,* Harmondsworth, Penguin, 1977, p. 311;335;335; 336;321;321. (Traducción nuestra.)

4. Saartjie Baartman, también conocida como Sarah Bartmann, o Saat-Jee, es mejor conocida por su nombre mítico, la Venus Hotentote. Se mostraba desnuda en exhibición, en Europa, a partir de 1810. Murió en París a los veinticinco años. La razón por la cual la gente pagaba para verla, eran sus nalgas. Su tamaño era prueba de su naturaleza "distinta", de su extrañeza. Después de su muerte, disecaron sus genitales. Pueden verse hoy día en un pomo de cristal en el Museo del Hombre en París. Para una recreación imaginativa de su pensamiento, véase Elizabeth Alexander: *The Venus Hottentot,* un poema en la colección del mismo nombre, Charlottesville, VA, University of Virginia Press, 1990, p. 3-7.

5. Emily Brontë: *Wuthering Heights* [*Cumbres borrascosas*], Nueva York, Modern Library, 1978, p. 42-43. (Traducción nuestra.)

6. Para más detalles sobre el tráfico inglés de esclavos y la presencia de africanos en Inglaterra, véase F.O. Shyllon: *Black Slaves in Britain,* Oxford, University Press, 1974; James Walvin: *England, Slaves and Freedom,* Oxford, Mississippi, University Press of Mississippi, 1986.

7. Susan Everett: *The Slaves,* Nueva York, G.P. Putnam's, 1978, p. 65.

8. Erica Williams: *Capitalism and Slavery,* Durham, North Carolina, University of North Carolina Press, 1944, p. 44. (Traducción nuestra.)

9. Esto da pie a la especulación de que Heathcliff podría ser, en realidad, hijo de Earnshaw y una mujer africana. Lo cual daría más fuerza a la carga incestuosa de la novela.

10. Elizabeth Hess, "Out of Body", *The Village Voice,* Nueva York, diciembre 8, de 1987, p. 110. (Traducción nuestra.)

11. Michelle Cliff: *No Telephone to Heaven,* Nueva York, Vintage, 1989, p. 208.

12. Aimé Césaire: *A Tempest,* tr. Richard Miller, Nueva York, Ubu Repertory Theater Publications, 1985, p. 15. (Traducción nuestra.) La obra de Césaire fue publicada por primera vez en 1969.

13. Ibid: p. 75. (Traducción nuestra.)

14. Citado por la artista Michele Gibbs en sus hitorias de dibujos, "New World Furrows", de Eduardo Galeano: *Memory of Fire,* Vol. II. El dibujo que acompaña a la cita se titula *They Carry Life in Their Hair.* (Traducción nuestra.)

15. Cliff, *No Telephone,* p. 163-64. "Eidon" son los espíritus vagabundos de bebés muertos.

Entre Dos Aguas
MARI CARMEN RAMIREZ

1. Las palabras del artista mexicano Guillermo Gómez-Peña ilustran la visión más optimista de este proceso negociado por los artistas latinos: ". . . los Estados Unidos ya no son los herederos de la cultura europea occidental. En su lugar, se han convertido en un laboratorio bizarro en el que todas las razas y continentes están experimentando con la identidad, intentando encontrar un nuevo modelo de coexistencia." Guillermo Gómez-Peña: "On Nationality: Thirteen Artists", *Art in America,* Estados Unidos, septiembre 1991, p. 126.

2. El análisis más lúcido y exhaustivo de esta problemática se encuentra en Lucy Lippard: *Mixed Blessings: New Art in a Multicultural America,* Nueva York, Pantheon Books, 1990. Ver también recopilación de textos editados por Russell Ferguson, Cornel West et. al.: *Out There. Marginalization and Contemporary Cultures,* Nueva York y Cambridge, The New Museum of Contemporary Art y MIT Press, 1990.

3. Si bien casi todos los términos para denominar a estos grupos, tales como "minorías", "grupos étnicos o marginales", "tercermundistas", etc., resultan problemáticos por sus connotaciones racistas o discriminatorias, recurrimos a utilizar algunos de ellos con precaución, debido a la falta de otra terminología. Por otro lado, debido a

4. The high visibility of Latino-American artists inside the North American artworld is a recent phenomenon noticeable only since 1985. In the early 1980's, for instance, critics like Lucy Lippard lamented the artworld's complete lack of appreciation for the production of these groups. See Lippard, "Ethnocentrifugalism: Latin Art in Exile," *The Village Voice* (12 July 1983).

5. Luis Cancel, "Introduction," in *The Latin American Spirit: Art and Artists in the United States, 1920-1970*, exh. cat. (New York: Harry N. Abrams and The Bronx Museum of the Arts, 1988).

6. *The Decade Show. Frameworks of Identity in the 1980's*, exh. cat. (New York: The New Museum of Contemporary Art, Museum of Contemporary Hispanic Art and The Studio Museum in Harlem, 1990).

7. The aforementioned book by Lucy Lippard, as well as the work of Shifra Goldman and Susana Torruella Leval, represent significant points of departure for this type of analysis. See Goldman, "The Manifested Destinies of Chicano, Puerto Rican and Cuban Artists in the United States" (Paper presented at the 19th Annual Conference Meeting, College Art Association, Washington, D.C., February 1991) and Susana Torruella Leval, "Identity and Freedom: A Challenge for the Nineties," in *The Decade Show*, 146-157.

8. In the words of the Asian artist Margo Machida: "'Melting pot' and 'cultural diversity' are sometimes equated, but in fact, they are opposing notions. The melting pot is a concept from a previous era, which many people now reject because it implies that people of color will melt into one big, mega-American stew. . . . Cultural diversity, on the other hand, is something entirely different: it is about pluralism, whereby many types—different types—of groups can exist on an equal basis in this society. It's a more respectful and . . . more accurate description of what's going on." Cited in *The Decade Show*, 143.

9. See Gómez-Peña, "Multicultural Paradigm."

10. The same point could be argued with reference to the African-American and the Asian communities that constitute the largest spectrum of North American minorities. The African-American community has highly diverse and complex origins extending to the many countries and communities of the African continent. This is not counting the fact that this community has continued to evolve through recent migrations from Africa and the Caribbean. In a similar manner, the "Asian" category blends in one common denominator Chinese, Japanese, Filipinos, Koreans, Thais and many other groups. See Lippard, 29-36.

11. Juan Flóres and George Yúdice, "Living Borders/Buscando América (Searching for America): Languages of Latino Self-Formation," *Social Text* 24:57.

12. Guillermo Gómez-Peña, "The Multicultural Paradigm. An Open Letter to the National Arts Community," *High Performance* (Fall 1989): 22; reproduced in *The Decade Show*, 92-103.

13. Here I use the terms "Puerto Ricans" and "Nuyoricans" as geographical referents in order to distinguish the physical location of each group with respect to the center. It must be understood, nonetheless, that both are Puerto Ricans.

14. Puerto Rico was ceded by Spain to the United States in 1898 as a result of the Hispanic-American War. Not until 1952 did the Island experience a change of political status with the creation of a commonwealth government under the tutelage of the United States. Under the present status, Puerto Ricans have North American citizenship, they enjoy the privileges of a "welfare state," but do not have the right to the presidential vote or to parliamentary representation in Congress. Almost 1.5 million Puerto Ricans reside in the United States. The political status of the Island is currently being debated once again.

15. For a more detailed analysis of this subject see Mari Carmen Ramírez et. al., *De Oller a los Cuarenta. La Pintura en Puerto Rico, 1900-1948*, exh. cat. (Río Piedras: Museum of the University of Puerto Rico, 1988); and Ramírez, *Puerto Rican Painting: Between Past and Present*, exh. cat. (New Jersey: Squibb Corp., 1987).

16. Laura Trippi and Gary Sangster, two contributors to the catalogue of *The Decade Show* analyze this process without acknowledging the negative implications of this process for the development of multiculturalism. See Laura Trippi and Gary Sangster, "From Trivial Pursuit to the Art of the Deal: Art Making in the Eighties," *The Decade Show*, 70-73.

17. The type of show that perpetrated this stereotype of Latino art as exotic and primitive was exemplified by *Hispanic Art in the United States, Thirty Contemporary Artists*, Houston Museum of Fine Arts, 1987.

18. Nelly Richard has formulated a similar critique of this model in her article in this volume, "The Postmodern Centro-Marginal Condition."

que en este trabajo abordo tanto el tema de los artistas denominados "latinos" (mexicano-americanos y puertorriqueños), al igual que el de sus contrapartidas sudamericanos, centroamericanos o caribeños, he optado por referirme a ellos aquí en adelante con el término "latinoamericanos". Para más sobre terminología, ver Lippard, p. 15-17; p. 29-36.

4. La visibilidad de los artistas latinos dentro del mundo artístico norteamericano es un fenómeno reciente observable sólo a partir de 1985. Apenas a principios de esa misma década críticos como Lucy Lippard lamentaban la completa falta de apreciación del mundo artístico por la producción de estos grupos. Ver Lippard: "Ethnocentrifugalism: Latin Art in Exile", *The Village Voice*, Nueva York, julio 12, de 1983.

5. Luis Cancel: "Introduction," en *The Latin American Spirit: Art and Artists in the United States, 1920-1970*, catálogo de exhibición, Nueva York, Harry N. Abrams y The Bronx Museum of Arts, 1988.

6. *The Decade Show. Frameworks of Identity in the 1980's*, catálogo de exhibición, Nueva York, The New Museum of Contemporary Art, Museum of Contemporary Hispanic Art and The Studio Museum in Harlem, 1990.

7. El libro citado de Lucy Lippard, al igual que los trabajos de Shifra Goldman y Susana Torruella Leval, representan puntos de partida importantes para este tipo de análisis. Ver Goldman: "The Manifested Destinies of Chicano, Puerto Rican and Cuban Artists in the United States", trabajo presentado en la IXX Conferencia Anual, College Art Association, Washington, D.C., Febrero 1991; y Torruella Leval: "Identity and Freedom: A Challenge for the Nineties", en *The Decade Show*, p. 146-157.

8. En las palabras de la artista asiática Margo Machida: "Los términos *melting pot* (olla fundida) y *cultural diversity* (diversidad cultural) a veces son igualados, pero de hecho, son nociones opuestas: la 'olla fundida' es un concepto de una era anterior que mucha gente ahora no acepta porque implica que toda la gente de color se fundirá en un gran, mega-estofado. . . . 'Diversidad cultural', por otro lado, es algo completamente diferente: es sobre el pluralismo donde varios grupos —de diferentes tipos— pueden-coexistir en un nivel de bases iguales en esta sociedad. Esta es una descripción más respetable y . . . más acertada de la presente situación". Citada en *The Decade Show*, p. 143.

9. Ver Gómez-Peña: "The Multicultural Paradigm".

10. Lo mismo podría argumentarse con respecto a los afro-americanos y los asiáticos que componen el espectro de las minorías norteamericanas. En el caso de los afro-americanos, sus orígenes no son sólo muchos y variados, sino que han sido enriquecidos recientemente por migraciones del Caribe y Africa. De modo similar, la categoría "asiática" incluye en un mismo denominador común a chinos, japoneses, filipinos, coreanos, tailandeses y muchos grupos más. Ver Lippard, p. 29-36.

11. Juan Flores y George Yúdice: "Living Borders/Buscando América: Languages of Latino Self-Formation", *Social Text*, no. 24, p. 57.

12. Guillermo Gómez-Peña: "The Multicultural Paradigm. An Open Letter to the National Arts Community", *High Performance*, Estados Unidos, otoño 1989, p. 22; reproducido en *The Decade Show*, p. 92-103.

13. Recurro aquí a la utilización de los términos "puertorriqueño" y "nuyorican" como referentes geográficos, es decir para distinguir la localización física de cada grupo con respecto al centro. Debe entenderse, sin embargo, que ambos son puertorriqueños.

14. Puerto Rico fue cedida por España a los Estados Unidos en 1898 como resultado de la Guerra Hispanoamericana en la que a Cuba se le concedió su independencia. En 1952 Puerto Rico se convirtió en Estado Libre Asociado, los puertorriqueños tienen ciudadanía norteamericana, disfrutan de los privilegios del "welfare state" norteamaericano, pero no tienen voto presidencial ni representación parlamentaria en el Congreso norteamericano. Casi 1.5 millones de puertorriqueños radican en los Estados Unidos. El status político de la Isla está siendo debatido nuevamente.

15. Para un análisis más detallado de este tema ver Mari Carmen Ramírez, et. al.: *De Oller a los Cuarenta. La Pintura en Puerto Rico, 1900-1948*, catálogo de exhibición, Río Piedras, Museo de la Universidad de Puerto Rico, 1988; y Ramírez: *Puerto Rican Painting: Between Past and Present*, catálogo de exhibición, Nueva Jersey, Squibb Corp., 1987.

16. Dos de los colaboradores del *Decade Show* analizan este proceso sin aparentemente darse cuenta de las implicaciones que éste ha tenido en el desarrollo del multiculturalismo, implicaciones que contradicen las posturas que asumen frente a este fenómeno. Ver Laura Trippi y Gary Sangster: "From Trivial Pursuit to the Art of the Deal: Art Making in the Eighties", *The Decade Show*, p. 70-73.

19. The following citation by the Uruguayan artist Luis Camnitzer is appropriate: ". . . the focus must not be on our access to the 'mainstream', but on the access of the 'mainstream' to us. Only in this way can it function as a sound box for our activities without eviscerating us. . . . The fundamental point is that we remain in the task of building a culture, and that we know as precisely as possible which culture we are building and to whom it belongs . . . [this] is a position which emphasizes that what has commercial value is not necessarily useful to our interests, while the abolishment of colonialism is." Luis Camnitzer, "Access to the Mainstream," *New Art Examiner* (June 1987), 23.

20. *Mito y Magia en América: Los Ochenta,* exh. cat. (Monterrey: MARCO, 1991).

Redefinitions
NESTOR GARCIA CANCLINI

1. A first version of this study was presented at the meeting of the Cultural Politics Group of CLACSO, organized by the Memorial da América Latina in São Paulo, June of 1990: Néstor García Canclini, Mabel Piccini and Patricia Safa, "Cultural Consumption in Mexico", unpublished.

2. Renato Ortiz, *A moderna tradiçao brasileira* (A Modern Brazilian tradition) (São Paulo: Brasilense, 1988), 182-206.

3. Renato Rosaldo, *Culture and Truth. The Remaking of Social Analysis,* (Boston: Beacon Press, 1989), 217.

4. Roger Rouse, "Mexicano, Chicano, Pocho. La migración mexicana y el espacio social del post-modernismo," *Unomásuno,* 31 Dec. 1988, in supplement titled "Página Uno," p. 1-2.

5. Shifra Goldman, *Contemporary Mexican Painting in a Time of Change* (Austin & London: University of Texas, 1977).

6. For a more ample development of the analysis of the National Museum of Anthropology in Mexico City and other points in this paper, see my book *Culturas híbridas: estrategias para entrar y salir de la modernidad* (Hybrid Cultures: Strategies to Enter and Exit Modernism). (Mexico: Grijalbo-CNCA, 1990), IV. Forthcoming also from University of Minnesota Press.

7. Luis Felipe Noé, "Does Art from Latin America need a Passport?," in Rachel Weiss and Alan West, *Being América, Essays on Art, Literature and Identity from Latin America* (New York: White Pine Press, 1991).

8. Luis Felipe Noé, "La nostalgia de la historia en el proceso de imaginaçao plástica de América Latina" (The Nostalgia of History in the Process of Visual Imagination in Latin America). *Encuentro Artes visuales e Identidad en América Latina* (Mexico: Foro de Arte Contemporáneo, 1982), 46-51.

9. Guillermo Gómez-Peña, "Wacha ese border, son," *La Jornada Semanal* 162 (25 Oct. 1987): 3-5.

10. Marco Vinicio González, "Un chilango conquista los Estados Unidos," (A 'Chilango' Conquers the U.S.). Interview with Guillermo Gómez-Peña, in *La Jornada Semanal* 117 (8 Sept. 1991): 15-23.

11. Néstor García Canclini (ed.), *Políticas culturales en América Latina* (Cultural Politics in Latin America). (Mexico: Grijalbo, 1987), especially articles by García Canclini, Jean Franco, Sergio Miceli and José Joaquín Brunner.

17. El tipo de muestra que perpetró el estereotipo del arte latino como exótico estuvo ejemplificada en *Hispanic Art in the United States, 30 Artists,* Houston Museum of Fine Arts, 1987.

18. Nelly Richard ha formulado críticas parecidas a este tipo de modelo en su artículo de este volúmen, "La centro-marginalidad postmoderna".

19. La siguiente cita del artista uruguayo Luis Camnitzer es apropiada: ". . . el punto no debe ser nuestro acceso al *mainstream,* sino el acceso del *mainstream* a nosotros. Sólo de esta manera el mismo puede actuar como una caja de resonancia para nuestras actividades sin destriparnos. . . . Lo fundamental es que permanezcamos en la tarea de construir una cultura y que sepamos a ciencia cierta cuál cultura estamos construyendo y a quién pertenece . . . [esta] es una posición que enfatiza que lo que tiene poder comercial no es necesariamente útil a nuestros intereses, mientras que la erradicación del colonialismo sí lo es". Luis Camnitzer: "Access to the Mainstream, *New Art Examiner,* Estados Unidos, junio 1987, p. 23.

20. *Mito y Magia en América: Los Ochenta,* catálogo de exhibición, Monterrey, MARCO, 1991.

Redefiniciones
NESTOR GARCIA CANCLINI

1. Una primera versión de este estudio fue presentada en la reunión del Grupo de Politicas Culturales de CLACSO, realizada en el Memorial da América Latina, San Pablo, en junio de 1990: Néstor García Canclini, Mabel Picinni y Patricia Safa, "El consumo cultural en México", inédito.

2. Renato Ortiz: *A moderna tradição brasileira,* San Pablo, Brasilense, 1988, p. 182-206.

3. Renato Rosaldo: *Culture and Truth. The Remaking of Social Analysis,* Boston, Beacon Press, 1989, p. 217.

4. Roger Rouse: "Mexicano, Chicano, Pocho. La migración mexicana y el espacio social del post-modernismo", "Página Uno", suplemento de *Unomásuno,* México, diciembre 31, de 1988, p. 1-2.

5. Shifra Goldman: *Contemporary Mexican Painting in a Time of Change,* Austin y Londres, Universidad de Texas, 1977. Traducción al español: *Pintura mexicana contemporánea en tiempos de cambio,* México, Instituto Politécnico Nacional y Editorial Domés, 1989.

6. Desarrollo con más amplitud este análisis del Museo Nacional de Antropología de México, y otros puntos del presente trabajo, en mi libro *Culturas híbridas: estrategias para entra y salir de la modernidad,* México, Grijalbo-CNCA, 1990, cap. IV.

7. Luis Felipe Noé: "Does art from Latin America need a passport?", en Rachel Weiss y Alan West: *Being América. Essays on art, literature and identity from Latin America,* Nueva York, White Pine Press, 1991.

8. Luis Felipe Noé: "La nostalgia de la historia en el proceso de imaginación plástica de América Latina", *Encuentro Artes Visuales e Identidad en América Latina,* México, Foro de Arte Contemporáneo, 1982, p. 46-51.

9. Guillermo Gómez-Peña, "Wacha ese border, son", *La Jornada Semanal,* México, No. 162, octubre 25, de 1987, p. 3-5.

10. Marco Vinicio González, "Un chilango conquista los Estados Unidos. Entrevista con Guillermo Gómez-Peña, *La Jornada Semanal,* México, No. 117, septiembre 8, de 1991, p. 15-23.

11. Cf. Néstor García Canclini (ed.), *Políticas culturales en América Latina,* México, Grijalbo, 1987; especialmente los artículos de García Canclini, Jean Franco, Sergio Miceli y José Joaquín Brunner.

Contributors

ARACY AMARAL

Ms. Amaral is a professor, art historian and critic living in São Paulo, Brazil, where she teaches History of Art and Architecture at the Universidade de São Paulo. She was director of the Pinoteca do Estado, the Bienal de São Paulo and the Museu de Arte Contemporânea da Universidade de São Paulo. Ms. Amaral has published, among others, *Artes Plásticas na Semana de 22* (Perspectiva, 1970); *Tarsila, sua Obra e seu Tempo* (Perspectiva, 1975); *Arte y Arquitectura del Modernismo Brasileño* (Biblioteca Ayacucho, 1978); and *Arte para Que? A preocupação Social na Arte Brasileira. 1930-1970* (Nobel, 1984).

RAUL ANTELO

Mr. Antelo is a professor and critic living in Florianópolis, Brazil where he teaches Brazilian Literature at the Universidade Federal de Santa Catarina. He was a Tinker Visiting Professor at the University of Texas at Austin. His published works include *Literature em Revista* (Atica, 1984); *Na Ilha de Marapatá* (Huicitec, 1986); and *João do Rio: o Dandi e a Especulação* (Timbre, 1989).

IRMA ARESTIZABAL

Ms. Arestizabal, an art historian and professor, was recently appointed Director of the Museum of the "Casa Rosada" in Buenos Aires, Argentina. Prior to her appointment she lived and worked in Rio de Janeiro, Brazil for several years where she taught Art History at the Pontifícia Universidade Católica do Rio de Janeiro, and was the director of the Solar Grand Jean de Montigny and a consultant at the Museum of Modern Art. She contributes frequently to several publications on museums and art history.

DAVID AVALOS AND DEBORAH SMALL

Avalos is a Chicano artist living in California currently teaching at the California State University at San Marcos. He was a founding member of the Border Arts Workshop. His work has been exhibited throughout the United States, Latin America and Europe including at the *Le Demon des Anges* exhibition at l'Espace Lyonnais d'Art Contemporain in France. Small is the Acting Director of the Warren College Writing Program in the Department of Literature at the University of California at San Diego. Their piece *mis-ce-ge-NATION* was included at the 3rd International Istanbul Bienali, as part of *La Reconquista: A Post-Columbian New World* exhibition by the Centro Cultural de la Raza.

HELOISA BUARQUE DE HOLLANDA

Ms. Buarque de Hollanda is a professor and critic of literature living in Rio de Janeiro, Brazil where she teaches Criticism and Literature at Universidade Federal do Rio de Janeiro. She has published several essays on comparative literature and feminism. Among her published works are *26 Poetas Hoje* (1976), *Impressões de Viagem: CPC, Vanguardia e Desbunde* (1985), *Pós-modernismo e Política* (1990), and *¿Y Nosotras Latinoamericanas?: Estudos sobre e Gênero e Raça* (1993).

ARACY AMARAL

Profesora, crítica e historiadora de arte. Amaral vive en San Pablo, Brasil, donde ejerce la cátedra de Historia del Arte y Arquitectura en la Universidad de São Paulo. Ha sido directora de la Pinoteca do Estado, de la Bienal de San Pablo, y del Museo de Arte Contemporáneo de la Universidad de San Pablo. Entre sus publicaciones se encuentran *Artes Plásticas na Semana de 22* (Perspectiva, 1970); *Tarsila, sua Obra e seu Tempo* (Perspectiva, 1975); *Arte y Arquitectura del Modernismo Brasileño* (Biblioteca Ayacucho, 1978); y *Arte para Que? A preocupação Social na Arte Brasileira. 1930-1970*, (Nobel, 1984).

RAUL ANTELO

Profesor y crítico. Antelo vive en Florianópolis, Brasil, donde ejerce la cátedra de literatura brasileña en la Universidad Federal de Santa Catarina. Tomó parte del programa para Profesores Visitantes Tinker, en la Universidad de Texas en Austin. Entre sus publicaciones se encuentran *Literatura em Revista* (Atica, 1984); *Na Ilha de Marapatá* (Huicitec, 1986); y *João do Rio: o Dandi e a Especulação* (Timbre, 1989).

IRMA ARESTIZABAL

Profesora e historiadora de arte. Recientemente Arestizabal fue nombrada Directora del Museo de la "Casa Rosada" en Buenos Aires, Argentina. Previamente a este nombramiento, residió en Río de Janeiro por varios años en los que ejerció la cátedra de Historia del Arte en la Pontifícia Universidade Católica do Rio de Janeiro, además de colaborar con varias publica-ciones sobre museos e historia del arte. Entre otros cargos, ha servido como directora del Solar Grand Jean de Montigny.

DAVID AVALOS Y DEBORAH SMALL

Avalos es un artista chicano, actualmente reside en California donde es profesor en la Universidad Estatal de California en San Marcos. Es miembro fundador del Taller de Arte Fronterizo. Su trabajo ha sido exhibido en los Estados Unidos, América Latina y Europa, e incluído en la exhibición *Le Demon des Anges* en l'Espace Lyonnais d'Art Contemporain en Francia. Small es Directora Interina del Warren College Writing Program en el Departamento de Literatura de la Universidad de California en San Diego. Su colaboración *mis-ce-ge-NATION* fue incluída en la 3a Bienal Internacional de Estanbul como parte de la exhibición *La Reconquista: Un Nuevo Mundo Post-Colombino* realizada por el Centro Cultural de la Raza en San Diego, California.

HELOISA BUARQUE DE HOLLANDA

Profesora y crítica de literatura. Actualmente reside en Río de Janeiro donde ejerce la cátedra de Criticismo y Literatura en la Universidad Federal do Rio de Janeiro. Ha publicado varios ensayos en literatura comparativa y feminismo. Entre sus trabajos publicados se encuentran *26 Poetas Hoje* (1976), *Impressões de Viagem: CPC, Vanguardia e Desbunde* (1985), *Pós-modernismo e Política* (1990), e *¿Y Nosotras Latinoamericanas?: Estudos sobre e Gênero e Raça (1993)*.

LUIS CAMNITZER

Mr. Camnitzer is a German artist, of Uruguayan citizenship, currently living in New York, where he is Professor of Art at the State University of New York, College at Old Westbury. He was a founding member of Free Assemblage, Nonfunctional, Dispossable, Serial Objects (FANDSO), and was a leading figure in the Conceptual art movement in the 1960's. He has written extensively on contemporary art and his work has been shown throughout the United States, Europe and Latina America, and included at numerous biennials in La Habana and Venice. He is the recipient of several awards including two Guggenheim Fellowships in 1962 and 1982, a SUNY Fellowship, and several prizes at the biennials in Ljubljana, Puerto Rico, and Chile, among others.

MICHELLE CLIFF

Ms. Cliff is the author of seven books, including the novels *No Telephone to Heaven* and the forthcoming *Free Enterprise*. She is currently an Allan K. Smith Visiting Writer at Trinity College.

MARIO CRAVO NETO

Mr. Neto is a sculptor, photographer and video artist born in Salvador, Bahia, Brazil, where he lives and works. His work, consisting of mostly photographs, has been exhibited extensively in Europe, the United States and Latin America, and presents his concerns with the contribution of the Afro-Brazilian culture to cast a cultural identity and a visual language. His published works include *A Cidade da Bahia* (1984), *Ex-Voto* (1986), and *Mario Cravo Neto* (1987 and 1991), among others.

EUGENIO DITTBORN

Mr. Dittborn is an artist born in Santiago de Chile, where he currently lives and works. During his career development, he has sought alternatives to traditional painting and printmaking, and has incorporated photographic images and processes into mixed-medium works. Although his work has responded to the experience of living under the military dictatorship of Augusto Pinochet, it has transcended the specific political context in which it was produced by addressing more universal themes. His work has been exhibited throughout Latin America, Australia, Europe and the United States.

JIMMIE DURHAM AND MARIA THEREZA ALVES

Alves and Durham are both visual artists and writers who live in Cuernavaca, Mexico. Alves carries a Brazilian passport, small change, and a good luck charm. Durham carries a United States passport, knife, can-opener, and corkscrew.

ROBERTO EVANGELISTA

Mr. Evangelista is an artist and video-maker born in Manaus, the Brazilian Amazon. His work is concerned with the environment, the relationship between man and nature and the memory as being the essence of the human mythological dimension. His work has been exhibited throughout Latin America, the United States and Europe, and has been included at the 14o Bienal de São Paulo (1977), *Brazil Projects* (1987), *Transcontinental* (1990), and *America, Bride of the Sun* (1992).

LUIS CAMNITZER

Artista nacido en Luebeck, Alemania, de nacionalidad uruguaya. Actualmente reside en Nueva York, donde es profesor en la Universidad Estatal de Nueva York en Old Westbury. Fue miembro fundador del grupo Free Assemblage, Nonfunctional, Dispossable, Serial Objects (FANDSO), y figura principal en el movimiento de arte conceptual en la década de los años sesenta. Ha escrito extensamente sobre el arte contemporáneo y su trabajo ha sido exhibido en los Estados Unidos, América Latina y Europa, e incluído en numerosas bienales de La Habana y Venecia. Ha recibido varios premios, incluyendo dos Becas de la Fundación Guggenheim en 1962 y 1982, una beca SUNY, y varios otros premios en las bienales de Ljubljana, Puerto Rico y Chile, entre otras.

MICHELLE CLIFF

Escritora. Autora de siete libros, incluyendo la novela *No Telephone to Heaven* (Las llamadas no llegan al Cielo) y *Free Enterprise* (Empresa libre). Actualmente es Autora Visitante Allan K. Smith en el Trinity College.

MARIO CRAVO NETO

Escultor, fotógrafo y artista de video nacido en Salvador, Bahía, Brasil, donde actualmente vive y trabaja. Su obra, que consiste de fotografías en su mayoría, ha sido exhibida en Europa, los Estados Unidos y América Latina, y presenta su preocupación con la contribución de la cultura afro-brasileña para moldear una identidad cultural y un lenguaje visual. Entre sus trabajos publicados se encuentran *A Cidade da Bahia* (1984), *Ex-Voto* (1986), y *Mario Cravo Neto* (1987 y 1991).

EUGENIO DITTBORN

Artista nacido en Santigo de Chile donde continua viviendo y trabajando. Durante el desarrollo de su carrera artística, ha buscado alternativas a la pintura y grabado tradicionales, y ha incorporado imágenes y procesos fotográficos a trabajos que mezclan diferentes medios. Aunque su trabajo ha respondido a su experiencia vivida bajo la dictadura militar de Augusto Pinochet, ha trascendido el contexto político específico en el que fue producido al abordar temas más universales. Su trabajo ha sido exhibido en América Latina, Australia, Europa y los Estados Unidos.

JIMMIE DURHAM Y MARIA THEREZA ALVES

Alves y Durham son dos artistas visuales y escritores que viven en Cuernavaca, México. Alves lleva un pasaporte brasileño, un poco de cambio y un amuleto de buena suerte. Durham lleva un pasaporte estadounidense, una navaja, un abre-latas, y un saca-corchos.

ROBERTO EVANGELISTA

Artista y artista de video nacido en Manaos, en el Amazonas brasilense. Su trabajo se interesa por el ecosistema, la relación entre el hombre y la naturelza y la memoria como la esencia de la dimensión mitológica humana. Su trabajo ha sido exhibido en América Latina, Europa y los Estados Unidos, e incluído en la 14a Bienal de San Pablo (1977), *Brazil Projects* (1977), *Transcontinental* (1990), y *America, Bride of the Sun* (1992).

BRUCE FERGUSON

Mr. Ferguson is a Canadian critic and curator living in New York City where he is a Getty Senior Research Fellow. He is a visiting curator with the Institute of Contemporary Art in Boston where he organized the recent exhibition *Dress Codes*. Mr. Ferguson has also curated shows for the National Gallery in Canada and the Whitney Museum of American Art.

RICARDO FORSTER

Mr. Forster is a professor and critic living in Buenos Aires, Argentina where he teaches Aesthetics at the Universidad de Buenos Aires. He is a member of the Instituto Latinoamericano de Estudios Transnacionales. His published works include *Las otras puertas del burdel: modernidad y vanguardia estética* (1988 and *El ensayo como filosofía: en torno de Benjamin y Adorno* (1992).

COCO FUSCO AND GUILLERMO GOMEZ-PEÑA

Fusco and Gómez-Peña have been working together since 1989, performing and giving joint lectures and readings throughout the United States, Canada and Europe. In 1990 they created *Norte:Sur,* an interdisciplinary arts project involving performances, radio, and installation, which premiered at the Mexican Museum in San Francisco. In 1991 Fusco presented *La Chavela Realty,* a site-specific performance for the Brooklyn Academy of Music that complemented Gómez-Peña's *1991: A Performance Chronicle.* Currently, they are collaborating in *The Year of the White Bear.*

NESTOR GARCIA CANCLINI

Mr. García Canclini is a professor and critic born in Argentina and currently living in Mexico City, Mexico where he teaches Social Anthropology at the Universidad Autónoma de México (UNAM). Among his published works are *Arte popular y sociedad en América Latina* (UNAM, 1977) and *La producción simbólica* (UNAM, 1984).

JORGE GLUSBERG

Mr. Glusberg is an artist, professor, critic and curator living in Buenos Aires, Argentina where he is the director of the Centro de Arte y Comunicación (CAYC). He is also an Associate Professor at the Center for Advanced Studies in Art at New York University. His published works include *Sociosemiótica de la Arquitectura* (CAYC, 1978); *Retórica del arte latinoamericano* (Nueva Visión, 1978); *The Art of Performance* (ICASA-NYU, 1979); *Architecture in Latin America* (GmbH, 1982); and *Del pop-art a la nueva imagen* (Gaglionone, 1985).

FELIX GONZALEZ-TORRES

Mr. González-Torres was born in Cuba and lived in Puerto Rico before establishing in New York, where he currently lives and works. He has exhibited extensively in both national and international exhibitions, and is a member of Group Material, an art collaborative dedicated to cultural activism. In his recent, widely-publicized project sponsored by MOMA-New York, the image of an empty, unmade bed—reflective of personal loss and of the political loss of privacy— was emblazoned on 24 billboards across New York City. His work was included at the Aperto section of the 1993 Venice Biennale.

BRUCE FERGUSON

Curador y crítico nacido en Canadá. Reside en la ciudad de Nueva York donde es recipiente de la beca Getty, Senior Research Fellow. Curador visitante con el Institute of Contemporary Art en Boston donde organizó la reciente exposición *Dress Codes.* Asimismo ha curado exposiciones para la Galería Nacional de Canadá y el Whitney Museum of American Art.

RICARDO FORSTER

Profesor y crítico. Vive en Buenos Aires, Argentina donde ejerce la cátedra de Estética en la Universidad de Buenos Aires. Es miembro del Instituto Latinoamericano de Estudios Transnacionales. Entre sus trabajos publicados se incluyen *Las otras puertas del burdel: modernidad y vanguardia estética* (1988), y *El ensayo como filosofía: en torno de Benjamin y Adorno* (1992).

COCO FUSCO Y GUILLERMO GOMEZ-PEÑA

Fusco y Gómez-Peña han trabajado juntos desde 1989 realizando varias performances y participando en varias lecturas y simposios en los Estados Unidos, Canadá y Europa. En 1990 crearon *Norte:Sur,* un proyecto de artes interdisciplinarias incluyendo performances, radio e instalación, que tuvo su primera presentación en el Mexican Museum en San Francisco, California. En 1991 Fusco presentó *La Chavela Realty,* una performance de sitio-específico para el Brooklyn Academy of Music, que complementó *1991: A Performance Chronicle* presentada por Gómez-Peña. Actualmente colaboran en *El Año del Oso Blanco.*

NESTOR GARCIA CANCLINI

Profesor y crítico de arte nacido en Argentina. Actualmente reside en la Ciudad de México, donde ejerce la cátedra de Antropología Social en la Universidad Autónoma de México (UNAM). Entre sus publicaciones se incluyen *Arte popular y Sociedad en América Latina* (UNAM, 1977) y *La producción simbólica* (UNAM, 1984).

JORGE GLUSBERG

Artista, profesor, crítico y curador de arte. Reside en Buenos Aires, Argentina donde es Director del Centro de Arte y Comunicación (CAYC). También ejerce como Profesor Asociado en la Universidad de Nueva York. Sus publicaciones incluyen *Sociosemiótica de la arquitectura* (CAYC, 1978); *Retórica del arte latinoamericano* (Nueva Visión, 1978); *The Art of Performance* (ICASA-NYU, 1979); *Architecture in Latin America* (GmbH, 1982); y *Del pop-art a la nueva imagen* (Gaglianone, 1985).

FELIX GONZALEZ-TORRES

Artista nacido en Cuba, vivió en Puerto Rico antes de establecerse en la Ciudad de Nueva York, donde actualmente vive y trabaja. Ha exhibido extensamente en exposiciones nacionales e internacionales, y es miembro del Grupo Material, una colaborativa de arte dedicada al activismo cultural. En su reciente, y ampliamente divulgado, proyecto apoyado por el Museo de Arte Moderno de Nueva York, la imagen de una cama vacía y sin hacer —reflejando pérdida personal, y pérdida política de privacidad— fue pegada en 24 carteles por toda la Ciudad de Nueva York. Su trabajo fue incluído en la sección de Aperto de la Bienal de Venecia, 1993.

MILTON HATOUM

Mr. Hatoum is a writer, critic and professor living in Manaus, Brazil where he teaches French Literature at the Universidade do Amazonas. His published work *Relato de um Certo Oriente* (Story of a Certain Orient) will soon be translated in English (Atheneum), Italian (Garzanti), and German (Piper).

HACHIVI EDGAR HEAP OF BIRDS

Mr. Heap of Birds was born in Wichita, Kansas. He is a Headsman in the Elk Warrior Society, a traditional tribal group dedicated to the preservation of the Cheyenne People. He currently lives and works on lands of the Cheyenne-Arapaho Nation near Geary, Oklahoma, where he is a professor at the School of Art, University of Oklahoma.

PAULO ESTELLITA HERKENHOFF

Mr. Herkenhoff is a critic and an independent curator based in Rio de Janeiro, Brazil where he is the Director of the Iconography Department at the Biblioteca Nacional. He was the Director of the Fundação Nacional de Artes and the Museu de Arte Moderna do Rio de Janeiro. He has collaborated in several international and Latin American art exhibitions in the United States and Brazil, including many exhibitions on contemporary art such as *Mostra da Gravura Cidade de Curitiba - Mostra América* (MGCC, 1992), and has served as advisor to the Museum of Modern Art in New York for its current survey on Latin American Art.

Mr. Herkenhoff was the recipient of a fellowship from the Guggenheim Foundation in 1992.

ALFREDO JAAR

Mr. Jaar is a Chilean artist currently residing in New York, where he lives and works. Although he has produced work in a variety of mediums, he is best known for installations with photographic light boxes and mirrors. Mr. Jaar is the recipient of fellowships from the Guggenheim Memorial Foundation, the National Endowment for the Arts and the Deutscher Akademischer Austauschdienst Berliner Kunstlerprogram among others. His work has been widely exhibited in the United States, Europe and Latin America.

TOM KALIN

Mr. Kalin wrote, directed, co-produced and edited his first feature film, *Swoon,* which was awarded the International Jury prize in Stockholm and the Caligari Film Prize in Berlin. He continues to make short works in super-8 and video, including *Puppets, Nomads,* and *Darling Children.* He has produced several films at AIDSFILMS, a non-profit education company which produces prevention education for communities of color. He is a member of ACT UP (AIDS Coalition to Unleash Power) and a faction of this group Gran Fury, both collectives attempting to educate the public about AIDS. Among the publications to which he contributes frequently are *Aperture, ArtForum,* and *The Village Voice.*

MILTON HATOUM

Escritor, Crítico y profesor. Reside en Manaos, Brasil, donde ejerce la cátedra de Literatura Francesa en la Universidade do Amazonas. Su obra *Relato de um Certo Oriente* (Relato de un cierto Oriente) será traducida al inglés (Atheneum), italiano (Garzanti) y alemán (Piper).

HACHIVI EDGAR HEAP OF BIRDS

Artista nacido en Wichita, Kansas. Jefe del Elk Warrior Society, un grupo de tribu tradicional dedicado a la preservación de las personas cheyennes. Actualmente vive y trabaja en tierras de la nación cheyenne-arapaho, cerca de Geary, Oklahoma donde es profesor en la Escuela de Bellas Artes de la Universidad de Oklahoma.

PAULO ESTELLITA HERKENHOFF

Crítico y curador independiente de arte. Reside en la ciudad de Río de Janeiro, Brasil, donde es Director del Departamento de Iconografía en la Biblioteca Nacional. Previamente ejerció como Director de la Fundación Nacional de Artes y del Museo de Arte Moderno de Río de Janeiro. Ha desarrollado varias exposiciones sobre arte contemporáneo como *Mostra da Gravura Cidade de Curitiba - Mostra América* (MGCC, 1992) y ha sido recipiente de una beca de la Fundación Guggenheim en 1992.

ALFREDO JAAR

Artista nacido en Chile, actualmente residiendo en la Ciudad de Nueva York, donde vive y trabaja. Aunque ha producido trabajo en una variedad de medios, es mejor conocido por sus instalaciones con cajas de luz fotográfica y espejos. Ha recibido premios de la Fundación Guggenheim, el National Endowment for the Arts y el Deutscher Akademischer Austauschdienst Berliner Kunstlerprogram, entre otros. Su trabajo ha sido exhibido en los Estados Unidos, Europa y América Latina.

TOM KALIN

Director, escritor y productor. Escribió, dirigió y co-produjo su primera película, *Swoon,* que recibió el premio del Jurado Internacional en Estocolmo, y el premio Caligari en Berlín, Alemania. Continua haciendo cortometraje en super-8 y video, incluyendo *Puppets, Nomads,* y *Darling Children* (Títeres, Nómadas, y Queridos Niños). Ha producido varias películas en AIDSFILMS, una compañía educacional, sin fines lucros, que produce educación preventiva para comunidades de color. Es miembro de ACT UP (AIDS Coalition to Unleash Power) y de una fracción de este grupo Gran Fury, dos colectivas que tratan de educar al público sobre el SIDA. Contribuye en *Aperture, ArtForum,* y *The Village Voice* entre otras publicaciones.

JAC LEIRNER

Artista nacida en Brasil, reconocida internacionalmente. Produce esculturas e instalaciones hechas con objetos que colecciona, reflejando la influencia minimalista y del *arte povera.* Su trabajo revela su

JAC LEIRNER

Ms. Leirner is an internationally recognized artist born in Brazil. She produces sculptures and installations made of objects she collects, reflecting the influence of Minimalism and Art Povera. Her work reveals her interest in compiling, organizing and finding a new place for ordinary objects, providing them with a new meaning. Her work has been shown extensively through Latin America, Europe, Asia and the United States, and has been included in major international events such as the São Paulo Bienal, the Venice Biennale, and *Documenta* 9. Ms. Leirner has taught at the College of Fine Arts at Armando Álvares Penteado Foundation in São Paulo, and has been a visiting fellow at Oxford University and an artist-in-residence at the Museum of Modern Art/Oxford and at the Walker Art Center in Minneapolis.

LIZ MAGOR

Ms. Magor is an artist and professor currently living in Toronto, Ontario where she teaches at the Ontario College of Art, and West Redonda Island in British Columbia. She has exhibited her work extensively since 1973 and has been included in the 1984 Venice Biennale, *Documenta* 8, 1987 in Kassel, Germany; the First Biennial of Contemporary Art, 1989 at the National Gallery of Canada; and *Places With a Past,* 1991 in Charleston, South Carolina.

DANIEL MARTINEZ

Mr. Martinez is Mexican-American born in Los Angeles, where he currently works and lives. He works in a manner that he describes as site-dependent and content-specific and employs a range of media—from sculpture, photography and video to writing. He uses strategies of contemporary conceptual art to speak about issues facing the Latino community, hoping to engage other social groups in the experience.

GERALD MCMASTER

Mr. McMaster is an artist born at the Red Pheasant Reserve in Saskatchewan, Canada. He currently is the curator of Native American Art at the Canadian Museum of Civilization in Ottawa, where he recently curated *INDIGENA,* a survey of the contemporary art of First Nations' peoples. His work has been exhibited in North America, Europe and Asia, and has published several articles including "Our Home, BUT the Native's Land: Problems of Representation", *MUSE,* 1990; and "He Kemo Sabe! Sais-tu qui est le *Gran Chien,*" *L'oeil amerindien: Regards sur l'animal,* 1991.

CILDO MEIRELES

Mr. Meireles is a Brazilian artist born in Rio de Janeiro. His work addresses political, social and aesthetic themes in a poetic visual language. He was a founding member of the alternative journals *Malasartes* in 1975 and *A parte do fogo* in *1980.* Aside from creating several installation works, Mr. Meireles has collaborated on independent films, including *Devio para o vermelho,* directed by Tuca Moraes, and *Le faux monnaieur,* directed by Frederic Lafont. His work has been exhibited throughout Latin America, the United States and Europe.

interés en copilar, organizar y encontrar un nuevo sitio para objetos ordinarios, dándoles así un nuevo significado. Su trabajo ha sido visto en América Latina, Europa, Asia y los Estados Unidos, e incluído en eventos internacionales como las bienales de San Pablo y Venecia, y *Documenta* 9. Leirner ha sido profesora en el Colegio de Bellas Artes en la Fundación Armando Alvares Penteado en San Pablo, artista visitante en la Oxford University, y artista-en-residencia en el Walker Art Center en Minneapolis, Minnesota.

LIZ MAGOR

Artista y profesora. Reside en Toronto, Ontario donde enseña en el Colegio de Arte de Ontario, y en West Redonda Island en British Columbia. Exhibe desde 1973, y su trabajo ha sido incluído en la Bienal de Venecia, 1984; *Documenta* 8 en 1987 en Kassel, Alemania; en la Primera Bienal de Arte Contemporáneo en 1989 en la Galería Nacional de Canadá; y en *Places with a Past* (Lugares con un pasado), en 1991, en Charleston, Carolina del Sur.

DANIEL MARTINEZ

Artista mexicano-americano nacido en Los Angeles, California, donde continua viviendo y trabajando. Trabaja en una forma que él describe como de lugar-dependiente y contenido-específico, utilizando una gama de medios—desde escultura, fotografía y video, a escritura. Hace uso de estrategias de arte conceptual contemporáneo para hablar de temas que la comunidad confronta, esperando atraer a otros grupos sociales en su experiencia.

GERALD MCMASTER

Artista nacido en la Reserva del Faisán Rojo en Saskatchewan, Canadá. Actualmente es curador de arte nativo americano en el Museo Canadiense de la Civilización en Ottawa, donde curó su más reciente exposición *INDIGENA,* perspectiva de las gentes contemporáneas de las Primeras Naciones. Su trabajo ha sido exhibido en Norte América, Europa y Asia, y ha publicado varios artículos incluyendo "Our Home, BUT the Native's Land: Problems of Representation", en *MUSE,* 1990, y "He Kemo Sabe! Sais-tu qui est le *Gran Chien*", en *L'oeil amerindien: Regards sur l'animal,* 1991.

CILDO MEIRELES

Artista brasileño nacido en Río de Janeiro. Su trabajo trata temas políticos, sociales y estéticos en un lenguage poético visual. Es miembro fundador de las revistas alternativas *Malasartes* en 1975 y *A parte do fogo* en 1980. Además de crear numerosas instalaciones, Meireles ha colaborado en varias películas independientes, incluyendo *Devio para o vermelho,* dirigida por Tuca Moraes, y *Le faux monnaieur,* dirigida por Frederic Lafont. Su trabajo ha sido exhibido en América Latina, Europa y los Estados Unidos.

CHARLES MEREWETHER

Profesor, curador y escritor. Reside en la Ciudad de Nueva York. Ha escrito extensamente sobre varios temas concernientes al arte del Caribe y América Latina, incluyendo "La migración de Imágenes" para la exhibición

Contributors

CHARLES MEREWETHER

Mr. Merewether is a professor, curator and writer currently living in New York City. He has written extensively on different subjects concerning art from the Caribbean and Latin America, including "The Migration of Images" for the exhibition *America, Bride of the Sun* at the Royal Museum of Fine Arts in Antwerp and most recently *Ana Mendieta* (Universal Publishing) Rizzoli, New York (1993). He has curated for various arts organizations in the United States, Europe and Latin America, and is Advisor Curator at the Museo de Arte Contemporáneo de Monterrey, Mexico.

IVO MESQUITA

Mr. Mesquita is a critic and independent curator living in São Paulo, Brazil. He is the Curator-in-Residence at the Winnipeg Art Gallery, and has been a Cultural Advisor at the Fundação Bienal de São Paulo. Among the exhibitions he has curated are *O Desejo na Academia 1847-1916* (Pinacoteca, SP, 1991); *X Mostra de Gravura Cidade de Curitiba - Mostra América* (MCGG, 1992); and *Catastrophies* (Winnipeg Art Gallery, 1993). He is a frequent contributor to publications on contemporary art.

GERARDO MOSQUERA

Mr. Mosquera is an independent curator and art critic living in la Habana, Cuba. He has collaborated on and co-curated several international and Latin American art exhibitions in the United States, Latin America, Africa and Europe. Most recently, he was a co-curator of *Ante América,* an exhibition organized in Bogotá, Colombia, shown in Caracas and at the Queens Museum of Art, and currently touring the United States. He has published several books and contributes with various journals from different countries. Mr. Mosquera is the recipient of a Critics Award in Cuba, and a Guggenheim Fellowship.

GABRIEL OROZCO

Mr. Orozco is a Mexican artist who defies many of the conventional notions about Mexican art. Dealing cautiously with the visual fiesta that characterizes the daily life of his country, he studiously avoids references to indigenous folk traditions and uses color sparingly, when at all. Currently, Mr. Orozco works in Mexico City and New York City. His work, which was included at the Aperto section of the 1993 Venice Biennale, has been included in several exhibitions throughout Latin America, the United States and Europe.

CATALINA PARRA

Ms. Parra is a Chilean artist currently living and working in New York City, whose work addresses a broad range of contemporary public issues. Her art creates "reconstructions" rooted in the photomontages of the Berlin Dadaists and the legacy inherited from them by the British Pop artists, and bears out earlier 20th century notions that printed matter—text and image—can expand the traditional boundaries of fine art into the social and political arena. Her work has been exhibited extensively throughout Latin America, Europe and the United States. She is the recipient of a Guggenheim

America, Bride of the Sun (América, novia del Sol) en el Royal Museum of Fine Arts en Antwerp, Holanda, y recientemente *Ana Mendieta* (Universal Publishing, Rizzoli, New York, 1993). Ha sido curador para varias organizaciones de arte en los Estados Unidos, Europa y América Latina, y ejerce como Curador Asesor en el Museo de Arte Contemporáneo de Monterrey, México.

IVO MESQUITA

Crítico y curador independiente de arte. Reside en la ciudad de San Pablo, Brasil. Ejerció como Asesor Cultural a la Fundação Bienal de São Paulo, y es curador-en-residencia en la Galería de Arte de Winnipeg, en Canadá. Entre otras exposiciones, ha curado *O Desejo na Academia 1847-1916* (Pinacoteca, SP, 1991); *X Mostra de Gravura Cidade de Curitiba - Mostra América* (MCGG, 1992); y *Catastrophies* (Winnipeg Art Gallery, 1993). Colabora con varias publicaciones sobre arte contemporáneo.

GERARDO MOSQUERA

Curador independiente y crítico de arte. Reside en su ciudad natal de La Habana, Cuba. Ha colaborado en y co-curado varias exposiciones internacionales sobre arte latinoamericano en los Estados Unidos, América Latina, Africa y Europa. Recientemente, co-curó *Ante América,* una exposición organizada en Bogotá, Colombia y exhibida en Caracas, Venezuela, en el Queens Museum of Art y actualmente en gira en los Estados Unidos. Ha publicado varios libros y contribuye con varias publicaciones

y revistas de diferentes países. Es recipiente del Premio de Críticos en Cuba, y de una beca de la Fundación Guggenheim.

GABRIEL OROZCO

Artista mexicano que desafía varias de las nociones convencionales sobre el arte mexicano. Lidiando cautelosamente con la fiesta visual que caracteriza la vida diaria de su país, estudiosamente omite referencias a las tradiciones folclóricas indígenas y utiliza poco color, cuando del todo. Actualmente, Orozco trabaja en las Ciudades de México y Nueva York. Su trabajo, el cual fue incluído en la sección de Aperto de la Bienal de Venecia, 1993, ha sido incluído en varias exhibiciones en América Latina, Europa y los Estados Unidos.

CATALINA PARRA

Artista nacida en Chile residiendo en la Ciudad de Nueva York, cuyo trabajo trata sobre una amplia gama de temas públicos contemporáneos. Su arte crea "reconstrucciones" enraizadas en los fotomontajes de los dadaístas de Berlín, y en el legado heredado por ellos de los artistas pop británicos, y conlleva nociones de principios de siglo XX que creen que la materia impresa —texto e imagen— puede expandir las fronteras tradicionales de las bellas artes a la arena política y social. Su trabajo ha sido visto en América Latina, Europa y los Estados Unidos. Ha recibido una beca de la Fundación Guggenheim (1980), y fue artista-en-residencia en El Museo del Barrio en Nueva York, en 1990.

184

Fellowship (1980), and was an Artist-in-Residence at El Museo del Barrio in New York City, in 1990.

MARTA MARIA PEREZ BRAVO

Ms. Pérez Bravo is a Cuban artist whose work belongs in a broad range of work which fruitful fusion overrode conventional frontiers of artistic disciplines. She works with her own body and personal experience as a woman. Her art is at the same time related to the Afro-Cuban traditional religious and world visions. Her work has been exhibited extensively throughout Latin America, Europe, Australia and the United States.

MARI CARMEN RAMIREZ

Ms. Ramirez is a writer, professor and curator living in Austin, Texas where she is the curator of Latin American Art at the gallery of the University of Texas at Austin. "Blue-Print Circuits: Conceptual Art and Politics in Latin America," in *Latin American Art of the Twentieth Century* (Museum of Modern Art, 1993) is among her published works.

NELLY RICHARD

Ms. Richard is a critic of art and literature and an independent curator living in Santiago, Chile where she is the editor of the *Revista de Crítica Cultural.* Her published works include *Cuerpo correccional* (Francisco Zegers, 1980); *Margins and Institutions of Art in Chile since 1973* (Art and Text, 1986); *La estratificación de los márgenes* (Francisco Zegers, 1989).

JUAN SANCHEZ

Mr. Sanchez is a painter and photographer living in Brooklyn,

NY, whose work explores the cultural, social and political aspects of his Puerto Rican heritage as well as the struggle for self-determination, self-definition and empowerment. Among the awards he has received are the Guggenheim Memorial Fellowship in 1988, the NYSCA Artist Project grant in 1985, and a grant from the NEA in 1983. His work has been exhibited throughout the United States as well as abroad, in Mexico, Puerto Rico, France, Germany, Spain, Japan, and Cuba among other countries.

ROBERT SANCHEZ AND RICHARD LOU

Lou and Sanchez work in the tradition of Chicano conceptualism established in the 1970's. Their piece *Entrance is not Acceptance* was included at the 3rd International Istanbul Bienali, as part of *La Reconquista: A Post-Columbian New World* exhibition by the Centro Cultural de la Raza.

KIM SAWCHUK

Ms. Sawchuk is a writer currently living in Montreal, Canada, where she writes on contemporary art practices and has created several radio performances. Her most recent work in these areas discusses female pirates, and the political and artistic uses of "on-line" electronic technologies. She has collaborated for a number of art publications including *Parachute* and contributes regularly to *The Village Voice.*

LORNA SIMPSON

Ms. Simpson is an artist currently living and working in New York City, where she was born.

MARTA MARIA PEREZ BRAVO

Artista nacida en Cuba, cuyo arte pertenece al amplio ramo de trabajo cuya fructífera fusión venció fronteras convencionales entre disciplinas artísticas. Trabaja con su propio cuerpo y experiencias personales como mujer. Su trabajo es, al mismo tiempo, relacionado a la tradición religiosa y visiones globales afro-cubanas. Su trabajo ha sido exhibido extensamente en América Latina, Europa, Australia y los Estados Unidos.

MARI CARMEN RAMIREZ

Escritora, profesora y curadora de arte. Reside en la ciudad de Austin, Texas, donde es curadora de arte latinoamericano en la galería de la Universidad de Texas en Austin. Entre sus trabajos publicados, se encuentran *Blue-Print Circuits: Conceptual Art and Politics in Latin America of the Twentieth Century* (Arte conceptual y política en la América Latina del siglo veinte) (Museo de Arte Moderno, Nueva York, 1993).

NELLY RICHARD

Crítica de arte y literatura, y curadora independiente. Reside en la ciudad de Santiago de Chile, donde es editora de la Revista de *Crítica Cultural.* Sus publicaciones incluyen *Cuerpo correccional* (Francisco Zegers, 1980; *Margins and Institutions of Art in Chile Since 1973* (Márgenes e instituciones de arte en Chile desde 1973), (Art and Text, 1986); *La estratificación de los márgenes* (Francisco Zegers, 1989).

JUAN SANCHEZ

Pintor y fotógrafo que reside en Brooklyn, Nueva York. Su trabajo explora los aspectos culturales,

sociales y políticos de la herencia puertorriqueña, así como de la lucha por la auto-determinación, auto-definición y autorizamiento. Es recipiente de varios premios, incluyendo una beca de la Fundación Guggenheim en 1988; la beca para proyectos de artistas del NYSCA en 1985, y una beca del NEA en 1983. Su trabajo ha sido exhibido en los Estados Unidos, así como en México, Puerto Rico, Francia, Alemania, España, Japón, y Cuba, entre otros países.

ROBERT SANCHEZ Y RICHARD LOU

Lou y Sanchez trabajan en la tradición del conceptualismo chicano establecido en la década del 70. Su colaboración *Entrance is not Acceptance* (Entrada no es aceptación), fue incluída en la Tercera Bienal Internacional de Estambul como parte de la exhibición *La Reconquista: Un Nuevo Mundo Post-Colombino* realizada por el Centro Cultural de la Raza en San Diego, California.

KIM SAWCHUK

Escritora y profesora que reside en la Ciudad de Montreal, Canadá. Escribe sobre prácticas de arte contemporáneo y ha creado varias performances en radio. Su más reciente trabajo en esta área debate piratas femeninas, y los usos políticos y artísticos de tecnologías electrónicas "en-la-línea". Tambien ejerce la cátedra de Estudios Comunicacionales en la Universidad Concordia en Montreal. Contribuye con varias publicaciones incluyendo *The Canadian Journal of Political and*

Ms. Simpson is the recipient of an NEA Fellowship and the Louis Comfort Tiffany Award. Her work has been included at the 1991 Venice Biennale, and exhibited extensively throughout the United States and Europe.

CECILIA VICUÑA

Ms. Vicuña is an internationally recognized poet, visual artist, film-maker and performance artist. Exiled from Chile after the coup, she now lives in New York City where she is the editor of *Palabra-Sur,* a series of Latin American literature in translation (Graywolf Press). She was recently the recipient of a Lila Wallace-Reader's Digest International Artists award, and a Rockefeller Bellagio Fellowship. Her work has been exhibited in the United States, Latin America and Europe. Her published works include *La Wik'uña* (Francisco Zegers, 1990), *PALABRARmas* (El Imaginario, 1984), and *Precario/Precarious* (Tanam Press, 1983).

JIN-ME YOON

Ms. Yoon is a Korean artist living in Vancouver, Canada, where she teaches general studio, photography and critical theory at the School for the Contemporary Arts, Simon Fraser University. Preoccupations with memory, subjectivity, location/displacement and the continual process of (re)inventing identity, form the basis of her work. Her work has been exhibited throughout Asia, Canada and the United States, and was included at the 3rd International Istanbul Bienali.

Social Theory, Parachute, y *The Village Voice.*

LORNA SIMPSON

Artista nacida en la Ciudad de Nueva York, donde continua viviendo y trabajando. Ha recibido una beca del National Endowment for the Arts y el Louis Comfort Tiffany Award. Su trabajo ha sido incluido en la Bienal de Venecia, 1991, y exhibido en Europa y los Estados Unidos.

CECILIA VICUÑA

Poeta, artista visual, cinematógrafa y artista de performance reconocida internacionalmente. Exiliada de Chile después del golpe de estado, actualmente reside en la Ciudad de Nueva York donde es editora de *Palabra-Sur,* una serie de literatura latinoamericana en traducción (Graywolf Press). Recientemente ha sido recipiente del premio Lila Wallace-Reader's Digest International Artists, y de una beca de la Fundación Rockefeller en Bellagio, Italia. Su trabajo ha sido exhibido en los Estados Unidos, América Latina y Europa. Entre sus trabajos publicados se encuentran *La Wik'uña* (Francisco Zegers, 1990), *PALABRARmas* (El Imaginario, 1984), y *Precario/Precarious* (Tanam Press, 1983).

JIN-ME YOON

Artista coreana actualmente residiendo en Vancouver, Canadá, donde es Profesora de estudio, fotografía y teoría crítica en la Escuela de Artes Contemporáneas, en la Simon Fraser University. Preocupación por la memoria, subjetividad, locación/desplazamiento y el proceso continuo del (re)invento de la identidad, forman las bases de su obra. Su trabajo ha sido exhibido en los Estados Unidos y Canadá, e incluido en la Tercera Bienal Internacional de Estanbul.

Conference Agenda
Artistic and Cultural Identity in Latin America

SEPTEMBER 23 TO SEPTEMBER 25, 1991

Conference jointly convened by Arts International, a division of the Institute of International Education, and Memorial da América Latina, in cooperation with the 21a Bienal Internacional de São Paulo.

Agenda
September 23

9:00 am Welcome

Paulo de Tarso Santos, President Fundação Memorial da América Latina

Jane M. Gullong, Director Arts International

Tomás Ybarra-Frausto Associate Director of Arts & Humanities, Rockefeller Foundation
The Fund for U.S. Artists at International Festivals and Exhibitions

Introduction
Ivo Mesquita, Conference Director

Keynote Address
"Art and Culture in Latin America: The 90's Changes"
Néstor García Canclini (Mexico)

10:00 am Panel Session
Which Latin America?

Moderator: Ivo Mesquita (Brazil)
Papers:
Aracy Amaral (Brazil)
Raul Antelo (Argentina)
Germán Rubiano Caballero (Colombia)
Justo Mellado (Chile)
Charles Merewether (USA)
Mari Carmen Ramirez (Puerto Rico)

2:00 pm Panel Session
The Visual Artist in the World: How Visual Arts are Inscribed in the Discourses of Ecology

Moderator: Ana Maria Belluzzo (Brazil)
Statements:
Mark Deon (USA)
Roberto Evangelista (Brazil)
Ann Hamilton (USA)
Bard Brevik (Norway)
Fernanso Casás (Spain)
Siron Franco (Brazil)

4:30 pm Roundtables
A. Art, Gender and Minority Identity: Regional Perspectives

Moderator: Nelly Richard (Chile)
Papers:
Juan Sanchez (Puerto Rico)
Gerald McMaster (Canada)
Liz Magor (Canada)
Lorna Simpson (USA)
Gustavo Buntinx (Peru)

B. The Artist as Cultural Worker: Art Production and Politics

Moderator: Ramon Favela (USA)
Papers:
Jorge Glusberg (Argentina)
Nuno Ramos (Brazil)
Suzanne Lacy (USA)
Tom Kalin (USA)
Manuel Marín (Mexico)

7:00 pm Visit to the Pinoteca do Estado

September 24

9:00 am Panel Session
Dialogues in the Western Hemisphere: Language, Discourse and Politics

Moderator: Stella Teixeira de Barros (Brazil)
Papers:
Bruce Ferguson (Canada)
Ricardo Forster (Argentina)
Paulo Herkenhoff (Brazil)
Kellie Jones (USA)
Nelly Richard (Chile)

Una conferencia realizada por Arts International, una división del Institute of International Education, y el Memorial da América Latina, con la colaboración de la 21a Bienal Internacional de São Pablo.

Agenda
Septiembre 23

9:00 am Bienvenida

Paulo de Tarso Santos, Presidente Fundação Memorial da América Latina

Jane M. Gullong, Directora Arts International

Tomás Ybarra-Frausto Director Asociado para las Artes y Humanidades, Rockefeller Foundation
The Fund for U.S. Artists at International Festivals and Exhibitions

Introducción
Ivo Mesquita, Coordinador de la Conferencia

Lectura
"Arte y Cultura en América Latina: Los Cambios del Noventa"
Néstor García Canclini (México)

10:00 am Panel
¿Cuál América Latina?

Moderador: Ivo Mesquita (Brasil)
Textos:
Aracy Amaral (Brasil)
Raul Antelo (Argentina)
Germán Rubiano Caballero (Colombia)
Justo Mellado (Chile)
Charles Merewether (Estados Unidos)
Mari Carmen Ramirez (Puerto Rico)

2:00 pm Panel
El artista visual en el mundo: forma en que las artes visuales se inscriben en los discursos ecológicos

Moderador: Ana Maria Belluzzo (Brasil)
Posiciones:

Mark Deon (Estados Unidos)
Roberto Evangelista (Brasil)
Ann Hamilton (Estados Unidos)
Bard Brevik (Noruega)
Fernando Casás (España)
Siron Franco (Brasil)

4:30 pm Mesas Redondas
A. Arte, género e identidad de minorías: perspectivas regionales

Moderador: Nelly Richard (Chile)
Textos:
Juan Sanchez (Puerto Rico)
Gerald McMaster (Canadá)
Liz Magor (Canadá)
Lorna Simpson (Estados Unidos)
Gustavo Buntinx (Perú)

B. El artistas como trabajador cultural: producción de arte y política

Moderador: Ramón Favela (Estados Unidos)
Textos:
Jorge Glusberg (Argentina)
Nuno Ramos (Brasil)
Suzanne Lacy (Estados Unidos)
Tom Kalin (Estados Unidos)
Manuel Marín (México)

7:00 pm. Visita a la Pinoteca do Estado

Septiembre 24

9:00 am Panel
Diálogos en el hemisferio Occidental: lenguaje, discurso y política

Moderador: Stella Teixeira de Barros (Brasil)

2:00 pm Roundtables

A. Exhibitions and Institutions on Latin American Art: Models and Critique

Moderator: Aracy Amaral (Brazil)
Papers:
Irma Arestizabal (Argentina)
Fatima Bercht (USA)
Rina Carvajal (Venezuela)
Angel Kalenberg (Uruguay)
Carlos von Schmidt (Brazil)

B. Intercultural Literacy: Issues of Criticism and Art History

Moderator: Raul Antelo (Argentina)
Papers:
Gerardo Mosquera (Cuba)
Heloisa Buarque de Hollanda (Brazil)
Edward Sullivan (USA)

4:30 Panel Session

International Exhibitions: the São Paulo Bienal and Other Models

Moderator: João Cândido Galvão (Brazil)
Papers:
Bart de Baere (Belgium)
Anthony Bond (Australia)
Lynn Cooke (USA)
Llillian Llanes (Cuba)
Patricio Muñoz Vega (Ecuador)
Vasif Kortun (Turkey)

7:00 pm Visit to the Museu Lasar Segall

September 25

10:00 am Working Sessions

A. Collaborations, Co-sponsorships and Information Networks

Moderator: Jorge Helft (Argentina)

B. Museology and Conservation in Latin America: Capability, Training and Exchange

Moderator: Marcelo Mattos Araújo (Brazil)
Paper: Radhá Abramo (Brazil)

2:00 pm Plenary Session

Toward a Latin American agenda

Presentation and debates on summaries of Roundtables

Moderators: Ivo Mesquita and Mary Jane Jacob

5:00 pm Closing Remarks

This conference was supported by Fundação Memorial da América Latina and by generous grants of the National Endowment for the Arts, The Pew Charible Trusts, The Rockefeller Foundation through The Fund for U.S. Artists at International Festivals and Exhibitions.

Textos:
Bruce Ferguson (Canadá)
Ricardo Forster (Argentina)
Paulo Herkenhoff (Brasil)
Kellie Jones (Estados Unidos)
Nelly Richard (Chile)

2:00 pm Mesas Redondas

A. Exposiciones e instituciones sobre el arte latinoamericano: modelos y crítica

Moderador: Aracy Amaral (Brasil)
Textos:
Irma Arestizabal (Argentina)
Fatima Bercht (Estados Unidos)
Rina Carvajal (Venezuela)
Angel Kalenberg (Uruguay)
Carlos von Schmidt (Brasil)

B. Condición literaria intercultural: cuestiones de crítica e historia del arte

Moderador: Raul Antelo (Argentina)
Textos:
Gerardo Mosquera (Cuba)
Heloisa Buarque de Hollanda (Brasil)
Edward Sullivan (Estados Unidos)

4:30 Panel

Exposiciones internacionales: la Bienal de São Paulo y otros modelos

Moderador: João Cândido Galvão (Brasil)
Textos:
Bart de Baere (Bélgica)
Anthony Bond (Australia)
Lynn Cooke (Estados Unidos)
Llillian Llanes (Cuba)
Patricio Muñoz Vega (Ecuador)
Vasif Kortun (Turquía)

7:00 pm Visita al Museo Lasar Segall

Septiembre 25

10:00 am Sesiones de Trabajo

A. Colaboraciones, co-patrocinios y redes de infomación

Moderador: Jorge Helft (Argentina)

B. Museología y conservación en América Latina: formación, entrenamiento e intercambio

Moderador: Marcelo Mattos Araújo (Brasil)
Texto: Radhá Abramo (Brasil)

2:00 pm Sesión Plenaria

Hacia una agenda latinoamericana

Presentación y debates sobre los sumarios de las Mesas Redondas

Moderadores: Ivo Mesquita y Mary Jane Jacob

5:00 Notas de Clausura

Esta conferencia fue patrocinada por la Fundação Memorial da América Latina y por fondos del National Endowment for the Arts, el Pew Charitable Trusts, y la Rockefeller Foundation, a través del Fund for U.S. Artists at International Festivals and Exhibitions.

Conference Recommendations

1. Develop a Latin American Critics and Curators Program of subsidized travel to study diverse art scenes and visit artists studios throughout Latin America.

2. Develop an hemispheric exchange program of museum professionals.

3. Develop both exchanges and cooperative programs between Latin American studies departments throughout the Americas.

4. Develop a consortium of these departments or programs of study to discuss the feasibility of the creation of one Center for Latin American Art Studies to act as an archive and as an advocate for the formal study of Latin American art history, both within Latin America and as integrated into the study of art history in countries outside Latin America. This center would take the lead in translating, publish-ing and distributing bibliographies and anthologies of Latin American critical writing.

5. Using the existing Association for Latin American Art coordinated by the Americas Society, create a permanent information network including data on programs, exhibitions, and conferences. The network should have a special emphasis on, but not be limited to, contemporary art.

6. Create a directory of funding resources and agencies throughout the Americas. Distribute through Latin American Art Network.

7. Initiate a thorough discussion of the meaning and importance of biennials in Latin America, and compare the range and efficacy of Havana, São Paulo, and their relationships to other emerging Latin American biennials.

1. Desarrollo de un Programa de Subsidio de Viajes para Curadores y Críticos Latino-americanos, para el estudio de diversas perspectivas de arte y visi-tas a estudios de artistas en América Latina.

2. Desarrollo de un programa de intercambio en el hemisferio para profesionales que trabajan en museos.

3. Desarrollo de programas tanto de intercambio como de colabo-ración entre los departamentos de Estudios Latinoamericanos en las Américas.

4. Desarrollo de un consorcio de estos departamentos o programas de estudio para discutir la posibili-dad de crear un Centro de Estudios Latinoamericanos que actúe como archivo y que abogue por el estudio formal de la historia del arte latinoamericano, tanto en el interior de América Latina como integrado dentro del estudio de la historia del arte en países fuera de Latinoamérica. Este centro tomaría el liderazgo en la traducción, publi-cación y distribución de bibliogra-fías y antologías de los escritos críticos en América Latina.

5. Utilizando la ya existente Asociación de Arte Latino-americano, coordinada por la Americas Society, crear una red permanente de información que incluya datos de programas, exhibi-ciones y conferencias. Esta red debe poner un énfasis especial en, más no limitado a, el arte contem-poráneo.

6. Creación de un directorio de fuentes de recursos y agencias en las Américas. Distribución a través de la Red de Arte Latinoamericano.

7. Inicio de un debate a fondo sobre el significado e importancia de las bienales de arte en América Latina, y comparar el alcance y efi-cacia de la Habana, San Pablo, y sus relaciones con otras bienales emergentes en América Latina.

List of Conference Participants

ARGENTINA

ARESTIZABAL, IRMA
Director/Directora
Museo de la "Casa Rosada"
Armenia 2463, 1B
Jardín Botánico, Buenos Aires
TEL: 54-1/717-449

FORSTER, RICARDO
Professor/Profesor
Instituto Latinoamericano de Estudios
 Transnacionales
Plutarco 3054
1430 Buenos Aires
TEL:54-1/543-3262
FAX: 54-1/963-4848

GLUSBERG, JORGE
Director
Centro de Arte y Comunicación (CAYC)
Elpidio González 4070
1407 Buenos Aires
TEL: 54-1/568-2929
FAX: 54-1/566-3867

HELFT, JORGE
President/Presidente
Fundación Santelmo
Defensa 1368
1143 Buenos Aires
TEL: 54-1/334-7157

PACHECO, MARCELO E.
Critic, Historian/Crítico e Historiador de Arte
Mansilla 3762 #4"B"
1425 Buenos Aires
TEL: 54-1/827-2652
FAX: 54-1/325-3866

BELGIUM/BELGICA

DE BAERE, BART
Curator/Curador de Arte
Museum ven Hedendaagse Kunst Gent
Hofbonwlean 28
9000 Gent
TEL: 32-91/211-703
FAX: 32-91/217-109

BRAZIL/BRASIL

ALVES, MARIA THEREZA
Artist/Artista
Apartado Postal 826
Cuernavaca, Morelos
México
TEL: 52-73/189-252
FAX: 52-73/185-186

AMARAL, ARACY
Critic, Curator/Crítica, Curadora de Arte
Alameda Jaú No. 901, Apto. 5
01420, São Paulo, SP
TEL: 55-11/287-5178

ANTELO, RAUL
Critic, Professor/Crítico de Arte, Profesor
Universidade Federal de Santa Catarina
Rua Esteves Junior, No. 146, Apto. 202
88010 Florianópolis, SC
TEL: 55-48/222-2040

DE BARROS, STELLA TEIXEIRA
Independent Curator/Curadora
 de Arte
Rua Portugal No. 64
01446, São Paulo, SP
TEL: 55-11/853-9367

BELLUZO, ANA MARIA
Curator, Professor/Curadora de Arte,
 Profesora
Facultade de Arquitectura e Urbanismo
Universidade de São Paulo
Alameda Franca No. 435, Apto. 81
01422, São Paulo, SP
TEL: 55-11/884-4808

BELLUZO, ROSA MARIA
Director/Directora
Division of Scientific and Cultural
Exchange/División de Intercambio Científico
 y Cultural
Memorial da América Latina
Av. Mário de Andrade, No. 664
01156, São Paulo, SP
TEL: 55-11/823-9611
FAX: 55-11/823-9673

DE CAMARGO, MARINA HECK
Manager/Gerente
Department for the Promotion of Latin
 American Studies/Departamento para la
 Promoción de Estudios Latinoamericanos
Memorial da América Latina
Av. Mário de Andrade, No. 664
01156, São Paulo, SP
TEL: 55-11/823-9611
FAX: 55-11/823-9673

EVANGELISTA, ROBERTO
Artist/Artista
R. A-4, casa 15, conjunto Ajuricaba
Barrio da Alvorada
69040, Manaus, AM
TEL: 55-92/651-4941

HERKENHOFF, PAULO ESTELLITA
Independent Curator/Curador
 de Arte
Rua Santa Clara 220, Apto. 402
22041 Rio de Janeiro, RJ
TEL: 55-21/235-2319
FAX: 55-21/220-4173

**DE HOLLANDA, HELOISA
BUARQUE**
Critic, Professor/Crítica de Arte, Profesora
Centro Interdisciplinario de Estudios de Cultura
Rua Smith de Vasconcelos No. 74
22241, Rio de Janeiro, RJ
TEL: 55-21/245-9384

LEIRNER, JAC
Artist/Artista
Rua Teodoro Ramos 149
01250 São Paulo, CEP
TEL: 55-11/262-5539

MATTOS ARAUJO, MARCELO
Director
Museu Lasar Segall
R. Alfonso Celso 362/388
04119-001 Vila Mariana
São Paulo, SP
TEL: 55-11/572-8211
FAX: 55-11/572-3586

MESQUITA, IVO
Independent Curator/Curador
 de Arte
Al. Fernao Cardim No. 197, Apto. 72
01403, São Paulo, SP
TEL: 55-11/288-7781
FAX: 55-11/251-1903

ABRAMO, RADHA
Artist/Artista
Palacio dos Bandeirantes
Av. Morumbi No. 4500
05598, São Paulo, SP

RAMOS, NUNO
Artist/Artista
Rua João Arruda No. 149
05012, São Paulo, SP
TEL: 55-11/282-0773

FRANCO, SIRON
Artist/Artista
Estrada 13, Chácara Santa Barbara 2
Setor Palmito
69040 Goiania, GO

VON SCHMIDT, CARLOS
Critic, Curator/Crítico y Curador de Arte
Revista Artes
Praça Vilaboin No, 78, Apto. 21
01241, São Paulo, SP
TEL: 55-11/256-0490
FAX: 55-11/825-4611

ZANINI, WALTER
Curator, Professor/Curador de Arte,
 Profesor
Escola de Comunicaçoes e Artes
Universidade de São Paulo
Rua Bela Vista No. 326, Apto. 21
04709, São Paulo, SP
TEL: 55-11/246-6843

CANADA

FERGUSON, BRUCE
Independent Curator/Curador
 de Arte
12 East 12th Street, Apt. 4s
New York, NY 10003
TEL: 212/645-8850
FAX: 212/633-2946

MAGOR, LIZ
Artist/Artista
68 Ossington Avenue
Toronto M6J 2Y7
TEL: 416/532-5473
FAX: 416/538-3614

MCMASTER, GERALD
Curator of Native American Art/Curador de
 Arte Nativo Americano
Canadian Museum of Civilization
100 Laurier Street
P.O.Box 3100, Station B
Hull, Quebec J8X 4H2
TEL: 819/776-8443
FAX: 819/776-8300

TUPPER, JOHN
Curator/Curador de Arte
Winnipeg Art Gallery
300 Memorial Bowl
Winnipeg, Manitoba R3C 1V1
TEL: 204/786-6641
FAX: 204/788-4998

CHILE

MELLADO, JUSTO
Consultant/Asesor
Museo Nacional de Bellas Artes
Teruel 1044, Los Condes
Santiago de Chile
TEL: 56-2/208-7837
FAX: 56-2/393-297

RICHARD, NELLY
Critic/Crítica de Arte
Casilla 50736
Correo Central
Santiago de Chile
TEL 56-2/285-4914
FAX: 56-2/672-5391

COLOMBIA

CABALLERO, GERMAN RUBIANO
Professor/Profesor
Universidad Nacional
Carrera 30, No. 53-A43, Apto. 301
Bogotá
TEL: 57-1/221-8275
FAX: 57-1/285-2946

HINCAPIÉ, MARIA TERESA
Artist/Artista
Apartado Aereo 37016
Bogotá

IRIARTE, MARIA ELVIRA
Critic/Critica de Arte
Alameda Tietê, No. 111, 4o andar
01417, São Paulo, SP
Brazil

COSTA RICA

MONTERO, C. GUILLERMO
Professor/Profesor
Facultad de Bellas Artes
Universidad de Costa Rica
Apartado 307-2050
San José
TEL: 506/53-80-68

CUBA

LLANES, LLILLIAN
Chairperson/Silla
Havana Bienal
Oficios 420, Esq. A. Acosta
Habana Vieja
TEL: 53-7/613-419
FAX: 53-7/612-096

MOSQUERA, GERARDO
Critic, Curator/Crítico y Curador de Arte
Animas 359, Depto. 2
La Habana 2
TEL: 53-7/638-459

PEREZ BRAVO, MARTA MARIA
Artist/Artista
Calle 42, No. 3504 E 35 y 37
Playa
La Habana

ECUADOR

MUÑOZ VEGA, PATRICIO
Arquitect/Arquitecto
Cuenca
TEL: 593-7/832-089

MEXICO

GARCIA CANCLINI, NESTOR
Critic, Professor/Crítico de Arte, Profesor
Instituto de Investigaciones Estéticas
Universidad Autónoma de México
Apartado Postal 22-371
Tlalpan, México, D.F. 14020
TEL: 52-5/665-1978
FAX: 52-5/686-3383

KARTOFEL, GRACIELA
Curator/Curadora de Arte
Galería Adolfo Best Mangard
Apartado Postal 57-061
México, 5 D.F. 06500
TEL: 52-5/550-5324
FAX: 52-2/251-1958

MARIN, MANUEL
Artist/Artista
Apartado Postal 57-061
México, 5 D.F. 06500
TEL: 52-5/550-5324
FAX: 52-2/251-1958

NETHERLANDS/HOLANDA

DERCON, CHRIS
Director
Witte de With Street 50
3012 BR
Rotterdam
TEL: 31-10/411-0144
FAX: 31-10/411-7924

PARAGUAY

ESCOBAR, TICIO
Curator/Curador de Arte
Museo del Barro
Cerro Cora 4192
Asunción

PERU

BUNTINX, GUSTAVO
Professor/Profesor
Apartado 5395
Lima 100
TEL: 51-14/285-819
FAX: 51-14/972-639

TURKEY/TURQUIA

KORTUN, VASIF
Independent Curator/Curador
  de Arte
Director, Instanbul Biennnial 1992
99 Avenue B, Apt. 2A
New York, NY 10003
USA
TEL: 212/477-7019

UNITED STATES OF AMERICA/E.E.U.U.

BALDERRAMA, MARIA
Research Assistant/Investigadora Asistente
Metropolitan Museum of Art
1000 Fifth Avenue
New York, NY 10028-0198
TEL: 212/879-5500
FAX: 212/472-2872

BARNETT-SANCHEZ, HOLLY
Curator/Curadora de Arte
The Mexican Museum
Fort Mason Center, Bldg. D
San Francisco, CA 94123
TEL: 415/441-0445
FAX: 415/441-7683

BERCHT, FATIMA
Director of Visual Arts/Directora de Arte
  Visuales
The Americas Society
680 Park Avenue
New York, NY 10021
TEL: 212/249-8950
FAX: 212/249-5868

CANCEL, LUIS R.
Commissioner/Comisionado
New York City Dept. of Cultural Affairs
2 Columbus Circle
New York, NY 10019

CONWILL HOUSTON
Artist /Artista
c/o The Studio Museum in Harlem
144 West 125th Street
New York, NY 10027
TEL: 212/864-4500
FAX: 212/666-5753

CONWILL, KINSHASHA
Director/Directora
The Studio Museum in Harlem
144 West 125th Street
New York, NY 10027
TEL: 212/864-4500
FAX: 212/666-5753

CRUZ, AMADA
Associate Curator/Curadora Asociada
Hirshhorn Museum and Sculpture Garden
Independence Avenue at 8th Street, SW
Washington, D.C. 20560
TEL: 202/357-3230
FAX: 202/786-2682

DASSIN, JOAN R.
Director/Directora
Latin American and Caribbean
  Program/Programa de América
  Latina y El Caribe
The Ford Foundation
320 East 43rd Street
New York, NY 10017
TEL: 212/573-5000

DAVIES, HUGH
Director
San Diego Museum of Contemporary Art
700 Prospect Street
La Jolla, CA 92037-4297
TEL: 619/454-3541
FAX: 619/454-6985

FAVELA, RAMON
Artist/Artista
7078 Narymont Way
Goleta, CA 93117
TEL: 805/685-7290
FAX: 805/685-7290

GRYNSZTEJN, MADELEINE
Curator of Contemporary Art/Curadora de
  Arte Contemporáneo
The Art Institute of Chicago
Michigan Avenue at Adams
Chicago, IL 60603

GULLONG, JANE
Director/Directora
Arts International
Institute of International Education
809 United Nations Plaza
New York, NY 10017
TEL: 212/984-5370
FAX: 212/984-5574

HAMILTON, ANN
Artist/Artista
64 Smith Place
Columbus, OH 43201

JACOB, MARY JANE
Independent Curator/Curadora
  de Arte
707 West Junior Terrace #10
Chicago, IL 60613
TEL: 312/348-3353
FAX: 312/348-0647

JONES, KELLIE
Independent Curator/Curadora
  de Arte
39 East 17th Street, #2J
Brooklyn, NY 11226

KALIN, TOM
Artist/Artista
Intolerance Productions
525 Broadway, Room 701
New York, NY 10012
TEL: 212/219-1990

LEE, KATHERINE I.
American Consulate USIS-Rio de
  Janeiro/Consulado E.E.U.U.
Avenida Pax Naçoes, Leote # 3
Rio de Janeiro
Brazil
TEL: 55-21/312-7272

MAYLEAS, RUTH
Senior Advisor/Asesora
Arts International
Institute of International Education
809 United Nations Plaza
New York, NY 10017
TEL: 212/984-5370
FAX: 212/984-5574

MEREWETHER, CHARLES
Independent Curator/Curador
  de Arte
306 Mott Street, Apt. 6A
New York, NY 10012
TEL: 212/431-8744
FAX: 212/431-8744

NIEVES, MARISOL
Curator of Latin American Art/Curadora de
  Arte Latinoamericano
The Bronx Museum of the Arts
1040 Grand Concourse
Bronx, NY 10456-3999
TEL: 718/681-6000
FAX: 718/681-6181

191

RAMIREZ, MARI CARMEN
Curator of Latin American Art/Curadora de
   Arte Latinoamericano
Huntington Art Gallery
University of Texas in Austin
23rd & San Jacinto Street
Austin, TX 78712-1205
TEL: 512/471-7324
FAX: 512/471-7023

RASMUSSEN, WALDO
Director
International Program/Programa
   Internacional
The Museum of Modern Art
11 West 53rd Street
New York, NY 10019
TEL: 212/708-9474
FAX: 212/708-9889

SANCHEZ, JUAN
Artist/Artista
346 South 3 Street, Apt. 1
Brooklyn, NY 12211
TEL: 718/782-8419

SATO, SUZANNE
Associate Director for Arts &
   Humanities/Directora Asociada para las
   Artes y Humanidades
The Rockefeller Foundation
1133 Avenue of the Americas
New York, NY 10036
TEL: 212/869-8500
FAX: 212/764-3468

SIMPSON, LORNA
Artist/Artista
326 Claremont
Brooklyn, NY 11205
TEL: 718/852-6283

STALISNAUS, GRACE
Director/Directora
Bronx Museum of the Arts
1040 Grand Concourse
Bronx, NY 10456
TEL: 718/681-6000
FAX: 718/681-6181

SULLIVAN, EDWARD J.
Chair/Silla
Undergraduate Department of Fine
   Arts/Departamento de Bellas Artes
New York University
100 Washignton Square East, Room 303
New York, NY 10003
TEL: 212/998-8180
TEL: 212/995-4182

SUSSMAN, ELIZABETH
Curator/Curadora de Arte
Whitney Museum of American Art
945 Madison Avenue at 75th Street
NEw York, NY 10021
TEL: 212/570-3600

TOMASSI, NOREEN
Associate Director/Directora Asociada
Arts International
Institute of International Education
809 United Nations Plaza
New York, NY 10017
TEL: 212/984-5370
FAX: 212/984-5574

YBARRA-FRAUSTO, TOMAS
Associate Director for Arts &
   Humanities/Director Asociado para las
   Arte y Humanidades
The Rockefeller Foundation
1133 Avenue of the Americas
New York, NY 10036
TEL: 212/869-8500
FAX: 212/764-3468

URUGUAY

HABER, ALICIA
Chief Curator/Curadora de Arte
Parva Domus 2465
11300 Montevideo
TEL: 59-82/701-669
FAX: 59-82/702-826

KALENBERG, ANGEL
Director
Museo Nacional de Artes Plásticas
Parque Rodo
11300 Montevideo
TEL: 59-82/716-124
FAX: 59-82/716-125

VENEZUELA

BUNIMOV CORAO, MARIANA
Artist/Artista
Calle Nunez Ponte Qta. A-27
Lomas del Mirador
Caracas

CARVAJAL, RINA
Independent Curator/Curadora
   de Arte
c/o Centro Fundación Consolidado
Avenida El Avila, Res. Nena, Depto. 29
Alta Florida
Caracas
TEL: 58-2/740-214
FAX: 58-2/710-395

Arts International, a division of the Institute of International Education, encourages connections between U.S. artists and artists around the world through programs of grants, advocacy, exchange and information. Its programs emphasize the role of the artist in the world as communicator and ambassador—performing, collaborating, and reaching out to the community. Arts International also works to foster cultural diplomacy, believing in the unique power of the arts and artists to interpret and reflect diverse cultures worldwide.

The Institute of International Education (IIE), is the most active international education and cultural exchange organization in the United States with headquarters in New York and offices in Chicago, Denver, Houston, San Francisco, and Washington, D.C. Over 10,000 men and women from 155 nations take part in the 275 programs managed by IIE, including the graduate student fellowships of the U.S. Information Agency-sponsored Fulbright Program, which has been administered by IIE since the program was founded in 1946. IIE's worldwide network includes overseas offices in Budapest, Hong Kong, Jakarta, Mexico City and Moscow.

Memorial da América Latina in São Paulo, Brazil, was conceived as an important architectural space meant to encourage cultural, political and socio-economical relations between Brazil and all other Latin American countries, and to act as an instrument of integration of Latina American people through all sorts of cultural forms of expressions. Memorial da América Latina promotes seminars, exhibitions and performances in order to provide opportunities to display and promote Latin American culture.

American Council for the Arts Founded in 1960, the American Council for the Arts (ACA) is a national organization whose purpose is to define issues and promote public policies that advance the contributions of the arts and the artists to American life. To accomplish its mission, ACA conducts research, sponsors conferences and public forums, publishes books, reports, and periodicals, advocates before Congress for legislation that benefits the arts, and maintains a 15,000-volume specialized library. ACA is one of the nations's primary sources of legislative news affecting all of the arts and serves as a leading advisor to arts administrators, individual artists, educators, elected officials, arts patrons and the general public.

Arts International, una división del Institute of International Education, fomenta relaciones entre artistas estadounidenses y artistas de todo el mundo a través de sus programas de becas, fomento, intercambio e información. Sus programas dan énfasis al rol que el artista desempeña en el mundo como comunicante y embajador—actuando, colaborando y trabajando en la comunidad. Arts International también trabaja para fomentar la diplomacia cultural, basándose en el singular poder de las artes y artistas para interpretar y reflejar diversas culturas mundialmente.

El Institute of International Education (IIE), es la organización de intercambio educacional y cultural más activa en los Estados Unidos, con oficinas generales en Nueva York y oficinas regionales en Chicago, Denver, Houston, San Francisco, y Washington, D.C. Sobre 10,000 profesionistas y estudiantes de 155 países participan en los 275 programas administrados por IIE—incluyendo el programa Fulbright que IIE administra desde que la United States Information Agency (USIA) lo fundara en 1946. La red internacional de IIE se mantiene activa con oficinas en Budapest, Hong kong, Jakarta, Ciudad de México, y Moscú.

Memorial da América Latina en San Pablo, Brasil, fue concebido como un importante espacio arquitectónico dedicado a fomentar las relaciones culturales, políticas y socio-económicas entre Brasil y el resto de los países de América Latina, y para actuar como un instrumento de integración entre la gente latinoamericana a través de todo tipo de expresión cultural. El Memorial da América Latina provee oportunidades para exhibir y fomentar la cultura latinoamericana a través de seminarios, exhibiciones y performances.

Consejo Americano para las Artes Fundado en 1960 el American Council for the Arts (ACA) es una organización nacional cuya misión es definir asuntos y promover pólizas públicas que avancen las contribuciones que las artes y los artistas aportan a la vida estadounidense. Para lograr estas metas, ACA dirige investigaciones; fomenta conferencias y foros públicos; publica libros, reportes y periódicos; advoca frente al Congreso por legislaciones que beneficien a las artes; y mantiene una biblioteca especializada de 15,000 volúmenes. ACA es una de las principales fuentes nacionales de información sobre legislaciones que afectan a las artes, y sirve como principal asesor a administradores de las artes, artistas individuales, educadores, funcionarios electos, patronos de las artes y al público general.